"大学生素质教育提升规划"系列教材

U0663163

经典新语文

主　　编　唐帼丽

副主编　付雅娟　孟　远　刘　峰

参　　编（按姓氏笔画排序）

包树望　付雅娟　刘　峰　张懿奕

孟　远　唐帼丽　柴俊丽

经济科学出版社

图书在版编目（CIP）数据

经典新语文／唐帼丽主编 . —北京：经济科学出版社，
2014. 10（2024. 8 重印）
"大学生素质教育提升规划" 系列教材
ISBN 978 - 7 - 5141 - 5097 - 1

Ⅰ. ①经… Ⅱ. ①唐… Ⅲ. ①大学语文课 - 高等学校 -
教材 Ⅳ. ①H19

中国版本图书馆 CIP 数据核字（2014）第 239607 号

责任编辑：侯晓霞
责任校对：刘欣欣
责任印制：李 鹏

经典新语文
主 编 唐帼丽
副主编 付雅娟 孟 远 刘 峰
经济科学出版社出版、发行 新华书店经销
社址：北京市海淀区阜成路甲 28 号 邮编：100142
教材分社电话：010 - 88191345 发行部电话：010 - 88191522
网址：www. esp. com. cn
电子邮箱：houxiaoxia@ esp. com. cn
天猫网店：经济科学出版社旗舰店
网址：http：//jjkxcbs. tmall. com
北京季蜂印刷有限公司印装
710×1000 16 开 17 印张 340000 字
2014 年 10 月第 1 版 2024 年 8 月第 3 次印刷
ISBN 978 - 7 - 5141 - 5097 - 1 定价：42.00 元
（图书出现印装问题，本社负责调换。电话：010 - 88191502）
（版权所有 翻印必究）

比知识更重要（代序）

唐帼丽

现在越来越感觉到，语言需要重生了。语言不仅仅用来表达、交流，语言更应当用作思考，或者直接说把语言用作思想。当作表达和交流的时候，我们凭借对语言的熟悉和积累的经验，可以不假思索地接受；但是当作思考或用作思想就不一样了。思想深深地扎在我们头脑的深部，它是我们所有知识——从书本或生活中得来的——在那里的聚合，但应该说，那些知识仅仅在那里聚合而已，那还不是思想。要用语言去思想，就是要去翻找那些聚合在一起的知识素材，去甄别它们的好坏真伪，去判断所谓的知识客观性与实际客观规律存在的距离，去寻找对真相表达或言说的逻辑推理线索；这样，语言就潜入进去了，潜进我们头脑深部的那些知识聚合的海洋中，深深地与知识一起呼吸，与拼命要脱壳而出的真相一起挣扎，直到那漆黑的海洋谷底突然被点亮。什么是我们心灵的灯光？在夜深人静的时候，我们可以去点亮一盏灯，它会刺破黑暗，为瑟缩的空气披上一件棉袄；然而也许有一盏灯，我们从没有这样点亮它。我们只需让自己安静下来，在面对一切黑暗到来的时候，夜空，晦谷，深海，在面对它们的时候，让自己反思知识与客观真相的关系，真正思考客观真理本相存在的位置和价值。它们一定存在。以前没有人告诉过我们——在学会思想以前；直到去思想、去反思，直到我们真切地知道，在芜杂的枝枝丫丫横亘在通往真相的道路——那些不经推敲的知识——那面前，已经有人勇敢地走过来，再不会随波逐流、人云亦云地懒惰下去；直到我们站在真相的位置，用真理说话，我们的灯亮了。

这是我们心灵和思想的灯光。当我们看外部世界的时候，那个世界可以随时随刻被点亮，黑暗转瞬就会过去。比黑暗更黑暗的地方，是假象和谬误引导我们去的地方，在柏拉图看来，那是连火光都无法照亮的地方。[①] 在他的"洞穴喻"中，借着身后那把火投射的光影，有一群人在做着各种各样的事情，但他们所做的事情却不是生活中的真相。那个看不到真相的世界太狭隘了，我们不能如同洞穴中的人一样，在假象和谬误的世界中自得其乐。我们心的世界，比自然世界更需要光明；但点亮世界的，不是那盏灯或那只火把，是我们的思想，我们的思想把我们自己身处的精神世界照亮了。

---

① ［古希腊］柏拉图：《理想国》，商务印书馆 2002 年版，第 272～278 页。

用语言去思想。语言到底与我们有多远的距离？我们说话，同他人交流，抑或自言自语，我们可以听到自己的声音；时常，我们还会写下需要用作交流或表达的文字。说话和写作，似乎成为语言最重要的功能。但是我们对于事物的反应和理解，往往受到我们身处的时空限制——学习、工作或者生活，我们会不假思索地对许多事情做出判断或结论。这时的语言文字，"是照着流俗的能力而构制和应用的，所以它所遵循的区分线也总是那对流俗理解力最为浅显的"①。自然世界的规则应为何样？世俗与规律所在的区分线，对于现实时空下的语言来说，也似乎没有起到任何作用。这是语言所加于思想和理解力之上的"假象"。② 用温和的表达来说，也许将"假象"替换为"现象"更好一些。任何事物都有其存在的浅层和深层状态，语言也是如此。如果我们依照语言的这种现象，依照"凭借对语言的熟悉和积累的经验"（前语），不假思索地安排日常的工作和生活；或者任凭语言表面现象活动，甚至将其当作任何人语文学习的基本规则和指导方向，那就会大大地偏离了人类与语言共同发展前行的轨道。

人类使用语言的更为重要的意义是思考。人类依靠反思使自身成长进步。如果不经反思，人类无法跳出"对自然界的狭隘关系制约"③，而继续生存在对自然界驯从的意识中④；如果不经反思，人类也无法发现，恰恰是摸索、掌握到自然存在的规律，其自身才能够既不处于"对自然界的狭隘关系制约"，亦不处于人类自己的关系制约，而保持与自然彼此依存的关系。恩格斯说："我们一天天地学会更加正确地理解自然规律，学会认识我们对自然界的惯常行程的干涉所引起的比较近或比较远的影响。特别是从本世纪自然科学大踏步地前进以来，我们就愈来愈能够认识到，因而也学会支配至少是我们最普通的生产行为所引起的比较远的自然影响。"⑤ 反思是人类在劳动中获得语言能力后，进而与"劳动一起产生出来的"语言思考智慧。由于拥有这种智慧，人类懂得了积累经验，懂得了经验对比，也获取了在意识领域中通过判断、推理以及对自己行为做出改变的决策能力，最终"使自然界为自己的目的服务，来支配自然。"⑥

思想的智慧可以从阅读中获取。当我们在阅读中能够与思想碰撞，对自然、社会、人生的事情进行反思，辨别美丑真假，发现真相和美的存在，对我们来说，可能就跨越了与语言之间的距离，我们的思想与语言合二为一了。我们应当学会借助语言的工具去阅读优秀书籍，在阅读之中，借助语言，去思考，去发问，去捕捉文字缝隙中所流淌出来的对自然万物诠释的智慧，去发现蕴藉在它们

---

① ［英］培根：《培根论人生》，黑龙江科学技术出版社 2012 年版，第 207 页。
② ［英］培根：《培根论人生》，黑龙江科学技术出版社 2012 年版，第 208～209 页。
③ 马克思：《费尔巴哈》，出自《马克思恩格斯选集》（第一卷），人民出版社 1972 年版，第 35 页。
④ 同上。
⑤ 恩格斯：《自然辩证法》，出自《马克思恩格斯选集》（第三卷），人民出版社 1972 年版，第 518 页。
⑥ 恩格斯：《自然辩证法》，出自《马克思恩格斯选集》（第三卷），人民出版社 1972 年版，第 517 页。

身后的人的经验、思考、对美的形式的辩解和确定；让语言在自己的心底发声、运动，让它们成为与自己心灵交汇在一起的翻涌的泉流，流过我们的眼睛，看到和发现世界的每一处存在。像梭罗说的那样，"识字之后，就应该阅读文学中最优秀的东西"①，抛掉内心中对于阅读的私心杂念，包括道德的谴责和功利的诱惑。"大多数人自己能够读或听人读就感到满足，可能由于一本好书——《圣经》中充满智慧的至理名言而内心受到谴责，在余生的岁月里，就阅读一些轻松的读物，过着单调的生活，把自己的聪明才智浪费掉。"② 其实还不止这些，许多人也许是为着生存环境的喧闹，被迫放弃了对阅读优秀作品的自觉要求。

真正去阅读，真正从阅读中获取思想的智慧，需要勇气。假如我们仅仅是学会了记字词，学会了造句，学会了书写那些已经成为定式的文章，或者按照定式去解构一些文章，抑或从其中摘取一些知识信息，我们就是在阅读吗？假如是那样的话，语言的思考功能与语言的实用功能，恰恰就被我们自己割断了。但是我们没有意识到，在通过语言的实用功能获取了所需的知识外，其实还存在更为重要的东西。它们是比知识更重要的思考的能力和思想的智慧。荷马的著作，埃斯库罗斯乃至维吉尔的著作，静静地摆放在那里，"他们的作品几乎和黎明一样优雅，一样完整，一样纯美；因为后来的作家，不管我们怎样去描述他们的天才，很少能比得上古代作家精心刻画出来的完美优雅，以及毕生崇高的文学劳动。……当梵蒂冈收藏的满是《吠陀经》、《阿维斯陀古经》和《圣经》，满是荷马、但丁和莎士比亚的著作，而继起的一切世纪接连不断地把它们的纪念品在世界性的广场上堆放时，那个时代的确是非常富有的。靠着这样伟大的宝藏，我们可望最终能攀登上天堂"③。这些著作，从它们诞生的那个时代起就放射出人类思想智慧的光芒，直至今天，经久不息。如果我们有足够的勇气的话，我们就会像真正爱好那些书籍的人们一样，去收藏它们，去阅读它们，去品鉴从它们的字里行间流淌出来的思想智慧。没有勇气怎么抵挡住喧嚣世界的烦扰？没有勇气怎么抗拒色彩斑斓世界的诱惑？没有勇气怎么让自己沉没在思考的海底、宁肯在那里沉寂下去也不肯放弃对于语言原则的信守？没有勇气怎么能敢于同时光和岁月打赌，要绑上一生的精力，不问值与不值，要在徘徊、徜徉的地方发现真理？

真理在世人的眼里，也许比假象要黯淡得多。培根说，如果把真理比作白昼之光，"世间的那些歌剧、扮演、庆典在这种光之下所显露的，远不如灯烛之光所显露的庄严美丽。真理在世人眼中其价值也许等于一颗珍珠，在日光之下看起来最好；但是它决够不上那在各种不同光线下显得最美的钻石和红玉的价值"④。如果是那样，谁还会爱好真理？"掺上一点伪说的道理总是给人添乐趣的。要是

---

① ［美］梭罗：《瓦尔登湖》，译林出版社2011年版，第75页。
② 同上。
③ ［美］梭罗：《瓦尔登湖》，译林出版社2011年版，第74页。
④ ［英］培根：《培根论人生》，黑龙江科学技术出版社2012年版，第1页。

从人们的心中取去了虚妄的自是，自谀的希望，错误的评价，武断的想象，就会使许多人的心变成一种可怜的、缩小的东西，充满忧郁和疾病，自己看起来也讨厌。"① 轻轻松松、欢欢闹闹地度过一生难道不好吗？或者，思想是上帝抑或圣人的事情，与我们有什么关系？当年孔子说"述而不作，信而好古"②（《论语·述而》）的时候，也许担心后人难辨其思想的真伪；但好事的弟子还是将老师的言论纂辑成书。真的是因为好事，还是唯恐不能排解孔子"德之不修，学之不讲，闻义不能徙，不善不能改，是吾忧也"③ 的处世忧患？中国古代思想家，瓢饮箪食在陋巷，亦未忘记自己修身立世、屈己利人的责任。阳明被贬贵州龙场，万山丛林之中，四处毒蛇瘴疠，无一房一垄，亦尽失荣宠。但是他在龙场顿悟中，所获最大感知，不为外求，而是内究。"知是心之本体。心自然会知：见父自然知孝，见兄自然知弟，见孺子入井自然知恻隐，此便是良知，不假外求。若良知之发，更无私意障碍，即所谓'充其恻隐之心，而仁不可胜用矣'。"④ 恻隐之心、仁义之性，阳明称其为人心存在的本相，若知识是发自本相存在之上的良知，此良知与心之本相一体，心所在处，圣人所在，仁义礼智信之价值观所在，何必外求，又何必求则他人？克己奉公、直面真理者，有如这些古代思想家吗？

我们总需要对世界、对真理有个态度。很多时候，出于事物实用性需求考虑，我们会放弃语言与思想关系的原则，把语言仅仅看作是表明存在关系的一种态度。这种语言态度远远不够。这种语言态度不足以让我们走近心灵的入口，找到那个令所有人都应该去的地方，在那里获得人类高尚的精神和人类自由的意志。爱默生把人的心灵称作人类理性的存在地，亦是人类与真理本相所在的"最高媒介"。人类如果失去了运用语言认识和思考世界存在、反思历史和事实存在的本能，其在自然界中的一切活动都将徒劳无益；人的本质即是在劳动中、在与自然界相处的过程中发现和运用规律。"一个人就是一部事实的完整百科全书；一个橡子可以创造出一千片森林；埃及、希腊、罗马、高卢、不列颠、美国，已经多重地包含在第一个人身上，一代又一代，军营、王国、帝国、共和国、民主国，只不过是将他的多重精神运用到这个多重千的世界上而已。"⑤ 一部人类历史，用无数重笔墨书写涂抹着关于人类在自然与社会存在面前的成功与失败的规律；人类不断奋斗，带着他们的思想与反思，经历过挫折与耻辱，但是他们将宇宙自然的美与高尚的存在意识——这个智慧的花环，最终戴在了头上。历史中，留下了柏拉图，留下了理性；历史中，留下了尧舜禹，留下了道德；当人类不断

---

① ［英］培根：《培根论人生》，黑龙江科学技术出版社 2012 年版，第 1~2 页。
② 杨伯峻译注：《论语译注》，中华书局 1980 年版，第 66 页。
③ 同上，第 67 页。
④ 选自《王阳明全集·卷一语录一·传习录上》（第一册）。吴光等编校：《王阳明全集》，浙江古籍出版社 2011 年版，第 7 页。
⑤ ［美］爱默生：《爱默生随笔》，三联书店 2008 年版，第 97 页。

地用语言去思考自然天性与善的关系、思考善与道德的关系、思考道德与社会存在的关系时，自然之路与人类之域，彼此便打开了互通的大门。对于宇宙自然存在来说，人类世界是这样的："有一个人人都有的共同心灵。每个人都是进入这个共同心灵及其一切的入口。人一旦被给予了理性的权利，便天生地成为整个社会的自由人。柏拉图想到的，他也能想到；圣徒感觉到的，他也能感觉到；任何时候、任何人、遭遇到的任何事情，他都能够理解。谁能够接近这颗包罗万象的心灵，谁就参与了目前存在的一切，或是能做到的一切，因为这是唯一的和最高的媒介。"① 只有走进了宇宙自然存在的大门，我们才可能看到宇宙何以存在的光芒，才可能感受到与美发生关联、与善共同存在的自由，才可能用我们精神的理性和自由探讨真理本相的存在。那个时候，我们才可以征服空间和时间的相对性，在短暂的生命和诱人的利益面前，表现得淡定和无所畏惧。我们问过自己吗，我们怎么做才能够播种和培育善与道德的种子？我们要求过自己吗，我们如何阅读历史、通过思考和反思的心灵理解和诠释历史？我们鞭笞过自己吗，我们凭什么要浅尝辄止、在有着真理本相存在的宇宙自然面前自得其乐？周敦颐曾自问"善不及"？又自答曰"不及，则学焉"。② 是的，人有一善，则学；人有一不善，则学而改之。在择善而处的这条路上，人可以停下脚步吗？人可以模糊或者失去自己的态度吗？

打开这部语文书，一定会觉得有点不同寻常，赫然出现在篇目上的，是标有"思想篇"、"历史篇"、"文学篇"字样的主题分类线索。大学语文不是工具性教材吗？大学语文不是语言文字、篇章结构、文学作品的解释、解构和分析鉴赏吗？"最崇高的书面词语通常都远远地隐藏在瞬间即逝的口语背后，或在它之上，正如繁星点点的太空隐藏在浮云后面一样。星星就在那儿，那些能辨认的人可以去辨认。"③ 这个世界到底是什么样子？这个世界的存在有无规律可循？为什么、我们不让语文学习的方式有所改变、让流水一样的解释结构赏析停顿下来，让流水停顿下来。语言消解了，语言在思想阐释和历史面貌还原的面前消解了。我们可以在语文学习中讨论古代思想家的认识态度和认识源泉，可以分辨不同历史时期的思想的声音；我们还可以在语文学习中追溯历史的兴衰沉浮，可以在历史状态下了解占代政治家政治抉择的初衷与结果，可以辨识后人对历史问题所下的真伪结论；我们在用语言讨论语言的时候，还有什么形式能够阻止语言的表达，还有什么样的修辞能够限制思想与情感沿着语言的通道一直表达下去？语言文学的审美是我们讲授大学语文的始终话题，没有中止，没有穷尽，甚至我们要通过语言与思想关系的强调，借助对美的存在的探寻，拉近语文与审美的距离。

按照我们的篇目的分类线索，《礼记·大学》篇排在思想篇的首位；周敦颐

---

① ［美］梭罗：《瓦尔登湖》，译林出版社 2011 年版，第 73 页。
② （宋）周敦颐：《周敦颐集》，岳麓出版社 2002 年版，第 33 页。
③ ［美］梭罗：《瓦尔登湖》，译林出版社 2011 年版，第 73 页。

的《通书》和王阳明的《传习录》入选；船山《读通鉴论》之《文帝》篇，据史发论，通篇充满古代思想家对治国思想及方略的思考，亦选在此；还有徐光启的《几何原本杂议》，有梁启超的《论公德》。以往大学语文少不了要讲的《郑伯克段于鄢》则出现在历史篇中第一篇的位置，《左传》中的《周郑交质》被选入；而《史记》中的《五帝本纪》和《货殖列传》也选在大学语文的历史篇中，连《明史·张居正传》也在其中了。而文学篇的内容则大大被压缩，却出现与其他《大学语文》不同的选文：有了《诗经·蓼莪》，有了汉乐府诗《公无渡河》和《枯鱼过河泣》，有了李白的《庐山谣寄卢侍御虚舟》和杜甫的《观公孙大娘弟子舞剑器行并序》；白居易的《缭绫》和《放鱼》作为唐人新乐府诗被刻意提到；而柳、周、姜三人词虽不为历来《大学语文》选文正统，却因其特有的"沉郁顿挫"气韵成为本书宋词的风格作；《祭十二郎文》、《种树郭橐驼传》和《文与可画筼筜谷偃竹记》几乎是《大学语文》的必选文本，怎么能够跨越过去？本书也选用了。

历史中留下来的好篇章，对我们来说，必定会产生一种不可思议的魅力，读到它们，会感到高尚、豁达、甜美抑或感愤、忧伤，我们身处的这个世界一定不同于那个遥远的世界，但那里的声音为什么又来得如此真切？经典就是那个来自心灵之门中的理性与自由的思想，它与我们没有距离，只要我们学会用语言去思考，它就在我们的面前，就在我们的心底，给我们力量，伴随我们成长。

感谢经济科学出版社给予我们的大力支持。这部有着新思路的《经典新语文》，是语文教材及语文教学的新尝试，无论是经济科学出版社领导，还是这部书籍的责任编辑，还是我们这些编写者，对它都抱有极大的热情和期待。我们想走出那个形式主义的套路，给语文一个新的认识，把语文带到一个新天地。

2014 年夏于北京北郊静心斋

目　录

思 想 篇

历 史 篇

文学篇

诗 词

思　想　篇

大学*（节选）

[先秦]《礼记》

　　大学之道①，在明明德②，在亲民③，在止于至善。知止④而后有定；定而后能静；静而后能安；安而后能虑；虑而后能得⑤。物有本末，事有终始。知所先后，则近道矣。古之欲明明德于天下者，先治其国；欲治其国者，先齐其家⑥；欲齐其家者，先修其身⑦；欲修其身者，先正其心；欲正其心者，先诚其意；欲诚其意者，先致其知⑧；致知在格物⑨。物格而后知至；知至而后意诚；意诚而后心正；心正而后身修；身修而后家齐；家齐而后国治；国治而后天下平。自天子以至于庶人⑩，壹是皆以修身为本⑪。其本乱而末治者否矣⑫。其所厚者薄，而其所薄者厚⑬，未之有也⑭！（经一）

　　《康诰》⑮曰："克⑯明德。"《大甲》⑰曰："顾諟天之明命⑱。"《帝典》⑲

---

　　* 选自《四书章句集注》。朱熹：《四书章句集注》，中华书局 2012 年版。

　　① 大学之道：大学的宗旨。

　　② 明明德：前一个"明"作动词，使动用法，即"使彰明"，也就是发扬、弘扬的意思。后一个"明"作形容词，明德即光明正大的品德。朱熹注："明明德于天下者，使天下之人皆有以明其明德也。"

　　③ 亲民：根据后面的"传"文，"亲"应为"新"，即革新、弃旧图新。亲民，也就是新民，使人弃旧图新、去恶从善。

　　④ 知止：谓志在达到至善的境地。朱熹注："止者，所当止之地，即至善之所在也。知之，则志有定向。"

　　⑤ 得：收获。朱熹注："得，谓得其所止。"

　　⑥ 齐其家：管理好自己的家庭或家族。李渔《风筝误·闺哄》："不会齐家会做官，只因情法有严宽。"

　　⑦ 修其身：陶冶身心，涵养德性，修养自身的品性。

　　⑧ 致其知：使自己获得知识。历代儒家学者对此有不同解释。郑玄认为"致知"是使人"知善恶吉凶之所终始"。朱熹认为"致，推极也；知，犹识也。推极吾之知识，欲其所知无不尽也"。王守仁则认为"致知"即"致吾心之良知"。参见"致良知"。

　　⑨ 格物：认识、研究万事万物。朱熹注："物格者，物理之极处无不到也。"此即推究、穷究事物之理。

　　⑩ 庶人：泛指无官爵的平民、百姓。

　　⑪ 壹是：一概，一律，都是。本：根本。

　　⑫ 末：相对于本而言，指尖端、梢、枝末、枝节，非根本的、次要的、差一等的。

　　⑬ 厚者薄：该重视的不重视。薄者厚：不该重视的却加以重视。朱熹注："本，谓身也。所厚，谓家也。"

　　⑭ 未之有也：即未有之也，宾语前置，表示从来没有这样的道理、事情、做法等。

　　⑮ 康诰：《尚书·周书》中的一篇，是西周时周成王任命康叔治理殷商旧地民众的命令。《尚书》是上古历史文献和追述古代事迹的一些文章的汇编，是"五经"之一，称为"书经"。全书分为《虞书》、《夏书》、《商书》、《周书》四部分。

　　⑯ 克：能够。

　　⑰ 大甲：即《太甲》，《尚书·商书》中的一篇。

　　⑱ 顾：思念。諟："是"，此。明命：圣明的命令。

　　⑲ 帝典：即《尧典》，《尚书·虞书》中的一篇。

曰："克明峻德。"① 皆②自明也。（传一）

汤之《盘铭》③ 曰："苟日新④，日日新，又日新。"《康诰》曰："作新民。"⑤《诗》曰："周虽旧邦，其命维新。"⑥ 是故君子无所不用其极⑦。（传二）

所谓⑧致知在格物者，言欲致吾之知，在即物而穷⑨其理也。盖人心之灵莫不有知，而天下之物莫不有理，惟于理有未穷⑩，故其知有不尽也。是以《大学》始教，必始学者即凡天下之物，莫不因其已知之理而益⑪穷之，以求至乎其极。至于用力之久，而一旦豁然贯通焉，则众物之表里精粗无不到，而吾心之全体大用无不明矣。此谓物格，此谓知之至也。（传五）

所谓诚其意⑫者，毋⑬自欺也。如恶恶臭⑭，如好好色⑮，此之谓自谦⑯。故君子必慎其独⑰也！小人闲居⑱为不善，无所不至，见君子而后

---

① 克明峻德：《尧典》原句为"克明俊德"。俊：与"峻"相通，意为高大、崇高等。

② 皆：都，指前面所引的几句话。

③ 汤：即成汤，商朝的开国君主。盘铭：古代刻在盥洗盘器上的劝诫、警戒自己的箴言文辞。《礼记·大学》："汤之盘铭曰：'苟日新，日日新，又日新。'"郑玄注："盘铭，刻戒于盘也。"孔颖达疏："汤沐浴之盘，而刻铭为戒，必于沐浴之盘者，戒之甚也。"朱熹注："盘，沐浴之盘也。铭，名其器以自警之辞也。"

④ 苟：如果。新：这里的本义是指洗澡除去身体上的污垢，使身体焕然一新，引申为精神上的弃旧图新。朱熹注："汤以人之洗濯其心以去恶，如沐浴其身以去垢。故铭其盘，言诚能一日有以涤其旧染之污而自新，则当因其已新者，而日日新之，又日新之，不可略有间断也。"

⑤ 作：振作，激励。新民：即"经"里面说的"亲民"，实应为"新民"。这里意思是使民新，也就是使民更新，弃旧图新，教民向善，去恶从善。

⑥ 《诗》曰"句：这里的《诗》指《诗经·大雅·文王》。周：周朝。旧邦：旧国。其命：指周朝所禀受的天命。维：语助词，无意义。

⑦ 是故君子无所不用其极：所以品德高尚的人无处不追求完善。是故：所以。君子：指品德高尚的人。朱熹注："自新新民，皆欲止于至善也。"

⑧ 这一章的原文只有"此谓知本，此谓知之至也"两句。朱熹认为"此谓知本"一句是上一章的衍文，"此谓知之至也"一句前面又缺了一段文字。朱熹根据上下文关系补充了这一段文字。

⑨ 即：接近，接触。穷：穷究，彻底研究。

⑩ 未穷：未穷尽，未彻底。

⑪ 益：更加。

⑫ 诚其意：使意念、心志真诚。

⑬ 毋：不要。朱熹注："毋者，禁止之辞。"

⑭ 恶（wù）恶（è）臭（chòu）：厌恶腐臭的气味。臭：气味。

⑮ 好（hào）好（hǎo）色：喜爱美丽的女子。好色：美女。

⑯ 谦（qiè）：通"慊"，朱熹注："谦，快也，足也。"足：满意，心安理得的样子。

⑰ 慎其独：在独自一人时也谨慎不苟。朱熹注："独者，人所不知而己所独知之地也。言欲自修者知为善以去其恶，则当实用其力，而禁止其自欺。使其恶恶则如恶恶臭，好善则如好好色，皆务决去，而求必得之，以自快足于己，不可徒苟且以殉外而为人也。然其实与不实，盖有他人所不及知而己独知之者，故必谨之于此以审其几焉。"

⑱ 闲居：避人独居，即独处。

厌然^①，掩^②其不善，而著^③其善。人之视己，如见其肺肝然，则何益矣。此谓诚于中^④，形于外。故君子必慎其独也。曾子曰："十目所视，十手所指，其严乎！"富润屋^⑤，德润身^⑥，心广体胖^⑦。故君子必诚其意。（传六）

所谓修身在正其心者，身有所忿懥^⑧，则不得其正；有所恐惧，则不得其正；有所好乐，则不得其正；有所忧患，则不得其正。心不在焉，视而不见，听而不闻，食而不知其味。此谓修身在正其心。（传七）

所谓齐其家在修其身者，人之其所亲爱而辟^⑨焉，之其所贱恶而辟焉，之其所畏敬而辟焉，之其所哀矜^⑩而辟焉，之其所敖惰^⑪而辟焉。故好而知其恶，恶而知其美者，天下鲜矣！故谚有之曰："人莫知其子之恶，莫知其苗之硕^⑫。"此谓身不修不可以齐其家。（传八）

❖ 学习视野

作家作品

《大学》与三纲、八条目^⑬

《大学》原为《礼记》第四十二篇。《礼记》是儒家经典著作之一，作者并无定说，大体是先秦时期的儒家学者，西汉戴圣是整理编订者，共四十九篇，九万余字，记载了中国古代社会的典章制度、世俗生活规范、政治、宗教、哲学、伦理、思想等各个方面的情况。其中，《大学》篇哲学思想内容丰富。古代典籍多不标题，后人多以其篇首字句为题。《大学》开篇即为"大学之道……"，故

---

① 厌然：闭藏貌。躲躲闪闪的样子。孔颖达疏："厌然，闭藏其不善之事。"朱熹注："厌然，消沮闭藏之貌。此言小人阴为不善，而阳欲揜之，则是非不知善之当为与恶之当去也；但不能实用其力以至此耳。然欲掩其恶而卒不可掩，欲诈为善而卒不可诈，则亦何益之有哉！此君子所以重以为戒，而必谨其独也。"

② 掩：遮掩，掩盖。

③ 著：显明，显出，显示。

④ 中：指内心。下面的"外"指外表。

⑤ 润屋：使居室华丽生辉。

⑥ 润身：修养自身，使自身受益。

⑦ 心广体胖（pán）：胖，大，舒泰。此谓人的心胸宽广，体貌自然舒泰安详。朱熹集注："心无愧怍，则广大宽平，而体常舒泰。"朱熹注："言富则能润屋矣，德则能润身矣，故心无愧怍，则广大宽平，而体常舒泰，德之润身者然也。盖善之实于中而形于外者如此，故又言此以结之。"

⑧ 身：程颐认为应为"心"。忿懥（zhì）：愤怒，发怒。郑玄注："懥，怒貌也。"

⑨ 之：即"于"，对于。辟：偏颇，偏向。

⑩ 哀矜：同情，哀怜，怜悯。

⑪ 敖（áo）：骄傲，傲慢。惰：懒，懈怠，怠慢。

⑫ 硕：大，肥壮。

⑬ 主要参考、引用了以下论著的相关观点、说法，限于体例，文中不再一一注明。朱熹：《四书章句集注》，中华书局 2012 年第 2 版；朱熹注、王浩整理：《四书集注》，凤凰出版社 2008 年版。

以"大学"为篇名。其所讲"大学"是相对于"小学"而言，"小学"乃"详训诂，明句读"之学，而"大学"则是治国平天下之学。"大学之书，古之大学所以教人之法也。……人生八岁，则自王公以下，至于庶人之子弟，皆入小学，而教之以洒扫、应对、进退之节，礼乐、射御、书数之文；及其十有五年，则自天子之元子、众子，以至公、卿、大夫、元士之适子，与凡民之俊秀，皆入大学，而教之以穷理、正心、修己、治人之道。此又学校之教、大小之节所以分也。"（朱熹《大学章句序》）

《大学》主要有两个版本：一是包含在《礼记》中的《大学》古本原文；二是经朱熹编排整理、章句析解，划分为"经"一章、"传"十章的《大学章句》，这一版本流传最广，影响也最大。最初，理学奠基者程颢、程颐将《大学》从《礼记》中抽出，单独成篇，编次章句。理学集大成者朱熹在二程的基础上进一步对《大学》编排整理，分为"经"一章、"传"十章。对于《大学》的作者，程颢、程颐认为《大学》是"孔氏之遗言也"。朱熹则加以细致区分："经一章盖孔子之言，而曾子述之；其传十章，则曾子之意而门人记之也。旧本颇有错简，今因程子所定而更考经文，别为序次加左。""凡传十章：前四章统论纲领指趣，后六章细论条目功夫。其第五章乃明善之要，第六章乃诚身之本，在初学尤为当务之急，读者不可以其近而忽之也。"朱熹将《大学》、《中庸》、《论语》、《孟子》合编集注，其中，《大学章句》一卷，《中庸章句》一卷，《论语集注》十卷，《孟子集注》七卷，是为《四书集注》。

《大学》经一章提出了著名的三纲、八条目，即明明德、亲民、止于至善三条纲领，格物、致知、诚意、正心、修身、齐家、治国、平天下八个条目。三纲为根本方法和最终宗旨，八条目是实现三纲的具体途径和步骤。《大学》认为治国平天下这种"大学"的根本方法和宗旨是提倡、发扬、践行光明正大积极的道德品质、道德行为、社会风尚，亲近民众和体察、尊重民意民心，使民众自新，以至善至美为奋斗目标和理想之境。八个条目中，修身最为根本，是基础，"自天子以至于庶人，壹是皆以修身为本"，不存在自身修养薄弱、败坏而能齐家治国的可能，即"其本乱而末治者否矣。其所厚者薄，而其所薄者厚，未之有也"。而修身的具体内容和步骤则是格物致知、诚意正心。传十章则分别解释了明明德、亲民、止于至善、本末、格物致知、诚意、正心、修身、齐家、治国平天下的内容、必要性、合理性等。

通过对《大学》的整理、阐发，朱熹将儒家内圣外王的理想情景、内在逻辑，特别是将自我道德修养的内容和步骤予以具体化和明晰化、精密化，构成了理学在伦理道德、政治哲学、认识论等方面的重要基础和基本纲领，涵盖了理学的主要内容①，对后世影响很大。

---

① 朱熹注、王浩整理：《四书集注》，王华宝："整理说明"，凤凰出版社2008年版，第3页。

✦ **学习计划**

阅读理解

1. "大学之道，在明明德，在亲民，在止于至善。"在你看来，古人为何将"明明德"、"亲民"、"止于至善"三者作为"大学之道"的内容？这反映了古人怎样的思想观念？

2. 怎样理解《大学》将"格物、致知、诚意、正心、修身、齐家、治国、平天下"八条目作为实现"明明德"、"亲民"、"止于至善"等"大学之道"的具体途径和步骤？八条目之间有着怎样的内在关系？

3. 朱熹集注《大学》、《论语》、《孟子》、《中庸》四者，并以《大学》为首，朱熹这样安排，有何深意？

拓展学习

1. 阅读《大学》全文，分析"传"部分对"经"的阐释及其理路等。

2. 运用概述归纳法为《大学》一文作一篇文章摘要，并写出三至四个关键词。

3. 运用《大学》的观点写一篇作文。

论语[*]（节选）

［先秦］《论语》

学而篇第一

1.1 子^①曰："学而时习之，不亦说^②乎？有朋自远方来，不亦乐乎？人不知，而不愠，不亦君子^③乎？"

1.2 有子^④曰："其为人也孝弟，而好犯上者，鲜矣；不好犯上，而好作乱者，未之有也^⑤。君子务本，本立而道生。孝弟也者，其为仁之本与^⑥！"

1.3 子曰："巧言令色^⑦，鲜矣仁！"

1.4 曾子^⑧曰："吾日三省吾身——为人谋而不忠乎？与朋友交而不信乎？传不习^⑨乎？"

1.9 曾子曰："慎终，追远^⑩，民德归厚矣。"

为政篇第二

2.7 子游^⑪问孝。子曰："今之孝者，是谓能养。至于犬马，皆能有养；不

---

* 选自《四书章句集注》。朱熹：《四书章句集注》，中华书局 2012 年版。注释主要选取、参考了杨伯峻译注：《论语译注》，中华书局 2006 年版，有删改。

① 子：尊称，这里指孔子。

② 时："在一定的时候"或者"在适当的时候"的意思。王肃的《论语注》正是这样解释的。朱熹的《论语集注》把它解释为"时常"，是用后代的词义解释古书。习：一般解释为"温习"，但在古书中还有"实习"、"演习"的意义，孔子所讲的功课，一般都和当时的社会生活和政治生活密切结合。说：通"悦"，高兴，愉快。

③ 愠（yùn）：怨恨。君子：《论语》的"君子"，有时指"有德者"，有时指"有位者"，这里是指"有德者"。

④ 有子：孔子学生，姓有，名若。

⑤ 弟（tì）：音读和意义跟"悌"相同，弟弟对待兄长的正确态度。犯：抵触，违反，冒犯。鲜（xiǎn）：少。未之有也："未有之也"的倒装形式。

⑥ 仁：是孔子的一种最高道德的名称。与：欤。

⑦ 巧言令色：朱注云："好其言，善其色，致饰于外，务以说人。"这里指花言巧语、伪善的面貌。

⑧ 曾子：孔子学生，名参（sēn），字子舆。

⑨ 三省：省（xǐng），自我检查，反省，内省。"三省"中的"三"表示多次的意思。信：诚也。传（chuán）：动词作名词用，老师的传授。习：这里的"习"字和"学而时习之"中的"习"一样，包括温习、实习、演习而言，这里概括地译为"复习"。

⑩ 慎终：郑玄的注为"老死曰终。"可见，这里的"终"字是指父母的死亡。追远：具体地说是指"祭祀尽其敬"。

⑪ 子游：孔子学生，姓言，名偃，字子游。

敬，何以别乎？"

2.8 子夏问孝。子曰："色难。有事，弟子服其劳；有酒食，先生馔，曾是以为孝乎？"

八佾篇第三

3.3 子曰："人而不仁，如礼何？人而不仁，如乐何？"

3.12 祭如在，祭神如神在。子曰："吾不与①祭，如不祭。"

3.13 王孙贾问曰："与其媚于奥，宁媚于灶②，何谓也？"子曰："不然；获罪于天，无所祷也。"

3.19 定公③问："君使臣，臣事君，如之何？"孔子对曰："君使臣以礼，臣事君以忠。"

里仁篇第四

4.1 子曰："里仁为美。择不处仁，焉得知？"④

4.5 子曰："富与贵，是人之所欲也；不以其道得之，不处也。贫与贱，是人之所恶也；不以其道得之，不去也。君子去仁，恶乎成名？君子无终食之间违仁，造次必于是，颠沛必于是。"⑤

4.6 子曰："我未见好仁者，恶不仁者。好仁者，无以尚之；恶不仁者，其为仁矣，不使不仁者加乎其身。有能一日用其力于仁矣乎？我未见力不足者。盖有之矣，我未之见也。"⑥

4.8 子曰："朝闻道，夕死可矣。"

4.9 子曰："士志于道，而耻恶衣恶食者，未足与议也。"

4.15 子曰："参乎！吾道一以贯之。"曾子曰："唯。"子出，门人问曰："何谓也？"曾子曰："夫子之道，忠恕而已矣。"⑦

4.16 子曰："君子喻于义，小人喻于利。"⑧

---

① 与（yù），参与的意思。

② 王孙贾：卫灵公的大臣。"与其媚于奥，宁媚于灶"：这两句疑是当时俗语。屋内西南角叫奥。

③ 定公：鲁君，名宋，昭公之弟，继昭公而立。

④ 里：这里可看为动词，居住也。处（chǔ）：居住也。知：《论语》中的"智"字都如此写。

⑤ "贫与贱……不以其道得之"："富与贵"可以说"得之"，"贫与贱"却不是人人想"得之"的。"得之"应该改为"去之"。恶乎：恶（wū），何处。"恶乎"即"于何处"，译文意译为"怎样"。违：离开。

⑥ 尚：动词，超过之意。矣：这个"矣"字用法同"也"，表示停顿。盖：副词，大概之意。

⑦ 贯：贯穿，统贯。忠、恕：关于"恕"，孔子自己下了定义："己所不欲，勿施于人。""忠"则是"恕"的积极一面，用孔子自己的话便应该是："己欲立而立人，己欲达而达人。"

⑧ 君子、小人：这里的"君子"、"小人"是指在位者，还是指有德者，还是两者兼指，孔子原意不得而知。

公冶长篇第五

5.7 子曰："道不行，乘桴浮于海。从我者，其由与？"子路闻之喜。子曰："由也好勇过我，无所取材。"①

5.10 宰予昼寝。子曰："朽木不可雕也；粪土之墙不可杇也；于予与何诛。"② 子曰："始吾于人也，听其言而信其行；今吾于人也，听其言而观其行。于予与改是。"

5.11 子曰："吾未见刚者。"或对曰："申枨③。"子曰："枨也欲，焉得刚？"

5.24 子曰："孰谓微生高直？或乞醯④焉，乞诸其邻而与之。"

5.25 子曰："巧言、令色、足恭，左丘明耻之，丘亦耻之。匿怨而友其人，左丘明耻之，丘亦耻之。"⑤

雍也篇第六

6.11 子曰："贤哉，回也！一箪⑥食，一瓢饮，在陋巷，人不堪其忧，回也不改其乐。贤哉，回也！"

6.12 冉求曰："非不说子之道，力不足也。"子曰："力不足者，中道而废。今女画⑦。"

6.13 子谓子夏曰："女为君子儒！无为小人儒！"

6.19 子曰："人之生也直，罔之生也幸而免。"⑧

6.20 子曰："知之者不如好之者，好之者不如乐之者。"

6.22 樊迟问知。子曰："务民之义，敬鬼神而远之，可谓知矣。"问仁。曰："仁者先难而后获，可谓仁矣。"⑨

---

① 桴（fú）：古代把竹子或者木头编成排，以当船用，大的叫筏，小的叫桴，也就是现在的木排。从：动词，跟随。材：同"哉"。

② 杇（wū）：泥工抹墙的工具叫杇，把墙壁抹平也叫杇。这里依上文的意思译为"粉刷"。何诛：直译是"责备什么呢"，这里是意译。

③ 申枨（chéng）：《史记·仲尼弟子列传》中有申党，古音"党"和"枨"相近，那么"申枨"就是"申党"。

④ 醯（xī）：醋。

⑤ 足恭："足"字旧读去声，zù。左丘明：历来相传左丘明为《左传》的作者。

⑥ 箪（dān）：古代盛饭的竹器，圆形。

⑦ 画：停止。

⑧ 也：语气词，表"人之生"是一词组作主语，这里无妨作一停顿，下文"直"是谓语。罔：诬罔的人，不直的人。

⑨ 远（yuàn）之：远作及物动词，疏远、不去接近的意思。比如祈祷、淫祀，在孔子看来都不是"远之"。先难：颜渊篇第十二又有一段答樊迟的话，其中有两句道："先事后得，非崇德与？"其和这里的"先难而后获，可谓仁矣"是一个意思。

6.28 子见南子，子路不说。夫子矢之曰："予所否者，天厌之！天厌之！"①

6.29 子曰："中庸②之为德也，其至矣乎！民鲜久矣。"

6.30 子贡曰："如有博施于民而能济众，何如？可谓仁乎？"子曰："何事于仁！必也圣乎！尧舜其犹病诸！夫仁者，己欲立而立人，己欲达而达人。能近取譬，可谓仁之方也已。"③

述而篇第七

7.11 子谓颜渊曰："用之则行，舍之则藏，惟我与尔有是夫！"

子路曰："子行三军，则谁与？"

子曰："暴虎冯河，死而无悔者，吾不与也。必也临事而惧，好谋而成者也。"④

7.12 子曰："富而可求也，虽执鞭之士⑤，吾亦为之。如不可求，从吾所好。"

7.16 子曰："饭疏食饮水，曲肱而枕之，乐亦在其中矣。不义而富且贵，于我如浮云。"⑥

7.19 叶公问孔子于子路，子路不对。子曰："女奚不曰，其为人也，发愤忘食，乐以忘忧，不知老之将至云尔。"⑦

7.23 子曰："天生德于予，桓魋其如予何⑧？"

7.30 子曰："仁远乎哉？我欲仁，斯仁至矣。"

泰伯篇第八

8.7 曾子曰："士不可以不弘毅，任重而道远。仁以为己任，不亦重乎？死而后已，不亦远乎？"

---

① 南子：卫灵公夫人，把持着当日卫国的政治，而且有不正当的行为，名声不好。所：如果，假若，假设连词，但只用于誓词中。

② 中庸：这是孔子的最高道德标准。中：折中，无过，也无不及，调和。庸：平常。

③ 施：旧读去声。尧舜：传说中的上古两位帝王，也是孔子心目中的榜样。夫（fú）：文言中的提挈词。

④ "子行三军，则谁与"："行"字古人用得很活，行军犹言行帅。"与"字是动词，偕同的意思。子路好勇，看见孔子夸奖颜渊，便发此问。暴虎冯（píng）河：徒手搏虎曰暴虎，徒足涉河曰冯河。"河"不一定是专指黄河，古代也有用作通名，泛指江河的。

⑤ 而：用法同"如"，假设连词。执鞭之士：根据《周礼》，有两种人拿着皮鞭，一种是古代天子以及诸侯出入之时，有二至八人拿着皮鞭使行路之人让道；另一种是市场的守门人，手执皮鞭来维持秩序。这里讲的是求财，市场是财富聚集之处，因此译为"市场守门卒"。

⑥ 疏食：有两个解释，①粗粮。古代以稻粱为细粮，以稷为粗粮。②糙米。水：古代常以"汤"和"水"对言，"汤"的意义是热水，"水"就是冷水。肱（gōng）：胳膊。枕：这里用作动词，旧读去声。

⑦ 叶（shè）：地名。叶公是叶地方的县长。云：如此。尔：同"耳"，而已，罢了。

⑧ 桓魋（tuí）：宋国的司马向魋，因为是宋桓公的后代，所以又叫桓魋。桓魋其如予何：《史记·孔子世家》中有一段这样的记载："孔子去曹，适宋，与弟子习礼大树下。宋司马桓魋欲杀孔子，拔其树。孔子去，弟子曰：'可以速矣！'孔子曰：'天生德于予，桓魋其如予何？'"

8.13 子曰："笃信好学，守死善道。危邦不入，乱邦不居。天下有道则见，无道则隐。邦有道，贫且贱焉，耻也；邦无道，富且贵焉，耻也。"①

子罕篇第九

9.5 子畏于匡，曰："文王既没，文不在兹乎？天之将丧斯文也，后死者不得与于斯文也；天之未丧斯文也，匡人其如予何？"②

9.11 颜渊喟然叹曰："仰之弥高，钻之弥坚。瞻之在前，忽焉在后。夫子循循然善诱人，博我以文，约我以礼，欲罢不能。既竭吾才，如有所立卓尔。虽欲从之，末由也已。"

9.17 子在川上，曰："逝者如斯夫！不舍③昼夜。"

9.18 子曰："吾未见好德如好色者也。"

9.19 子曰："譬如为山，未成一篑，止，吾止也。譬如平地，虽覆一篑，进，吾往也。"④

先进篇第十一

11.12 季路问事鬼神。子曰："未能事人，焉能事鬼？"

曰："敢问死。"曰："未知生，焉知死？"

11.26 子路、曾皙⑤、冉有、公西华侍坐。

子曰："以吾一日长乎尔，毋吾以也。居⑥则曰：'不吾知也！'如或知尔，则何以哉？"

子路率尔而对曰："千乘之国，摄乎大国之间，加之以师旅，因之以饥馑；由也为之，比⑦及三年，可使有勇，且知方也。"

夫子哂之。"求！尔何如？"对曰："方六七十，如⑧五六十，求也为之，比及三年，可使足民。如其礼乐，以俟君子。"

"赤！尔何如？"对曰："非曰能之，愿学焉。宗庙之事，如会同，端章甫，

---

① 危邦、乱邦：包咸云"臣弑君，子弑父，乱也；危者，将乱之兆也"。见：同"现"。

② 子畏于匡：《史记·孔子世家》记载，孔子离开卫国，准备到陈国去，经过匡。匡人曾经遭受过鲁国阳货的掠夺和残杀，而孔子的相貌很像阳货，便以为孔子就是过去曾经残害过匡地的人，于是囚禁了孔子。"畏"是拘囚的意思。后死者：孔子自谓。与：音同"预"。

③ 舍：上、去两声都可以读。上声：同"舍"；去声：也作动词，居住，停留。

④ "子曰……往也"：这一章也可以这样讲解："好比堆土成山，只差一筐土了，如果（应该）停止，我便停止。好比平地堆土成山，纵是刚刚倒下一筐土，如果（应该）前进，我便前进。"依照前一讲解，便是"为仁由己"的意思；依照后一讲解，便是"唯义与比"的意思。

⑤ 曾皙：名点，曾参的父亲，也是孔子的学生。

⑥ 居：平日、平常的意思。

⑦ 比（bì）：等到的意思。

⑧ 方六七十：每边长六七十里的意思。如：或者的意思。

愿为小相^①焉。"

"点！尔何如？"鼓瑟希，铿尔，舍瑟而作，对曰："异乎三子者之撰。"子曰："何伤乎？亦各言其志也。"曰："莫春者，春服既成，冠者五六人，童子六七人，浴乎沂，风乎舞雩，咏而归。"^②

夫子喟然叹曰："吾与点也！"

三子者出，曾皙后。曾皙曰："夫三子者之言何如？"子曰："亦各言其志也已矣。"曰："夫子何哂由也？"曰："为国以礼，其言不让，是故哂之。""唯^③求则非邦也与？""安见方六七十如五六十而非邦也者？""唯赤则非邦也与？""宗庙会同，非诸侯而何？赤也为之小，孰能为之^④大？"

颜渊篇第十二

12.5 司马牛忧曰："人皆有兄弟，我独亡。"子夏曰："商闻之矣：死生有命，富贵在天。君子敬而无失，与人恭而有礼。四海之内，皆兄弟也——君子何患乎无兄弟也？"

12.11 齐景公问政于孔子。孔子对曰："君君，臣臣，父父，子子。"公曰："善哉！信如君不君，臣不臣，父不父，子不子，虽有粟，吾得而食诸？"

12.13 子曰："听讼，吾犹人也。必也使无讼乎！"

12.19 季康子问政于孔子曰："如杀无道，以就有道何如？"孔子对曰："子为政，焉用杀？子欲善而民善矣。君子之德风，小人之德草。草上之风，必偃。"

子路篇第十三

13.3 子路曰："卫君待子而为政，子将奚先？"

子曰："必也正名^⑤乎！"

子路曰："有是哉，子之迂也！奚其正？"

子曰："野哉，由也！君子于其所不知，盖阙如也。名不正，则言不顺；言不顺，则事不成；事不成，则礼乐不兴；礼乐不兴，则刑罚不中；刑罚不中，则民无所错^⑥手足。故君子名之必可言也，言之必可行也。君子于其言，无所苟而

---

① 端章甫：端，古代礼服之名；章甫，古代礼帽之名。"端章甫"为修饰句，在古代可以不用动词。相：去声，名词，赞礼之人。

② 作：站起来的意思。莫：同"暮"。成：定也。沂：水名，这沂水源出山东邹县东北，西流经曲阜与洙水合，入于泗水。舞雩：《水经注》记载："沂水北对稷门，一名高门，一名雩门。南隔水有雩坛，坛高三丈，即曾点所欲风处也。"其当在今曲阜市南。

③ 唯：语首词，无意义。

④ 之：用法同"其"。

⑤ 正名：孔子所要纠正的，是有关古代礼制、名分上的用词不当的现象，而不是一般的用词不当的现象。后者是语法修辞范畴中的问题；依孔子的意见，前者是有关伦理和政治的问题。

⑥ 错：同"措"，安置也。

已矣。"

13.4 樊迟请学稼。子曰："吾不如老农。"请学为圃。曰："吾不如老圃。"

樊迟出。子曰："小人哉，樊须也！上好礼，则民莫敢不敬；上好义，则民莫敢不服；上好信，则民莫敢不用情。夫如是，则四方之民襁负其子而至矣，焉用稼？"

13.16 叶公问政。子曰："近者悦，远者来。"

13.18 叶公语孔子曰："吾党有直躬者，其父攘羊，而子证①之。"孔子曰："吾党之直者异于是：父为子隐，子为父隐，直在其中矣。"

宪问篇第十四

14.16 子路曰："桓公杀公子纠，召忽死之，管仲不死②。"曰："未仁乎？"子曰："桓公九合③诸侯，不以兵车，管仲之力也。如其仁，如其仁④。"

14.17 子贡曰："管仲非仁者与？桓公杀公子纠，不能死，又相之。"子曰："管仲相桓公，霸诸侯，一匡天下，民到于今受其赐。微管仲，吾其被发左衽矣。岂若匹夫匹妇之为谅也，自经于沟渎而莫之知也？"⑤

14.24 子曰："古之学者为己，今之学者为人。"

14.34 或曰："以德报怨⑥，何如？"子曰："何以报德？以直报怨，以德报德。"

14.36 公伯寮⑦愬⑧子路于季孙。子服景伯⑨以告，曰："夫子固有惑志于公伯寮，吾力犹能肆诸市朝⑩。"子曰："道之将行也与，命也；道之将废也与，命也。公伯寮其如命何！"

卫灵公篇第十五

15.2 在陈绝粮，从者病，莫能兴。子路愠见曰："君子亦有穷乎？"子曰：

---

① 证：《说文》云"证，告也"，正是此意，相当于今日的"检举"、"揭发"。

② 管仲不死：齐桓公和公子纠都是齐襄公的弟弟。齐襄公无道，两人都怕牵累，桓公便由鲍叔牙侍奉逃往莒国，公子纠也由管仲和召忽侍奉逃往鲁国。襄公被杀以后，桓公先入齐国，立为君，便兴兵伐鲁，逼迫鲁国杀了公子纠，召忽自杀以殉，管仲却做了桓公的宰相。这段历史可参见《左传》庄公八年和九年。

③ 九合：齐桓公纠合诸侯共计十一次。这一"九"字实是虚数，不过表示其多罢了。

④ 如其仁：王引之《经传释词》云："如犹乃也。"

⑤ 微：假若没有的意思，只用于和既成事实相反的假设句之首。被：同"披"。自经：自缢。沟渎：沟壑。

⑥ 以德报怨：《老子》也说："大小多少，报怨以德。"

⑦ 公伯寮：《史记·仲尼弟子列传》作"公伯僚"，云"字子周"。

⑧ 愬：同"诉"。

⑨ 子服景伯：鲁大夫，名何。

⑩ 市朝：古人把罪人之尸示众，或者于朝廷，或者于市集。

"君子固穷，小人穷斯滥矣。"

15.9 子曰："志士仁人，无求生以害仁，有杀身以成仁。"

15.21 子曰："君子求诸己，小人求诸人。"

15.24 子贡问曰："有一言而可以终身行之者乎？"子曰："其恕①乎！己所不欲，勿施于人。"

15.29 子曰："人能弘道，非道弘人。"

15.30 子曰："过而不改，是谓过矣②。"

15.32 子曰："君子谋道不谋食。耕也，馁在其中矣；学也，禄在其中③矣。君子忧道不忧贫。"

15.39 子曰："有教无类④。"

阳货篇第十七

17.2 子曰："性相近也，习相远也。"

17.13 子曰："乡愿⑤，德之贼也。"

17.21 宰我问："三年之丧，期已久矣。君子三年不为礼，礼必坏；三年不为乐，乐必崩。旧谷既没，新谷既升，钻燧改火⑥，期⑦可已矣。"

子曰："食夫稻⑧，衣夫锦，于女安乎？"曰："安。""女安，则为之！夫君子之居丧，食旨不甘，闻乐不乐，居处不安，故不为也。今女安，则为之！"

宰我出，子曰："予之不仁也！子生三年，然后免于父母之怀。夫三年之丧，天下之通丧也，予也有三年之爱于其父母乎！"

微子篇第十八

18.6 长沮、桀溺耦而耕⑨，孔子过之，使子路问津焉。长沮曰："夫执舆⑩者为谁？"子路曰："为孔丘。"曰："是鲁孔丘与？"曰："是也。"曰："是知津

---

① 恕："忠"（己欲立而立人，己欲达而达人）是有积极意义的道德，未必每个人都有条件来实行。"恕"只是"己所不欲，勿施于人"，则谁都可以这样做，因此孔子在这里言"恕"而不言"忠"。

② 是谓过矣：《韩诗外传》卷三曾引孔子的话说："过而改之，是不过也。"

③ 禄在其中：这一章可以和"樊迟请学稼"章（13.4）结合理解。

④ 无类："自行束脩以上，吾未尝无诲焉"（7.7），便是"有教无类"。

⑤ 乡愿（yuàn）：孟子作"原"。《孟子·尽心下》对"乡愿"有一段最具体的解释："何以是嘤嘤也？言不顾行，行不顾言，则曰：'古之人，古之人，行何为踽踽凉凉？生斯世也，为斯世也，善斯可矣。'阉然媚于世也者，是乡原也。"又说："非之无举也，刺之无刺也。同乎流俗，合乎污世。居之似忠信，行之似廉洁。众皆悦之，自以为是，而不可与入尧舜之道。故曰'德之贼'也。"

⑥ 钻燧改火：古代用的是钻木取火的方法。

⑦ 期（jī）：同"朞"，一年。

⑧ 稻：古代北方以稷（小米）为主要粮食，水稻和粱（精细的小米）是珍品，而稻的耕种面积更小，所以这里特别提出它来和"锦"为对文。

⑨ 耦耕是古代耕田的一种方法。

⑩ 执舆：就是执辔（拉马的缰绳）。其本是子路做的，因为子已下车，所以孔子代为驾御。

矣。"问于桀溺。桀溺曰："子为谁?"曰："为仲由。"曰："是鲁孔丘之徒与?"对曰："然。"曰："滔滔者天下皆是也,而谁以①易之? 且而②与其从辟③人之士也,岂若从辟世之士哉?"耰④而不辍。

子路行以告。夫子怃⑤然曰："鸟兽不可与同群,吾非斯人之徒与而谁与? 天下有道,丘不与易也。"

子张篇第十九

19.21 子贡曰："君子之过也,如日月之食焉:过也,人皆见之;更也,人皆仰之。"

19.23 叔孙武叔⑥语大夫于朝曰："子贡贤于仲尼。"

子服景伯以告子贡。

子贡曰："譬之宫墙⑦,赐之墙也及肩,窥见室家之好。夫子之墙数仞⑧,不得其门而入,不见宗庙之美,百官⑨之富。得其门者或寡矣。夫子之云,不亦宜乎!"

19.24 叔孙武叔毁仲尼。子贡曰："无以⑩为也! 仲尼不可毁也。他人之贤者,丘陵也,犹可逾也;仲尼,日月也,无得而逾焉。人虽欲自绝,其何伤于日月乎? 多⑪见其不知量也。"

学习视野

作家作品

孔子和《论语》⑫

孔子(公元前551—前479),名丘,字仲尼,春秋末期鲁国陬邑(今山东曲

---

① 以:与也,和下文"不可与同群"、"斯人之徒与而谁与"、"丘不与易也"中的诸"与"字同义。
② 而:同"尔"。
③ 辟:同"避"。
④ 耰(yōu):播种之后,再以土覆之,摩而平之,使种入土而鸟不能啄,这便叫耰。
⑤ 怃(wǔ):怃然,怅惘失意之貌。
⑥ 叔孙武叔:鲁大夫,名州仇。
⑦ 宫墙:"宫"有围障的意义,"宫墙"当系一词,犹如今天的"围墙"。
⑧ 仞:七尺曰仞。
⑨ 官:"官"字的本义是房舍,其后才引申为官职之义,这里也是指房舍而言。
⑩ 以:此也,这里作副词用。
⑪ 多:副词,祇也,适也。
⑫ 主要参考、引用了以下论著的相关观点、说法,限于体例,文中不再一一注明:章培恒、骆玉明主编:《中国文学史新著》(增订本),复旦大学出版社2011年版;杨伯峻:《论语译注》,中华书局2013年版;李泽厚:《中国古代思想史论》,人民出版社1986年版。

阜）人，著名的思想家、教育家，儒家学派创始人。其先祖孔父嘉是宋国贵族，后无辜受害，其后代出奔鲁国，传至孔子的父亲叔梁纥已是第三代。孔子所处的春秋时代，社会已经开始混乱和动荡，诸侯国之间相互侵夺，周天子近乎形同虚设，诸侯国内部权臣、强族、公室之间冲突不断。针对这种现实，孔子提出了自己的学说主张，并积极参与政治实践，曾官至鲁国大司寇，积极推行改革，扶助公室。但权臣、强族势大且肆无忌惮，而鲁君沉溺于享乐，孔子其志难申，最终去国，开始周游列国，宣传自己的学说。孔子师徒曾先后至卫国、曹国、宋国、郑国、陈国、楚国等诸侯国，但其学说并不受诸侯的重视，他六十八岁时回到鲁国。回国后，继续教授弟子，并开始整理修订《诗》、《书》、《礼》、《乐》等古典文献。公元前479年，孔子逝世，终年七十三岁。

孔子思想的核心是"仁"。"孝悌也者，其为仁之本与"，"予也有三年之爱于其父母乎"，将外在的社会规范化为内在的情感要求①，这也就是孔子的"以仁释礼"。

孔子提出了"君子"的人格理想。君子、小人本以外在的社会身份地位论，孔子转而以内在道德人格作为君子、小人的本质区别。比如："君子去仁，恶乎成名？君子无终食之间违仁，造次必于是，颠沛必于是。""君子怀德，小人怀土；君子怀刑，小人怀惠。""君子喻于义，小人喻于利。""君子坦荡荡，小人长戚戚。""君子"的人格理想及其丰富内涵为人们提供了个体人格的主动性、自足性、独立性、自由性、平等性等。

孔子提倡"德治"。"为政以德，譬如北辰居其所而众星共之。""道之以政，齐之以刑，民免而无耻；道之以德，齐之以礼，有耻且格。""听讼，吾犹人也。必也使无讼乎！""吾党之直者异于是：父为子隐，子为父隐，直在其中矣。"他并不否定法律，但对法律的局限性有着清醒的认识，强调通过道德修养达到天下无讼的理想状态。

孔子创办私学，打破了官学对知识的垄断，开创了平民教育。他广收弟子，据传弟子达三千人，其贤者七十二。孔子还提出了"有教无类"、"因材施教"、"诲人不倦"等教育理念。所以，孔子还是中国教育事业和教育思想的开创者、奠基者。

孔子所处的时代，正是中华民族的轴心时代，诸说竞起，百家争鸣。孔子的思想着眼于历史长远和人类总体，创造性地继承并发展了前代文化精义，适宜维护并促进民族乃至人类的存在与发展。所以，经过后代学人的阐述、发展，特别是汉武帝"罢黜百家，独尊儒术"，儒学构成了中华文化的主体。古人对孔子的突出贡献早有深刻认识和极高赞誉，他在世时就被誉为"天纵之圣"、"天之木铎"，被后世尊称"至圣先师，万世师表"，朱熹更说："天不生仲尼，万古长

---

① 李泽厚：《中国古代思想史论》，人民出版社1986年版。

如夜。"

《论语》由孔子的弟子及其再传弟子编撰而成，记录了孔子及其弟子言行，集中体现了孔子的思想学说，是儒家学派的经典著作之一。自唐人柳宗元以来，很多学者都认为《论语》由曾参的学生最后编定，就此而言，《论语》的编撰应当始于春秋末期，成于战国初期。《论语》以提纲挈领、言简意赅、含蓄隽永、形象生动的语言记述了孔子及其弟子言行的精要之处，有时还描述对话者的动作、神态、反应等，给人以亲切鲜活、切近活泼之感，是一部优秀的语录体散文集，也是研究儒家学说最重要的文献。

❖ 学 习 计 划

阅读理解

1. 在孔子看来，君子与小人的本质区别是什么？孔子如何阐述、强调这两种人的本质？

2. 在孔子看来，人的存在的意义与价值是什么？人的生命的最理想状态是什么？

3. 这是一篇语录体文章，怎样理解这种方式的表现效果？

4. 如何理解孔子教育观点以及所列举的学习科目？

5. 施展想象，从人类、民族、文化等角度，结合历史社会实际，讨论孔子关于"父子相隐"、"听讼吾犹人也，必也使无讼乎"、"我欲仁斯仁至矣"、"人能弘道，非道能弘人"等观点。

拓展学习

1. 阅读冷成金先生的论文《"向死而生"：先秦儒道哲学立论方式辨正——兼与海德格尔的"为死而在"》，比较、理解、分析作者所阐述的中国先秦儒家哲学的立论方式、对人生意义与境界的论述等。

2. 运用概述归纳法为孔子的道德哲学作一观点摘要，并写出三至四个关键词。

3. 运用儒家道德哲学、政治哲学观点写一篇社会时评作文。

梁惠王*（节选）

[先秦]《孟子》

孟子见梁惠王①。王曰："叟，不远千里而来，亦将有以利吾国乎？"

孟子对曰："王，何必曰利？亦②有仁义而已矣。王曰：'何以利吾国？'大夫曰：'何以利吾家？'士庶人曰：'何以利吾身？'上下交征③利而国危矣。万乘之国，弑④其君者，必千乘之家；千乘之国，弑其君者，必百乘之家⑤。万取千焉，千取百焉，不为不多矣。苟为后义而先利，不夺不餍⑥。未有仁而遗⑦其亲者也，未有义而后其君者也。王亦曰仁义而已矣，何必曰利？"

……

齐宣王⑧问曰："齐桓晋文⑨之事，可得而闻乎？"

孟子对曰："仲尼之徒无道桓文之事者，是以后世无传焉，臣未之闻也。无以⑩，则王乎。"

曰："德何如则可以王矣？"

曰："保⑪民而王，莫之能御也。"

曰："若寡人者，可以保民乎哉？"

曰："可。"

＊ 选自《孟子译注·梁惠王上》。杨伯峻：《孟子译注·梁惠王上》，中华书局2005年版。

① 梁惠王：就是魏惠王（前400—前319），惠是他的谥号，公元前370年继其父魏武侯即位。公元前362年，由旧都安邑（今山西夏县东北）迁都大梁（今河南开封西北），故其又称梁惠王。

② 亦：这里是"只"的意思。

③ 交征：互相争夺。征：取。

④ 弑：古时候以下杀上、以卑杀尊、以臣杀君叫弑。

⑤ 万乘、千乘、百乘：古代用四匹马拉的一辆兵车叫一乘。诸侯国的大小以兵车的多少来衡量。据刘向《战国策·序》说，战国末期的万乘之国有韩、赵、魏（梁）、燕、齐、楚、秦七国，千乘之国有宋、卫、中山以及东周、西周。

家：古代的执政大夫有一定的封邑（或称采地），拥有这种封邑的大夫叫家。公卿封邑大，有兵车千乘；大夫封邑小，有兵车百乘。

⑥ 餍（yàn）：满足。

⑦ 遗：遗弃，抛弃。

⑧ 齐宣王：齐威王之子，名辟疆。

⑨ 齐桓、晋文：指齐桓公、晋文公。齐桓公，春秋时齐国国君，姓姜，名小白。公元前685年至前643年在位，是春秋时第一个霸主。晋文公，春秋时晋国国君，姓姬，名重耳，公元前636年至前628年在位，也是"春秋五霸"之一。

⑩ 无以：不得已。

⑪ 保：安。

曰："何由知吾可也？"

曰："臣闻之胡龁①曰：'王坐于堂上，有牵牛而过堂下者。'王见之，曰：'牛何之？'对曰：'将以衅②钟。'王曰：'舍之！吾不忍其觳觫③，若无罪而就死地。'对曰：'然则废衅钟与？'曰：'何可废也，以羊易之！'——不识有诸？"

曰："有之。"

曰："是心足以王矣。百姓皆以王为爱④也，臣固知王之不忍也。"

王曰："然。诚有百姓者。齐国虽褊小⑤，吾何爱一牛。即不忍其觳觫，若无罪而就死地。故以羊易之也。"

曰："王无异⑥于百姓之以王为爱也。以小易大，彼恶知之？王若隐⑦其无罪而就死地，则牛羊何择焉？"

王笑曰："是诚何心哉？我非爱其财，而易之以羊也，宜乎百姓之谓我爱也。"

曰："无伤也，是乃仁术也，见牛而未见羊也。君子之于禽兽也，见其生，不忍见其死；闻其声，不忍食其肉。是以君子远⑧庖厨⑨也。"

王说⑩曰："《诗》⑪云：'他人有心，予忖度⑫之。'夫子之谓也。夫我乃行之，反而求之，不得吾心，夫子言之，于我心有戚戚⑬焉。此心之所以合于王者，何也？"

曰："有复于王者曰：吾力足以举百钧⑭，而不足以举一羽；明足以察秋毫之末⑮，而不见舆薪。则王许⑯之乎？"

曰："否。"

"今恩足以及禽兽，而功不至于百姓者，独何与？然则一羽之不举，为不用力焉；舆薪之不见，为不用明焉；百姓之不见保，为不用恩焉。故王之不王，不为也，非不能也。"⑰

---

① 胡龁：人名，齐宣王身边的近臣。

② 衅（xìn）：古代的一种礼节仪式，当国家的一件新的重要器物以至宗庙开始使用的时候，便要杀牲取血加以祭祀。

③ 觳（hú）觫（sù）：因恐惧而战栗的样子。

④ 爱：吝啬。

⑤ 褊（biǎn）：狭小。

⑥ 异：动词，奇怪，疑怪，责怪。

⑦ 隐：哀痛，可怜。

⑧ 远：这里作动词，使动用法，使他远离的意思。

⑨ 庖厨：厨房。

⑩ 说：同"悦"。

⑪ 《诗》云：引自《诗经·小雅·巧言》。

⑫ 忖度（cǔn duó）：猜测，揣想。

⑬ 戚戚：心有所动的感觉。

⑭ 钧：古代重量单位，三十斤为一钧。

⑮ 秋毫之末：指极其细小的东西。

⑯ 许：听信。

⑰ 这段是孟子的对答，引号前省略"曰"字。

曰："不为者与不能者之形何以异？"

曰："挟太山以超北海①，语人曰：'我不能。'是诚不能也。为长者折枝②，语人曰：'我不能。'是不为也，非不能也。故王之不王，非挟太山以超北海之类也，王之不王，是折枝之类也。

老吾老，以及人之老；幼吾幼，以及人之幼，天下可运于掌。《诗》③云：'刑④于寡妻⑤，至于兄弟，以御于家邦。'言举斯心加诸彼而已。故推恩足以保四海，不推恩无以保妻子。古之人所以大过人者，无他焉，善推其所为而已矣。今恩足以及禽兽，而功不至于百姓者，独何与？

权，然后知轻重；度，然后知长短，物皆然，心为甚。王请度之！

抑王兴甲兵，危士臣，构怨于诸侯，然后快于心与？"

王曰："否。吾何快于是！将以求吾所大欲也。"

曰："王之所大欲可得闻与？"

王笑而不言。

曰："为肥甘不足于口欤？轻暖不足于体欤？抑⑥为采色⑦不足视于目欤？声音不足听于耳欤？便嬖⑧不足使令于前欤？王之诸臣皆足以供之，而王岂为是哉？"

曰："否。吾不为是也。"

曰："然则王之所大欲可知已。欲辟土地，朝⑨秦楚，莅⑩中国而抚四夷也。以若⑪所为求若所欲，犹缘木而求鱼也。"

王曰："若是其甚与？"

曰："殆⑫有甚焉。缘木求鱼，虽不得鱼，无后灾。以若所为，求若所欲，尽心力而为之，后必有灾。"

曰："可得闻与？"

曰："邹⑬人与楚⑭人战，则王以为孰胜？"

---

① 太山：泰山。北海：渤海。
② 折枝：古来有三种解释：一是折取树枝，二是弯腰行礼，三是按摩搔痒。总之，是指非常容易做到的事情。
③ 指《诗经·人雅·思齐》。
④ 刑：同"型"，指树立榜样，做示范。
⑤ 寡妻：嫡妻。
⑥ 抑：选择连词，相当于现代汉语中的"还是"。
⑦ 采色：即彩色。
⑧ 便（pián）嬖（bì）：在王身边并得到王的宠幸的人。
⑨ 朝：使动用法，"使……朝觐"。
⑩ 莅（lì）：临。
⑪ 若：如此。
⑫ 殆：副词，表示不肯定，有"大概"、"几乎"、"可能"等多种含义。
⑬ 邹：国名，就是当时的邾国，国土极小，首都在今山东邹县东南的邾城。
⑭ 楚：即楚国，春秋和战国时期都是大国。

曰："楚人胜。"

曰："然则小固不可以敌大，寡固不可以敌众，弱固不可以敌强。海内之地，方千里者九，齐集有其一。以一服八，何以异于以邹敌楚哉？盖①亦反其本矣。

今王发政施仁，使天下仕者皆欲立于王之朝，耕者皆欲耕于王之野，商贾皆欲藏于王之市，行旅皆欲出于王之涂②，天下之欲疾其君者皆欲赴愬③于王。其若是，孰能御之？"

王曰："吾惛④，不能进于是矣。愿夫子辅吾志，明以教我。我虽不敏，请尝试之。"

曰："无恒产而有恒心者，惟士为能。若⑤民，则⑥无恒产，因无恒心。苟无恒心，放辟邪侈，无不为己。及陷于罪，然后从而刑之，是罔⑦民也。焉有仁人在位，罔民而可为也？是故明君制民之产，必使仰足以事父母，俯足以畜妻子，乐岁终身饱，凶年免于死亡。然后驱而之善，故民之从之也轻⑧。

今也制⑨民之产，仰不足以事父母，俯不足以畜妻子，乐岁终身苦，凶年不免于死亡，此惟救死而恐不赡⑩，奚暇治礼义哉？

王欲行之，则盍反其本矣。五亩之宅，树之以桑，五十者可以衣帛矣。鸡豚狗彘之畜，无失其时，七十者可以食肉矣。百亩之田，勿夺其时，八口之家，可以无饥矣。谨庠序之教，申⑪之以孝悌之义，颁白者不负戴于道路矣。老者衣帛食肉，黎民不饥不寒，然而不王者，未之有也。"

❖ 学习视野

作家作品

孟子和他的《梁惠王》

孟子（约公元前385—前303），名轲，邹（今山东邹城市）人；儒家学派的主要代表之一，后世以"孔孟"并称。其大致与梁惠王、梁襄王及齐威王、

---

① 盍："何不"的合音字。
② 涂：同"途"。
③ 愬（sù）：同"诉"，控告。
④ 惛，同"昏"。
⑤ 若：转折连词，"至于"的意思。
⑥ 则，假设连词，假若。
⑦ 罔：同"网"，此处用作动词，即张开网络以捕捉的意思。
⑧ 轻：轻易，容易。
⑨ 制：订立制度。
⑩ 赡：足够。
⑪ 申：重申，反复教导。

齐宣王同时，历经了周烈王、周显王、周慎靓王和周赧王时期，即战国（公元前476—前221）最后一个阶段（注：公元前221年，秦统一中国）。这个时期正是中国最为混乱的时期，孔子时代就已经"礼崩乐坏"的局面此时更无以复加。面对周室衰微、诸侯争霸、唯利是图、生灵涂炭的现实，孟子私淑于孔子，继承并发展了孔子的"仁学"，提出"仁义"之说，主张"王道"。他怀揣着恢复"三王"时代社会秩序的梦想，率领众弟子奔波于齐、宋、邹、鲁、滕等诸侯国之间，试图说服各诸侯王实行"仁政"。然而当时，孟子学说被认为迂阔而不省时事。无奈之下，孟轲退而书其道，著《孟子》七篇，"垂宪言以诒后人"。可以说，《孟子》是孟轲的理想追求与其历史文化处境撞击的结果，是一个政治理想失败者悲壮的书写。虽然孟子的现实追求失败了，但他的思想影响了中国几千年，融入了中国文化的血脉当中。

本文所选《孟子·梁惠王》中的两段文字，突出地体现了孟子学说的核心思想。《孟子》开篇一段直指"仁义"，通过回答梁惠王的问题，将"仁义"和"利"这一对立范畴鲜明地提出来。义利问题是那个时代的矛盾所在，也是《孟子》一书的关键词。为什么要讲仁义？孟子给出的答案是："苟为后义而先利，不夺不餍"，"上下交征利而国危矣"。因此，国家之大计乃是实施仁政，而后才可以无敌于天下。

孟子与齐宣王的对话，进一步谈论了仁政为何可行、如何可行、何以行之等一系列问题。孟子借齐宣王"以羊易牛"这一行为，说明不忍之心（即人性向善）是实行仁政的理论基础。如果能够将及于禽兽之恩推及百姓，则可以保有四海。"推恩"是仁政的过程，也是政治的本质，其核心在于"推"，表现在社会关系上则是"老吾老，以及人之老，幼吾幼，以及人之幼"。此推己及人之道即所谓"恕道"。孟子指出，能否"推恩"是"为不为"的事情，而非"能不能"的问题。就是说，只要你乐意做，就一定能够做到。在孟子的政治理想蓝图中，如果实行仁政，天下归心，就会所向披靡，天下归一；衣食无忧之后，加之以教化，王道始得大行于世。

作品阐释

《孟子》的内在逻辑

一、人性向善

孟子学说的内在逻辑是一个以"仁"为根本，由己及人，由人及政，由政而及天下，不得又返诸于己的循环结构。君子当本仁义礼智之天性，守其操；怀治国平天下之志，行其道；若道不得行，则返身修己，做一个不为外物所惑的"大丈夫"。因此，人性向善是孟轲政治理想和人格理想的理论依据，是孟子学说的核心思想和理论原点。

孟子关于人性向善的论证基于一种经验性描述："今人见孺子将入于井，皆有怵惕恻隐之心，非所以内交于孺子之父母也，非所以要誉于乡党朋友也，非恶其声而然也。"①这种论证方式在《孟子》中多次出现，比如齐宣王不忍牛之觳觫，以羊易牛衅钟之事。孟子认为，此恻隐之心非外界因素使然，乃纯粹出于人的本能，这种本能反应是人之所以为人的根本。同时，孟子谨慎地指出人性向善仅仅为实现伦理价值提供了可能，"恻隐之心，仁之端也；羞恶之心，义之端也；辞让之心，礼之端也；是非之心，智之端也"②。它由可能态到现实态的转变还需要充分的主体自觉。因此，人与生俱来的善端在现实中很可能走向完全相反的两个方向——若心失其养，则失其本心，无违于禽兽；若养其心、守其操并充实之，则可与尧舜同。避免前者在于求其放心，实践后者则要尽心知性，与人为善。

二、政治理想

孟子分别从政治伦理价值、政治实践途径和政治想象典范三个方面阐述了"仁政"的理想。在孟子看来，"仁义"是一种绝对政治伦理价值，与"利"相对。《孟子·梁惠王》开宗明义："王，何必曰利？亦有仁义而已矣。"有仁义则得天下，无仁义则失天下。"仁义"价值的绝对性源于人的本性——不忍人之心。将此不忍人之心推及开去，由己及人，由人及政，便可建构一个良好的社会关系和政治秩序。

与孔子的温柔敦厚相比，孟子表现出犀利的一面。他敏锐地看到了"民"的两种完全相反的力量：既可维护现存政治秩序，也可颠覆政治秩序。因此，仁政的实践途径在于"以民为本"——第一要满足人民的基本生活需求，使民有恒产，养生丧死无憾；第二于饱食暖衣之外，要教以人伦；第三要与民同乐。否则，将国亡身诛。孟子以仁为准则，为民之"革命"做了合理性论证："贼仁者谓之贼，贼义者谓之残，残贼之人，谓之一夫。闻诛一夫纣矣，未闻弑君也。"③正因此，《孟子》一书在很长时间内都属于"子学"，直到宋代才入孔庙配享，上升为"经学"。

为了证明"仁政"的可行性，孟子将"仁政"描述为历史存在时态，建构起"尧—舜—禹—汤—文王—武王—周公"的圣王系统。孟子通过激活并仿效先王体制，为其仁政学说寻找历史依据和典范模本，故曰："师文王，大国五年，小国七年，必为政于天下矣。"④

---

① 杨伯峻：《孟子译注·公孙丑上》，中华书局 2005 年版，第 79 页。
② 同上，第 80 页。
③ 杨伯峻：《孟子译注·梁惠王下》，中华书局 2005 年版，第 42 页。
④ 杨伯峻：《孟子译注·离娄上》，中华书局 2005 年版，第 168 页。

三、人格理想

《孟子》"大丈夫"的人格理想，是在与外部世界交往过程中形成的，表现出对政治理想的执著坚守。如果说政治理想的实现取决于外部条件，那么人格理想的实现则取决于主体意志。尤其当政治理想与现实世界发生激烈冲突时，能否依旧保持对"仁义"价值的信仰，人格的魅力就显现了出来。这种功力并非与生俱来，需要通过持之以恒的"集义"、"养气"方可获得。无论外界实践发生怎样的曲折，君子都能归于本心，不为所动。政治理想挫败时，返己而至于清高："穷则独善其身，达则兼济天下"；人际交往尴尬时，返己而臻于平和："爱人，不亲，反其仁。治人，不治，反其智。礼人，不答，反其敬。行有不得者，皆反求诸己，其身正而天下归之。"①有此定力，才能做到"富贵不能淫，贫贱不能移，威武不能屈"。此即所谓"大丈夫"。

综上所述，孟轲以人性本善为信仰，对外主张仁政，指出国君的两种态度——"不为"和"不能"；对内主张"修己"、"养气"，指出士的两种选择——"去"和"就"。《孟子》在很大程度上塑造了中国知识分子的精神形态，成为儒家的一部重要经典。

❋ 学 习 计 划

阅读理解

1. 《孟子》以雄辩著称，气势磅礴，清畅流利。阅读课文，分析孟子与齐宣王对话中的论述策略。

2. 课文中所选的两则对话涵盖了儒家学说的许多重要主张，如"义利之辨"、"老吾老，以及人之老，幼吾幼，以及人之幼"、"无恒产而有恒心者，惟士为能"等。阅读课文，任选其中之一试分析其意义。

拓展学习

公元前8—前3世纪，世界文明史上曾经出现过一个学术思想异常繁荣的时代。在中国，孔子、孟子、老子、墨子等大家相继出现；在印度，婆罗门教的经典《奥义书》等问世，佛教开始创立；在希腊，苏格拉底、柏拉图、亚里士多德和阿基米德等先贤相继出现。这个时代被德国学者雅斯贝斯称为"轴心时代"。人类文明以此为轴心，向多方辐射，一直延展至今天。在此大时代中，中西方同时出现了各自的文化轴心人物。他们中的有些人生活在同一时期，面对同样的问题，却做出了或同或异的思考。孔子大约生活在公元前551—前479年，

---

① 杨伯峻：《孟子译注·离娄上》，中华书局2005年版，第167页。

与希腊哲学家苏格拉底大致处于同一时代；孟子大约生活在公元前385—前303年，与亚里士多德大致处于同一时代。阅读亚里士多德的《尼各马可伦理学》（《亚里士多德伦理学》），比较孟子和亚里士多德关于人性说的论证路径。以此为基础，构想一个历史情境——当孟子和亚里士多德相遇时，设计他们之间关于人性向善的一场对话。

王制*（节选）

［先秦］《荀子》

"请问为政?"曰：贤能不待次而举，罢不能不待须而废①，元恶不待教而诛②，中庸民不待政而化。分未定也，则有昭缪③。虽王公士大夫之子孙也④，不能属于礼义⑤，则归之庶人。虽庶人之子孙也，积文学⑥，正身行，能属于礼义，则归之卿相士大夫。故奸言、奸说、奸事、奸能、遁逃反侧之民⑦，职而教之⑧，须而待之⑨；勉之以庆赏，惩之以刑罚；安职则畜⑩，不安职则弃。五疾⑪，上收而养之，材而事之，官施而衣食之⑫，兼覆无遗。才行反时者，死无赦。夫是之谓天德⑬，王者之政也。

听政之大分⑭：以善至者，待之以礼；以不善至者，待之以刑。两者分别，则贤不肖不杂，是非不乱。贤不肖不杂，则英杰至；是非不乱，则国家治。若是，名声日闻，天下愿，令行禁止，王者之事毕矣。凡听，威严猛厉而不好假道人⑮，则下畏恐而不亲，周闭而不竭；若是，则大事殆乎弛，小事殆乎遂⑯。和

---

* 选自《荀子集解》。王先谦：《荀子集解》，中华书局 2013 年版。注释主要选取、参考了张觉：《荀子译注》，上海古籍出版社 1995 年版；安小兰译注：《荀子》，中华书局 2007 年版，有删改。

① 罢（pí）：通"疲"，疲沓，指没有德才的人。须：须臾，片刻，一会儿。

② 元恶：罪魁祸首。

③ 缪（mù）：通"穆"。昭缪：据古代宗法制度，宗庙或墓地的位置以辈次排列，始祖居中，二世、四世、六世位于始祖的左方，称昭；三世、五世、七世位于右方，称缪，以此来分别上下辈分。

④ 《集解》中无"也"，据宋浙本补。

⑤ 属（zhǔ）于：符合于。属：系结，归附。

⑥ 文学：指义献典籍。

⑦ 反侧：辗转，不安，指违背法度、不安于位、不安分守己。

⑧ 职：事，指安置、安排工作。

⑨ 须：等待。

⑩ 畜：通"蓄"，养。

⑪ 五疾：五种残疾，即哑、聋、瘸、骨折、侏儒（身材异常矮小）。

⑫ 官：职事。施：施设，安排。衣（yì）："给……穿"。食（sì）："给……吃"。

⑬ 天德：合乎自然规律的德行，至高的德行。除旧布新的德行交相为用，就像天道阴阳更替一般，所以称为"天德"。

⑭ 大分（fèn）：大要，要领，关键，总纲。

⑮ 假道：宽容诱导。假：宽容。道：由，从。

⑯ 遂：通"坠"，失落。

解调通，好假道人，而无所凝止之①，则奸言并至，尝试之说锋起②；若是，则听大事烦③，是又伤之也。

故法而不议④，则法之所不至者必废。职而不通，则职之所不及者必队⑤。故法而议，职而通，无隐谋，无遗善，而百事无过，非君子莫能。故公平者，职之衡也⑥；中和者⑦，听之绳也。其有法者以法行，无法者以类举，听之尽也。偏党而无经，听之辟也⑧。故有良法而乱者，有之矣；有君子而乱者，自古及今，未尝闻也。传曰："治生乎君子，乱生乎小人。"此之谓也。

分均则不偏⑨，势齐则不壹，众齐则不使。有天有地而上下有差，明王始立而处国有制。夫两贵之不能相事，两贱之不能相使，是天数也。势位齐，而欲恶同，物不能澹⑩，则必争；争则必乱，乱则穷矣。先王恶其乱也，故制礼义以分之，使有贫、富、贵、贱之等，足以相兼临者⑪，是养天下之本也⑫。《书》曰："维齐非齐⑬。"此之谓也。

马骇舆，则君子不安舆；庶人骇政，则君子不安位。马骇舆，则莫若静之；庶人骇政，则莫若惠之。选贤良，举笃敬，兴孝弟⑭，收孤寡⑮，补贫穷，如是，则庶人安政矣。庶人安政，然后君子安位。传曰："君者，舟也；庶人者，水也。水则载舟，水则覆舟。"此之谓也。故君人者，欲安，则莫若平政爱民矣；欲荣，则莫若隆礼敬士矣；欲立功名，则莫若尚贤使能矣。是君人者之大节也⑯。三节者当，则其余莫不当矣。三节者不当，则其余虽曲当，犹将无益也。孔子曰："大节是也，小节是也，上君也。大节是也，小节一出焉，一入焉，中君也。大节非也，小节虽是也，吾无观其余矣⑰。"

---

① 凝止：有限度，停止。凝：止定。杨倞注："凝，定也；凝止，谓定止其不可也。"

② 锋：通"蜂"。

③ 听大：所听太多。

④ 故：犹"夫"，发语词。

⑤ 队：通"坠"。

⑥ 职：当是"听"字之误。衡：秤，引申指准则。

⑦ 中和：适中和谐，指处理政事时宽严适中，有适当的分寸。

⑧ 辟：通"僻"，偏邪，不公正。

⑨ 分：名分。偏：部属，下属，偏使。这里用作动词，表示上下的统属关系。不偏：表示不能统率、指挥对方的意思。

⑩ 澹（shàn）：通"赡"，满足。

⑪ 相兼临：全面进行统治。

⑫ 养：养育，引申指统治。君主统治臣民，给他们安排一定的职事，使他们能赖以生存，所以美称其统治为"养"。

⑬ 维齐非齐：引文见《尚书·吕刑》，原义为"要整齐不整齐的东西"，但荀子所引乃断章取义，与原文意义不同。其旨意是：要使天下人上下齐一，步调一致，就必须有等级差别。

⑭ 弟（tì）：同"悌"。

⑮ 《礼记·王制》："少而无父者谓之孤，……老而无夫者谓之寡。"

⑯ 大节：关系存亡安危的大事。

⑰ 无：通"毋"，不要的意思。无观其余：是因为已经可以断定这君主属于下等。

成侯、嗣公①，聚敛计数之君也，未及取民也；子产②，取民者也，未及为政也；管仲③，为政者也，未及修礼也。故修礼者王④，为政者强，取民者安，聚敛者亡。故王者富民，霸者富士，仅存之国富大夫，亡国富筐箧、实府库。筐箧已富，府库已实，而百姓贫，夫是之谓上溢而下漏。入不可以守，出不可以战，则倾覆灭亡可立而待也。故我聚之以亡，敌得之以强。聚敛者，召寇、肥敌、亡国、危身之道也，故明君不蹈也。

学习视野

作家作品

荀子和《王制》⑤

荀子（313—238），名况，字卿，战国末期赵国人，著名思想家、文学家、政治家，儒家代表人物之一，时人尊称"荀卿"，西汉时因避汉宣帝刘询讳，"荀"与"孙"二字古音相通，故又称孙卿。其十五岁游学于齐国，曾三次出任齐国稷下学宫的祭酒，后适楚，任楚兰陵（今山东兰陵）令。荀子对儒家思想有所发展，是孔子后与孟子并立的儒学大家，韩非、李斯都是他的弟子，二人为法家代表人物。

与孟子认为人性善不同，荀子主张人性恶，认为需要通过圣人、礼法的教化来"化性起伪"，"可学而能可事而成之在人者，谓之伪"，"故圣人化性而起伪，伪起而生礼义，礼义生而制法度"（《荀子·性恶》）。其主张通过人为作用改造本恶之性，使之遵循社会规范、建立道德品质等。

荀子对"礼"做了历史主义的理性解释，从人的族类特征的高度来论证，是极为卓越的见解⑥，即人类总体的存在发展要求人们是团结协作而非彼此冲突争斗，这就要求人们遵循共同的规则、规范等，于是礼法产生。此即"明分使群"，"分均则不偏，势齐则不壹，众齐则不使。有天有地而上下有差，明王始立而处国有制。夫两贵之不能相事，两贱之不能相使，是天数也。势位齐，而欲恶同，物不能澹，则必争；争则必乱，乱则穷矣"（《王制》）。通过礼法等规范，使人们对财货、权位等的分配均齐不偏，以避免争乱。

---

① 成侯：战国时卫国国君。嗣公：卫国国君，卫成侯之孙。
② 子产：姓公孙，名侨，字子产，春秋时郑国政治家，在郑国实行改革，并推行法治。
③ 管仲：管仲，姬姓，管氏，名夷吾，字仲，春秋时期法家代表人物。
④ 故：犹"夫"，发语词。
⑤ 主要参考、引用了以下论著的相关观点、说法，限于体例，文中不再一一注明：张觉：《荀子译注》，上海古籍出版社1995年版；安小兰译注：《荀子》，中华书局2007年版；李泽厚：《中国古代思想史论》，人民出版社1986年版。
⑥ 李泽厚：《中国古代思想史论》，人民出版社1986年版，第3页。

荀子还提出了"天人之分"和"制天命而用之"的观点。"天行有常，不为尧存，不为桀亡。应之以治则吉，应之以乱则凶。""天不为人之恶寒也辍冬，地不为人之恶辽远也辍广，君子不为小人之匈匈也辍行。天有常道矣，地有常数矣，君子有常体矣。""从天而颂之，孰与制天命而用之。"（《荀子天论》）

"'隆礼'、'性伪'、'劝学'和'天人之分'，构成了以改造主客观世界为根本精神的思想体系，比孟子更具有物质实践性格和以人类为主体的博大气概。"①

《荀子·王制》"阐述了奉行王道从而成就帝王大业的圣王的制度，论及王者的政治纲领、策略措施、用人方针、听政方法、管理制度、官吏职事等，同时还论述了王制以外那些导致强大称霸、仅能安存、危殆、灭亡等后果的所作所为，以供君主们借鉴"②。具体而言，主要有赏罚分明、礼法并用、明确尊卑、平政爱民、隆礼敬士、尚贤使能等。

❋ 学 习 计 划

阅读理解

1. 如何理解"贤能不待次而举，罢不能不待须而废，元恶不待教而诛，中庸民不待政而化"？

2. 对于荀子"王夺之人，霸夺之与，强夺之地"的观点应当如何理解和评价？

3. 荀子在《王制》一文中都运用了哪些修辞方式，取得怎样的表现效果？

4. 从荀子思想学说的观点、理路，从当时的社会历史背景等方面，如何理解荀子的两位学生——韩非子、李斯都成为法家代表人物？如何认识、评价儒家学说与法家学说的异同及其关系？

拓展学习

1. 阅读谭嗣同《仁学·二十九》，其中有"两千年来之政，秦政也，皆大盗也；两千年来之学，荀学也，皆乡愿也"。如何理解、评价谭嗣同的这一观点？

2. 运用概述归纳法为《王制》一文作一篇文章摘要，并写出三至四个关键词。

3. 运用荀子《王制》的主要思想观点写一篇评论文章。

---

① 李泽厚：《中国古代思想史论》，人民出版社1986年版，第3页。
② 张觉：《荀子译注》，上海古籍出版社2012年版。

修　身[*]

[先秦]《墨子》

　　君子战虽有陈①，而勇为本焉②；丧虽有礼③，而哀为本焉；士虽有学④，而行为本焉⑤。是故置本不安者⑥，无务丰末⑦；近者不亲，无务来远⑧；亲戚不附，无务外交⑨；事无终始⑩，无务多业；举物而暗⑪，无务博闻⑫。

　　是故先王之治天下也，必察迩来远。君子察迩而迩修者也。见不修行，见毁，而反之身者也，此以怨省而行修矣⑬。谮慝之言⑭，无入之耳；批扞之声⑮，无出之口；杀伤人之孩⑯，无存之心，虽有诋讦之民⑰，无所依矣⑱。

　　故君子力事日强⑲，愿欲日逾⑳，设壮日盛㉑。君子之道也，贫则见廉㉒，富

---

　　* 选自《墨子校注》。吴毓江、孙启治：《墨子校注》，中华书局 2008 年版。注释主要选取、参考了吴龙辉等译注：《墨子白话今译》，中国书店 1992 年版；李小龙译注：《墨子》，中华书局 2007 年版；周才珠、齐瑞端译注：《墨子全译》，贵州人民出版社 1990 年版，有删改。

① 陈：同"阵"，军事作战时的阵法。

② 本：根本，根基。

③ 礼：礼仪规范。

④ 士：假借作仕，指做官。学：才学。

⑤ 行：道德品行。

⑥ 置：与"植"通，即"立"。本：根本。不安：不牢固。者：俞樾认为是衍字。

⑦ 无务：谈不上。末：尖端，末端，末梢，秋毫之末（毫毛尖端）。

⑧ 来远：使动用法，招揽远方的人，使远方的人来。

⑨ 外交：与亲戚以外的人交往。

⑩ 事无终始：做事有始无终。

⑪ 多业：多种事业。举：拿起。物：事物。暗：不明白，不懂得。

⑫ 博：广博，渊博。

⑬ 迩：近。此以：吴汝纶认为，《墨子》中的"此以"就是"是以"。

⑭ 谮慝（zèn tè）：恶意的诽谤、污蔑、诬陷。谮：诋毁，诽谤。慝：邪恶。

⑮ 批扞（gǎn）：亦作"批捍"，抨击，诋毁，谩骂。

⑯ 孩：毕沅云注"当读如根荄（gāi）之荄。"荄：草根。王闿运云云："孩同核，意也。"张纯一案："核犹言种子，喻一念之初起，极细微之生相也。"此即念头。

⑰ 诋讦（dǐ xū）：诋毁，攻击，诽谤。毕沅校注："《说文》云：诋，诃也；讦，面相斥罪也。"

⑱ 依：按照，依照，效仿。

⑲ 力事日强：努力从事工作，日夜不息。

⑳ 愿欲：志愿，欲念，志向。逾：远大。

㉑ 设壮：毕沅云注"疑作'饰庄'。"这里是修养之意。

㉒ 见（xiàn）廉：表现出廉洁。

则见义①，生则见爱，死则见哀，四行者不可虚假②，反之身者也。藏于心者无以竭爱，动于身者无以竭恭，出于口者无以竭驯③。畅之四支④，接之肌肤，华发隳颠⑤，而犹弗舍者，其唯圣人乎⑥！

志不强者智不达⑦，言不信者行不果⑧。据财不能以分人者⑨，不足与友；守道不笃⑩、遍物不博⑪、辩是非不察者⑫，不足与游⑬。本不固者末必几⑭，雄而不修者其后必惰⑮，原浊者流不清，行不信者名必秏⑯。名不徒生，而誉不自长，功成名遂，名誉不可虚假，反之身者也。务言而缓行，虽辩必不听⑰；多力而伐功⑱，虽劳必不图⑲。慧者心辩而不繁说，多力而不伐功，此以名誉扬天下，言无务为多而务为智，无务为文⑳而务为察。故彼智无察，在身而情㉑，反其路㉒者也。善无主于心者不留㉓，行莫辩于身者不立㉔。名不可简㉕而成也，誉不可巧㉖而立也，君子以身戴㉗行者也。思利寻焉，忘名忽焉㉘，可以为士于天下者，未尝有也。

---

① 义：疏财仗义，遵守道义规范等。
② 四行者：指以上"廉、义、爱、哀"四种品行。
③ 驯：雅驯，即典雅的意思。
④ 支：同"肢"。
⑤ 华发隳（huī）颠：白发秃顶，指年纪大。隳：堕，倒塌之意。颠：指头顶。
⑥ 舍：放弃，舍弃。唯：只有。
⑦ 智不达：不会变得聪明智慧。
⑧ 果：果敢。
⑨ 据财：占据财物。
⑩ 守道不笃：守道不专一。笃：忠实，一心一意。
⑪ 遍物不博：指阅历不广博。
⑫ 辩：同"辨"。察：明察。
⑬ 与游：同他一道学习。游：这里指相互切磋交流。
⑭ 末：枝叶。几：危也。
⑮ 雄：毕沅云注"雄犹勇。"修：长久。惰：懒惰。
⑯ 原：源。秏（hào）：败坏。
⑰ "名不徒生"四句：名不徒生：徒，凭空、平白无故。反之身者也：就反求诸己。务言而缓行，虽辩必不听：务言，务于言，只会说，说得多。缓行，行动缓慢，做得少。辩，说得好听，能言善辩。
⑱ 多力：多出力。伐功：夸耀自己的功劳。
⑲ 图：取。
⑳ 文：文采。
㉑ 彼智无察：毕沅云注"彼，当为'非'。""非智不察"，既不聪明，又不能明察。情：孙诒让云："情当为'惰'，形进而误。"
㉒ 反其路：指背道而驰。
㉓ 善：好的品德。无主于心：不能出自内心。不留：不能保留。
㉔ 莫辩于身：自身不能明察辨别。立：树立。
㉕ 简：简便，轻易。
㉖ 巧：投机取巧。
㉗ 戴：同"载"。
㉘ 忘：忽视。忘名忽焉：忽视立名。

学习视野

作家作品

墨子和《修身》①

　　墨子（468—376），名翟（dí），春秋末期战国初期鲁山人，战国时期著名的思想家、科学家、军事家，墨家学派的创始人。墨子的生平事迹、思想观点、言说论述由其弟子记录整理，形成《墨子》一书，据《汉书·艺文志》记载，有七十一篇，现存五十三篇。墨家在先秦时期影响很大，与儒家并称"显学"，"世之显学，儒墨也"（《韩非子·显学》）。在当时的百家争鸣中，有"非儒即墨"之称。

　　"兴天下之利"、"除天下之害"代表了墨家学说以天下利害为务的总原则，也彰显了其宏大情怀和高远志向。这正所谓"仁人之所以为事者，必兴天下之利，除去人下之害，以此为事者也"（《墨子·兼爱中第十五》）。"故古者圣王，明天鬼之所欲，而辟天鬼之所憎，以求兴天下之利，除天下之害。"（《墨子·尚同中第十二》）正是因为有这种为天下的精神，墨家成为一个有着严密组织和严明纪律的团体，"服役者百八十人，皆可使赴死蹈火，死不旋踵"（《淮南子·泰族训》）。因此，连庄子也要感叹："墨子真天下之好也，将求之不得，虽枯槁不舍也。才士也夫！"（《庄子·天下》）

　　墨子提出了"兼爱"、"非攻"、"尚贤"、"尚同"、"天志"、"明鬼"、"非命"、"非乐"、"节葬"、"节用"等观点。《墨子》还涉及了逻辑学、几何学等。

　　墨子的兼爱与儒家不同。儒家讲爱有差等，由亲子之爱始，推而广之，直至天下，即"老吾老，以及人之老，幼吾幼，以及人之幼"、"泛爱众而亲仁"、"民胞物与"等。墨子则认为爱无差等，要求君臣、父子、兄弟等在彼此平等的基础上相互友爱，"爱人若爱其身"。他认为社会上的不公、争斗、欺凌等都是因为人们不相爱的结果，并描绘了以兼爱至不争、非攻等理想之境的图景："天下之人兼相爱，强不执弱，众不劫寡，富不辱贫，贵不傲贱，诈不欺愚。"这是在对理想之境的希冀之情下，以理要求、论证其兼爱，不同于在以总体生存发展之理的关照下以情推动、延展的仁爱。二者在实质内核上，一为理，一为情，则一生硬冰冷，一鲜活温暖。这是二者的显著不同。

　　总体来说，墨子学说直击现实，推崇现实利害，甚至以现实功利为唯一，针

　　① 主要参考、引用了以下论著的相关观点、说法，限于体例，文中不再一一注明：吴龙辉等译注：《墨子白话今译》，中国书店1992年版；李小龙译注：《墨子》，中华书局2007年版；周才珠、齐瑞端译注：《墨子全译》，贵州人民出版社1990年版；李泽厚：《中国古代思想史论》，人民出版社1986年版。

对现实具体的族群、国家代表的人类所面临的问题，提出"兼爱"、"非攻"等系统而实在的解决方案，却缺少深厚的理论基础。其一方面陷入功利主义逻辑，使其论说多有前后矛盾、循环论证之处；另一方面不得不诉诸于人格神的虚妄信仰，以外在的、虚幻的天志作为补充证明。"故虽有贤君，不爱无功之臣；虽有慈父，不爱无益之子。"（《墨子·亲士》）"利之一字，实墨子学说全体之纲领也。破除此义，则墨学之中坚遂陷，而其说无一成立。"（梁启超《子墨子学说》）因此，荀子说"墨子蔽于用而不知文"。"墨子的思想基础是强调劳动创造财富，建立在'交相利'基础上的'兼相爱'——'大同'空想是墨子思想的中心，而人格神的专制主宰是墨子思想的第三根支柱。"①

《墨子》行文不尚文采，朴实无华，多为当时口语，给读者以平易近人之感，但个别后世湮灭的口语词句也造成了理解上的困难。②

墨家也讲修身，故《墨子》有《修身》篇。"本篇主要讨论品行修养与君子人格问题，强调品行是为人治国的根本，君子必须以品德修养为重。篇中提出'君子之道'应包括'贫则见廉，富则见义，生则见爱，死则见哀'以及明察是非、讲究信用、注重实际等内容。"③《修身》提出了墨家修身的基本原则和具体方法，其原则是以固本为先，如"勇为本"、"哀为本"、"行为本"等，其具体方法是强调实践、反省和环境的影响作用。

❀ 学 习 计 划

阅读理解

1. 在墨子看来，修身的根本是什么？墨子怎样解释这种修身的根本？

2. 试理解下段话："君子之道也，贫则见廉，富则见义，生则见爱，死则见哀，四行者不可虚假，反之身者也。藏于心者无以竭爱，动于身者无以竭恭，出于口者无以竭驯。畅之四支，接之肌肤，华发隳颠，而犹弗舍者，其唯圣人乎！"

3. 试比较墨家、儒家论修身的异同。

拓展学习

1. 运用概述归纳法为《墨子·修身》一文作一篇文章摘要，并写出三至四个关键词。

2. 模仿《墨子·修身》的论证方式写一篇作文。

① 李泽厚：《中国古代思想史论》，人民出版社1986年版，第2页。
② 吴龙辉等译注：《墨子白话今译》，中国书店1992年版，导言。
③ 吴龙辉等译注：《墨子白话今译》，中国书店1992年版，导言。

问孔篇[*]（节选）

[东汉] 王充

世儒学者，好信师而是古①，以为贤圣所言皆无非，专精讲习，不知难问。夫贤圣下笔造文，用意详审，尚未可谓尽得实，况仓卒吐言②，安能皆是？不能皆是，时人不知难；或是而意沉难见③，时人不知问。案贤圣之言，上下多相违；其文前后多相伐④者，世之学者，不能知也。

论者皆云："孔门之徒，七十子⑤之才，胜今之儒。"此言妄也。彼见孔子为师，圣人传道，必授异才，故谓之殊。夫古人之才，今人之才也，今谓之英杰，古以为圣神，故谓七十子历世希⑥有。使当今有孔子之师，则斯世学者皆颜、闵之徒⑦也；使无孔子，则七十子之徒，今之儒生也。何以验之？以学于孔子，不能极问⑧也。圣人之言，不能尽解；说道陈义，不能辄形⑨。不能辄形，宜问以发⑩之；不能尽解，宜难以极之⑪。皋陶陈道帝舜之前，浅略未极。禹问难之，浅言复深，略指复分⑫。盖起问难，此说激而深切，触而著明也。

孔子笑子游之弦歌⑬，子游引前言以距孔子。自今案《论语》之文，孔子之

---

* 选自《论衡校注》。[汉] 王充著、张宗祥校注、郑邵昌标点：《论衡校注》，上海古籍出版社 2010 年版。另编者按：此文为节选，其中段落及个别句读处，为便于阅读，编者有所调整。

① 是：肯定，这里是推崇的意思。

② 卒（cù）：同"猝"。仓卒吐言：指《论语》成书。因为《论语》主要记录孔子与学生日常谈话，故王充称其成书为"仓卒吐言"。

③ 沉：深沉，隐晦。见：同"现"。

④ 伐：攻击，这里是抵触、矛盾的意思。

⑤ 七十子：据说孔子有学生三千，其中"身通六艺"有才学贤者七十二人。

⑥ 希：同"稀"，少。

⑦ 颜、闵之徒：颜，指颜回。闵，指闵子骞，名损，春秋时鲁国人，孔子的学生，在孔门中以德行和颜渊并称。

⑧ 极问：追根问底。

⑨ 辄：就，立即。形：疑作"勑"，同下"勑"。

⑩ 发：揭露，弄清楚。

⑪ 难以极之：难（nàn），论说。极，彻底。

⑫ 略指复分：指，通"旨"，旨意，含义。分，辨别，分明。这里是指清楚、明白之意。

⑬ 子游之弦歌：子游，姓言，名偃，春秋时吴国人，孔子学生；擅长文学；曾做过武城的地方长官。提倡以礼乐教化百姓，所治境内有"弦歌之声"。孔子讥笑子游之弦歌。《论语·阳货》载："子之武城，闻弦歌之声，夫子莞尔而笑，曰：割鸡焉用牛刀？子游对曰：昔者偃也闻诸夫子曰：君子学道则爱人，小人学道则易使也。子曰：二三子，偃之言是也。前言戏之耳。"

言多若笑弦歌之辞，弟子寡若子游之难，故孔子之言，遂结不解。以七十子不能难，世之儒生，不能实道是非也。

凡学问之法，不为无才，难于距师，核道实义，证定是非也。问难之道，非必对圣人及生时也。世之解说说人①者，非必须圣人教告，乃敢言也。苟有不晓解之问，追难孔子，何伤于义？诚有传圣业之知②，伐③孔子之说，何逆于理？谓问孔子之言，难其不解之文，世间弘才大知生，能答问、解难之人，必将贤④吾世间难问之言是非。

孟懿子⑤问孝，子曰："毋违。"樊迟⑥御，子告之曰："孟孙问孝于我，我对曰'毋违'。"樊迟曰："何谓也？"子曰："生，事⑦之以礼；死，葬之以礼⑧。"

问曰⑨：孔子之言"毋违"，毋违者，礼也。孝子亦当先意承志⑩，不当违亲之欲。孔子言"毋违"，不言"违礼"。懿子听孔子之言，独不为嫌⑪于无违志乎？樊迟问何谓，孔子乃言"生，事之以礼；死，葬之以礼，祭之以礼"。使樊迟不问，"毋违"之说，遂不可知也。懿子之才，不过樊迟，故《论语》篇中，不见言行，樊迟不晓，懿子必能晓哉？

孟武伯⑫问孝，子曰："父母，唯其疾之忧。"⑬ 武伯善忧父母，故曰"唯其疾之忧"。武伯忧亲，懿子违礼。攻⑭其短，答武伯云"父母，唯其疾之忧"，对懿子亦宜言"唯水火之变乃违礼"。周公告小才敕，大材略。子游之大材也⑮，孔子告之敕；懿子小才也，告之反略。违周公之志，攻懿子之短，失道理之宜。弟子不难，何哉？如以懿子权尊，不敢极言，则其对武伯，亦宜但言毋忧而已。俱孟氏子也，权尊钧同，敕武伯而略懿子，未晓其故也。使孔子对懿子极言毋违

---

① 说人：说服人，教导人。
② 知：通"智"。
③ 伐：批驳。
④ 贤：胜过。
⑤ 孟懿子：姓孟孙，名何忌，字子嗣，也叫仲孙何忌，"懿"为谥号；春秋时鲁国大夫。
⑥ 樊迟：名须，字子迟，春秋时鲁国人，孔子学生。
⑦ 事：侍奉。
⑧ 下文有"祭之以礼"。此疑脱。语出《论语·为政》。
⑨ 问曰：本篇凡以"问曰"开始段，均为王充质问。
⑩ 志：心意，愿望。
⑪ 嫌：疑惑。此为误解之意。
⑫ 孟武伯：姓孟孙，名彘，孟懿子之子；"武"为谥号。
⑬ 参见《论语·为政》。
⑭ 攻：攻击。此为针对之意。
⑮ 子游：上言"懿子之才，不过樊迟"，下言"懿子小才也"，故疑"子游"系"樊迟"之误。樊迟大材：孔子将樊迟列为擅长"文学"的学生，故王充称他为"大才"。

礼，何害之有？专鲁莫过季氏①，讥八佾之舞庭②，刺太山之旅祭③，不惧季氏增邑不隐讳之害，独畏答懿子极言之罪，何哉？且问孝者非一，皆有御者，对懿子言，不但心服臆肯④，故告樊迟。

❖ 学 习 视 野

作家作品

王充其人其作

王充（27—约97），字仲任，会稽上虞（今属浙江）人，其祖先自魏郡元城迁徙至会稽。王充性孝，好读书，且不循规蹈矩，遍览群书，博闻强记；然性刚倨，亦好辩说，不墨守固理，以求学问之真。据《后汉书·王充列传》载："充少孤，乡里称孝。后来到京城，受业太学，师事到扶风（地名）班彪。好博览而不守章句。家贫无书，常游洛阳市肆，阅所卖书，一见辄能诵忆，遂博通众流百家之言。后归乡里，屏居教授。仕郡为功曹，以数谏争不合去。充好论说，始若诡异，终有理实。以为俗儒守文，多失其真，乃闭门潜思，绝庆吊之礼，户牖墙壁各置刀笔。箸《论衡》八十五篇，二十余万言，释物类同异，正时俗嫌疑。"⑤

王充才气过人，时有谢夷吾上书以学荐之，唐人李贤注《列传》道："夷吾荐充曰：'充之天才，非学所加，虽前世孟轲、孙卿，近汉杨雄、刘向、司马迁，不能过也。'"于是，肃宗诏遣公车征聘王充入朝，充以病推行。时王充年近七十，自感体力、心智日衰耗，因著《养性书》十六篇，主"裁节嗜欲，颐神自守"。永元年间，王充病死家中。

王充潜心治学，遍观百家思想，不拘一家之言，亦不为世俗儒家文牍所囿限，以求知识学问之真，在规矩世俗面前敢树思想主张。关于王充《论衡》，时人称之为"异书"，以异为长，多有泯其思想建树。唐人李贤注《列传》引《袁

---

① 专鲁：垄断鲁国大权。季氏：即季孙氏，春秋时与叔孙氏、孟孙氏为鲁国三大贵族。专鲁莫过季氏：自鲁昭公五年（公元前537）后，季孙氏壮大，鲁国由季氏专权。

② 佾：古代乐舞的行列。天子八行，诸侯六行，大夫四行，士两行，行数与各行人数纵横相同。一说每行固定为八人。八佾：纵横都是八人的乐舞行列，周礼规定为天子享用。讥八佾之舞庭：据《论语·八佾》载，季平子于庭院中以八佾表演舞蹈，孔子认为有悖周礼，是犯上行为，大为恼火，曰："是可忍也，孰不可忍也"。

③ 太山：即泰山。旅：古代祭祀山川称旅。刺太山之旅祭：据《论语·八佾》载：季康子祭祀泰山，孔子认为有悖周礼，自古唯天子、诸侯祭泰山之礼，故令学生冉有阻止。冉有不往，孔子讥刺"难道泰山之神还不如老百姓知礼"，以诅咒季氏。

④ 服：信服，满意。臆：胸。肯：满足。

⑤ （宋）范晔撰、（唐）李贤等注：《后汉书》，中华书局1999年版。

山松书》曰:"充所作《论衡》,中土未有传者,蔡邕入吴始得之,恒秘玩以为谈助。其后王朗为会稽太守,又得其书,及还许下,时人称其才进。或曰,不见异人,当得异书。问之,果以《论衡》之益,由是遂见传焉。"① 又引《抱朴子》曰:"时人嫌蔡邕得异书,或搜求其帐中隐处,果得《论衡》,抱数卷持去。邕丁宁之曰:'唯我与尔共之,勿广也。'"张宗祥《论衡校注》引元刻《论衡》序跋②,亦记"异书"由来,《韩序》曰:"充生会稽,而受业太学,阅书市肆,遂通众流。其为学博矣。闭门绝庆吊,著《论衡》八十一篇,凡二十余万言。其用功勤矣。书成,蔡邕得之,密之帐中,以为谈助。王朗得之,及来许下,人称其才进。故时人以为异书,遂大行于世,传之至今。"然其亦疏解"论衡"名之所由。《韩序》曰:"盖其为学博,其用功勤,其著述诚有出于众人之表者也。尝试论之,天地之大,万物之重,无一定之形,而有一定之理。人由之而不能知,知之而不能名也。古昔圣人,穷神知化,著之简编,使天下之人皆知其所以然之故,而各有以全其才。五、三、《六经》为万世之准则者,此也。先王之泽熄,家自为学,人自为书。紫朱杂厕,瓦玉集糅。群经专门,犹失其实。诸子尺书,人人或诞,论说纷然,莫知所宗。充心不能忍,于是作《论衡》之书,以为衡者论之平也。其为九《虚》、三《增》、《论死》、《订鬼》,以祛世俗之惑,使见者晓然之然否之分。论者大旨如此,非所谓出于众人之表者乎?"注重事实,发现真相,议论得失,尊重客观规律,方为王充"衡者论之平"意。

王充以道家自然无为态度为《论衡》旨归,以天道自然为存在观的最高范畴。王充主张生死自然,力倡薄葬,反对神化儒学,彰显道家的特质。他以事实为佐证,因事议论,弥补了道家空说无着的缺陷,成为汉代道家思想的重要传承者和发展者。《论衡》是王充的代表作品,也是中国历史上一部不朽的无神论著作。

《问孔篇》是一篇非难孔子的论文,故定名《问孔》。东汉时,孔子被奉为圣人、神人,儒家思想被固化、神化;时人重其文表而轻其实质,"好信师而是古,以为贤圣所言皆无非"。王充尊孔子博学多识、道德高尚,却又道"贤圣之言,上下多相违;其文,前后多相伐",亦非至无可非议之地步。由是有逆朝野一味趋孔崇孔之风,问难孔子。道:"以为贤圣所言皆无非,专精讲习,不知难问。""追难孔子,何伤于义?""伐孔子之说,何逆于理?"学应有所思,思亦为批判之思,学贵"距(拒)师"、贵言圣人所未言,"非必须圣人教告乃敢言也"。

《问孔篇》是一篇思想珍宝,其去除形式、返归自然、实事求是的态度具有现实主义意义,应当继承和发扬。虽有不尽妥之处,但其精神是很宝贵的。圣人是人,不是神,这种态度至今仍有积极意义,值得继承和发扬。

---

① [宋]范晔撰、[唐]李贤等注:《后汉书》,中华书局1999年版,第1099页。
② [汉]王充著、张宗祥校注、郑邵昌标点:《论衡校注》,上海古籍出版社2010年版,第3页。

❉ 学 习 计 划

阅读理解

1. 阅读《问孔篇》，就王充所举事例和非议内容，结合《论语》之《为政》、《八佾》等相关篇章，进行独立思考判断。

2. 作为一篇思想论文，此文具有"难问"特征。难者，诘也。勤于思考，敢于怀疑，尊重事实，客观分析，有独立主张和建树，是思想者的态度。运用难问手法，对所读经典名著进行批阅。

拓展学习

1. 阅读《后汉书·肃宗孝章帝纪》篇以及东汉史料，在历史观视角下，认识王充《论衡》著作的现实意义。

2. 阅读《论衡》之《龙虚》、《刺孟》、《论死》、《订鬼》等篇章，撰写阅读心得。

《通书》八则[*]

［北宋］周敦颐

诚上第一章

诚者，圣人之本。

诚者，至实而无妄之谓，天所赋、物所受之正理也，人皆有之，而圣人之所以圣者，无他焉，以其独能全此而已。此书与《太极图》相表里，诚即所谓太极也。

"大哉乾元^①！万物资始。"诚之源也。

此上二句引《易》以明之。乾者，纯阳之卦，其义为健，乃天德之别名也。元，始也；资，取也。言乾道之元，万物所取以为始者，乃实理流出，以赋于人之本。如水之有源，即《图》之阳动也。

"乾道变化，各正性命。"诚斯立焉。

此上二句亦《易》文。天所赋为命，物所受为性。言乾道变化，而万物各得受其所赋之正，则实理于是而各为一物之主矣，即《图》之阴静也。

纯粹，至善者也。

纯，不杂也；粹，无疵也。此言天之所赋、物之所受，皆实理之本然，无不善之杂也。

故曰："一阴一阳之谓道，继之者善也，成之者性也。"

此亦《易》文。阴阳，气也，形而下者也。所以一阴一阳者，理也，形而上者也。道，即理之谓也。继之者，气之方出而未有所成之谓也。善则理之方形而未有所立之名也，阳之属也，诚之源也。成则物之已成，性则理之已立者也，阴之属也，诚之立也。

元亨，诚之通；利贞，诚之复。

---

　　* 选自《周敦颐集》（卷二）。谭松林、尹红整理：《周敦颐集》，岳麓书社 2002 年版。另编者按：本文配以朱熹说解。文中宋体字者为《通书》原文，仿宋体者为朱熹说解。

　　① 乾元：《周易》用语，指天，与"坤元"对称。《易·乾》："彖曰：大哉乾元！万物资始，乃统天。"

元，始；亨，通；利，遂；贞，正；乾之四德①也。通者方出而赋于物，善之继也；复者，各得而藏于己，性之成也。此于《图》已为五行之性矣。

大哉《易》也，性命之源乎！

《易》者，交错代换之名，卦爻之立由是而已。天地之间阴阳交错，而实理流行，一赋一受于其中，亦犹是也。

诚上第二章

圣，诚而已矣。

圣人之所以圣，不过全此实理而已，即所谓太极者也。

诚，五常之本，百行②之源也。

五常，即仁、义、礼、智、信，五行之性也。百行，孝悌忠顺之属、万物之象也。实理全则五常不亏，而百行修矣。

静无而动有，至正而明达也。

方静而阴，诚固未尝无也。以其未形而谓之无耳。及动而阳，诚非至此而后有也，以其可见而谓之有耳。静无，则至正而已；动有，然后明与达者可见也。

五常百行非诚，非也。邪，暗塞也。

非诚，则五常、百行皆无其实，所谓不诚，无物者也。静而不正，故邪；动而不明不达，故暗且塞。

故诚则无事矣。

诚则众理自然，无一不备，不待思勉而从容中道矣。

至易而行难。

实理自然，故易；人伪夺之，故难。

果而确③，无难焉。

果者阳之决，确者阴之守。决之勇，守之固，则人伪不能夺之矣。

故曰："一日克己复礼，天下归仁④焉。"

① 四德：《易·乾·文言》："君子行此四德者，故曰乾，元亨利贞。"
② 百行：指各种道德品行。《旧唐书·刘君良传》："士有百行，孝敬为先。"
③ 果：果敢。《论语·子路》："言必信，行必果。"确：刚强，坚固。《易·乾·文言》："确乎其不可拔。"
④ 归仁：称仁。

克去己私，复由天理，天下之至难也。然其机可一日而决，其效至于天下归仁，果确之无难如此。

诚几德第三章

诚无为，

实理自然，何为之有？即太极也。

几善恶。

几者，动之微，善恶之所由分也。盖动于人心之微，则天理固当发见，而人欲亦已萌乎其间矣。此阴阳之象也。

德，爱曰仁，宜曰义，理曰礼，通曰智，守曰信。

道之得于心者谓之德，其别有是五者之用，而因以明其体焉，即五行之性也。

性焉安焉之谓圣。

性者独得于天，安者本全于己，圣者大而化之之称。此不待学问勉强，而诚无不立、几无不明、德无不备者也。

复焉执焉之谓贤。

复者反而致之，执者保而持之，贤者才德过人之称。此思诚研几，以成其德，而有以守之者也。

发微不可见、充周不可穷之谓神。

发之微妙而不可见，充之周遍而不可穷，则圣人之妙用而不可知者也。

圣第四章

寂然不动者，诚也。感而遂通者，神也。动而未形、有无之间者，几也。

本然而未发者，实理之体；善应而不测者，实理之用。动静体用之间，介然有顷①之际，则实理发见之端，而众事吉凶之兆也。

诚精故明，神应故妙，几微故幽。

清明在躬②，志气如神，精而明也；不疾而速，不行而至，应而妙也；理虽

---

① 介然有顷：介然：倏忽，忽然。《老子》（第五十三章）："使我介然有知，行于大道，唯施是畏。"有顷：不久。

② 清明在躬：《礼记·孔子闲居》："清明在躬，气志如神。嗜欲将至，有开必先。"清明：形容人心地光明正大，头脑清晰明辨。躬：自身。

已萌，事则未著，微而幽也。

诚、神、几，曰圣人。

性焉安焉，则精明应妙，而有以洞其幽微矣。

师第七章

或问曰："曷为天下善?"曰："师。"曰："何谓也?"曰："性者，刚柔善恶，中而已矣。"

此所谓性，以气禀①而言也。

不达。曰："刚善为义、为直、为断、为严毅②、为干固③，恶为猛、为隘、为强梁④；柔善为慈、为顺、为巽，恶为懦弱、为无断、为邪佞。"

刚柔固阴阳之大分，而其中又各有阴阳以为善恶之分焉。恶者固为非正，而善者亦未必皆得乎中也。

惟中也者，和也，中节也，天下之达道也，圣人之事也。

此以得性之正而言也，然其以和为中，与《中庸》不合，盖就已发无过不及者言之，如书所谓"允执厥中"⑤者也。

故圣人立教，俾人自易其恶、自至其中而止矣。

易其恶则刚柔皆善，有严毅慈顺之德，而无强梁懦弱之病矣；至其中则其或为严毅，或为慈顺也，又皆中节而无太过不及之偏矣。

故先觉觉后觉，暗者求于明而师道立矣。

师者所以攻人之恶、正人之不正而已矣。

师道立，则善人多；善人多，则朝廷正而天下治矣。

此所以为天下善也。

此章所言刚柔，即《易》之两仪⑥；各加善恶，即《易》之四象⑦；《易》又加倍以为八卦。而此《书》及《图》，则止于四象，以为火、水、金、木，而即其中以为土。盖道体则一，而人之所见，详略不同，但于本体不差，则并行而

---

① 气禀：禀气，承受天地自然之气。
② 毅：果决。
③ 干固：精干坚固。
④ 强梁：凶暴，强横。《老子》（第四十二章）："强梁者不得其死。"
⑤ 允执厥中：允，诚实。厥：其。此指诚心坚持不偏不倚之正道。
⑥ 两仪：指阴阳。
⑦ 四象：指水、火、木、金，布于四方。

不悖矣。

幸第八章

人之生，不幸不闻过；大不幸无耻。

不闻过，人不告也；无耻，我不仁也。

必有耻，则可教；闻过，则可贤。

有耻，则能发愤而受教；闻过，则知所改而为贤。然不可教，则虽闻过，而未必能改矣。以此见无耻之不幸为尤大也。

思第九章

《洪范》曰："思曰睿，睿作圣。"

睿，通也。

无思，本也；思通，用也。几动于彼，诚动于此。无思而无不通，为圣人。

无思，诚也；思通，神也。所谓诚、神、几，曰圣人也。

不思，则不能通微；不睿，则不能无不通。是则无不通生于通微，通微生于思。

通微，睿也；无不通，圣也。

故思者，圣功之本，而吉凶之机也。

思之至，可以作圣而无不通；其次，亦可以见几通微而不陷于凶咎。

《易》曰："君子见几①而作，不俟终日。"

睿也。

又曰："知几，其神乎！"

圣也。

志学第十章

圣希②天，贤希圣，士希贤。

希，望也。字本作"睎"。

伊尹、颜渊，大贤也。伊尹耻其君不为尧、舜，一夫不得其所，若挞于市。

---

① 几：事物细微的动向。《易·系辞下》："几者动之微，吉之先见者也。"
② 希：通"睎"，远望。

颜渊不迁怒，不贰过，三月不违仁。

说见《书》及《论语》，皆贤人之事也。

志伊尹之所志，学颜子之所学。

此言士希贤也。

过则圣，及则贤，不及则亦不失于令名①。

三者随其所用之浅深，以为所至之近远。不失令名，以其有为善之实也。

胡氏曰："周子患人以发策决科②、荣身肥家、希世取宠③为事也，故曰'志伊尹之所志'。患人以广闻见、工文词、矜④智能、慕空寂为事也，故曰'学颜子之所学'。人能志此志而学此学，则知此《书》之包括至大，而其用无穷矣。"

顺化第十一章

天以阴生万物，以阴成万物。生，仁也；成，义也。

阴阳以气言；仁义以道言。详已见《图解》矣。

故圣人在上，以仁育万物，以义正万民。

所谓定之以仁义。

天道行而万物顺，圣德修而万民化。大顺大化，不见其迹，莫知其然，之谓神。

天地圣人，其道一也。

故天下之众，本在一人。道岂远乎哉？术岂多乎哉？

天下之本在君，君之道在心，心之术在仁义。

学习视野

作家作品

周敦颐其人其作

周敦颐（1017—1073），字茂叔，号濂溪，道州营道（今湖南道县）人，北

---

① 令名：美名。
② 发策决科：指应试取中。
③ 希世取宠：迎合世俗以博人喜爱。
④ 矜：夸耀。

宋哲学家，宋明理学开山鼻祖。周敦颐曾居庐山，筑室其莲花峰下溪边，取英道故居莲溪名之，后人遂称其为濂溪先生。据《宋史·道学》载："两汉而下，儒者之论大道，察焉而弗精，语焉而弗详，异端邪说起而乘之，几至大坏。千有余载，至宋中叶，周敦颐出于舂陵，乃得圣贤不传之学，作《太极图说》、《通书》，推明阴阳五行之理，命于天而性于人者，瞭若指掌。"①

周敦颐继承《周易》思想，旁涉道、释二家，著《太极图说》及《通书》四十篇，提出简单而成系统的宇宙构成论，以太极说为本体，以太极为理、阴阳五行为气，阐明天理产生之根源，究明万物产生之始终。其旨言："无极而太极，太极动而生阳，两仪立焉。阳变阴合，而生水、火、木、金、土，五气顺布，四时行焉。五行一阴阳也，阴阳一太极也，太极本无级也。五行之生也，各一其性。无极之真，二五之精，妙合而凝，乾道成男，坤道成女。二气交感，化生万物，万物生生，而变化无穷焉。"又曰："惟人也得其秀而最灵，……圣人定之以中正仁义而主静，立人极焉。"圣人模仿"太极"建立"人极"，"立人之道"，传仁义之说。而"人极"即"诚"，"诚"即是"纯粹至善"的"五常之本，百行之源"，唯主静、无欲，方能至此境界。周敦颐学说对宋明理学的发展产生极大影响。程颐、程颢兄弟曾受业其门下，并传学于朱熹，终于集理学大成。

周敦颐自幼喜读书，且志存高远，尤好古人之风，广泛涉猎各家思想。因幼丧父，其十五岁时随母上京城投奔舅父。舅父郑向，时任仁宗朝龙图阁学士。据《宋史·周敦颐列传》载："以舅龙图阁学士郑向任，为分宁主簿。有狱久不决，敦颐至，一讯立辨。邑人惊曰：'老吏不如也。'部使者荐之，调南安军司理参军。……移郴之桂阳令，治绩尤著。……通判虔州，抃守虔，熟视其所为，乃大悟，执其手曰：'吾几失君矣，今而后乃知周茂叔也。'"

周敦颐为官正派，为民做事，深得时人敬重。"熙宁初，知郴州。用抃及吕公著荐，为广东转运判官，提点刑狱，以洗冤泽物为己任。行部不惮劳苦，虽瘴疠险远，亦缓视徐按。以疾求知南康军。因家庐山莲花峰下，前有溪，合于溢江，取英道所居濂溪以名之。抃再镇蜀，将奏用之，未及而卒，年五十七。黄庭坚称其'人品甚高，胸怀洒落，如光风霁月。廉于取名而锐于求志，薄于徼福而厚于得民，菲于奉身而燕及茕嫠，陋于希世而尚友千古'。"

周敦颐品学时为人楷模，人多投于门下，追随学习，敦颐宽裕敦厚，多有佳话。《列传》道："掾南安时，程珦通判军事，视其气貌非常人，与语，知其为学知道，因与为友，使二子颢、颐往受业焉。敦颐每令寻孔、颜乐处，所乐何事，二程之学源流乎此矣。故颢曰：'自再见周茂叔后，吟风弄月以归，有吾与点也之意。'侯师圣学于程颐，未悟，访敦颐，敦颐曰：'吾老矣，说不可不详。'留对榻夜谈，越三日乃还。颐惊异之，曰：'非从周茂叔来耶？'其善开发

---

① ［元］脱脱等撰：《宋史》，中华书局 1999 年版。

人类此。"

《通书》原名《易通》，程门弟子传此书，更名为《通书》。敦颐《太极图说》释太极本体论，《通书》则释圣人之本，由仿"太极"而立"人极"。据张岂之《中国思想学说史》道："和《太极图说》大讲无极太极、阴阳五行不同，《通书》重视圣人之本、道德修身、礼乐刑政等。祁宽为《通书》作跋时也提出：'此书字不满三千，道德、性命、礼乐、刑政，悉举其要。而又名之以通其示人至矣。学者宜尽心焉。'可见，《太极图说》重视'天道'的演进，而《通书》则偏重于'人道'的阐发。"①

关于《通书》的"人道"，其开篇《诚上第一章》即道："诚者，圣人之本。"朱熹释义道："此书与《太极图》相表里，诚即所谓太极也。"其完成宇宙自然本体与人类本体两个本体之对应关系，突出了"天道"与"人道"的客观存在性。《诚下第二章》释圣，推广人道之极，曰："圣，诚而已矣。诚，五常之本，百行之源。"这进一步强调了圣人存在的客观性。圣人不是神人，圣人是诚意修身的结果。而诚意修身、遵循客观规律，则可养成天下人类善为。故曰："一日克己复礼，天下归仁焉。"敦颐人道论是儒家政治伦理，其思想确以先秦儒家《中庸》思想为旨归。《中庸》曰："诚者，天之道也；诚之者，人之道也。诚者不勉而中，不思而得，从容中道，圣人也。诚之者，择善而固执之者也。"②然其确于政治伦理与修身关系上，发展了《中庸》圣人之道。其"圣，诚而已矣"之说，将诚心修为之道推广于世人，弥合圣人与世人之分别，使世人之修为成为可为。

❖ 学习计划

阅读理解

1. 阅读《通书》八则，结合《中庸》篇，体会儒家政治伦理思想。

2. 体会《通书》八则中"诚"、"德"、"师"、"思"、"幸"、"顺"的词义，为其释义。

拓展学习

1. 阅读《宋史·列传·道学一》篇，了解周敦颐、程颢、程颐、张载、邵雍等人的事迹。

2. 查阅宋明理学材料，认识周敦颐之说对宋明理学的影响。

---

① 张岂之主编：《中国思想学说史》（宋元卷上），广西师范大学出版社 2008 年版，第 151 页。

② ［宋］朱熹撰：《四书章句集注》，中华书局 1983 年版，第 31 页。

《传习录》三则*

[明] 王阳明

知行合一①

爱②因未会先生"知行合一"之训，与宗贤、惟贤③往复辩论，未能决，以问于先生。

先生曰："试举看。"

爱曰："如今人尽有知得父当孝、兄当弟者，却不能孝、不能弟，便是知与行分明是两件。"

先生曰："此已被私欲隔断，不是知行的本体了。未有知而不行者。知而不行，只是未知。圣贤教人知行，正是安复那本体，不是着你只恁的便罢。故《大学》指个真知行与人看，说'如好好色，如恶恶臭'④。见好色属知，好好色属行。只见那好色时已自好了，不是见了后又立个心去好。闻恶臭属知，恶恶臭属行。只闻那恶臭时已自恶了，不是闻了后别立个心去恶。如鼻塞人虽见恶臭在前，鼻中不曾闻得，便亦不甚恶，亦只是不曾知臭。就如称某人知孝、某人知弟，必是其人已曾行孝行弟，方可称他知孝知弟，不成只是晓得说些孝弟的话，便可称为知孝弟。又如知痛，必已自痛了方知痛；知寒，必已自寒了；知饥，必已自饥了：知行如何分得开？此便是知行的本体，不曾有私意隔断的。圣人教人，必要是如此，方可谓之知。不然，只是不曾知。此却是何等紧切着实的功夫！如今苦苦定要说知行做两个，是什么意？某要说做一个是什么意？若不知立言宗旨，只管说一个两个，亦有甚用？"

爱曰："古人说知行做两个，亦是要人见个分晓，一行做知的功夫，一做行

---

* 选自《王阳明全集·卷一语录一·传习录上》（第一册）。吴光等编校：《王阳明全集》，浙江古籍出版社 2011 年版。

① 编者按：此《传习录》几则标题均由编者根据内容所加。段落及个别句读处，为便于阅读，编者有所调整。

② 爱：指徐爱。徐爱（1487—1518），明代哲学家，字曰仁，号横山，浙江省余姚马堰人，为王守仁最早的入室弟子之一，据说也是王守仁的妹夫（一说娶其妹王守让）；明朝正德三年（1508），进士及第；曾任祁州知州、南京兵部员外郎、南京工部郎中等职务；正德十一年（1516），回家乡省亲，不料第二年竟在家乡溘逝，终年三十一岁。

③ 宗贤：黄绾（1477—1551），字宗贤，又字叔贤，号久庵，浙江黄岩人；其在京曾听阳明讲学，阳明归越后乃称门人。惟贤：顾应祥（1483—1565），字惟贤，号箬溪，浙江长兴人，年轻时受学于阳明。

④ "如好好色，如恶恶臭"：语出《大学》，意为像喜爱美色、讨厌恶臭一样实在。

的功夫，即功夫始有下落。"

先生曰："此却失了古人宗旨也。某尝说知是行的主意①，行是知的功夫；知是行之始，行是知之成。若会得时，只说一个知，已自有行在；只说一个行，已自有知在。古人所以既说一个知又说一个行者，只为世间有一种人，懵懵懂懂的任意去做，全不解思惟省察，也只是个冥行妄作，所以必说个知，方才行得是。又有一种人，茫茫荡荡②悬空去思索，全不肯着实躬行，也只是个揣摸影响，所以必说一个行，方才知得真。此是古人不得已补偏救弊的说话，若见得这个意时，即一言而足，今人却就将知行分作两件去做，以为必先知了然后能行。我如今且去讲习讨论做知的功夫，待知得真了方去做行的功夫，故遂终身不行，亦遂终身不知。此不是小病痛，其来已非一日矣。某今说个知行合一，正是对病的药。又不是某凿空杜撰，知行本体原是如此。今若知得宗旨时，即说两个亦不妨，亦只是一个。若不会宗旨，便说一个，亦济得甚事？只是闲说话。"

惟精惟一

问③："'惟精'、'惟一'是如何用功？"

先生曰："'惟一'是'惟精'主意，'惟精'是'惟一'功夫，非'惟精'之外复有'惟一'也。'精'字从'米'，姑以米譬之：要得此米纯然洁白，便是'惟一'意；然非加舂簸筛拣'惟精'之工，则不能纯然洁白也。舂簸筛拣是'惟精'之功，然亦不过要此米到纯然洁白而已。博学、审问、慎思、明辨、笃行者，皆所以为'惟精'而求'惟一'也。他如'博文'者，即'约礼'之功；'格物致知'者，即'诚意'之功；'道问学'即'尊德性'之功④；'明善'即'诚身'之功⑤：无二说也。"

"知者行之始，行者知之成：圣学只一个功夫，知行不可分作两事。"

为学求本

问："知识不长进，如何？"

先生曰："为学须有本原⑥，须从本原上用力，渐渐'盈科而进'⑦。仙家说婴儿，亦善譬。婴儿在母腹时，只是纯气，有何知识？出胎后，方始能啼，既而

---

① 主意：存心，动机。

② 茫茫荡荡：大而无当，不着边际。

③ 问：指陆澄问。陆澄：字原静，又字清伯，浙江吴兴人，官至刑部主事，阳明的学生。

④ 道学问、尊德性：《中庸》中提出的修养方法。朱熹认为，尊德性是恭敬奉持自己的道德本性；道学问是虚心进行事理学问的探究。

⑤ 明善、诚身：《中庸》中提出的修身方法。朱熹认为，明善是明察事理，了解什么是至善；诚身是使自身实实在在地符合道德规范。

⑥ 本原：根源。

⑦ 盈科而进：语出《孟子·离娄下》，意为流水遇到洼地（科），便将它充满（盈），然后前进。此指运动发展的渐进性。

后能笑，又既而能识认其父母兄弟，又既而后能立、能行、能持、能负，卒乃天下之事无不可能。皆是精气日足，则筋力日强，聪明日开。不是出胎日便讲求推寻得来。故须有个本原。圣人到位天地，育万物①，也只从喜怒哀乐未发之中上养来。后儒不明格物之说，见圣人无不知、无不能，便欲于初下手时讲求得尽，岂有此理！"又曰："立志用功，如种树然。方其根芽，犹未有干；及其有干，尚未有枝；枝而后叶，叶而后花实。初种根时，只管栽培灌溉，勿作枝想，勿作叶想，勿作花想，勿作实想。悬想何益！但不忘栽培之功，怕没有枝叶花实？"

学习视野

作家作品

王阳明其人其作

王阳明，名守仁，字伯安，自号阳明子，人称阳明先生；浙江余姚人，生卒年为明成化八年至嘉靖七年（1472—1529），是明代最有影响的哲学家，亦为杰出的军事统帅和成功的教育家。

据《明史·王守仁列传》载，守仁天生异质，不同寻常。其母妊十四月产子。诞生之前，其"祖母梦神人自云中送儿下，因名云。五岁不能言，异人拊之，更名守仁，乃言"②。

王阳明异敏好学，慕好儒家思想，年少而志存高远，向往成为圣贤，救世济民。《列传》曰："守仁天资异敏。年十七谒上饶娄谅，与论朱子格物大道。还家，日端坐，讲读五经，不苟言笑。游九华归，筑室阳明洞中。泛滥二氏学，数年无所得。谪龙场，穷荒无书，日绎旧闻。忽悟格物致知，当自求诸心，不当求诸事物，喟然曰：'道在是矣。'遂笃信不疑。其为教，专以致良知为主。谓宋周、程二子后，惟象山陆氏简易直捷，有以接孟氏之传。而朱子《集注》、《或问》之类，乃中年未定之说。学者翕然从之，世遂有'阳明学'。"

王阳明青年时代大量阅读宋明理学著作，并按朱子格物理论实践，曾格竹三天三夜，穷竹之理，直至病倒却一无所获，自此对朱子"格物"学产生疑虑，并由此成就中国哲学史上"守仁格竹"的典故。王阳明求无所得，认为朱子教人仅在考据、讲论上下功夫，少有亲临实践，故修兵学报国。王阳明治学，不拘泥于书本，更注重儒家治国实践。《列传》曰："年十五，访客居庸、山海关。时阑出塞，纵观山川形胜。弱冠举乡试，学大进。顾益好言兵，且善射。登弘治

---

① "位天地，育万物"：语出《中庸》，意为使天地安于其所，使万物得遂其生。儒家认为圣人具有这样的影响力。

② ［清］张廷玉等撰：《明史》，中华书局1999年版。

十二年进士。使治前威宁伯王越葬，还而朝议方急西北边，守仁八事上之。寻授刑部主事。"弘治十八年（1505），王阳明在北京做兵部主事，开始授徒讲学，旨意在于"必为圣人之志"。

然而横祸当头，中止了王阳明为官讲学之路。《列传》曰："正德元年冬，刘瑾逮南京给事中御史戴铣等二十余人。守仁抗章救，瑾怒，廷杖四十，谪贵州龙场驿丞。龙场万山从薄，苗、僚杂居。守仁因俗化导，夷人喜，相率伐木为屋，以栖守仁。瑾诛，量移庐陵知县。"王阳明被谪龙场时，身处龙场万山丛中，到处是毒蛇、瘴疬之气，周边人皆系少数民族，语言不同，风俗全异。无房屋，无菜垄，王阳明即于从人架屋种菜。他克尽艰难，日夜端坐澄默，专求静一，以求圣道。一夜，他忽然顿悟格物致知之旨，不觉大呼大跳："圣人之道，吾性自足，向之求理于事物者误也。"王阳明意识到，心即是理，欲穷理须向内而不须外求，朱子一向只说格物须向外做功夫，此言错矣，格物即是去除心中贪心、杂念。从此，王阳明重开讲席。正德四年他在贵阳讲知行合一，八年在滁州讲默坐澄心，九年在南京讲存天理去人欲。王阳明思想体系逐渐趋于成熟。

王阳明不但是哲学家，也是才华出众的军事家和政治家。由于历史机缘，他从正德十二年至十六年在江西担任巡抚都御史，长年带病作战，其军事才能得以充分施展。在戎马倥偬之际，王阳明一直坚持学术活动，培养了徐爱、薛侃、邹守益、欧阳德、王艮等一批阳明心学骨干；此间还出版了《传习录》（实为传世本之上卷）、《大学》古本、《朱子晚年定论》等著作，传播了阳明新学。

正德十六年武宗病死，世宗继位。王阳明因平叛东南叛乱有功，拜南京兵部尚书。时奸佞当权，朝廷不宁。"大学士杨廷和与王琼不相能。守仁前后平贼，率归功琼，廷和不喜，大臣亦多忌其功。"王阳明平叛之功被贬，跟随者受牵连，定罪者亦不少。"守仁愤甚。时已丁父忧，屡疏辞爵，乞录诸臣功，咸报寝。免丧，亦不召。"王阳明在家守孝，直到嘉靖六年（1527）。在此期间，他一面发挥致良知学说，与朱子学派论辩，一面聚徒讲学，培养后学，扩大影响。

嘉靖六年，朝廷任命王阳明为左都御史，总制两广江西湖广四省军务，处理广西少数民族起事问题。王阳明区别情况，对思恩、田州的瑶、僮等少数民族的头人实施招安，和平处置；而对于其视为心腹之患者八寨、断藤峡少数民族谋反，则伺机征讨，坚决镇压，平复寇患。

嘉靖八年冬，王阳明因肺病、痢疾等疾病日重，于十一月二十九日卒于江西南安归舟之中。《列传》曰："守仁病甚，疏乞骸骨，举郧阳巡抚林富自代，不俟命竟归。行至南安卒，年五十七。丧过江西，军民无不缟素哭送者。"临终前，门人问遗言，王阳明道："此心光明，亦复何言？"

王阳明的讲学语录和诗文著作，生前已由其门人整理、汇编和刊行，如徐爱、薛侃、南大吉辑刊的《传习录》，钱德洪、邹守益汇刊的《阳明文录》等，先后刊行于正德、嘉靖年间。王阳明殁后，门人钱德洪、邹守益、欧阳德、王畿等人继续广泛搜集王阳明遗稿，在嘉靖年间陆续编刊了《阳明先生文录》二十四卷、《文录续编》六卷、《阳明先生年谱》七卷。

通行的三卷本《传习录》，由钱德洪编辑，嘉靖三十五年（1556）刻于湖北黄梅。上卷为徐爱、陆澄和薛侃所辑王阳明语录，曾刻于赣州。中卷为南大吉所抄录并收在续刻《传习录》中的王阳明部分论学书信，钱德洪编辑时对篇目稍作调整，并改为问答语。下卷为王阳明去世后由陈九川、黄直等人提供并经钱德洪整理的语录。

《传习录》包含了王阳明心学所有重要观点。上卷阐述了知行合一、心即理、心外无理、心外无物、意在所在即是物、格物是诚意的功夫等观点，强调圣人之学为身心之学，不可等同于知识、讲论于口耳之间，其要领在于体悟实行。中卷有书信八篇，对于知行合一、格物说、心学意义、本体论以及王阳明教育思想都有所阐发。下卷主要内容是致良知。王阳明结合自己纯熟的修养功夫，提出本体功夫合一、满街都是圣人等观点；尤其引人注目的是四句教，其使王学体系齐备，然亦引发明中后期学界争论并导致王学分化。

❋ 学 习 计 划

阅读理解

1. 如何理解王阳明先生的"知行合一"、"惟精惟一"？谈谈王阳明先生如何理解实践与真理之间的关系？

2. 如何理解王阳明先生所言"为学须有本原"？为学之"本原"是什么？

拓展学习

1. 王阳明先生是著名的哲学家，也是成功的军事实践家。查阅相关材料，写一篇王阳明先生传。

2. 阅读《礼记·学记》，结合其内容，体会"为学须有本原"思想。

《几何原本》杂议*

[明] 徐光启

下学功夫，有理有事。此书为益，能令学理者祛其浮气，练其精心；学事者资其定法，发其巧思。故举世无一人不当学。闻西国古有大学师，门生常数百千人，来学者先问能通此书，乃听入。何故？欲其心思细密而已。其门下所出名士极多。

能精此书者，无一事不可精，好学此书者，无一事不可学。

凡他事，能作者能言之，不能作者亦能言之。独此书为用，能言者即能作者；若不能作，自是不能言。何故？言时一毫未了，向后不能措一语，何由得妄言之。以故精心此学，不无知言之助。

凡人学问，有解得一半者，有解得十九或十一者。独几何之学，通即全通，蔽即全蔽，更无高下分数可论。

人具上资，而意理疏莽，即上资无用。人具中才，而心思缜密，即中才有用。能通几何之学，缜密甚矣。故率天下之人而归于实用者，是或其所由之道也。

此书有四不必：不必疑，不必揣，不必试，不必改。有四不可得：欲脱之不可得，欲驳之不可得，欲减之不可得，欲前后更置之不可得。有三至、三能：似至晦，实至明，故能以其明明他物之至晦；似至繁，实至简，故能以其简他物之至繁；似至难，实至易，故能以其易易他物之至难。易生于简，简生于明，综其妙，在明而已。

此书为用至广，在此时尤所急需。余译竟，随偕同好者梓传之。利先生作序，亦最喜其亟传也。意皆欲公诸人人，令当世亟习焉，而习者盖寡。窃意百年之后必人人习之，即又以为习之晚也。而谬谓余先识。余何先识之有？

有初览此书者，疑奥深难通，仍谓余当显其文句。余对之：度数之理，本无隐奥。至于文句，则尔日推敲再四，显明极矣。倘未及留意，望之似奥深焉。譬行重山中，四望无路，及行到彼，蹊径历然。请假旬日之功，一究其旨，即知诸篇自首迄尾，悉皆显明文句。吴淞徐光启记。

---

* 选自《徐光启全集》第四卷《几何原本·几何原本杂议》。[明] 徐光启：《徐光启全集》，上海古籍出版社 2010 年版。

学 习 视 野

徐光启与《〈几何原本〉杂议》

　　徐光启（1562—1633），出生于明嘉靖四十一年，字子先，号玄扈，松江府上海县人（今上海市）；崇尚实学，致力于农事、水利、军备和历法研究，明末数学家、科学家、农学家和军事家，官至崇祯朝礼部尚书兼文渊阁大学士、内阁次辅；1603 年入天主教，教名保禄；谥文定；编著有《农政全书》、《崇祯历书》等，译著有《几何原本》（前六卷，与利玛窦合译）、《测量法义》（与利玛窦合译）等。

　　《〈几何原本〉杂议》写于作者与利玛窦合作翻译《几何原本》之后。文中阐发了《几何原本》在锻炼人的思维上的意义和可当百家之用的地位，指明了《几何原本》的逻辑推理的特征和魅力，并希望人人都能够学习它。该文体现了徐光启对西学思维方式的重视，也折射出晚明学人在与西学接触中开启新的学术方法的可能。

徐光启、利玛窦与欧几里得《几何原本》

　　在这里，我们将遇到跨越两千年之久的三位伟大的人物，也将遭遇不同文明之间的碰撞。这三位人物分别是公元前 3 世纪前后的希腊数学家欧几里得、17 世纪前后的意大利传教士利玛窦和明朝末年的徐光启。他们三人之所以相遇，缘于一本关系人类文明进程的著作——《几何原本》。该书的作者即古希腊数学家、被称为"几何之父"的欧几里得（公元前 325—前 265）。严格地说，《几何原本》（十三卷）并非欧几里得的原创性著作，但是命题的次序与逻辑的结构则绝大部分是他的。欧几里得的功绩在于将公元前 7—前 3 世纪希腊几何的发展成果整理成一个严密的体系，从最原始的定义开始，以公理和公设为理论原点，通过逻辑推理，演绎出一系列定理和推论，建立起第一个公理化的数学体系。它的结构大体是："题论之首，先标界说；次设公论、题论所据；次乃具题，题有本解，有作法，有推论，先之所证，必后之所恃。"[1]其逻辑的严密性，至今无须改动。"十三卷中，五百余题，一脉贯通，卷与卷、题与题相结倚，一先不可后，

---

　　[1]　利玛窦：《译几何原本引》，转引自《徐光启全集·几何原本》，上海古籍出版社 2010 年版，第 9 页。

一后不可先，叠叠交承，至终不绝也。"①在这个体系中，有今天任何一个中学生都熟知的内容。比如，定义："点不可分割，是对现实点的抽象"；公设："过两点可做一条直线"；公理："等量加等量仍为等量"；等等。《几何原本》关注的不只限于几何领域，还包含了代数和数论等内容。而更为重要的是，《几何原本》所提供的方法论影响了人类文化两千多年。牛顿在现代科学革命的标志之作《自然哲学之数学原理》中依旧大量使用了《几何原本》的论证方式。此后，罗素、怀特海、斯宾诺莎等科学家和哲学家也依旧袭用了《几何原本》的论证逻辑。因此，《几何原本》的意义不只是数学领域的，更是方法论上的，它所彰显的逻辑推理方法构成世界近代科学产生和发展的重要前提。

然而，欧几里得及其《几何原本》与东方文明古国中国的会面却在其诞生1900年以后的17世纪。这次会面缘起于意大利传教士利玛窦和明末科学家徐光启的相遇、相知。利玛窦原名 Matteo Ricci（1552—1610），1552年出生于意大利东部的马切拉塔，1571年成为耶稣会士，在罗马学院攻读哲学与神学时，受到数学家、天文学家克拉委奥教授（又称丁先生）的极大影响。其于1582年到中国传教，1601年抵达北京。利玛窦的东方之行，除了带来《圣经》和圣像之外，还带来许多西方科学典籍和器物，其中就包括欧几里得的《几何原本》。

徐光启与利玛窦相识于1600年，两人可谓"白首如新，倾盖如故"。徐光启称赞利玛窦是"海内博物通达君子"②，并对利玛窦带来的西方文化钦羡、叹服不已："先生所携经书中，微言妙义，海涵地负，诚得同志数辈，相共传译，使人人饫闻至论，获厥原本，且得窃其绪馀，以裨民用，斯亦千古大快也。"③1606年，徐光启提议与利玛窦合作翻译《几何原本》。他们使用的版本是利玛窦老师丁先生增补的十五卷本，合作模式是利玛窦口译，徐光启笔述。今天我们常用的"点"、"线"、"面"、"直角"、"锐角"、"平行线"、"对角线"，"三角形"、"四边形"、"多边形"、"圆"、"外切"等，都源于徐光启的创造性翻译。而且他还为欧几里得的这本西方经典取了一个非常具有诗意的名字——几何。1607年，《几何原本》前六卷译成并付梓。④1610年，利玛窦辞世，《几何原本》后几卷的翻译被迫终止。虽未译全，但前六卷中将平面几何内容阐发无遗。1856年（清朝咸丰年间），中国数学家李善兰和英国传教士伟烈亚力（Alexander Wylie）终于将《几何原本》翻译完毕。此时距徐光启的时代已经过了整整250年。

徐光启之所以看重《几何原本》，其原因有以下几点：

首先是晚明思想界自省使然。晚明政治腐败，经济衰败，民不聊生；理学末

---

① 利玛窦：《译几何原本引》，转引自《徐光启全集·几何原本》，上海古籍出版社2010年版，第9页。

② 徐光启：《跋二十五言》，转引自《徐光启诗文集》，上海古籍出版社2011年版，第285页。

③ 徐光启：《跋二十五言》，转引自《徐光启诗文集》，上海古籍出版社2011年版，第286页。

④ 1608年，利玛窦初校订未刊。1611年，徐光启再校订并付梓。

流大谈心性之学，流于空疏，不顾国计民生。思想界有识之士开始反省理学流弊，主张学问应经世致用，掀起实学思潮。顾炎武指责宋明理学"以明心见性之空言，代修已治人之实学"（《日知录》卷七），明确指出："士当求实学，凡天文地理兵农水火及一代典章之故，不可不熟究。"（《亭林余集·三朝纪事阙文序》）黄宗羲也将财赋、捍边、政事等列入经世实学（《南雷文定后集》卷三）。恰逢此时，西学东来。西学科学著作所表现出的证实、严谨作风，以及切于世用的有效实践与实学思潮一呼而应，并作为实学的典范被推崇。

第二，正是在此背景下，徐光启认识到数学之于实学的根本性意义，指出数学是一切科学技术的基础："算术者工人之斧斤寻尺，历律两家、旁及万事者，其所造宫室器用也，此事不能了彻，诸事未可易论。"①利玛窦也十分看重《几何原本》，在其带来的诸多西学著作中，"独谓此书未译，他书俱不可得论"②。这是因为所谓"原本"者，"明几何之所以然，凡为其说者无不由此出也"③。可见，此书在西学体系中具有重要的原点性意义。徐光启于此有非常清晰的觉悟，认为《几何原本》是"度数之宗，所以穷方圆平直之情，尽规矩准绳之用也"④。他在《几何原本杂议》中开篇即指出："能精此书者，无一事不可精，好学此书者，无一事不可学。"因此，他也将该书作为与利玛窦合作翻译之首选。

第三，徐光启洞察到《几何原本》开创的演绎推理之法具有思维革命的意义。他不仅指出学习几何学可以使人心思缜密，做事严谨，益于事功，所谓"率天下之人而归于实用者，是或其所由之道也"（《几何原本杂议》）；而且还敏锐地认识到《几何原本》逻辑推理的魅力，将之归结为"四不必"和"四不可得"，即"不必疑、不必揣、不必试、不必改"，"欲脱之不可得，欲驳之不可得，欲减之不可得，欲前后更置之不可得"。这些正是中国科学思维所匮乏的。

第四，徐光启发现了《几何原本》的奠基性意义和体系的自明性特征。几何学看上去"无用"，但由于它所提供的理论及其论证方法无懈可击——"由显入微，从疑得信"——实际上是"不用为用"，可作"众用之基"⑤，即以《几何原本》作为逻辑原点、理论依据和实践方法，为其他事物提供基本前提、参照或解答捷径。因此，徐光启指出此书："有三至、三能：似至晦，实至明，故能以其明明他物之至晦；似至繁，实至简，故能以其简简他物之至繁；似至难，实至易，故能以其易易他物之至难。"此辩证之功皆由于其体系的自明性："易生于简，简生于明，综其妙，在明而已。"

---

① 徐光启：《刻同文算指序》，转引自《徐光启诗文集》，上海古籍出版社 2011 年版，第 284 页。

②④⑤ 徐光启：《刻几何原本序》，转引自《徐光启全集》（第四卷），上海古籍出版社 2010 年版，第 4 页。

③ 利玛窦：《译几何原本引》，转引自《徐光启全集·几何原本》，上海古籍出版社 2010 年版，第 9 页。

徐光启认识到，这是一套与中国古代数学迥然相异的思维体系。在其参照下，中国古代数学思维的种种短处方才浮出。后者重技术，不求学理，因此，“既缺根基，遂难创造，即有斐然述作者，亦不能推明所以然之故”①。随着与西学的深入接触，徐光启更加觉悟到中西方科学思维的优劣，坦言“大率与西术合者，靡弗与理合也；与西术谬者，靡弗与理谬也”②。因此，他急切地倡议：“在此时尤所急需”，人人当习《几何原本》。如若“百年之后必人人习之，即又以为习之晚也”。遗憾的是，中国真正做到“无一人不当学”果真是20世纪以后的事情了。

要说明的是，以利玛窦为代表的第一次西学东渐的文化影响并没有在科学领域延续下去，倒是清季朴学借鉴了形式逻辑的论证方法，建构起一套经学研究的考据之法。

学习计划

阅读理解

1. 阅读《几何原本》，但非止于温习几何知识。体会徐光启的思想：所言几何可以“习人之灵才，令细而确”（徐光启《刻几何原本序》）；“具上资，而意理疏莽，即上资无用。人具中才而心思缜密，即中才有用。能通几何之学，缜密甚矣！”

2. 徐光启言几何学有“四不必”和“四不可得”。分析欧几里得《几何原本》与中国古代数学所用方法之不同，并阐释前者在近代科学发展史上的意义。

拓展学习

1. 《几何原本》是公元前3世纪前后西方的第一次科学总结，也是两千年西方科学传统的核心。《几何原本》在9世纪被翻译为阿拉伯文，12世纪被翻译为拉丁文，15~16世纪被翻译为意大利文、英文等，17世纪被翻译成中文。查阅《几何原本》的翻译史料，梳理《几何原本》在不同文明中被翻译的历史，并由此思考不同文化之间碰撞的原因和意义。

2. 16、17世纪的晚明正是欧洲文艺复兴的时候，比较这个时期中西方思想史和科学史上重要的文化成果，分析中国科学较西方科学发展极为缓慢的原因。提示人物：徐光启、李之藻、李时珍、宋应星、徐霞客；尼古拉·哥白尼、艾萨克·牛顿、威廉·哈维、弗朗西斯·培根等。

---

① 利玛窦：《译几何原本引》，转引自《徐光启全集·几何原本》，上海古籍出版社2010年版，第10页。

② 徐光启：《刻同文算指序》，转引自《徐光启诗文集》，上海古籍出版社2011年版，第284页。

文帝[*]（节选）

[清] 王夫之

一

诚以安君之谓忠，直以正友之谓信，忠信为周①。君子周而上下睦，天下宁矣。周勃平诸吕，迎立文帝，而有德色；非有罔上行私之慝②也，不学无术而忘其骄耳。袁盎③与俱北面事君，尊卑虽殊，固有同寅之义；规而正之，勃岂遽怙④而不改。藉⑤其不改而后廷折⑥之，勃过不掩而文帝之情亦释⑦矣。乃弗规弗折而告文帝曰："丞相骄，陛下谦让，臣主失德。"斯言出而衅忌生，勃之祸早伏而不可解，险矣哉！

帝之谦，非失德也，尊有功而礼大臣，亦何非太甲、成王之盛心；而导之以猜刻，此之谓不忠。谅⑧其心之无他，弗与规正，而行其谗间，此之谓不信。盎之险诐⑨，推刃晁错⑩而夺之权，于勃先之矣。小人之可畏如此夫！

乃抑有奸不如盎者，浅而躁，褊迫⑪而不知大体，击于目即腾于口，贻⑫祸臣主，追悔而弗及，非盎类而害与盎等。故人主之宜远躁人，犹其远奸人也。则亲亲尊贤之道，其全矣乎！

---

* 选自王夫之《读通鉴论·卷二》。王夫之：《读通鉴论·卷二》，中华书局2013年版。

① 周：亲和，调和。

② 慝（tè）：奸邪，邪恶。

③ 袁盎（约公元前200—前150）：字丝，是西汉时的大臣，楚国人；汉文帝时名震朝廷，因触犯皇帝，被调任陇西都尉，后迁徙做吴相，吴王优厚相待。他在汉景帝"七国之乱"时，曾奏请斩晁错以平众怒；七国之乱平定后，被封为太常，显贵异常。

④ 遽怙（jù hù）：怙，依靠。

⑤ 藉（jiè）：假设，假使。

⑥ 折：批评，判决。

⑦ 释：消除，消散。

⑧ 谅：推想。

⑨ 险诐（bì）：险：阴险；诐：巧言谄媚。

⑩ 晁错（公元前200—前154）：汉初学者和政治改革者；汉文帝时官太常掌故、博士、太子家令，迁至中大夫；有辩才，号称"智囊"；景帝初，官御史大夫；曾先后上书言兵事、边防，主张重农贵粟，力倡中央集权，削弱诸侯，更定法令，招致王侯权贵忌恨。公元前154年，吴、楚等七国以"请诛晁错以清君侧"为名，发动叛乱，晁错因此被杀。其著有《言兵事疏》、《守边劝农疏》、《论贵粟疏》等文。

⑪ 褊迫（biǎn pò）：心胸狭窄，气量小。

⑫ 贻（yí）：遗留，留下。

二

《易》曰："谦：亨，君子有终。"①君子而后有终，非君子而谦，未有能终者也。故"㧑"②也、"鸣"③也、"劳"④也，而终之以"侵伐"。虽吉无不利，而固非以君子之道终矣。君子之谦，诚也。虽帝王不能不下丘民以守位，虽圣人不能不下刍荛以取善。理之诚然者，殚⑤心于此，而诚致之天下。见为谦而非有谦也，而后可以有终。故让，诚也；任，亦诚也。尧为天下求贤，授之舜而不私丹朱；与禹之授启、汤之授太甲、武王之授成王，一也，皆诚也。舜受于尧，启受于禹；与泰伯之去句吴⑥、伯夷之逃孤竹⑦，一也，皆诚也。若夫据谦为柄，而"㧑"之，而"鸣"之，而"劳"之；则姑以此谢天下而不自居于盈，则早已有填压天下之心，而祸机伏而必发，故他日侵伐而无不利。黄、老之术，离诚而用伪久矣。取其"鸣谦"⑧之辞，验其"侵伐"之事，心跡违，初终贸⑨，抑将何以自解哉！故非君子，未有能终其谦者也。

有司请建太子，文帝诏曰："楚王，季父也；吴王，兄也；淮南王，弟也。"诸父昆弟之懿亲⑩，宜无所施其伪者。而以观其后，吴濞、楚戊、淮南长无一全其躯命者。尺布斗粟之谣，取疚于天下而不救。然则诏之所云，以欲翕固张之术，处于谦以利用其忍，亦险矣哉！

且夫言者，机之所自动也。吴、楚、淮南闻斯语而歆动其妄心，则虽欲扑之而不得。故曰"火生于木而焚生火之木"，自生而自克也。文帝亦何利焉？至于侵伐而天下亦殆矣。君子立诚以修辞，言其所可行，行焉而无所避，使天下洞见其心，而鬼神孚⑪之；兵革之萌销于心，而机不复作；则或任焉而无所用谦，或让焉而固诚也，非有伪而托于"鸣"者也。何侵伐之利哉！

十一

晁错徙民实边之策伟矣！寓兵于农之法，后世不可行于腹里，而可行于塞徼⑫。

---

① 出自《易·谦》：言人谦虚则亨通，道德高尚的人才能有好的结局。
② 㧑（huī）：谦逊。
③ 鸣：声明，发表意见。
④ 劳：用言语或实物慰问。
⑤ 殚（dān）：竭尽。
⑥ 句吴：今浙江诸暨南。
⑦ 孤竹：今河北卢龙南。
⑧ 鸣谦：见《易·谦》："鸣谦，贞吉。"王弼注："鸣者，声名闻之谓也。得位居中，谦而正焉。"孔颖达疏："鸣谦者谓声名也，处正得中，行谦广远，故曰鸣谦。"
⑨ 贸：变更。
⑩ 懿亲：王室尊亲。
⑪ 孚（fú）：信。
⑫ 徼（jiào）：边界。

天气殊而生质异，地气殊而习尚异。故滇、黔、西粤之民，自足以捍蛮、苗，而无踰岭以窥内地之患。非果蛮、苗弱而北狄强也，土著者制其吭^①，则深入而畏边民之捣其虚也。

虽然，有未易者焉。沿边之地，肥硗不齐，徙而授以瘠壤，不逃且死者寡。吏失其人，绥抚无术，必反而为北狄用。此二患者，轻于言徙，必逢其咎，而实边之议，遂为永戒。错^②之言曰："相其阴阳之和，尝其水泉之味。"始事之不可不密也。地诚硗矣，虽有山谿之险，且置之为瓯脱^③，而移塞于内，无忧也。我所不得居，亦彼所不能据也。<u>若夫吏人之得失，在人而不在法。然法善以待人，则人之失者鲜矣。</u>后世之吏于边者，非羸贫无援之乙科^④，则有过迁补之茸吏；未有能入而为台谏郎官者，未有擢^⑤而为监司郡守者。以日暮涂穷衰飒之心，而仅延簪绂^⑥之气，能望其忧民体国而固吾圉^⑦哉？若择甲科之选，移守令课最之贤者以为之吏，宽其法制，俾^⑧尽其材，以拊循^⑨而激劝之，轻徭赋以安之，通商贾、教树畜以富之，广学宫之选以荣之，宠智能豪隽^⑩之士以励；则其必不为北狄用以乘中国之衅者，可以保之百年，边日以彊，而坐待狄之自敝。故曰：错之言伟矣。

特其曰："绝匈奴不与和亲，其冬来南，壹大治则终身创矣。"此则未易言也。非经营于数十年之久，未能效也。羁縻^⑪以和亲，而徐修实边之策，或不待大治而自不敢南犯。其不悔祸而冒昧以逞与，大治之，无虑其不克矣。

一　九

肉刑之不可复，易知也。如必曰古先圣王之大法，以止天下之恶，未可泯也；则亦君果至仁，吏果至恕，井田复，封建定，学校兴，礼三王而乐六代，然后复肉刑之辟^⑫未晏^⑬也。不然，徒取愚贱之小民，折割残毁，以唯吾制是行，而曰古先圣王之大法也；则自欺以诬天下，憯^⑭孰甚焉。

---

① 吭（háng）：喉咙。
② 错：指晁错。
③ 瓯脱：指两国分界的缓冲地带。
④ 乙科：汉代考试录用官员的等级。西汉自武帝始，设五经博士，置弟子员，岁末考试，其高等为甲科，次为乙科、丙科。
⑤ 擢（zhuó）：提拔，提升。
⑥ 簪绂（zān fú）：冠簪和缨带，古代官员服饰，也用以喻显贵、仕宦。
⑦ 圉（yǔ）：边陲。
⑧ 俾（bǐ）：使。
⑨ 拊循（fǔ xún）：安抚，抚慰。
⑩ 豪隽（háo jùn）：指才智杰出的人。
⑪ 羁縻（jī mí）：笼络，怀柔。
⑫ 辟（pì）：法。
⑬ 晏（yàn）：晚。
⑭ 憯（cǎn）：虚假，不实。

抑使教养道尽，礼乐复兴，一如帝王之世，而肉刑犹未可复也。何也？民之仁也，期以百年必世，而犹必三代遗风未斩之日也。风未移，俗未易，犯者繁有，而毁支折体之人积焉，天之所不佑也。且也，古未有笞杖，而肉刑不见重；今既行笞杖，而肉刑骇矣。故以曹操之忍，而不敢尝试，况不为操者乎！张苍之《律》曰："大辟①论减等，已论而复有笞罪，皆弃市。"严矣。虽然，固《书》所谓"眚终贼刑"② 者也。故详③刑者，师文帝之诏、张苍之令，可也。

学习视野

作家作品

王夫之与《读通鉴论》

王夫之（1619—1692），湖南衡阳人，字而农，号薑斋；因晚年隐居衡阳县金兰乡石船山，自署船山老人、船山老农等，后被学者尊称为船山先生；我国杰出的思想家、史学家、经学家和文学家。王夫之著述颇丰，著有《周易内外传》、《尚书引义》、《诗广传》、《礼记章句》、《春秋稗疏》、《四书训义》、《读通鉴论》、《宋论》、《正蒙注》、《庄子解》、《楚辞通释》、《古诗评选》等数十种。其作品在生前皆未刊行。直到道光十九年（1839 年），其裔孙王世全与邓显鹤始搜集散佚，刻成《船山遗书》一百五十卷。同治年间，曾国藩、曾国荃重刻，有一百七十二卷。1930 年，谭延闿、胡汉民、于右任等重刊船山遗书，分经史子集四部，凡七十种，共三百五十八卷。

王夫之生活的年代恰逢明末清初，历经明万历四十七年（1619 年）到清康熙三十一年（1692 年）七十四个春秋。这一时期正是朝代更替、政治动荡、社会矛盾和民族矛盾空前尖锐的时期。王夫之秉承家学传统，崇尚经世治世。在明朝危亡之际，他试图匡时救国：或就职于永历政权，以期筹谋复明；或奔波于湖湘前线，以图重整河山；或改容换貌，遁迹山林，躲避乱兵追缉。南明小朝廷的昏庸腐败、党争倾轧最终使他绝意弃世。清顺治九年（1652 年）始，王夫之屏迹幽居，潜心学术。"自入山以来，启户牖，秉孤灯，读十三经，廿一史及张、朱遗书，玩索研究，虽饥寒交迫，生死当前而不变。迄于暮年，体羸多病，腕不胜砚，指不胜笔，犹时置楮墨于卧榻之旁，力疾而纂注。"④终其一生，王夫之以

---

① 大辟：夏商五刑之一，是死刑的总称，其执行方法主要是斩首，又称杀罪。

② 眚终贼刑：《书·舜典》："眚灾（shěng zāi，因过失而造成灾害）肆赦，眚终贼刑。"孔颖达传："眚，过；灾，害；肆，缓；贼，杀也。过而有害，当缓赦之。""贼，杀也……眚奸自终，当刑杀之。"

③ 详：说明，学习。

④ 王敔：《大行府君行述》，转引自萧萐父、许苏民：《王夫之评传》，南京大学出版社 2002 年版，第 655 页。

明遗民自居。

王夫之的学术思想，"守正道以屏邪说，则参伍于濂、洛、关、闽，以辟象山①、阳明之谬，斥钱、王、罗、李之妄……欲尽废古今虚妙之说而返之实"②。王夫之学术思想的形成除有其家学传统外，更深层的动力则源自亲历的"国变"。因此，船山先生于史学格外用力，即便是经学著作也以史识、史论为要，如《诗广义》、《春秋世论》、《尚书引义》等。而晚年所著的《宋论》（十五卷）、《读通鉴论》（三十卷）则是其史学的代表作。此二书定稿的第二年（1692），王夫之病逝于湘西草堂。

《读通鉴论》是对司马光《资治通鉴》的解读，着力于对后者所载史事发表见解和议论。全书三十卷，包括秦一卷，西汉四卷，东汉四卷，三国一卷，晋四卷，宋、齐、梁、陈、隋各一卷，唐八卷，五代三卷，另附《叙论》四篇为"卷末"。每卷分成若干篇，分析和总结了上下古今得失之故、离合之势与变革之会。

王夫之于晚年始作史论，沉淀了遭逢"国变"的激愤，将"亡国之恨"转化为对历史的反思，将"民族仇恨"转化为"华夷之辨"的学理阐发，因此形成了独特的史学思想。

相关阅读

资治通鉴·汉纪（节选）

司马光

太宗孝文皇帝上元年（壬戌，公元前 179）

陈平谢病；上问之，平曰："高祖时，勃功不如臣，及诛诸吕，臣功亦不如勃；愿以右丞相让勃。"十一月，辛巳，上徙平为左丞相，太尉勃为右丞相，大将军灌婴为太尉。诸吕所夺齐、楚故地，皆复与之。

论诛诸吕功，右丞相勃以下益户、赐金各有差。绛侯朝罢趋出，意得甚；上礼之恭，常目送之。郎中安陵袁盎谏曰："诸吕悖逆，大臣相与共诛之。是时丞相为太尉，本兵柄，适会其成功。今丞相如有骄主色，陛下谦让；臣主失礼，窃为陛下弗取也！"后朝，上益庄，丞相益畏。

春，正月，有司请早建太子。上曰："朕既不德，纵不能博求天下贤圣有德之人而禅天下焉，而曰豫建太子，是重吾不德也；其安之！"有司曰："豫建太子，所以重宗庙、社稷，不忘天下也。"上曰："楚王，季父也；吴王，兄也；淮南王，弟也：岂不豫哉？今不选举焉，而曰必子；人其以朕为忘贤有德者而专

---

① 濂：指周敦颐，世称濂溪先生。关：指张载，世称横渠先生。闽：指朱熹。象山：即陆九渊。
② 王敔：《大行府君行述》，转引自萧萐父、许苏民：《王夫之评传》，南京大学出版社 2002 年版，第 655 页。

于子，非所以优天下也！”有司固请曰："古者殷、周有国，治安皆千余岁，用此道也；立嗣必子，所从来远矣。高帝平天下为太祖，子孙继嗣世世不绝，今释宜建而更选于诸侯及宗室，非高帝之志也。更议不宜。子启最长，纯厚慈仁，请建以为太子。"上乃许之。

太宗孝文皇帝下前十一年（壬申，公元前169）

错又上言曰："臣闻秦起兵而攻胡、粤者，非以卫边地而救民死也，贪戾而欲广大也，故功未立而天下乱。且夫起兵而不知其势，战则为人禽，屯则卒积死。夫胡、貉之人，其性耐寒；扬、粤之人，其性耐暑。秦之戍卒不耐其水土，戍者死于边，输者偾①于道。秦民见行，如往弃市，因以谪发之，名曰：'谪戍'；先发吏有谪及赘婿②、贾人，后以尝有市籍者，又后以大父母、父母尝有市籍者，后入闾取其左③。发之不顺，行者愤怨，有万死之害而亡铢两④之报，死事之后，不得一算之复，天下明知祸烈及已也；陈胜行戍，至于大泽，为天下先倡，天下从之如流水者，秦以威劫而行之之敝也。

胡人衣食之业，不著于地，其势易以扰乱边境，往来转徙，时至时去；此胡人之生业，而中国之所以离南亩也。今胡人数转牧、行猎于塞下，以候备塞之卒，卒少则入。陛下不救，则边民绝望而有降敌之心；救之，少发则不足，多发，远县才至，则胡又已去。聚而不罢，为费甚大；罢之，则胡复入。如此连年，则中国贫苦而民不安矣。陛下幸忧边境，遣将吏发卒以治塞，甚大惠也。然今远方之卒守塞，一岁而更，不知胡人之能。不如选常居者家室田作，且以备之，以便为之高城深堑；要害之处，通川之道，调立城邑，毋下千家。先为室屋，具田器，乃募民，免罪，拜爵，复其家，予冬夏衣、廪食，能自给而止。塞下之民，禄利不厚，不可使久居危难之地。胡人入驱而能止其所驱者，以其半予之，县官为赎。其民如是，则邑里相救助，赴胡不避死。非以德上也，欲全亲戚而利其财也；此与东方之戍卒不习地势而心畏胡者功相万也。以陛下之时，徙民实边，使远方无屯戍之事；塞下之民，父子相保，无系虏之患；利施后世，名称圣明，其与秦之行怨民，相去远矣。"

上从其言，募民徙塞下。

太宗孝文皇帝下十三年（甲戌，公元前167）

齐太仓令淳于意有罪，当刑，诏狱逮系长安。其少女缇⑤萦上书曰："妾父为吏，齐中皆称其廉平；今坐法当刑。妾伤夫死者不可复生，刑者不可复属，虽后欲

---

① 偾（fèn）：扑倒。
② 赘婿（zhuì xù）：结婚后住到女家的男子。
③ 古代二十五家为一闾，贫者居住闾左，富者居于闾右。秦始皇形式上不发闾左，但刑法苛暴，很多农民被当作罪人去服各种苦役。至秦二世，闾左也在征发之列。
④ 铢两（zhū liǎng）：特指极少量的钱财、银两。
⑤ 缇：音 tí。

改过自新，其道无繇①也。妾愿没入为官婢，以赎父刑罪，使得自新。"

天子怜悲其意，五月，诏曰："《诗》曰：'恺弟君子，民之父母。'今人有过，教未施而刑已加焉，或欲改行为善而道无繇至，朕甚怜之！夫刑至断支体，刻肌肤，终身不息，何其刑之痛而不德也！岂为民父母之意哉！其除肉刑，有以易之；及令罪人各以轻重，不记逃，有年而免。具为令！"

丞相张苍、御史大夫冯敬奏请定律曰："诸当髡②者为城旦、春③；当黥④者髡钳⑤者为城旦、春；当劓⑥者笞三百；当斩左止者笞五百；当斩右止及杀人先自告及吏坐受赇⑦、枉法、守县官财物而即盗之、已论而复有笞罪皆弃市。罪人狱已决为城旦、春者，各有岁数以免。"制曰："可。"

是时，上既躬修玄默，而将相皆旧功臣，少文多质。惩恶亡秦之政，论议务在宽厚，耻言人之过失；化行天下，告讦之俗易。吏安其官，民乐其业，畜积岁增，户口浸息。风流笃厚，禁罔疏阔，罪疑者予民，是以刑罚大省，至于断狱四百，有刑错之风焉。

作品阐释

王夫之史学思想管窥

王夫之最具特色的史学思想，就是对历史的认识论总结，即如何认识历史、反思当下。他的史学著作旨在建立起历史和现实的认识论关联，着力于主体对历史的反思——可谓"心之鉴"。主要观点有：

（1）关于历史发展的主张。王夫之明确反对复古主义，主张今胜于古，因为人类的文明是不断向前发展的。"太昊以上，其尤禽兽乎！""文去而质不足以留，且将食非其食，衣非其衣，食异而血气改，衣异而形仪殊，又返于太昊以前，而蔑不兽矣。"⑧基于此发展观，王夫之提出了理与法之间的辩证关系，指出天下有定理而无定法。理是基本原则，是规律；法则因时而异，不可执一。"以古之制，治古之天下，而未可概之今日者，君子不以立事；以今之宜，治今之天下，而非可必之后日者，君子不以垂法。故封建、井田、朝会、征伐、建官、颁

① 繇（yóu）：同"由"，从，自。
② 髡（kūn）：古代剃去男子头发的一种刑罚。
③ 城旦：古代刑罚名，一种筑城四年的劳役，秦汉时强制男犯筑城、女犯春米的刑罚。《汉书·惠帝纪》应劭注："城旦者，旦起行治城"；"春者，妇人不豫外徭，但春作米"。其有时与其他刑罚结合使用，如黥城旦春、髡钳城旦春等。
④ 黥（qíng）：古代在人脸上刺字并涂墨之刑，后也施于士兵以防逃跑。
⑤ 髡钳（kūn qián）：古代刑罚，谓剃去头发，用铁圈束颈。
⑥ 劓（yì）：古代割掉鼻子的一种酷刑。
⑦ 赇（qiú）：贿赂。
⑧ 王夫之：《思问录·外篇》，转引自《船山全书》（第12册），岳麓书社1996年版，第467页。

禄之制，尚书不言，孔子不言，岂德不如舜、禹、孔子者，而敢以记诵所得者断万世之大经乎！"① 王夫之主张因时制宜，不可执一以贼道。史作者的价值在于推本得失之原以合圣治之本。由本文所选"肉刑之不可复"的议论，即可见出其历史发展论主张。肉刑兴于古时有当时的必然，肉刑不可复于今日则是当下情势使然。因此，王夫之认为不可抱定先王圣法以自欺，而要有当下意识。

（2）关于历史认知态度的主张。

首先，认知主体要有认知的自觉与能力（要有"心之鉴"）。"过去，吾识也。未来，吾虑也。现在，吾思也。"② 王夫之解释《资治通鉴》之篇名，所谓"资治者，非知治知乱而已也，所以为力行求治之资也"③。"求"即是主体自觉的认知意识："治之所资者，惟在一心。"④ 无论治乱，只要能够"以心驭政"，皆可为治之资。关键在于能够"善取资"，能够变通。与历史事实（所谓"鉴"）相比，历史认知主体（"论鉴者"）的主动性更为重要。"于其得也，而必推其所以得；于其失也，而必推其所以失。其得也，必思易其迹而何以亦得；其失也，必思就其偏而何以救失。"⑤因此，王夫之论史既有历史的同情，更有历史的分析。本文所选论"晁错徙民实边之策"即体现了其"求治之资"的历史追求。他指出了晁错寓兵于农之法的战略意义（此为论得），也洞见到后世失误所在（此为论失），进而提出任贤吏、宽法制、轻徭赋等一系列"徙民实边"的救失之策，为明末边境治理提供了历史之鉴。

其次，认知主体要保持独立的历史洞见。对于前史已有定论者，不必再论其是非。因为"极词以赞而不为加益，闻者不足以兴；极词以贬而不为加损，闻者不足以戒"。"褒其所不待褒，而君子不以为荣；贬其所不胜贬，而奸邪顾以为笑"。⑥在王夫之看来，人云亦云的治史态度无非"玩物丧志"。梁启超曾经这样评价："这两部（《读通鉴论》和《宋论》——编者注）自然不是船山第一等著作，但在史评一类书里头，可以说是最有价值的。他有他一贯精神，借史实来发表。他有他特别眼光，立论往往迥异流俗。"⑦ 王夫之论史多有独见，本文所选论袁盎和论君子之谦两段可窥一斑。在司马迁《史记·袁盎晁错列传》中，袁盎是一位直谏之臣，然而王夫之不以为然，他从袁盎的行事中（尤其是对周勃和晁错的举动中）见到"不忠"、"不信"，称之为险诐之人；而对汉初黄老之术责之于"离诚用伪"，对七王之乱责之于"欲翕固张之术，处于谦以利用其忍"。这些议论皆发人所未发，论人所未论。

---

① 王夫之：《读通鉴论》（卷末），中华书局 2013 年版，第 926 页。
② 王夫之：《思问录·内篇》，转引自《船山全书》（第 12 册），岳麓书社 1996 年版，第 404 页。
③ 王夫之：《读通鉴论》（卷末）中华书局 2013 年版，第 927 页。
④⑤ 王夫之：《读通鉴论》（卷末），中华书局 2013 年版，第 928 页。
⑥ 王夫之：《读通鉴论》（卷末），中华书局 2013 年版，第 924～925 页。
⑦ 梁启超：《中国近三百年学术史》，上海三联书店 2006 年版，第 74 页。

（3）关于历史修养的主张。这是历史认识和人格修养之间关系的话题。王夫之认为，历史认识通向万方——君道、治国、民情、行己、学问等无所不包。《资治通鉴》所谓"通"者，正在于此。"治身治世，肆应而不穷。"①船山先生一生坎坷遭际，促使其从历史中总结兴亡得失；同时在读史中养志，坚定自己的人格理想。他指出，治史者、论史者于数千年升降治乱的历史中，"自当参其变而知其常，以立一成纯之局"，在历史兴亡规律的探索中，追寻人如何自处的道德命题。如此，方可"历乎无穷之险阻而皆不丧其所依，则不为世所颠倒而可与立矣"②。这正是微观个体所能有的历史担当。如此，方可向内反省："使我而生乎三代，将何如？使我而生乎汉唐宋之盛，将何如……生乎今日而将何如，岂在彼在此遂可沉与俱沉，浮与俱浮耶？""极吾一生数十年之内，使我而为王侯卿相，将何如？使我而饥寒不能免，将何如？使我而蹈于刀锯鼎镬之下，将何如？使我而名满天下，功盖当世，将何如……岂如此如彼，遂可骄、可移、可屈耶？"③如此，方可理解船山先生遁于山林、困于生计、坚于学问、守于气节的人生选择。

学 习 计 划

阅读理解

1. 王夫之对"论鉴者"的历史认知自觉十分看重，而他的史论也别具特色。阅读课文，分析作者史论的写作特点。

2. 王夫之《读通鉴论》是对司马光《资治通鉴》所记载的历史人物和历史事件的品评。因此，仅仅阅读《读通鉴论》是不够的。阅读《资治通鉴》中关于汉文帝的记述，谈谈你对晁错徙民实边之策的见解。

拓展学习

王夫之提倡史学应当经世致用。他说："所贵乎史者，述往以为来者师也。为史者，记载徒繁，而经世之大略不著，后人欲得其得失之枢机以效法之无由也，则恶用史为？"④这其实是如何阐释历史的认识论问题。意大利哲学家克罗齐在《历史学的理论和实际》中提出"一切历史都是当代史"的著名论断。克罗齐同样强调了历史认知主体的认知能力和思考能力。他区分了历史和编年史的区别："历史是活的历史，编年史是死的历史；历史是当前的历史，编年

---

① 王夫之：《读通鉴论》（卷末），中华书局 2013 年版，第 928 页。
②③ 王夫之：《俟解》，转引自《船山全书》（第 12 册），岳麓书社 1996 年版，第 486 页。
④ 王夫之：《读通鉴论》（卷六），中华书局 2013 年版，第 131 页。

史是过去的历史；历史主要是思想行动，编年史主要是意志行动。"① 当历史不再被思考，而只是流于词语记录时，就变成了编年史；当思考参与其中时，才能称为历史。某种意义上，王夫之对"论鉴者"的重视与克罗齐的主张不谋而合。阅读克罗齐《历史学的理论和实际》和王夫之的《读通鉴论》，比较二人的史学思想。

---

① 克罗齐：《历史学的理论和实际》，商务印书馆 1997 年版，第 8 页。

《日知录》二则[*]

［清］ 顾炎武

廉耻

《五代史·冯道^①传论》曰："'礼义廉耻，国之四维，四维不张，国乃灭亡。'^② 善乎，管生之能言也！礼义，治人之大法；廉耻，立人之大节。盖不廉则无所不取，不耻则无所不为。人而如此，则祸败乱亡，亦无所不至。况为大臣，而无所不取，无所不为，则天下其有不乱，国家其有不亡者乎！"然而四者之中，耻尤为要。故夫子之论士曰："行己有耻。"^③ 孟子曰："人不可以无耻。无耻之耻，无耻矣。"^④ 又曰："耻之于人大矣，为机变之巧者，无所用耻焉。"^⑤ 所以然者，人之不廉而至于悖礼犯义，其原皆生于无耻也。故士大夫之无耻，是谓国耻。

吾观三代以下，世衰道微，弃礼义，捐廉耻，非一朝一夕之故。然而松柏后凋于岁寒，鸡鸣不已于风雨，彼昏之日，固未尝无独醒之人也！顷读《颜氏家训》^⑥ 有云："齐朝^⑦一士夫尝谓吾曰：'我有一儿，年已十七，颇晓书疏，教其鲜卑语及弹琵琶^⑧，稍欲通解，以此伏^⑨事公卿，无不宠爱。'吾时俯而不答。异哉，此人之教子也！若由此业自致卿相，亦不愿汝曹为之。"^⑩ 嗟乎！之推不得已而仕于乱世，犹为此言，尚有《小宛》^⑪ 诗人之意，彼阉然^⑫媚于世者，能无愧哉！

---

   * 选自《日知录集释》。［清］顾炎武著、黄汝成集释：《日知录集释》，上海古籍出版社 2013 年版。注释和句读同时还参考了陈垣：《日知录校注》，安徽大学出版社 2007 年版。

   ① 冯道（882—954）：历仕后唐、后晋、后周，任宰相、太师等职，自号长乐者，颇为后人非议。

   ② 出自《管子·牧民》。维：是维系物体的大绳索。四维：即维系国家的四个主要支撑。

   ③ 出自《论语·子路》。

   ④ 出自《孟子·尽心上》。

   ⑤ 出自《孟子·尽心上》。

   ⑥ 《颜氏家训》：北齐学者颜之推入隋后的著作。

   ⑦ 齐朝：指北齐。

   ⑧ 鲜卑：东胡族的一支，晋代所谓"五胡"之一，曾建立北魏。至北齐时，鲜卑人仍旧很有势力。琵琶：西域传来的乐器，北齐时非常流行的乐器。

   ⑨ 伏：通"服"。

   ⑩ 出自《颜氏家训·教子篇》卷上。

   ⑪ 小宛：《诗经·小雅》篇名，朱熹认为这是一首"大夫遭时之乱，而兄弟相戒以免祸之诗"。

   ⑫ 阉然：曲意逢迎的样子。

罗仲素①曰："教化者，朝廷之先务；廉耻者，士人之美节；风俗者，天下之大事。朝廷有教化，则士人有廉耻；士人有廉耻，则天下有风俗。"②

古人治军之道未有不本于廉耻者。《吴子》③曰："凡制国治军，必教之以礼，励之以义，使有耻也。夫人有耻，在大足以战，在小足以守矣。"《尉缭子》④言："国必有慈孝廉耻之俗，则可以死易生。"而太公对武王："将有三胜"，一曰"礼将"，二曰"力将"，三约"止欲将"。⑤故礼者，所以班朝治军⑥；而《兔罝》⑦之武夫皆本于文王后妃之化，岂有淫刍荛、窃牛马⑧，而为暴于百姓者哉！《后汉书》："张奂为安定属国都尉⑨，羌⑩豪帅感奂恩德，上马二十匹，先零⑪酋长又遗金镰⑫八枚。奂并受之，而召主簿于诸羌前，以酒酹⑬地曰：'使马如羊，不以入厩；使金如粟，不以入怀。'悉以金马还之。羌性贪而贵吏清，前有八都尉率好财货，为所患苦，及奂正身洁己，威化大行。"呜呼！自古以来，边事之败，有不始于贪求者哉？吾于辽东之事⑭有感。

杜子美诗："安得廉颇将，三军同晏眠。"⑮一本作"廉耻将"。诗人之意未必及此。然吾观《唐书》言："王佖为灵武节度使⑯。先是，吐蕃⑰欲成乌兰桥，每于河壖⑱先贮材木，皆为节帅遣人潜载之，委于河流，终莫能成。蕃人知佖贪而无谋，先厚遗之，然后并役成桥，仍筑月城守之。自是朔方御寇不暇，至今为

---

① 罗仲素：即罗从彦，北宋末年理学家杨时的学生，著有《豫章集》。

② 出自《豫章文集·杂著·议论要语》和《杂著·蕉窗日记》。

③ 《吴子》：我国古代兵书，相传是战国吴起所撰，当系后人所托。引文出自《吴子·图国》。

④ 《尉缭子》：我国古代兵书，相传是战国吴起所作。引文出自《尉缭子·战威》。

⑤ 出自《六韬·励军》，《六韬》为后人伪造，顾炎武当之为真。

⑥ 班：次班。朝：朝廷。班朝：谓正朝仪位次。治军：正师旅军武。

⑦ 《兔罝（jū）》：《诗经·周南》篇名，诗中有"赳赳武夫"之语；《小序》说："《兔罝》，后妃之化也。"

⑧ 淫刍荛：见《左传·召公十三年》，放纵兵士去刈草伐薪。窃牛马：见《尚书·费誓》，指军士偷窃牛马。

⑨ 张奂：东汉后期凉州名将。安定：郡名，治所临泾在今甘肃镇原东面。属国都尉：官名，西汉武帝时，在边地少数民族地区设置。东汉时，统县治民，和郡太守相同。

⑩ 羌：古族名，主要分布在今甘肃、青海和四川一带。

⑪ 先零：汉代羌族的一支，又称先零羌。

⑫ 金镰（jù）：黄金制成的耳环。

⑬ 酹：洒酒于地，表示祭奠或立誓。这里是立誓。

⑭ 辽东之事：指明万历年间，由于镇守辽东的大将李成梁等贪污腐化，清太祖努尔哈赤乘机扩展势力，攻占了辽东。

⑮ 出自杜甫《遣兴三首》其一。

⑯ 王佖（bì）：唐宪宗时的将领。灵武节度使：正式名称是朔方灵盐节度使，即朔方节度使，治所灵武在今天宁夏灵武西南。

⑰ 吐蕃（bō）：古代藏族政权名称，7～9世纪建立于青藏高原。

⑱ 壖（ruán）：古同"堧"，河边地。

患。"由佖之黩货也。故贪夫为帅，而边城晚开①。得此意者，郢书燕说②，或可以治国乎！（自卷十三）

法制

　　法制禁令，王者之所不废，而非所以为治也，其本在正人心，厚风俗而已。故曰："居敬而行简，以临其民。"③

　　周公作《立政》之书曰："文王罔攸兼于庶言、庶狱、庶慎。"又曰："庶狱、庶慎，文王罔敢知于兹。"④ 其丁宁后人之意，可谓至矣。秦始皇之治，天下之事无大小皆决于上。上至于衡石量书⑤，日夜有呈⑥，不中呈不得休息，而秦遂以亡。⑦ 太史公曰："昔天下之网尝密矣，然奸伪萌起，其极也，上下相遁，至于不振。"⑧ 然则法禁之多，乃所以为趣⑨亡之具，而愚暗之君犹以为未至也。杜子美诗曰："舜举十六相，身尊道何高。秦时任商鞅，法令如牛毛。"⑩ 又曰："君看灯烛张，转使飞蛾密。"⑪ 其切中近朝之事乎？

　　汉文帝诏"置三老⑫、孝弟力田⑬常员⑭，令各率其意，以道⑮民焉。"⑯ 夫三老之卑而使之得率其意，此文、景之治所以至于移风易俗，黎民醇厚，而上拟于成康之盛⑰也。

　　诸葛孔明，开诚心，布公道，而上下之交，人无间言⑱，以蕞尔⑲之蜀，犹

---

　　① 边城晚开：城门不敢早开。

　　② 《韩非子·外储说左上》："先王有郢书，而后世多燕说"，用来比作虽曲解原意，但效果很好。这里是说杜甫诗本作"廉颇将"，写作"廉耻将"，却也讲了治国的大道理。

　　③ 出自《论语·雍也》。

　　④ 出自《尚书·立政》，不亲细事之意。

　　⑤ 衡：称量。石：重量单位，一石即一百二十斤。当时用竹简写文书，每天称量重一百二十斤的文书，故称"衡石量书"。

　　⑥ 呈：通"程"，标准。

　　⑦ 参见《史记·始皇纪》。

　　⑧ 出自《史记·酷吏传》。振：振兴。

　　⑨ 趣（cù）：通"促"，促使。

　　⑩ 出自杜甫《述古三首》其二。舜举十六相，事见《左传·文公十八年》，传说高阳氏有才子八人，天下谓之八恺；高辛氏有才子八人，天下谓之八元；这十六族尧不能举而舜举之。

　　⑪ 出自杜甫《写怀三首》其一。大意是说：法制越多，犯法的人也就越多。

　　⑫ 三老：古代执掌教化的乡官。

　　⑬ 孝弟力田：也作"孝悌力田"，汉代选拔官吏的科目之一；始于惠帝时，名义上是奖励有孝的德行和能努力耕作者；高后朝置"孝弟力田"官；到文帝时，与"三老"同为郡县中掌教化的乡官。

　　⑭ 常员：经常设置的官员。

　　⑮ 道：通"导"。

　　⑯ 出自《汉书·文帝纪》。

　　⑰ 成康之盛：指西周初年的成王和康王，他们统治的时期，天下太平，因此被称为"成康盛世"。

　　⑱ 间（jiān）言：不满的话。

　　⑲ 蕞（zuì）尔：小。

得小康。魏操、吴权任法术以御其臣，而篡逆相仍，略无宁岁。<u>天下之事，固非法之所能防也。</u>

叔向与子产①书曰："国将亡，必多制。"②<u>夫法制繁，则巧猾之徒皆得以法为市，而虽有贤者，不能自用，此国事之所以日非也。</u>善乎，杜元凯③之解《左氏》也，曰："法行则人从法，法败则法从人。"④

前人立法之初，不能详究事势，豫为变通之地。后人承其已弊，拘于旧章，不能更革，而复立一法以救之，于是法愈繁而弊愈多，天下之事日至于丛脞⑤，其究也"眊而不行"⑥，上下相蒙，以为无失祖制而已。此莫甚于有明之世，如勾军、行钞⑦二事，立法以救法，而终不善者也。

宋叶适⑧言："国家因唐五代之极弊，收敛藩镇⑨之权，尽归于上，一兵之籍，一财之源，一地之守，皆人主自为之也。欲专大利而无受其大害，遂废人而用法，废官而用吏，禁防纤悉，特与古异，而威柄最为不分。虽然，岂有是哉！故人才衰乏，外削中弱，以天下之大而畏人，是一代之法度又有以使之矣。"⑩又曰："今内外上下，一事之小，一罪之微，皆先有法以待之。极一世之人志虑之所周浃⑪，忽得一智，自以为甚奇，而法固已备之矣，是法之密也。<u>然而人之才不获尽，人之志不获伸，昏然俛首，一听于法度，而事功日堕，风俗日坏，贫民愈无告，奸人愈得志，此上下之所同患，</u>而臣不敢诬也。"又曰："万里之远，嚬呻⑫动息，上皆知之。虽然，无所寄任，天下泛泛焉而已。百年之忧，一朝之患，皆上所独当，而群臣不与也。夫万里之远，皆上所制命，则上诚利矣。百年

---

① 叔向：春秋时晋国的大夫。子产：春秋时郑国的政治家。

② 出自《左传·昭公六年》。

③ 杜元凯：杜预（222—284），字元凯，西晋军事家、经学家。

④ 出自《左传·宣公十二年》中"有律以如己也"的杜注。

⑤ 丛脞（cuǒ）：细碎的意思。

⑥ 出自《汉书·董仲舒传》。眊（mào）：眼睛不明。

⑦ 勾军：明代在各地设置卫所，卫所士兵由百姓充当，充当的家庭名为军户，负有世袭的义务。勾军是指士兵亡故却被诬为逃亡或其他莫须有的罪名，继续向该户要人的行为。明政府发现此政策的弊端，曾多次发布命令补救，却未能最终废止。

行钞：明代时"大明宝钞"和铜钱并行，但弊端极多。为此，明政府多次颁布法令，却不得解决。

⑧ 叶适（1150—1223）：字正则，学者称其为水心先生；南宋哲学家，永嘉学派的代表人物；著有《习学纪言》、《水心先生文集》等。

⑨ 藩镇：唐代初年，在重要各州设都督府；睿宗时，设节度大使；玄宗时，又在边境设置九节度使、一经略使；安史之乱后，在全国各地先后设置节度使、观察使。这些通称"藩镇"或"方镇"。各藩镇掌管一个地区的军政，后来权力逐渐扩大，兼管民政、财政，掌握全部军政大权，形成地方割据，常与朝廷对抗。

⑩ 出自《水心集·始论二》。

⑪ 周浃（jiā）：周到，周密。

⑫ 嚬（pín）呻：蹙眉呻吟。

之忧，一朝之患，皆上所独当，而其害如之何？此外寇所以凭陵①而莫御，仇耻所以最甚而莫报也。"②

陈亮③《上孝宗书》曰："五代之际，兵财之柄，倒持于下，艺祖④皇帝束之于上，以定祸乱。后世不原其意，束之不已，故郡县⑤空虚，而本末俱弱。"⑥

洪武⑦六年九月丁未，命有司庶务更月报为季报，以季报之数类为岁报。凡府、州、县⑧轻重狱囚即依律断决，不须转发。果有违枉，从御史、按察司⑨纠劾。令出，天下便之。⑩（卷八）

学 习 视 野

作家作品

顾炎武和《日知录》

顾炎武（1613—1682），江苏昆山人，著名思想家、史学家、语言学家，与黄宗羲、王夫之并称为明末清初三大儒。其本名绛，字忠清，明亡后更名炎武，字宁人，自署蒋山佣，学者尊为亭林先生。顾炎武的人生轨迹和学术思想与他所处的时代密切相关。明末清初，朝代更迭，社会动荡，民族矛盾空前激化。学界中宋明理学衰微，实学思潮兴起，经世致用成为一代学人的共同理想。顾炎武遵"士当求实学"的家训，致力于实学研究，涉足经学、史学、方志舆地、音韵文字、金石考古、农田、水利等领域，著述五十多部。其中，《日知录》、《音学五书》等著作在学术史上具有突破性意义。顾炎武以严谨求实的学风和经验归纳的研究方法开启了有清一代朴学的先河。梁启超在《中国近三百年学术史》中这样评价顾炎武：

要之，亭林在清学界之特别位置，一在开学风，排斥理气性命之玄谈，专从

---

① 凭（píng）陵：进逼，侵陵。

② 出自《水心集·实谋篇》。

③ 陈亮（1143—1194）：字同甫，学者称龙川先生，南宋思想家、文学家，著有《龙川文集》。

④ 艺祖：有文德才艺之祖，后用来指称开国皇帝，这里指宋太祖赵匡胤。

⑤ 郡县：宋代地方行政区划分为"路、府（州、军）、县"三级。因秦汉魏晋南北朝时实行郡县制，这里将宋代的路、府、县泛称为郡县。

⑥ 出自《龙川集·上孝宗皇帝第三书》卷一。

⑦ 洪武：明太祖的年号（1368—1398）。

⑧ 府、州、县：明代地方行政划分为布政使司（相当于省）、府、县三级。有时在府、县之间设州。直隶州相当于府。

⑨ 御史：明代在督察院设置御史，负责到各省检查工作。按察司：明代在各省设提刑按察使司，设按察使、副使等，负责弹劾和管理刑狱。

⑩ 参见《太祖实录八八》。

客观方面研察事务条理。二曰开治学方法，如勤搜资料，综合研究，如参验耳目闻见以求证实，如力戒雷同剿说，如虚心改订不护前失之类皆是。三曰开学术门类，如参证经训史迹，如讲求音韵，如说述地理，如研金石之类皆是。①

《日知录》始撰于康熙元年（1662）②，直至康熙二十一年（1682）作者溘然长逝方止。作者"稽古有得，随时札记"③，共成书三十二卷一千余条目。全书内容"上篇经术，中篇治道，下篇博闻"④，涉及经义、史学、官方、吏治、财赋、典礼、舆地、艺文等诸多领域，是顾炎武的代表作。其"平生之志与业，皆在其中"⑤。《日知录》在研究方法上重考据、擅归纳，体现出鲜明的朴学特点。无论经义或是名物，皆一一疏通其源流，考证其谬误，不作臆断推测之说。比如，"长城"一条，从战国之齐长城、魏长城、韩长城、楚长城、赵长城、秦长城、燕长城，至秦并天下所筑之长城、汉长城、魏长城、北朝长城，至隋长城，凡起始、长度、州镇等，皆考之于史；"豳"一条，指出自《周南》至《豳》，统谓之《国风》，乃先儒之误，接着证之于《周礼·龠章》之论，证之于雪山王氏之说。正所谓"有一疑义，反复参考，必归于至当；有一独见，援古证今，必畅其说而后止"⑥。

亭林先生研究方法形成的原因之一在于严谨的学术态度：不肯妄断，不肯重言。"有所得辄记之，其有不合，时复改定。或古人先我而有者，则遂削之。"⑥所以，积三十余年，乃成《日知录》一书。他将著述期之于采山之铜，注重本源性与独见性。

尝谓今人纂辑之书，正如今人之铸钱。古人采铜于山，今人则买旧钱，名之曰废铜，以充铸而已……承问《日知录》又成几卷，盖期之以废铜。而某自别来一载，早夜诵读，反复寻究，仅得十余条，然庶几采山之铜也。⑦

但如果以为《日知录》的价值仅在考据之精详、文辞之博辩，则大大低估了其意义。亭林先生期之以明道救世之作："意在拨乱涤污，法古用夏，启多闻于来学，待一治于后生。"⑧ 如前所述，顾炎武生活在一动荡的时代，经世致用的实学追求是《日知录》写作的一大精神支撑。因此，不论经义、治道，或是博闻，内里皆有一贯的"经世"主张与态度。论史作则推崇《史记》，盖因唯太史公胸中能有天下大事，不但能尽古史兵书地形之详，亦能"不待论断而于序事

---

① 梁启超：《中国近三百年学术史》，上海三联书店 2006 年版，第 73 页。
② 也有学者认为，《日知录》初撰于明崇祯十二年（1639 年）。
③⑥ 潘耒：《日知录原序》，转引自《日知录集释》，上海古籍出版社 2013 年版，第 1 页。
④ 顾炎武：《又与人书二十五》，转引自《日知录集释》，上海古籍出版社 2013 年版，第 2 页。
⑤ 顾炎武：《又与友人论门人书》，转引自《日知录集释》，上海古籍出版社 2013 年版，第 3 页。
⑥ 顾炎武：《日知录集释》，上海古籍出版社 2013 年版，第 1 页。
⑦ 顾炎武：《又与人十书》，转引自《日知录集释》，上海古籍出版社 2013 年版，第 1 页。
⑧ 顾炎武：《又与杨雪臣书》，转引自《日知录集释》，上海古籍出版社 2013 年版，第 2 页。

之中即见其指"①，又立表志，"表以纪治乱兴亡之大略，书以纪制度沿革之大端"②。论文则主张"文须有益于天下"，"不贵多"，"难在自成一家之言"，"立言不为一时，其效见于数十百年之后"。论经则批判理学、心学空谈误国，主张复兴经学：

五胡乱华，本于清谈之流祸，人人知之。孰知今日之清谈，有甚于前代者。昔之清谈谈老庄，今之清谈谈孔孟，未得其精而已遗其粗，未究其本而先辞其末。不习六艺之文，不考百王之典，不综当代之务，举夫子论学论政之大端一切不问，而曰"一贯"，曰"无言"。以明心见性之空言，代修己治人之实学。③

顾炎武乃一代之通儒，凡九经诸史，以及经世要务，无不考其得失。以《日知录》为代表的一批著作开启了朴学之风，引领了有清一代的学术转向。然而乾嘉学派发展了顾炎武的考据之功，却遗失了其经世要义。直到清末再遭社会民族一大危机，学术经世致用的一面才又被重视。

❖ 学 习 计 划

阅读理解

1. "行己有耻"是儒家哲学关于如何为人的重要主张。晚明士人和将领趋炎附势、寡廉鲜耻，加速了明朝的灭亡。顾炎武对明末文人将士的无耻行为深恶痛绝，在"廉耻"一条中，作者引经据典、引史筹今，论述了知廉耻的意义。阅读课文，体会作者对归纳法的使用。

2. 《日知录》的研究方法开启了清代朴学研究的先河，但作者重申"博学于文"的圣人之道，意在反对宋明理学的空疏误国之风，倡导经世致用的学术理念。《日知录》的目的即在于"明学术，正人心，拨乱世，以兴太平之事"。顾炎武将《日知录》分为经术、治道、博闻三篇，"法制"一条属于"治道"篇。阅读课文，分析作者如何论述法制禁令之本在正人心、厚风俗。

拓展学习

1. 顾炎武在《日知录·法制》中论述了法制的作用和局限性。你认同他的观点吗？在现代社会中，法制的作用和意义有哪些？如何处理法制和道德自律的关系？

2. 阅读顾炎武《与友人论学书》一文，理解亭林先生关于圣人之道的总结，

---

① 顾炎武：《日知录集释·卷二十六》，上海古籍出版社 2013 年版，第 1429 页。
② 顾炎武：《日知录集释·卷二十六》，上海古籍出版社 2013 年版，第 1446 页。
③ 顾炎武：《日知录集释·卷七》，上海古籍出版社 2013 年版，第 402 页。

即"博学于文"和"行己有耻"的意义。

比往来南北，颇承友朋推一日之长，问道于盲。窃叹夫百余年以来之为学者，往往言心言性，而茫乎不得其解也。

命与仁，夫子之所罕言也；性与天道，子贡之所未得闻也。性命之理，著之《易传》，未尝数以语人。其答问士也，则曰："行己有耻"；其为学，则曰："好古敏求"；其与门弟子言，举尧舜相传所谓危微精一之说一切不道，而但曰："允执其中，四海困穷，天禄永终。"呜呼！圣人之所以为学者，何其平易而可循也！故曰："下学而上达。"颜子之几乎圣也，犹曰："博我以文。"其告哀公也，明善之功，先之以博学。自曾子而下，笃实无若子夏，而其言仁也，则曰："博学而笃志，切问而近思。"今之君子则不然，聚宾客门人之学者数十百人，"譬诸草木，区以别矣"，而一皆与之言心言性。舍多学而识，以求一贯之方；置四海之困穷不言，而终日讲危微精一之说。是必其道之高于夫子，而其门弟子之贤于子贡，跳东鲁而直接二帝之心传者也。我弗敢知也。

《孟子》一书，言心言性，亦谆谆矣。乃至万章、公孙丑、陈代、陈臻、周霄、彭更之所问，与孟子之所答者，常在乎出处、去就、辞受、取与之间。以伊尹之元圣，尧舜其君其民之盛德大功，而其本乃在乎千驷一介之不视不取。伯夷、伊尹之不同于孔子也，而其同者则以"行一不义，杀一不辜，而得天下不为"。是故性也，命也，天也，夫子之所罕言，而今之君子之所恒言也；出处、去就、辞受、取与之辨，孔子、孟子之所恒言，而今之君子所罕言也。谓忠与清之未至于仁，而不知不忠与清而可以言仁者，未之有也；谓不忮不求之不足以尽道，而不知终身于忮且求而可以言道者，未之有也。我弗敢知也。

愚所谓圣人之道者如之何？曰"博学于文"，曰"行己有耻"。自一身以至于天下国家，皆学之事也；自子臣弟友以出入、往来、辞受、取与之间，皆有耻之事也。耻之于人大矣！不耻恶衣恶食，而耻匹夫匹妇之不被其泽，故曰："万物皆备于我矣，反身而诚。"

呜呼！士而不先言耻，则为无本之人；非好古而多闻，则为空虚之学。以无本之人，而讲空虚之学，吾见其日从事于圣人而去之弥远也。虽然，非愚之所敢言也，且以区区之见，私诸同志，而求起予。

论公德[*]

梁启超

　　我国民所最缺者，公德其一端也。公德者何？人群之所以为群，国家之所以为国，赖此德焉以成立者也。人也者，善群之动物也（此西儒亚里士多德之言）。人而不群，禽兽奚择。而非徒空言高论曰群之群之，而遂能有功者也；<u>必有一物焉贯注而联络之，然后群之实乃举，若此者谓之公德。</u>

　　道德之本体一而已，但其发表于外，则公私之名立焉。<u>人人独善其身者谓之私德，人人相善其群者谓之公德。</u>二者皆人生所不可缺之具也。<u>无私德则不能立，</u>合无量数卑污虚伪残忍愚懦之人，无以为国也；<u>无公德则不能团，</u>虽有无量数束身自好、廉谨良愿之人，仍无以为国也。吾中国道德之发达，不可谓不早，虽然，偏于私德，而公德殆阙如。试观《论语》、《孟子》诸书，吾国民之木铎^①，而道德所从出者也。其中所教，私德居十之九，而公德不及其一焉。如《皋陶谟》^②之九德^③，《洪范》^④之三德^⑤，《论语》所谓"温、良、恭、俭、让"，所谓"克己复礼"，所谓"忠信笃敬"，所谓"寡尤寡悔"，所谓"刚毅木讷"，所谓"知命知言"，《大学》所谓"知止、慎独，戒欺、求慊^⑥"，《中庸》所谓"好学、力行、知耻"，所谓"戒慎恐惧"，所谓"致曲"，《孟子》所谓"存心养性"，所谓"反身、强恕"……凡此之类，关于私德者发挥几无余蕴，于养成私人（私人者对于公人而言，谓一个人不与他人交涉之时也）之资格，庶乎备矣。虽然，<u>仅有私人之资格，遂足为完全人格乎？是固不能。</u>今试以中国旧伦理，与泰西新伦理相比较：旧伦理之分类，曰君巨，曰父子，曰兄弟，曰夫妇，曰朋友；新伦理之分类，曰家族伦理，曰社会（即人群）伦理，曰国家伦理。旧伦理所重者，则一私人对于一私人之事也（一私人之独善其身，固属于私

---

　　* 选自梁启超《饮冰室文集》（第一集）之《新民说》第五节。梁启超：《饮冰室文集》，云南教育出版社2001年版。部分句读为编者意见。

　　① 木铎（duó）：本意指以木为舌的大铃，铜质。古代宣布政教法令时，巡行振鸣以引起众人注意，比喻宣扬教化的人。

　　② 《皋陶谟》（gāo yáo mó）：《尚书》、《虞书》中的一篇，是记录君臣谋议国事的重要文献。皋陶：是舜帝的大臣，掌管刑法狱讼。谟：就是计谋、谋略。

　　③ 九德：宽而栗，柔而立，愿而恭，乱而敬，扰而毅，直而温，简而廉，刚而塞，强而义。

　　④ 《洪范》：《尚书》中的一篇。"洪"即"大"，"范"即"法"。"洪范"即统治大法，旧传为箕子向周武王陈述的"天地之大法"。今人或认为系战国后期儒者所作，或认为作于春秋。

　　⑤ 三德：正直，刚克，柔克。

　　⑥ 慊（qiè）：满足，满意。

德之范围，即一私人与他私人交涉之道义，仍属于私德之范围也，此可以法律上公法、私法之范围证明之）；<u>新伦理所重者，则一私人对于一团体之事也。</u>（以新伦理之分类，归纳旧伦理，则关于家族伦理者三：父子也，兄弟也，夫妇也；关于社会伦理者一：朋友也；关于国家伦理者一：君臣也。然朋友一伦，决不足以尽社会伦理；君臣一伦，尤不足以尽国家伦理。何也？凡人对于社会之义务，决不徒在相知之朋友而已，即绝迹不与人交者，仍于社会上有不可不尽之责任。至国家者，尤非君臣所能专有。若仅言君臣之义，则使以礼、事以忠，全属两个私人感恩效力之事耳，于大体无关也。将所谓"逸民不事王侯"者，岂不在此伦范围之外乎？夫人必备此三伦理之义务，然后人格乃成。若中国之五伦，则惟于家族伦理稍为完整，至社会、国家伦理，不备滋多。此缺憾之必当补者也，皆由重私德、轻公德所生之结果也。）夫一私人之所以自处，与一私人之对于他私人，其间必贵有道德者存，此奚待言！虽然，此道德之一部分，而非其全体也。全体者，合公私而兼善之者也。

私德、公德，本并行不悖者也。然提倡之者既有所偏，其末流或遂至相妨。若微生亩①讥孔子以为佞，公孙丑②疑孟子以好辩，此外道浅学之徒，其不知公德，不待言矣；而大圣达哲，亦往往不免。吾今固不欲摭拾③古人片言只语有为而发者，摘④之以相诟病。要之，<u>吾中国数千年来，束身寡过主义，实为德育之中心点。</u>范围既日缩日小，其间有言论行事出此范围外，欲为本群本国之公利公益有所尽力者，彼曲士贱儒，动辄援"不在其位，不谋其政"等偏义，以非笑之、挤排之。谬种流传，习非胜是⑤，而国民益不复知公德为何物！今夫<u>人之生息于一群也，安享其本群之权利，即有当尽于其本群之义务</u>；苟不尔者，则直为群之蠹而已。彼持束身寡过主义者，以为吾虽无益于群，亦无害于群，庸讵⑥知无益之即为害乎！何则？<u>群有以益我，而我无以益群，是我逋⑦群之负而不偿也</u>；夫一私人与他私人交涉，而逋其所应偿之负，于私德必为罪矣，谓其害之将及于他人也。而逋群负者，乃反得冒善人之名，何也？使一群之人，皆相率而逋焉，彼一群之血本，能有几何？而此无穷之债客，日夜蠹蚀之而瓜分之，有消耗无增补，何可长也！然则其群必为逋负者所拽倒，与私人之受累者同一结果。此理势之所必然矣。今吾中国所以日即衰落者，岂有他哉，束身寡过之善士太多，享权利而不尽义务，人人视其所负于群者如无有焉，人虽多，曾不能为群之利，

---

① 微生亩：姓微生，名亩，春秋时鲁国的隐士。微生亩曾批评孔子逞口才，谓孔子曰："丘何为是栖栖者与？无乃为佞乎？"孔子曰："非敢为佞也，疾固也。"参见《论语·宪问》。

② 公孙丑：战国时期齐国人，孟子的弟子。

③ 摭拾（zhí shí）：收拾，采集。

④ 摘（tī）：挑剔，指摘。

⑤ 习非胜是：对某些错误的说法或做法习惯了，反而认为它是正确的。也作"习非成是"。

⑥ 庸讵（yōng jù）：岂，何以，怎么。

⑦ 逋（bū）：拖欠。

而反为群之累，夫安得不日蹙①也！

父母之于子也，生之育之，保之教之，故为子者有报父母恩之义务。人人尽此义务，则子愈多者，父母愈顺，家族愈昌；反是，则为家之索矣。故子而通父母之负者，谓之不孝。此私德上第一大义，尽人能知者也。群之于人也，国家之于国民也，其恩与父母同。盖无群无国，则吾性命财产无所托，智慧能力无所附，而此身将不可以一日立于天地。故报群报国之义务，有血气者所同具也。苟放弃此责任者，无论其私德上为善人、为恶人，而皆为群与国之蟊贼②。譬诸家有十子，或披剃出家，或博弈③饮酒，虽一则求道，一则无赖，其善恶之性质迥殊；要之不顾父母之养，为名教罪人则一也。明乎此义，则凡独善其身以自足者，实与不孝同科。案公德以审判之，虽谓其对于本群而犯大逆不道之罪，亦不为过。

某说部寓言。有官吏死而冥王案治其罪者，其魂曰："吾无罪，吾作官甚廉。"冥王曰："立木偶于庭，并水不饮，不更胜君乎！于廉之外一无所闻，是即君之罪也。"遂炮烙之。欲以束身寡过为独一无二之善德者，不自知其已陷于此律而不容赦也。近世官箴④，最脍炙人口者三字，曰清、慎、勤。夫清、慎、勤，岂非私德之高尚者耶？虽然，彼官吏者受一群之委托而治事者也，既有本身对于群之义务，复有对于委托者之义务，曾是"清、慎、勤"三字，遂足以塞此两重责任乎？此皆由知有私德，不知有公德。故政治之不进，国华之日替，皆此之由。彼官吏之立于公人地位者且然，而民间一私人更无论也。我国民中无一人视国事如己事者，皆公德之大义未有发明故也。

且论者亦知道德所由起乎？道德之立，所以利群也。故因其群文野之差等，而其所适宜之道德，亦往往不同，而要之，以能固其群、善其群、进其群者为归。夫英国宪法，以侵犯君主者为大逆不道（各君主国皆然）；法国宪法，以谋立君主者为大逆不道；美国宪法，乃至以妄立贵爵名号者为大逆不道（凡违宪者，皆大逆不道也）。其道德之外形相反如此，至其精神则一也。一者，何也？曰为一群之公益而已。乃至古代野蛮之人，或以妇女公有为道德（一群中之妇女为一群中之男子所公有物，无婚姻之制也。古代期巴达尚不脱此风），或以奴隶非人为道德（视奴隶不以人类，古贤柏拉图、亚里士多德皆不以为非；南北美战争以前，欧美人不以此事为恶德也），而今世哲学家，犹不能谓其非道德。盖以彼当时之情状所以利群者，惟此为宜也。然则道德之精神，未有不自一群之利益而生者，苟反于此精神，虽至善者，时或变为至恶矣。（如自由之制，在今日为至美，然移之于野蛮未开之群，则为至恶；专制之治，在古代为至美，然移之于

---

① 日蹙（cù）：日渐衰落。

② 蟊贼（máo zéi）：食禾稼的两种害虫。《尔雅》："食苗心曰螟，食节曰贼，食根曰蟊。"多比喻危害人民和国家的坏人或灾异。

③ 博弈：赌博。

④ 官箴（guān zhēn）：做官的戒规。

文明开化之群，则为至恶。是其例证也。）是故公德者，诸国之源也。有益于群者为善，无益于群者为恶（无益而有害者为大恶，无害亦无益者为小恶），此理放诸四海而准，侯诸百世而不惑者也。至其道德之外形，则随其群之进步以为比例差。群之文野不同，则其所以为利益者不同，而其所以为道德者亦自不同。德也者，非一成而不变者也。（吾此言颇骇俗，但所言者德之条理，非德之本原，其本原固亘万古而无变者也。读者幸勿误会。本原惟何？亦曰利群而已。）非数千年前之古人所能立一定格式以范围天下万世者也。（私德之条目变迁较少，公德之条目变迁尤多。）然则吾辈生于此群，生于此群之今日，宜纵观宇内之大势，静察吾族之所宜，而发明一种新道德，以求所以固吾群、善吾群、进吾群之道，未可以前王先哲所罕言者，遂以自画而不敢进也。知有公德，而新道德出焉矣，而新民出焉矣！（今世士夫谈维新者，诸事皆敢言新，惟不敢言新道德，此由学界之奴性未去，爱群、爱国、爱真理之心未诚也。盖以为道德者，日月经天，江河行地，自无始以来，不增不减，先圣昔贤，尽揭其奥以诏后人，安有所谓新焉旧焉者。殊不知，道德之为物，由于天然者半，由于人事者亦半，有发达，有进步，一循天演之大例。前哲不生于今日，安能制定悉合今日之道德？使孔孟复起，其不能不有所损益也亦明矣。今日正当过渡时代，青黄不接，前哲深微之义，或湮没而未彰，而流俗相传简单之道德，势不足以范围今后之人心。且将有厌其陈腐而一切吐弃之者。吐弃陈腐，犹可言也，若并道德而吐弃，则横流之祸，曷其有极！今此祸已见端矣。老师宿儒或忧之，劬劬①焉欲持宋元之余论以遏其流，岂知优胜劣败，固无可逃，捧抔②土以塞孟津，沃杯水以救薪火，虽竭吾才，岂能有当焉。苟不及今急急斟酌古今中外，发明一种新道德者而提倡之。吾恐今后智育愈盛，则德育愈衰，泰西物质文明尽输入中国，而四万万人且相率而为禽兽也。呜呼！道德革命之论，吾知必为举国之所诟病，顾吾特恨吾才之不逮耳。若夫与一世之流俗人挑战决斗，吾所不惧，吾所不辞。世有以热诚之心爱群、爱国、爱真理者乎？吾愿为之执鞭，以研究此问题也。）公德之大目的，即在利群，而万千条理即由是生焉。本论以后各子目，殆皆可以"利群"二字为纲，以一贯之者也。故本节但论公德之急务，而实行此公德之方法，则别著于下方。

学习视野

作家作品

梁启超和《新民说》

梁启超（1873—1929），广东新会人，字卓如，一字任甫，号任公，又号饮

---

① 劬劬（qú qú）：劳苦貌。
② 抔（póu）：量词，指土、沙一类的东西。

冰室主人，笔名有哀时客、中国之新民、少年中国之少年等多种，中国近代思想家、政治家、教育家、史学家、文学家，其著作合编为《饮冰室合集》。

梁启超生活在封建王朝向民族国家变革的大时代，这是一个"新旧两界限之中心的过渡时代"（《过渡时代论》），其动荡与冲击在中国历史上是空前的。中国的自足性和优越性在西方列强坚船利炮的侵略下丧失殆尽，许多有识之士开始警醒并寻找救国、强国之路。梁启超"为 19 世纪世界大风潮之势力所激荡、所冲激、所驱遣"（《夏威夷游记》），成为这个时代的弄潮儿。他一生兴趣广泛，于政治和学术皆有浓烈兴趣。1917 年年底之前，梁启超的主要精力在政界，先后参加了公车上书、强学会、湖南新政、戊戌变法等。民国建立后，任袁世凯政府司法总长、币制局总裁和段祺瑞政府财政总长，并策动了护国战争和讨伐张勋的战役。但作为一个"理论的政务家"，任公先生不能胜任"实行的政务家"。1917 年年底以后，梁启超致力于学术研究，开启了他的学术生涯，尤其以中国传统文化的研究最为用力，著有《清代学术概论》、《中国近三百年学术史》、《中国历史研究法》及其《补篇》等力作。虽有此鲜明分界，但其两期活动互有渗透：于从政时亦论学，成就中国"新思想界之陈涉"（《清代学术概论》）；于述学时亦论政，以独立姿态抨击时弊。梁启超一生政治主张忽进忽退，故以"反复无常"遭人责难，其实这"善变"中又有"不变"之处——无论在政在学，"开启民智"、"新民"乃是纵贯其一生的理想追求。只不过前期重在取法西方、批判传统，后期重在继承传统、挖掘传统。其所资所取之不同，全在视域角度之不同。

《新民说》是梁启超早期关于国民性的思考，一共二十篇文章，系《新民丛报》"论说"一栏文章的结集，1936 年由上海中华书局出版单行本。这组专栏文章写于 1902—1906 年之间，署名"中国之新民"，文中多以"新民子"自称。《新民丛报》是戊戌变法失败后梁启超避居日本期间创办的报纸。这个时期，梁启超阅读了大量的西方近代哲学著作，学术视野大为开阔，思想为之一变。他开始思索政变发生的深层原因，探讨中国积贫积弱的症结所在，进而揭开了"国民性"这一沉重命题的序幕。《新民说》即全面探讨国民性改造的著作，其以西方学说为参照，系统阐发了新民之路。梁启超认为，中国积贫积弱的根本原因在于国民素质低劣，故欲救国必先新民。新民是富国的首要之道，是当务之急。他指出，"国也者，积民而成"，"欲其国之安富尊荣，则新民之道不可不讲"[1]。变法维新失败的根本原因即在于不知新民之道。"苟有新民，何患无新制度？无新政府？无新国家？"[2]任公先生对于"国民"的重视源自以卢梭为代表的西方启蒙思想家之"国家观"的影响，因此，他在提出"鼓民力"、"开民智"、"新民德"

---

[1]　梁启超：《新民说·叙论》，转引自《饮冰室文集》，云南教育出版社 2001 年版，第 547 页。

[2]　梁启超：《新民说·论新民为今日中国第一急务》，转引自《饮冰室文集》，云南教育出版社 2001 年版，第 548 页。

的同时，也提出"民族主义"、"民族国家"的现代理念。"民族主义者何？各地同种族同言语同宗教同习俗之人，相视如同胞，务独立自治，组织完备之政府，以谋公益而御他族是也。"①他认为，近代中国所以屡弱，是由于只知朝廷而不知国家，只有部民而没有国民的结果；而西方列强的扩张恰恰缘于民族帝国主义的兴起。因此，任公先生主张必须确立民族国家和国民意识，改造国民。至于如何新民，梁启超提出"新之义有二：一曰淬厉其所本有而新之，二曰采补其所本无而新之"②。只不过，作者此时更注重后者。他于勾勒世界五色民族之大势，论其所以迭代消长后指出，我们应从中自省："吾国民之性质，其与彼召衰、召弱者异同若何？与此致兴、致强者若何？其大体之缺陷在何处？其细故之薄弱在何处？一一勘之，一一鉴之，一一改之，一一补之，于是新国民可以成。"③

《新民说》的大纲、小目即在上述目的与方法中展开，作者分别从公德、国家思想、进取冒险、权力思想、自由、自治、进步、自尊、合群、生利分利、毅力、义务思想、尚武、私德、民气、政治能力等十六个方面提出了"新民"的具体向度。每谈一处，作者必旁征博引、援彼正我，列数据、排表格、条缕分析、层层推进，新词古语并遣、骈散文体同用，平易畅达、汪洋恣肆、激情喷薄，形成一种新型的散文。这种文风在当时引起极大反响，时人竞相模仿。今日展读，亦心潮澎湃。值得注意的是，此文体是任公先生主动追求的结果，他欲用明白晓畅、笔端带情的文字和内容"开通民智"，实现"新民"之目的。

《论公德》一文选自《新民说》。"公德"是梁启超《新民说》所谓"大纲小目"之大纲，由此大纲生出后面的万千条理。作者之所以以"公德"为其大纲，是因为"公德之大目的，即在利群"④；之所以看重"利群"，是由于作者构建民族国家、推动中国社会现代转型的政治抱负；而其之所以有此抱负，乃由于世界进步形势使然。因此，文章开门见山地指出："我国民所最缺者，公德其一端也。"⑤作者从何谓公德、公德与道德的关系、公德与私德的关系、中国道德学说（束身寡过主义）的弊病论起，进而引出道德确立之目的（利群）与道德条目（外形）之历史流变，力申了公德在道德体系中的绝对地位：一切善恶的标准取决于是否有利于群。作者探讨了一而变的关系，指出利群是道德的本原，是不变的；如何利群是道德的条目，是随时势而变化的。至此，任公先生终于提出："生于此群之今日，宜纵观宇内之大势，静察吾族之所宜，而发明一种新道

---

① 梁启超：《新民说·论新民为今日中国第一急务》，转引自《饮冰室文集》，云南教育出版社2001年版，第548页。

② 梁启超：《新民说·释新民之义》，转引自《饮冰室文集》，云南教育出版社2001年版，第550页。

③ 梁启超：《新民说·就优胜劣败之理以证新民之结果而论及取法之所宜》，转引自《饮冰室文集》，云南教育出版社2001年版，第553页。

④ 梁启超：《新民说·论公德》，转引自《饮冰室文集》，云南教育出版社2001年版，第556页。

⑤ 梁启超：《新民说·论公德》，转引自《饮冰室文集》，云南教育出版社2001年版，第553页。

德，以求所以固吾群、善吾群、进吾群之道。"① 此新道德即公德，公德即出，新民才有可能实现。如任公先生一贯之文风，此文说理精辟，逻辑自然，情感酣畅；而且文中所论之事，于今亦颇多鞭策。

❋ 学 习 计 划

阅读理解

1. 梁启超对中国现代学术的贡献之一是开启了现代学术的研究方法，在研究方法上引入西学套路，提供了全新的思路和范式。《中国历史研究法》及其《补编》、《中国韵文里头所表现的情感》、《中学以上作文教学法》等作品都体现了梁启超对于方法论的高度重视。尤其他的后期著述，更加自觉地反对了乾嘉学派的繁琐考证，在总体理论框架下，从定义入手，分类详析，得出结论。《新民说》虽为早期政论文集，但其论述思路同样也表现出某些现代性特征。仔细阅读课文，分析作者的论说思路。

2. 梁启超开创的新文体，笔端带有"别一种魔力"（《清代学术概论》）。这魔力来自文辞之创新、语法之混杂、铺陈之密集、情感之奔放。朗读课文，体味这"别一种魔力"是如何形成的。

拓展学习

19 世纪末 20 世纪初，国民性改造的话题成为显题，一些思想家分别从不同角度谈论国民性改造之路。其中，梁启超的《中国积弱溯源论》和《新民说》是最早系统探讨国民性的著作，有筚路蓝缕之功。胡适、鲁迅、陈独秀等人都受到梁启超的影响。可以说，梁启超的"新民"主张为五四新文化运动拉开了思想序幕。时至 21 世纪第二个十年，你如何认识国民性改造在现代中国建设中的现状和意义？

---

① 梁启超：《新民说·论公德》，转引自《饮冰室文集》，云南教育出版社 2001 年版，第 556 页。

历 史 篇

《左传》四篇

[先秦]《左传》

郑伯克段于鄢①

初②，郑武公娶于申，曰武姜③，生庄公及共叔段④。庄公寤生⑤，惊姜氏，故名曰寤生，遂⑥恶之。爱共叔段，欲立之，亟⑦请于武公，公弗许。

及⑧庄公即位，为之请制⑨。公曰："制，岩邑⑩也，虢叔死焉⑪，佗邑唯命⑫。"请京⑬，使居之，谓之京城大⑭叔。祭仲曰："都城过百雉，国之害也⑮！先王之制，大都不过参国之一⑯；中，五之一；小，九之一。今京不度，非制也⑰，君将不堪⑱。"公曰："姜氏欲之，焉辟害⑲？"对曰："姜氏何厌之有⑳？不

---

① 选自《左传·隐公元年》。杨伯峻：《春秋左传注》，中华书局 2009 年版。

② 初：当初。本文意指倒叙郑伯克段于鄢以前的事。

③ 郑武公：姓姬，名掘突，公元前 770—前 744 年在位。申：国名，姜姓，在今河南南阳市。娶于申：从申国娶妻（即娶申国国君之女）。武姜："武"为其丈夫的谥号，"姜"为母家的姓，"武姜"是后人对她的追称。

④ 共（gōng）：国名，在今河南辉县。在这里，"叔"表示段是庄公的弟弟。段后来出奔共，所以称为共叔段。

⑤ 寤：通"牾"、逆，倒着。寤生：胎儿脚先出来，即难产。

⑥ 遂：于是，就。

⑦ 亟（qì）：屡次。

⑧ 及：到了。

⑨ 为之请制：替段请求制这个地方。制：即虎牢关，又名虎牢，在今河南荥阳市汜水镇西，原为东虢（guó）国的领地，东虢为郑武公所灭，制遂为郑地。

⑩ 岩：险要。邑：城邑。

⑪ 虢叔：东虢国的国君。死焉：死在那里。

⑫ 邑唯命：别的城邑（我）都听您的命令。佗：同"他"。唯命："唯命是听"的省略。

⑬ 京：地名，在今河南荥阳市东南。

⑭ 大（tài）：后来写作"太"。大叔是尊称。

⑮ 祭（zhài）仲：郑大夫。城：城墙。雉：量词，长三丈高一丈为一雉。国：国家。

⑯ 参：三。国：国都。参国之一，国都的三分之一。古制：侯伯之国，城墙为三百雉，三分之一就是百雉。

⑰ 不度：不合法度。非制：不是先王的制度。

⑱ 君将不堪：您将无法控制。堪：经得起，受得住。

⑲ "姜氏欲之，焉辟害"：姜氏要这样，哪里能避开祸害？

⑳ 姜氏何厌之有：姜氏有什么满足？厌：满足。

如早为之所①，无使滋蔓②。蔓，难图③也。蔓草犹不可除，况君之宠弟乎?"公曰："多行不义必自毙④，子姑⑤待之。"

既而大叔命西鄙、北鄙贰于己⑥。公子吕曰："国不堪贰⑦，君将若之何⑧? 欲与大叔，臣请事之⑨。若⑩弗与，则请除之，无生民心⑪。"公曰："无庸，将自及⑫。"大叔又收贰为己邑⑬，至于廪延⑭。子封曰："可矣，厚⑮将得众。"公曰："不义不暱，厚将崩⑯。"

大叔完聚，缮甲兵，具卒乘⑰，将袭郑。夫人将启之⑱。公闻其期⑲，曰："可矣!"命子封帅车二百乘⑳以伐京。京叛大叔段，段入于鄢。公伐诸㉑鄢。五月辛丑㉒，大叔出奔㉓共。

遂寘姜氏于城颍㉔，而誓之㉕曰："不及黄泉㉖，无相见也。"既而悔之㉗。颍考叔为颍谷封人㉘，闻之，有献㉙于公。公赐之食，食舍㉚肉。公问之，对曰：

---

① 不如早为之所：不如早点给他安排个地方。
② 无使滋蔓：不要使他发展。无：通"毋"，不要。滋蔓：滋长，蔓延，这里指扩展自己的势力。
③ 图：图谋，谋划。这里指想办法对付。
④ 不义：指不义的事情。自毙：自己栽跟头。毙：倒下。
⑤ 子：古时对男子的尊称。姑：姑且。
⑥ 既而：不久。鄙：边邑。贰：两属，属二主。贰于己：一方面属于庄公，另一方面属于自己。
⑦ 公子吕：字子封，郑大夫。国不堪贰：国家不能使土地有两属的情况。
⑧ 若之何：奈何，怎么办?
⑨ "欲与大叔，臣请事之"：(如果)打算(把郑国)送给大叔，就请您允许我侍奉他。
⑩ 若：假如。
⑪ 无生民心：不要使民生二心。
⑫ "无庸，将自及"：用不着，(他)将会自己赶上(灾祸)，即自取灭亡之意。庸：用。及：赶上。
⑬ 大叔又收贰为己邑：共叔段又收取原来两属的地方作为自己的郡邑。
⑭ 至于廪延：(领地扩大)到了廪延。廪延：郑国邑名，在今河南省延津县北。
⑮ 厚：指土地扩大。
⑯ 不义不暱：做不义的事，必然不能得到百姓的拥护。暱(nì)：亲，亲附。崩：山塌，这里指崩溃，垮台。
⑰ 完聚：修治城郭，聚集百姓。缮：修理整治。甲：戎衣，铠甲。兵：武器。具：准备。卒乘(shèng)：步兵和兵车。
⑱ 夫人：指武姜。启之：为段开城门，即做内应。启：开门。
⑲ 其期：共叔段袭郑的日期。
⑳ 二百乘：二百辆兵车。
㉑ 诸：相当于"之于"。
㉒ 五月辛丑：古人以干支纪日，五月辛丑，即隐公元年五月二十三日。
㉓ 出奔：逃到其他国去避难。
㉔ 寘：放置，安顿，这里有放逐的意思。城颍：郑邑名，在今河南临颍县西北。
㉕ 誓之：向她发誓。
㉖ 黄泉：地下的泉水，黄色，这里指墓穴。
㉗ 之：指置姜氏于城颍并发誓一事。
㉘ 颍考叔：郑人。颍谷：郑边邑，在今河南登封市西南。封：疆界。封人：管理疆界的官。
㉙ 有献：有所献。
㉚ 舍：放着。

"小人①有母，皆尝小人之食矣②，未尝君之羹，请以遗之③。"公曰："尔有母遗，繄④我独无！"颍考叔曰："敢问何谓⑤也?"公语之故，且告之悔⑥。对曰："君何患焉⑦? 若阙⑧地及泉，隧⑨而相见，其谁曰不然?"公从之。公入而赋⑩："大隧之中，其乐也融融！"姜出而赋："大隧之外，其乐也泄泄⑪！"遂为母子如初⑫。

君子⑬曰："颍考叔，纯⑭孝也，爱其母，施⑮及庄公。诗曰：'孝子不匮，永锡尔类。'⑯ 其是之谓乎⑰?"

晏婴论和与同⑱（节选）

齐侯至自田⑲，晏子侍于遄台⑳，子犹驰而造焉㉑。公曰："唯据与我和夫！"晏子对曰："据亦同也，焉得为和?"公曰："和与同异乎?"对曰："异。和如羹焉，水、火、醯、醢、盐、梅㉒，以烹鱼肉，燀㉓之以薪，宰夫和㉔之，齐之以味㉕，

---

① 小人：颍考叔自己谦称。

② 皆尝小人之食矣：我的食物（她）都吃过了。尝：这里是"吃"的意思。

③ 遗（wèi）：给，这里指留给。之：指颍考叔的母亲。

④ 繄（yī）：句首语气词，有"唯"之意。

⑤ 敢：表谦敬的副词，有"大胆"、"冒昧"的意思。何谓：即"谓何"，意思是：说的是什么意思? 这话怎么讲?

⑥ 语（yù）：告诉。语之故：把缘故告诉他。告之悔：把心里后悔的事告诉了他。

⑦ 患：忧虑，担心。焉：于此。这句话的意思是：您在这件事情上忧虑什么呢?

⑧ 阙：同"掘"，挖。

⑨ 隧：用如动词，挖隧道。

⑩ 赋：动词，赋诗。

⑪ 泄泄（yì）：和"融融"的意思差不多，都是形容快乐的样子。

⑫ 这句意思是说，从此做母亲、做儿子还和当初一样。

⑬ 君子：作者的假托，《左传》中习惯用这种方式发表评论。

⑭ 纯：纯厚。

⑮ 施（yì）：延，推广，扩展。

⑯ 参见《诗经·大雅·既醉》。这句话的意思是：孝子的孝道没有穷尽，永久地把它赐予你同类的人。匮（kuì）：竭尽。锡：同"赐"。类：指同类的人。

⑰ 其是之谓乎：大概是说这种情况吧。其：表委婉的语气词。是：代词，这，作"谓"的宾语。

⑱ 节选自《左传·昭公二十年》。杨伯峻：《春秋左传注》，中华书局2009年版。

⑲ 侯：指景公。田：打猎。这里指打猎处。

⑳ 遄（chuán）台：地名，在今山东临淄附近。

㉑ 子犹：国大夫梁丘据的字。造：到，往。

㉒ 羹：调和五味（醋、酱、盐、梅、菜）做成的带汁的肉。不加五味的叫大羹。醯（xī）：醋。醢（hǎi）：用肉、鱼等做成的酱。梅：梅子。

㉓ 燀（chǎn）：烧煮。

㉔ 和：调味。

㉕ 之以味：调配使味道适中。

济①其不及，以泄其过②。君子食之，以平其心。君臣亦然。君所谓可而有否焉，臣献③其否以成其司；君所谓否而有可焉，臣献其可以去其否。是以政平而不干④，民无争心。故《诗》曰：'亦有和羹，既戒既平。鬷嘏无言，时靡有争。'⑤ 先王之济五味、和五声也⑥，以平其心，成其政也。声亦如味，一气⑦，二体⑧，三类⑨，四物⑩，五声⑪，六律⑫，七音⑬，八风⑭，九歌⑮，以相成也；清浊、小大，短长、疾徐，哀乐、刚柔，迟速、高下，出入、周疏，以相济也。君子听之，以平其心。心平，德和。故《诗》曰：'德音不瑕。'⑯ 今据不然。君所谓可，据亦曰可；君所谓否，据亦曰否。若以水济水，谁能食之？若琴瑟之一专，谁能听之？同之不可也如是。"

周郑交质⑰（节选）

　　郑武公、庄公为平王卿士⑱。王贰于虢⑲，郑伯怨王。王曰："无之。"故周郑交质⑳。王子狐为质于郑，郑公子忽㉑为质于周。

　　王崩，周人将畀㉒虢公政。四月，郑祭足帅师取温之麦㉓。秋，又取成周㉔之禾。

---

① 济：增加，添加。

② 泄：减少。过：过分，过重。

③ 献：进言指出。

④ 干：犯，违背。

⑤ 这四句诗出自《诗·商颂·烈祖》。戒：具备，意思是指五味全。平：和，指味道适中。鬷（zōng）嘏（gǔ）：召请神灵到来。

⑥ 济：这里的意思是相辅相成。五味：指辛、酸、咸、苦、甘五种味道。五声：指宫、商、角、徵、羽五个音阶。

⑦ 一气：空气，指声音要用气来发动。

⑧ 二体：指文体和武体，用形体舞蹈来配合演唱。

⑨ 三类：指《诗》中的风、雅、颂三部分。

⑩ 四物：四方之物，指乐器用四方之物做成。

⑪ 五声：即五音。

⑫ 六律：指用来确定声音高低清浊的六个阳声，即黄钟、太簇、姑洗、蕤宾、夷则、无射（yì）。

⑬ 七音：指宫、商、角、徵、羽、变宫、变徵七种音阶。

⑭ 八风：八方之风。

⑮ 九歌：可以歌唱的九功之德，即水、火、木、金、土、谷、正德、利用、厚生。

⑯ 这句诗出自《诗·豳风·狼跋》。德音：本指美德，这里借指美好的音乐。瑕：玉上的斑点，这里指缺陷。

⑰ 节选自《左传·隐公三年》。杨伯峻：《春秋左传注》，中华书局 2009 年版。

⑱ 卿士：周朝执政官。

⑲ 贰于虢（guó）：二心，这里有"偏重"的意思。周平王想把政权一部分让虢执掌。虢：指西虢公，周王室卿士。

⑳ 交质：交换人质。

㉑ 忽：郑庄公太子，后即位为昭公。

㉒ 畀（bì）：交给。

㉓ 祭（zhài）足：即祭仲，郑大夫。温：周朝小国，在今河南温县南。

㉔ 成周：周地，在今河南洛阳市东。

周郑交恶。

君子曰："信不由中①，质无益也。明恕②而行，要③之以礼，虽无有质，谁能间④之？苟有明信⑤，涧溪沼沚之毛⑥，苹蘩蕴藻之菜，筐筥锜釜⑦之器，潢污行潦⑧之水，可荐⑨于鬼神，可羞⑩于王公，而况君子结二国之信，行之以礼，又焉用质？《风》有《采蘩》、《采苹》⑪，《雅》有《行苇》、《泂酌》⑫，昭⑬忠信也。"

季札观乐⑭

吴公子札来聘⑮。请观于周乐⑯。使工为之歌《周南》、《召南》⑰，曰："美哉！始基之⑱矣，犹未也，然勤而不怨矣。"为之歌《邶》、《鄘》、《卫》⑲，曰："美哉，渊乎！忧而不困者也。吾闻卫康叔、武公之德如是⑳，是其《卫风》乎？"为之歌《王》㉑，曰："美哉！思而不惧，其周之东乎！"为之歌《郑》，曰："美哉！其细㉒已甚，民弗堪也。是其先亡乎！"为之歌《齐》，曰："美哉，泱泱㉓乎！大风也哉！表东海者，其大公乎㉔？国未可量也。"为之歌《豳》㉕，

---

① 中：同"衷"，内心。
② 明恕：互相体谅。
③ 要：约束。
④ 间：离间。
⑤ 明信：彼此了解，坦诚相待。
⑥ 沼沚：小池塘。毛：野草。
⑦ 筐筥（jǔ）：竹制容器，方为筐，圆为筥。锜（qí）釜：饮具，有角为锜，无角为釜。
⑧ 潢：积水池。污：积水。行潦：流动的积水。
⑨ 荐：享祭，祭祀。
⑩ 羞：进奉。
⑪ 《采蘩》、《采苹》：均为《诗·召南》篇名，写妇女采集野菜以供祭祀。
⑫ 《行苇》、《泂酌》：均为《诗·大雅》篇名，前者写周祖先晏享先人仁德，歌颂忠厚；后者写汲取行潦之水供宴享。
⑬ 昭：表明。
⑭ 选自《左传·襄公二十九年》。
⑮ 吴公子札：即季札，吴王寿梦第四子。襄公二十九年，出访鲁、齐、晋、郑、卫诸国。聘：古时诸侯与天子间、诸侯与诸侯间派使者访问称聘。
⑯ 周乐：周王室的音乐舞蹈。鲁为周公的后代，所以保存了这套音乐。
⑰ 工：乐工。《周南》、《召南》：《诗经》十五国风中的两种。以下提到的诗歌均出自《诗经·国风》，下文不再逐一注明。
⑱ 始基之：开始奠定了基础。
⑲ 邶（bèi）：周代诸侯国，在今河南汤阴南。鄘：周代诸侯国，在今河南新乡市南。卫：周代诸侯国，在今河南淇县。
⑳ 康叔：周公的弟弟，卫国开国君主。武公：康叔的九世孙。
㉑ 《王》：即《王风》，周平王东迁洛邑后的乐歌。
㉒ 细：琐碎。
㉓ 泱泱：宏大的样子。
㉔ 表东海：成为东海诸侯一代的表率。大公：太公，即姜太公。
㉕ 豳（bīn）：即《豳风》，豳地的歌曲。

曰:"美哉,荡乎①! 乐而不淫,其周公之东乎②?"为之歌《秦》,曰:"此之谓夏声③。夫能夏则大,大之至也,其周之旧乎!"为之歌《魏》,曰:"美哉,沨沨④乎! 大而婉,险⑤而易行,以德辅此,则明主也!"为之歌《唐》⑥,曰:"思深哉! 其有陶唐氏⑦之遗民乎? 不然,何忧之远也? 非令德之后⑧,谁能若是?"为之歌《陈》⑨,曰:"国无主,其能久乎!"自《邶》⑩以下无讥焉!

为之歌《小雅》,曰:"美哉! 思而不贰,怨而不言,其周德之衰乎? 犹有先王之遗民焉!"为之歌《大雅》,曰:"广哉! 熙熙⑪乎! 曲而有直体,其文王之德乎?"为之歌《颂》⑫,曰:"至矣哉! 直而不倨⑬,曲而不屈⑭;迩而不逼,远而不携⑮;迁而不淫⑯,复而不厌,哀而不愁,乐而不荒⑰;用而不匮,广而不宣⑱;施而不费,取而不贪;处而不底⑲,行而不流。五声和,八风⑳平;节有度㉑,守有序㉒。盛德之所同也!"

见舞《象箾》、《南龠》者㉓,曰:"美哉,犹有憾!"见舞《大武》㉔者,曰:"美哉,周之盛也,其若此乎?"见舞《韶濩》㉕者,曰:"圣人之弘也,而

---

① 荡乎:荡然、广阔貌。
② 乐而不淫:指有所节制。周公之东:周公东征。
③ 夏声:西方之声,秦在西,故云。
④ 沨沨(fēng):形容乐声和谐,婉转悠扬。
⑤ 险:不平,这里指乐曲的变化。
⑥ 唐:在今山西太原。晋国开国国君叔虞初封于唐。
⑦ 陶唐氏:指帝尧。晋国是陶唐氏旧地。
⑧ 令德之后:美德者的后代,指陶唐氏的后代。
⑨ 陈:国都宛丘,在今河南淮阳。
⑩ 邶(kuài):在今河南郑州南,被郑国消灭。
⑪ 熙熙:和美融洽。
⑫ 《颂》:指《诗经》中的《周颂》、《鲁颂》和《商颂》。
⑬ 至矣:美极了。直:正直。倨:放肆。
⑭ 曲而不屈:委婉而不卑屈。屈:备下,摩弱。
⑮ 携:通"隙",指二心。
⑯ 迁:变化。
⑰ 荒:过度。
⑱ 匮:用尽。宣:显露。
⑲ 施:施惠。底:停顿,停滞。
⑳ 风:指金、石、丝、竹、匏、土、革、本做成的八类乐器。
㉑ 节:节拍。度:尺度。
㉒ 守有序:乐器演奏有一定次序。
㉓ 《象箾(shuò)》:舞名,武舞。箾是古代舞者所拿的竿状舞具。《南龠(yuè)》:舞名,文舞。龠:古代乐器,形状像笛。
㉔ 《大武》:周武王的乐舞。
㉕ 《韶濩(hù)》:商汤的乐舞。

犹有惭德①，圣人之难也！"见舞《大夏》②者，曰："美哉！勤而不德③。非禹，其谁能修④之！"见舞《韶箾》者⑤，曰："德至矣哉！大矣，如天之无不帱⑥也，如地之无不载也！虽甚盛德，其蔑以加于此矣。观止矣！⑦若有他乐，吾不敢请已！"

学习视野

作家作品

《左传》概述及选篇介绍

《左传》，也称《春秋左氏传》或《左氏春秋》。关于《左传》的作者，司马迁和班固都认为是鲁国的史官左丘明，后世学者大都沿用此说。关于它成书的年代，历来有不同的看法，有的学者认为是在春秋末期，有的则认为应在战国前期，两种说法延续至今。

《左传》是我国第一部记事详细、论证精辟的编年体历史著作，以鲁国的纪元进行编年，从鲁隐公元年（公元前722）开始叙事，止于鲁悼公四年（公元前464），详细叙述了春秋时期各国的政治、经济、军事、文化、外交、风俗等方面的历史情况和各种人物的活动情况。《左传》对于后代史书的书写形成产生了深远影响，司马迁作《史记》，就大量采用了《左传》中的内容，司马迁之后的史学家也都从《左传》中汲取了营养。

《左传》也是儒家重要典籍之一，在"十三经"中位于"春秋经"卷。它以《春秋》为底本，取材于诸侯国史，通过记述春秋时期的具体史实来阐明《春秋》中的"微言大义"⑧，因此《左传》也呈现出鲜明的政治与道德倾向，强调等级秩序与宗法伦理，重视长幼尊卑之别，对尊礼爱民的政治家进行赞扬，对暴君佞臣的恶行也予以批判。《左传》与《春秋公羊传》、《春秋穀梁传》同为解释

---

① 惭德：遗憾，缺憾。
② 《大夏》：夏禹的乐舞。
③ 不德：不自夸有功。
④ 修：作。
⑤ 《韶箾》：舜的乐舞。
⑥ 帱（dào）：覆盖。
⑦ 其盛德：盛德至极。蔑：无，没有。观止：已观赏到最高水平的乐舞，到此为止。
⑧ 编者按：《史记·孔子世家》中曰："'吾道不行矣，吾何以自见于后世哉？'乃因史记作《春秋》，上至隐公，下讫哀公十四年，十二公。据鲁，亲周，故殷，运之三代。约其文辞而指博。故吴楚之君自称王，而《春秋》贬之曰'子'；践土之会实召周天子，而《春秋》讳之曰'天王狩于河阳'：推此类以绳当世。贬损之义，后有王者举而开之。《春秋》之义行，则天下乱臣贼子惧焉。"司马迁认为孔子编《春秋》不单纯记载史事，它的遣词用字旨在以"尊王攘夷"为前提明辨褒贬、善恶、是非，表达对社会现实问题的见解，寄托他重现"王道"的政治理想。

《春秋》的三部著作，合称为"春秋三传"。

《左传》同时又是一部有较高文学价值的先秦散文名著。《左传》的文章叙述完整、文笔严密，创造出许多精彩篇章和富有魅力的文学语言。《左传》写人栩栩如生，寥寥几笔可令人物神形毕现。《左传》尤其善于用委曲尽致的笔调，将复杂的战争描绘得跌宕起伏、波澜壮阔。《左传》语言曲折缜密，应对辞令委婉有力。

《郑伯克段于鄢》是《左传》第一篇，叙述了春秋初年郑庄公平定其胞弟共叔段作乱的历史事件。作者用极简练的笔墨，通过侧面烘托、对比映衬等手法刻画人物形象。此外，细节描写是本文的另一特色，如"庄公寤生"、颍考叔"食舍肉"，对深化文章主旨、塑造人物性格也起到了十分重要的作用。全文虽然仅七百余字，但叙事结构完整严密，人物形象鲜明生动，情节波澜起伏，所以，清朝余诚在《重订古文释义新编》中评此文为"文章之祖"。

《晏婴论和与同》是《左传》中记述辞令的名篇之一，讲述了齐国宰相晏婴以调羹、音律为喻，向齐王讲述君臣和谐相处之道。

《周郑交质》讲述了周王室东迁之后，与郑国矛盾日趋严重，最后不得不以交换人质的办法来化解。文中书"周郑"二字，就奠定了作者对周王室和郑国的贬斥基调，周王的任用不一、庄公的不遵礼法令二者尊严尽失，于是文末"君子曰"一段评论，以信和礼为标准，一针见血地指出周郑交质之非："信不由中，质无益也。明恕而行，要之以礼，虽无有质，谁能间之?"文章虽短，但叙事清晰，议论严密，语言中肯，说服力很强。

《季札观乐》发生在鲁襄公二十九年（公元前544），吴公子季札为替新国君余祭谋求友好，奉命出使鲁、齐、郑、卫、晋诸国。当季札到访鲁国时，向鲁国国君请求观赏周王室的音乐和舞蹈。此篇叙述了鲁国乐工演奏情况和季札对"周乐"的评价。在乐评中可知，季札在歌诗乐舞方面极具造诣，"季札论诗论舞，既论其音乐，亦论其歌词与舞象"[1]；同时，又将歌诗乐舞与政治联系起来，从歌乐中分析出各国的政治得失，在乐舞中体会出舜、禹、汤、武王"德兴"的政治教化。本篇虽名为"观乐"，但实际是"依声以参时政"[2]，从中观察、了解、体悟政治兴衰，阐明治国之道，而不单纯是关于诗、乐、舞的理论分析。

此外，本篇也在一定程度上反映出春秋时期诗歌乐舞高度发达的状况以及艺术欣赏的水平和特点，可以视作孔子之前论述文艺的重要文献。

---

① 杨伯峻：《春秋左传注》（第三册），中华书局2000年版，第1161页。

② 杜预注、孔颖达疏：《春秋左传正义》，北京大学出版社（《十三经注疏》本）2000年版，第667~669页。

❖ 学习计划

阅读理解

1. 郑庄公是《左传》中出场的第一位"霸主"，试从他与家人、臣下以及与周王室的关系中综合分析此人物复杂的性格特征，体会《左传》精妙的叙人笔法。

2. 《晏婴论和与同》提到了"和"的观念，这种观念是否也出现在《季札观乐》一文中？如果有，它具体表现在哪些地方？

拓展学习

"周郑交质"中周王室在外交上的失败令自己威风扫地。公元前707年（周桓王十三年），周桓王免去庄公朝中司徒之职，又亲自带领诸侯联军讨伐郑国，被郑国的祝聃射中肩膀，史称"射王中肩"，军事上的失败更让王室颜面荡然无存，彻底失去对诸侯国的控制，而庄公成为"春秋小霸"，春秋争霸时代的帷幕就此拉开。

下文即是对"射王中肩"一事的叙述。

射王中肩①

王夺郑伯政，郑伯不朝。王以诸侯伐郑，郑伯御之。

王为中军；虢公林父将右军，蔡人、卫人属焉；周公黑肩将左军，陈人属焉。

郑子元请为左拒以当蔡人、卫人，为右拒以当陈人，曰："陈乱，民莫有斗心，若先犯之，必奔。王卒顾之，必乱。蔡、卫不枝，固将先奔，既而萃于王卒，可以集事。"从之。曼伯为右拒，祭仲足为左拒，原繁、高渠弥以中军奉公，为鱼丽之陈，先偏后伍，伍承弥缝。战于繻葛，命二拒曰："旝动而鼓。"蔡、卫、陈皆奔，王卒乱，郑师合以攻之，王卒大败。祝聃射王中肩，王亦能军。祝聃请从之。公曰："君子不欲多上人，况敢陵天子乎！苟自救也，社稷无陨，多矣。"

---

① 选自《左传·桓公五年》。

刘康公论鲁大夫俭与侈[*]（节选）

［先秦］《国语》

　　定王八年，使刘康公聘①于鲁，发币②于大夫。季文子、孟献子皆俭，叔孙宣子、东门子家皆侈。

　　归，王问鲁大夫孰贤，对曰："季、孟其长处鲁乎！叔孙、东门其亡乎！若家不亡，身必不免。"王曰："何故？"对曰："臣闻之：<u>为臣必臣，为君必君③</u>。<u>宽肃宣④惠，君也；敬恪恭俭，臣也</u>。宽所以保本也，肃所以济⑤时也，宣所以教施也，惠所以和民也。本有保则必固，时动而济则无败功，教施而宣则⑥遍，惠以和民则阜⑦。若本固而功成，施遍而民阜，乃可以长保民矣，其何事不彻⑧？敬所以承命也，恪⑨所以守业也，恭所以给事⑩也，俭所以足用也。以敬承命则不违，以恪守业则不懈，以恭给事则宽于死，以俭足用则远于忧。若承命不违，守业不懈，宽于死而远于忧，则可以上下无隙⑪矣，其何任不堪⑫？上任事而彻，下能堪其任，所以为令闻长世也。今夫二子者俭，其能足用矣，用足则族可以庇。二子者侈，侈则不恤匮⑬，匮而不恤，忧必及之，若是则必广⑭其身。且夫人臣而侈，国家弗堪，亡之道也。"王曰："几何⑮？"对曰："东门之位不若叔孙而泰⑯侈焉，不可以事二君⑰，叔孙之位不若季、孟而亦泰

---

　　* 选自《国语·周语二十二》。［三国·吴］韦昭注、明洁辑评、金良年导读、梁谷整理：《国语》，上海古籍出版社 2008 年版。

　　① 聘：出使。

　　② 币：礼物。

　　③ 必臣、必君：臣、君均为动词。

　　④ 宣：公正。

　　⑤ 济：成功。

　　⑥ 宣则：公正成为法则。

　　⑦ 阜：富裕。

　　⑧ 不彻：做不到。

　　⑨ 恪：谨慎。

　　⑩ 给事：执行公务。

　　⑪ 无隙：没有隔阂。

　　⑫ 不堪：不能胜任。

　　⑬ 不恤匮：不体恤贫困。

　　⑭ 广：危及。

　　⑮ 几何：多长时间。

　　⑯ 泰：通"太"。

　　⑰ 事二君：侍奉两代君主。

侈焉，不可以事三君。若皆蚤世①犹可，若登年以载其毒②，必亡。"

十六年，鲁宣公卒。赴者未及，东门氏来告乱，子家奔齐。简王十一年，鲁叔孙宣伯亦奔齐，成公未殁二年。

学习视野

作家作品

《国语》概述及选篇介绍

《国语》是中国最早的一部国别体著作。全书共二十一卷，分别记录了周朝王室和鲁、齐、晋、郑、楚、吴、越等诸侯国的历史，上起周穆王十二年（公元前990）西征犬戎（约公元前947），下至智伯被灭（公元前453年）。包括各国贵族间朝聘、宴飨、讽谏、辩说、应对之辞以及部分历史事件与传说。

《国语》并非出自一人，它是战国初期一些熟悉各国历史的人，根据当时周朝王室和各诸侯国的史料，经过整理加工汇编成各国的《语》，如《周语》、《鲁语》等，总称《国语》。各国《语》在全书所占比例不一，每一国记述事迹各有侧重。《国语》对东西周的历史都有记录，侧重于记言。《鲁语》记载了春秋时期鲁国之事，但不是完整的鲁国历史，主要是针对一些小事发表议论。《齐语》记载了齐桓公称霸之事，主要记载了管仲和齐桓公的论证之语。《晋语》篇幅最长，共有九卷，对晋国历史记录较为全面、具体，叙事成分较多，特别侧重于记述晋文公的事迹。《郑语》则主要记载了史伯论天下兴衰的言论。《楚语》主要记载了楚灵王、昭王时期的历史事件。《吴语》独记夫差伐越和吴之灭亡，《越语》则仅记勾践灭吴之事。

本篇叙写周大夫刘康公受周定王委派到鲁国进行聘问，发现鲁国的官员有的生活勤俭，有的生活奢侈，回来后就此现象向周定王谈了君臣之道："为臣必臣，为君必君。"无论君还是臣，都要恪守自己的本分。君主通达严明，臣下恭谨尽职，才能确保君主、臣下和百姓的长治久安，否则就会如鲁国臣子叔孙宣子和东门子家过度挥霍自己的财富，为自己和国家招致灾祸。全文共三段：第一段简要叙述事件，引出对话的端由；第二段以君臣二人的对话为主体，从正反两方面论述了为君不君、为臣不臣的危害；最后一段以事实印证了刘康公的判断。

---

① 蚤世：早死。
② 登年：丰年，活得时间长。载其毒：干坏事。

❋ 学 习 计 划

阅读理解

1. 为什么叔孙宣子、东门子家的奢侈会带来灭亡的结局？
2. 刘康公判断大夫贤德与否的依据是什么？你是否赞同刘康公的说法？

拓展学习

下文选自《国语·周语》中的《祭公谏穆王征犬戎》篇，体会祭公谏言中所反映的思想倾向。与上文比照阅读，归纳《国语》篇章结构中的共性。

穆王将征犬戎，祭公谋父谏曰："不可！先王耀德不观兵①。夫兵，戢而时动，动则威；观则玩，玩则无震。② 是故周文公之《颂》曰：'载戢干戈，载櫜弓矢。我求懿德，肆于时夏，允王保之。③'先王之于民也，茂正其德而厚其性，阜其财求而利其器用；明利害之乡，以文修之，使务利而避害，怀德而畏威。④ 故能保世以滋大。

昔我先世后稷，以服事虞、夏；及夏之衰也，弃稷弗务⑤。我先王不窋用失其官，而自窜于戎、翟之间。⑥ 不敢怠业，时序其德，纂修其绪，修其训典；朝夕恪勤，守以惇笃，奉以忠信；奕世载德，不忝前人。⑦ 至于武王，昭前之光明，而加之以慈和，事神保民，莫不欣喜。商王帝辛，大恶于民，庶民弗忍，欣戴武王，以致戎于商牧。⑧ 是先王非务武也，勤恤民隐⑨而除其害也。

夫先王之制：邦内甸服，邦外侯服，侯、卫宾服，蛮、夷要服，戎、翟荒服⑩。甸服者祭，侯服者祀，宾服者享，要服者贡，荒服者王⑪。日祭、月祀、

---

① 耀德：明德，昭显德行。观兵：示兵，炫耀兵力。
② 戢（jí）：藏聚，收藏。此句意为：炫耀武力等于戏弄，戏弄武力是没有威慑力的。
③ 櫜（gāo）：即韬，收藏。懿德：美德。肆：陈列，此为施布之意。允：确实。
④ 茂：同"懋"，勉励。阜：大，在这里有丰富满足之意。器用：生产或生活上所需的器具。乡（xiàng）：同"向"，此指关键所在。
⑤ 后稷：名弃，周人的始祖，是舜的农官。弃稷弗务：废弃稷的官职，不再讲究务农。
⑥ 不窋（zhù）：弃的儿子。窜：逃匿。
⑦ 业：指农事。序：布，传布。纂：继续。绪：事业。奕世：累世，世世代代。载：承载，传承，继承。不忝：不辱。
⑧ 欣戴：爱戴。戎于商牧：在牧野与商军作战。
⑨ 勤恤民隐：体恤老百姓的痛苦。隐：痛苦。
⑩ 邦内：即畿内，天子都城五百里以内地区。甸服：以田赋朝贡天子。邦外："甸服"以外五百里的地区。侯服：以诸侯之礼服侍天子。侯、卫：指侯圻，卫圻，"侯服"之外五百里的地区，为中国边界，诸侯外卫。宾服：以宾客之礼服侍天子。蛮、夷：指南方和北方的少数民族。要（yāo）服：立约结盟以服侍天子。戎、翟：指西方和北方的少数民族。荒服：戎、翟所处之地为更远的边荒地区，故称荒服。
⑪ 王：进京朝见周王。

时享、岁贡、终王，先王之训也。① 有不祭则修意，有不祀则修言，有不享则修文，有不贡则修名，有不王则修德；序成而有不至，则修刑。② 于是乎有刑不祭，伐不祀，征不享，让不贡，告不王；于是乎有刑罚之辟，有攻伐之兵，有征讨之备，有威让之令，有文告之辞。③ 布令陈辞而又不至，则又增修于德，无勤民于远④。是以近无不听，远无不服。

今自大毕、伯仕之终也，犬戎氏以其职来王，天子曰：‘予必以不享征之，且观之兵。⑤’其无乃废先王之训，而王几顿乎？⑥ 吾闻夫犬戎树惇，能帅旧德而守终纯固，其有以御我矣！⑦”

王不听，遂征之，得四白狼、四白鹿以归。自是荒服者不至。

---

① 日祭：甸服者距京都最近，要每日供应天子祭祀祖考的物品。月祀：侯服者要每月供应天子祭祀高祖、曾祖的物品。时享：宾者要每季向天子供献祭祀宴享的物品。时：指四时。岁贡：要服者要每年向天子行一次供献之礼。终王：荒服者终身只要在新的周王即位进京朝见一次。

② 修意：申明王意去感化。修言：用道理去教化。修文：用法令去教化。修名：用树立声威去感化。修德：用德行去感化。序成：指把上述修意、修言、修文、修名、修德五者依次做好。修刑：用刑法处罚。

③ 辟：法令。让威之令：斥责的命令。文告之辞：告谕的文辞。

④ 勤民于远：劳苦百姓到远地打仗。

⑤ 大毕、伯仕：犬戎族的两个君主。终：去世。以其职来王：按照他们荒服者应守的职分来朝王。以不享征之：用"不享"的罪名征讨它。"不享"：本指宾服者不供时享，而犬戎作为"服"，是没有供时享的义务的，以"不享"征讨，属于罚不当罪。

⑥ 乃：恐怕，只怕。王几顿乎："荒服者王"的规定遭到破坏。顿：败坏。

⑦ 树惇：树立敦厚的德行。帅旧德：遵循先人的道德规范。帅：遵循。守终纯固：守卫其国家一直专心致志。

武灵王平昼间居*（节选）

[先秦]《战国策》

　　武灵王平昼间居，肥义①侍坐，曰："王虑世事之变，权甲兵之用，念简、襄之迹，计②胡、狄之利乎？"王曰："嗣立不忘先德，君之道也；错质③务明主之长，臣之论也。是以贤君静而有道民便事④之教，动有明古先世之功。为人臣者，穷有弟长辞让之节⑤，通有补民益主之业。此两者，君臣之分⑥也。今吾欲继襄主之业，启⑦胡、翟之乡，而卒世不见⑧也。敌弱者，用力少而功多，可以无尽百姓之劳，而享往古之勋。<u>夫有高世之功者，必负遗俗之累⑨</u>；<u>有独知之虑者，必被庶人之恐⑩</u>。今吾将胡服骑射以教百姓，而世必议⑪寡人矣。"

　　肥义曰："臣闻之，<u>疑事无功，疑行无名</u>。今王即定负⑫遗俗之虑，殆毋顾天下之议矣。<u>夫论至德者不和于俗，成大功者不谋于众⑬</u>。昔舜舞有苗，而禹祖入裸国，非以养欲而乐志⑭也，欲以论德而要功也。愚者暗⑮于成事，智者见于未萌，王其遂行之。"

　　王曰："寡人非疑胡服也，吾恐天下笑之。<u>狂夫之乐，知者哀焉；愚者之笑，</u>

---

　　* 选自《战国策·赵策二》。缪文远等注：《战国策》，中华书局 2012 年版。
　　① 肥义：人名，赵武灵王的相国。
　　② 计：盘算，打算。
　　③ 错质：献身给君王。
　　④ 道民：引导百姓。便事：便利行事。
　　⑤ 穷有弟长辞让之节：未做官时应具备尊敬长辈、谦虚礼让的操守。
　　⑥ 分：本分。
　　⑦ 启：开发，开启。
　　⑧ 不见：不被理解。
　　⑨ "夫有高世之功者，必负遗俗之累"：想要建立特殊功业的人，就一定会受到习惯势力的牵制。
　　⑩ 恐：抱怨。
　　⑪ 议：非议。
　　⑫ 负：摆脱。
　　⑬ "夫论至德者不和于俗，成大功者不谋于众"：讲究高尚道德的人，不去附和一般俗见；成就伟大功业的人，就不和一般人商量。
　　⑭ 养欲而乐志：放情纵欲而娱乐心志。
　　⑮ 暗：不明白。

贤者戚焉。① 世有顺我者，则胡服之功②未可知也。虽驱③世以笑我，胡地中山吾必有④之。"

王遂胡服。使王孙绁告公子成⑤曰："寡人胡服且将以朝，亦欲叔之服之也。家听于亲，国听于君，古今之公行也；子不反亲，臣不逆主，先王之通谊也。今寡人作教易服，而叔不服，吾恐天下议之也。夫制国有常，而利民为本，从政有经，而令行为上。⑥ 故明德在于论贱，行政在于信贵。⑦ 今胡服之意，非以养欲而乐志也。事有所出，功有所止。事成功立，然后德且见也。今寡人恐叔逆从政之经⑧，以辅公叔之议。且寡人闻之：'事利国者行无邪，因贵戚者名不累。'故寡人愿慕公叔之义，以成胡服之功。使绁谒之叔，请服焉。"

公子成再拜曰："臣固⑨闻王之胡服也，不佞寝疾，不能趋走，是以不先进⑩。王今命之，臣固敢竭其愚忠。臣闻之：中国者，聪明睿知之所居也，万物财用之所聚也，贤圣之所教也。仁之所施也，诗、书、礼、乐之所用也，异敏技艺之所试也，远方之所观赴也，蛮夷之所义行也。王释⑪此而袭远方之服，变古之教，易古之道，逆人之心，畔学者⑫，离中国，臣愿大王图之。"

使者报王。王曰："吾固闻叔之病也。"即之公叔成家自请之曰："夫服者所以便用也；礼者所以便事也。是以圣人观其乡而顺宜，因其事而制礼，所以利其民而厚其国也。祝发⑬文身，错臂左衽⑭，瓯越⑮之民也。黑齿雕题⑯，鳀冠秫缝⑰，大吴之国也。礼服不同，其便一也。

是以乡异而用变，事异而礼易。是故圣人苟可以利其民，不一其用；果可以便其事，不同其礼。儒者一师而礼异，中国同俗而教离，又况山谷之便乎？故

---

① "狂夫之乐，知者哀焉；愚者之笑，贤者戚焉"：疯子高兴的事情，聪明人却为他哀伤；愚人觉得可笑的事，贤能的人却为之担忧。

② 功：功效，好处。

③ 驱：让。

④ 有：占有。

⑤ 王孙绁（xiè）：人名，赵臣。公子成：人名，赵国贵族。

⑥ "夫制国有常，而利民为本，从政有经，而令行为上"：治理国家要有原则，让百姓得利才是最根本的；管理政事要有准则，而保证政令推行才是首要的。

⑦ "故明德在于论贱，行政在于信贵"：所以，要显示功德，必须考虑下层百姓的利益；要推行政令，首先让权贵们奉行。

⑧ 逆从政之经：违背治理国家的固定原则。

⑨ 固：早已。

⑩ 是以不先进：所以没能及早地向您提供意见。

⑪ 释：舍弃。

⑫ 畔学者：背离了圣贤们的教导。

⑬ 祝发：断发，指中原以外少数民族的习俗和装束。

⑭ 错臂左衽：错臂：纹画手臂；左衽：衣襟向左开，中原的风俗是衣襟向右开。衽：衣襟。

⑮ 瓯越：古代越族的一支，分布在今浙江、福建一带。

⑯ 雕题：纹画额头，涂以丹青。题：额头。

⑰ 鳀（tí）冠秫（shú）缝：鳀冠：鳀鱼皮做成的帽子。秫缝：缝制粗拙。

去就①之变，知者不能一；远近之服，贤圣不能同。穷乡多异，曲学多辨。不知而不疑，异于己而不非者，公于求善也。

今卿之所言者，俗也。吾之所言者，所以制俗也。今吾国东有河、薄洛之水，与齐、中山同之，而无舟楫之用。自常山以至代、上党，东有燕、东胡②之境，西有楼烦③、秦、韩之边，而无骑射之备。故寡人且聚舟楫之用，求水居之民，以守河、薄洛之水；变服骑射，以备④其参胡、楼烦、秦、韩之边。且昔者简主不塞晋阳，以及上党，而襄王兼戎取代，以攘诸胡，此愚知之所明也。

先时中山负齐之强兵，侵掠吾地，系累吾民，引水围鄗，非社稷之神灵，即鄗几不守。先王忿之，其怨未能报也。今骑射之服，近可以备上党之形，远可以报中山之怨。而叔也顺中国之俗以逆简、襄之意，恶⑤变服之名而忘国事之耻，非寡人所望于子！"

公子成再拜稽首曰："臣愚不达于王之议，敢道世俗之闻⑥。今欲断简、襄之意，以顺先王之志，臣敢不听令。"再拜，乃赐胡服。

赵文进谏曰："农夫劳而君子养焉，政之经也。愚者陈意而知者论焉，教之道也。臣无隐忠，君无蔽言，国之禄也。臣虽愚，愿竭其忠。"王曰："虑无恶扰，忠无过罪，子其言乎。"赵文曰："当世辅俗，古之道也。衣服有常，礼之制也。修法无愆⑦，民之职也。三者，先圣之所以教。今君释此，而袭远方之服，变教之古，易古之道，故臣愿王之图之。"

王曰："子言世俗之闻。常民溺于习俗，学者沉于所闻。此两者，所以成官而顺政也，非所以观远而论始也。且夫三代不同服而王，五伯不同教而政。知者作教，而愚者制⑧焉。贤者议俗，不肖者拘⑨焉。夫制于服之民。不足与论心；拘于俗之众，不足与致意。故势与俗化，而礼与变俱，圣人之道也。承教而动，循法无私，民之职也。知学之人，能与闻迁，达于礼之变，能与时化，故为己者不待人，制今者不法古，子其释之。"

赵造谏曰："隐忠不竭，奸之属也。以私诬国，贼之类也。犯奸者身死，贱国者族宗。反此两者，先圣之明刑，臣下之大罪也。臣虽愚，愿尽其忠，无遁其死。"王曰："竭意不讳，忠也。上无蔽言，明也。忠不辟危，明不距人⑩。子其言乎。"

---

① 去就：选择，取舍。

② 东胡：古族名，因居住在胡（匈奴）东而得名。

③ 楼烦：古族名，居住在今山西西北宁武、苛岚一带。

④ 备：守卫。

⑤ 恶：反对。

⑥ 闻：偏见。

⑦ 修法无愆：遵守发令，不发生错误。

⑧ 制：遵守。

⑨ 拘：墨守成规。

⑩ "忠不辟危，明不距人"：忠臣不躲避危险，明君不拒绝别人提意见。

赵造曰："臣闻之：'圣人不易民而教，知者不变俗而动。'因民而教者，不劳而成功；据俗而动者，虑径而易见也。今王易初不循俗，胡服不顾世，非所以教民而成礼也。且服奇者志淫，俗辟者乱民。是以莅国者不袭奇辟之服，中国不近蛮夷之行，非所以教民而成礼者也。且循法无过，修礼无邪，臣愿王之图之。"

王曰："古今不同俗，何古之法？帝王不相袭，何礼之循？宓戏、神农教而不诛①，黄帝、尧、舜诛而不怒②。及至三王③，观时而制法，因事而制礼，法度制令，各顺其宜，衣服器械，各便其用。故治世不必一道，便国不必法古。圣人之兴也，不相袭而王。夏、殷之衰也，不易礼而灭。然则反古未可非，而循礼未足多④也。且服奇而志淫，是邹、鲁无奇行⑤也；俗辟而民易，是吴、越无俊民⑥也。是以圣人利身⑦之谓服，便事之谓教，进退之谓节，衣服之制，所以齐常民，非所以论贤者也。故圣与俗流，贤与变俱。谚曰：'以书为御⑧者，不尽于马之情；以古制今者，不达于事之变。'故循法之功不足以高世，法古之学不足以制今。子其勿反也。"

学习视野

作家作品

《战国策》概述及选篇介绍

《战国策》是中国古代国别体史书，是战国时期的谋臣策士游说之词的汇编集合，成书在秦统一之后。原来的书名不确定，经西汉刘向考订整理后，定名为《战国策》。全书按东周、西周、秦国、齐国、楚国、赵国、魏国、韩国、燕国、宋国、卫国、中山国依次分国别记述，总共十二策，三十三卷，四百九十七篇，约十二万字，是先秦历史散文成就最高、影响最大的著作之一。

《战国策》所记载的历史，上起公元前 490 年智伯灭范氏，下至公元前 221 年高渐离以筑击秦始皇，是了解战国时期政治斗争的较为完整的一部著作。全书

---

① 宓（fú）戏、神农教而不诛：宓戏、神农都是传说中的圣王，宓戏教民畜牧，神农教民耕种，不用刑罚，这就是所谓的"教而不诛"。宓戏：即伏羲。诛：惩罚。

② 黄帝、尧、舜诛而不怒：黄帝、尧、舜都是传说中的古帝，据说他们虽然用兵诛乱，但仍以教化为主，所以说"诛而不怒"。

③ 三王：指夏、商、周三代的开国圣王。

④ 多：称赞。

⑤ 奇行：不正的行为。

⑥ 俊民：杰出的人才。

⑦ 利身：适合穿着。

⑧ 御：驾驶马车。

以策士的游说活动为中心，通过谋臣、智士之间的论辩献策将风云变幻又异彩纷呈的战国画卷铺陈开来，叙事流畅，绘人传神，论辩精辟，善用比喻和寓言故事说明抽象的道理，极具文学魅力。

《武灵王平昼间居》讲述的是公元前302年赵武灵王为了抵御北方胡人的侵略而推行改革，决定在赵国实行"胡服骑射"。所谓胡服是把过去衣裳连体、拖到地面的服装改为上穿短衣、下着分裆裤的衣服，而骑射则是用跨马射箭的骑兵代替缓慢笨重的战车。赵国实行"胡服骑射"的改革后，很快见到成效，在公元前307—前296年的十二年间，西破林胡、楼烦，北灭中山，拓地千余里，为日后成为"战国七雄"中的强国打下了基础。

❖ 学 习 计 划

阅读理解

1. 赵武灵王如何说服了持反对意见的大臣，从而推行了"胡服骑射"的改革？

2. 请归纳总结赵武灵王对"风俗"的看法。

拓展学习

"胡服骑射"政策颁布后，赵武灵王又与其臣下牛赞展开论辩。赵武灵王再次展现了他审时度势、懂得变通的治世智慧。

王破原阳以为骑邑[①]

王破原阳以为骑邑。牛赞进谏曰："国有固籍，兵有常经。变籍则乱，失经则弱。今破原阳以为骑邑，是变籍而弃经也。且习其兵者轻其敌，便其用者易其难。今民便其用而变之，是损君而弱国也。故利不百者不变俗，功不什者不易器。今王破卒散兵以奉骑射，臣恐其攻获之利不如所失之费也。"

王曰："古今异利，远近易用。阴阳不同道，四时不一宜。故贤人观时而不观于时，制兵而不制于兵。子知官府之籍，不知器械之利；知兵甲之用，不知阴阳之宜。故兵不当于用，何兵之不可易？教不便于事，何俗之不可变？昔者先君襄主与代交地，城境封之，名曰无穷之门，所以昭后而期远也。今重甲循兵不可以逾险，仁义道德不可以来朝。吾闻信不弃功，知不遗时。今子以官府之籍乱寡人之事，非子所知。"

牛赞再拜稽首曰："臣敢不听令乎？"至遂胡服，率骑入胡，出于遗遗之门，逾九限之固，绝五径之险，至榆中，辟地千里。

---

① 选自《战国策·赵策二》。

《史记》二篇

[西汉] 司马迁

五帝本纪①

黄帝者，少典之子②，姓公孙③，名曰轩辕。生而神灵④，弱⑤而能言，幼而徇齐⑥，长而敦敏，成而聪明⑦。

轩辕之时，神农氏世⑧衰。诸侯相侵伐，暴虐百姓⑨，而神农氏弗能征。于是轩辕乃习用干戈，以征不享⑩，诸侯咸来宾从⑪。而蚩尤最为暴，莫能伐。炎帝欲侵陵诸侯，诸侯咸归轩辕。轩辕乃修德振兵，治五气⑫，艺五种⑬，抚万民，度四方⑭，教熊罴貔貅貙虎⑮，以与炎帝战于阪泉之野。三战，然后得其志。蚩尤作乱，不用帝命。于是黄帝乃征师诸侯，与蚩尤战于涿鹿之野，遂禽杀蚩尤。而诸侯咸尊轩辕为天子，代神农氏，是为黄帝。天下有不顺者，黄帝从而征之，平者去之⑯，披山通道，未尝宁居。

东至于海，登丸山，及岱宗。西至于空桐，登鸡头。南至于江，登熊、湘。

---

① 选自《史记》。司马迁：《史记》，韩兆琦评注，岳麓书社 2004 年版。
② 少典，出自《索隐》："少典者，诸侯国号，非人名也。"编者按：这里所说"诸侯国号"即是远古部族名。子：指后代。
③ 公孙，出自《索隐》引皇甫谧云："居轩辕之丘，因以为名，又以为号。"
④ 神灵：有神异之气。
⑤ 弱：幼弱，这里指出生不久。
⑥ 徇齐：疾，敏捷，指思维敏捷。
⑦ 敦敏：勤勉。聪明：本为听力好，视力好，即耳聪目明之意，这里指见闻广，能明察。
⑧ 世：后嗣，后代。
⑨ 暴虐：侵害，侵侮。百姓：指贵族，百官。百姓在战国以前是对贵族的总称，因为当时只有贵族才有姓。
⑩ 不享：指不来朝拜的诸侯。诸侯向天子进贡朝拜，叫享。
⑪ 宾从：归顺，归从。
⑫ 五气：五行之气。古代把五行和四时相配：春为木，夏为火，季夏（夏季的第三个月，即阴历六月）为土，秋为金，冬为水。"治五气"是指研究四时节气变化。
⑬ 艺：种植。五种：指黍、稷、稻、麦、菽等谷物。
⑭ 度四方：指丈量四方土地，加以规划。
⑮ 熊、罴、貔、貅、貙、虎：都是猛兽名。《索隐》认为这六种猛兽经过训练可以作战，《正义》认为其是用来给军队命名的，借以威吓敌人。
⑯ 平者去之：凡表示归顺的，即率兵离去。

北逐荤粥①，合符釜山②，而邑于涿鹿之阿③。迁徙往来无常处，以师兵为营卫。官名皆以云命④，为云师。置左右大监，监于万国。万国和，而鬼神山川封禅与为多焉。获宝鼎，迎日推策⑤。举⑥风后、力牧、常先、大鸿以治民。顺天地之纪⑦，幽明⑧之占，死生之说，存亡之难⑨。时播百谷草木，淳化鸟兽虫蛾⑩，旁罗日月星辰，水波土石金玉，劳勤心力耳目，节用水火材物。有土德之瑞⑪，故号黄帝。黄帝二十五子，其得姓⑫者十四人。

　　黄帝居轩辕之丘，而娶于西陵之女，是为嫘祖。嫘祖为黄帝正妃，生二子，其后皆有天下⑬：其一曰玄嚣，是为青阳，青阳降居⑭江水；其二曰昌意，降居若水。昌意娶蜀山氏女，曰昌仆，生高阳，高阳有圣德焉。黄帝崩，葬桥山。其孙昌意之子高阳立，是为帝颛顼也。

　　帝颛顼高阳⑮者，黄帝子孙而昌意之子也。静渊⑯以有谋，疏通⑰而知事；养材以任地⑱，载时以象天⑲，依鬼神以制义，治气以教化，絜⑳诚以祭祀。北至于

---

① 荤粥：部族名，即匈奴。

② 合符：验证符契。符：古代朝廷传达命令或调兵遣将所用的凭证，用竹木或金玉制成，剖而为二，双方各执一半，用时相合以验真假，叫作合符。"符命"：上天赐祥瑞于人君，作为受命于天的凭证。据此，则"符"为符命，"合符"意思是说釜山的瑞云与黄帝的黄云之瑞相符。

③ 阿：山脚。

④ 官名皆以云命：用云来命名官职。《集解》引应劭曰："黄帝受命，有云瑞，故以云纪事也。春官为青云，夏官为缙云，秋官为白云，冬官为黑云，中官为黄云。"

⑤ "获宝鼎"二句：迎：预测，预推。推：推算。这两句意思就是：黄帝观测太阳的运行而推算历法，预知节气日辰。

⑥ 举：提拔任用。

⑦ 顺：遵循。天地之纪：指天地四时运行的规律。纪：规律，法则。

⑧ 幽明：指阴阳。

⑨ 难（nàn）：论说，争辩，这里指有关其事的各种说法。

⑩ 淳化：驯养。虫蛾：指蚕。

⑪ 土德之瑞：《吕氏春秋·应同》："黄帝之时，天先见（现）大螾大蝼。黄帝曰：'土气胜。'土气胜，故其色尚黄，其事则（效法、取法）土。"《封禅书》："黄帝得土德，黄龙地螾见。"古人认为帝王兴起，上天先呈现某种征兆，显示给下人。德：属性。瑞：祥兆。

⑫ 姓：这里所说的"得姓"，指由于人口繁殖，由黄帝氏族又分为若干个氏族。《国语·晋语四》："凡黄帝之子二十五宗，其得姓者十四人，为十二姓，姬、酉、祁、己、滕、箴、任、荀、僖、姞、儇（xuān）、依是也。"韦昭注："得姓，以德居官，而初赐之姓谓十四人，而内二人为姬，二人为己，故十二姓。"

⑬ 其后皆有天下：他们的后代都领有天下，为天子。玄嚣的后代如帝喾和尧，昌意的后代如颛顼和舜。

⑭ 降居：被封为诸侯。

⑮ 帝颛顼（zhuān xū）高阳：名颛顼，号高阳。

⑯ 静渊：沉静稳练，镇定深沉。

⑰ 疏通：开明通达。

⑱ 任地：开发利用土地。

⑲ 载：推算天文历法。象：取法。"象天"：此举意为顺应自然。

⑳ 絜（jié）：同"洁"。古人祭祀之前要斋戒沐浴，洁净身心，以示虔诚。

幽陵，南至于交阯，西至于流沙，东至于蟠木。动静之物①，大小之神②，日月所照，莫不砥属。

帝颛顼生子曰穷蝉。颛顼崩，而玄嚣之孙高辛立，是为帝喾。

帝喾高辛③者，黄帝之曾孙也。高辛父曰蟜极，蟜极父曰玄嚣，玄嚣父曰黄帝。自玄嚣与蟜极皆不得在位，至高辛即帝位。高辛于颛顼为族子④。

高辛生而神灵，自言其名。普施利物⑤，不于其身。聪以知远，明以察微。顺天之义，知民之急。仁而威，惠而信，修身而天下服。取地之财而节用之，抚教万民而利诲之，历⑥日月而迎送之，明鬼神而敬事之。其色郁郁，其德嶷嶷⑦。其动也时⑧，其服⑨也士。帝喾溉执中而遍天下⑩，日月所照，风雨所至，莫不从服。

帝尧者，放勋。其仁如天，其知⑪如神。就⑫之如日，望之如云。富而不骄，贵而不舒⑬。黄收纯衣⑭，彤车乘白马。能明驯德⑮，以亲九族⑯。九族既睦，便章⑰百姓。百姓昭明，合和万国。

乃命羲、和，敬顺昊天，数法日月星⑱，敬授民时⑲。分命羲仲，居郁夷，曰旸谷。敬道日出，便程东作⑳。日中㉑，星鸟㉒，以殷中春㉓。其

---

① 动静之物：天地万物。动：鸟兽之类。静：草木之类。

② 大小之神：大神指五岳（中岳嵩山、东岳泰山、西岳华山、南岳衡山、北岳恒山）和四渎（江、河、淮、济）之神，小神指小山平地之神。

③ 帝喾（kù）高辛：名喾，高辛是号。

④ 族子：本家族的侄辈。

⑤ 普施利物：恩泽普施，惠及万物。

⑥ 历：本是记载历法的书，这里是推算的意思。

⑦ 嶷（yí）嶷：高峻的样子，指品德高尚。

⑧ 时：合乎时宜。

⑨ 服：指衣服、宫室、车马、器物等。

⑩ 溉：同"概"，本指量粮食时用以刮平升斗的工具，引申为公平。执中：公平，不偏不倚。此句意为帝喾治民如水之灌溉，不偏不倚，遍及天下。

⑪ 知（zhì）：同"智"。

⑫ 就：接近。

⑬ 舒：放纵。

⑭ 黄收：黄色的帽子。收：古代的一种帽子，夏朝把冕称为收。纯衣：黑色衣服。《索隐》："纯，读曰缁（黑色）。"

⑮ 明：尊敬。驯德：善德，指有善德的人。

⑯ 九族：指上至高祖下至玄孙的同族九代人。

⑰ 便章：即"辨章"，辨明。

⑱ 数法日月星：此句意思是根据日月星辰的运行规律，制定历法。数：历数，这里指推定历数。法：效法，这里指观察。

⑲ 授民时：相当于颁行历法，民众据此安排农事，适时播种、收获。

⑳ 便程：分别次第，使做事有步骤。便：通"辨"，别。东作：指春天的农事。

㉑ 日中：指春分，这一天昼夜平分。

㉒ 星鸟：指星宿（xiù）黄昏时出现在正南方。星宿是南方朱雀七宿的第四宿，所以称星鸟。二十八宿中的有些星宿是古人测定季节的观测对象，下文的星火、星虚、星昴（mǎo）也是星宿。

㉓ 殷：正，推定。中（zhòng）春：即仲春，春季的第二个月，即阴历二月。

民析①，鸟兽字微②。申③命羲叔，居南交。便程南为④，敬致⑤。日永⑥，星火⑦，以正中夏⑧。其民因⑨，鸟兽希革⑩。申命和仲，居西土，曰昧谷。敬道日入⑪，便程西成⑫。夜中⑬，星虚⑭，以正中秋⑮。其民夷易⑯，鸟兽毛毨⑰。申命和叔，居北方，曰幽都。便在伏物⑱。日短，星昴，以正中冬。⑲ 其民燠，鸟兽氄⑳毛。岁三百六十日，以闰月正四时。㉑ 信饬㉒百官，众功皆兴。

尧曰："谁可顺㉓此事？"放齐曰："嗣子丹朱开明㉔。"尧曰："吁㉕！顽凶㉖，不用。"尧又曰："谁可者？"欢兜曰："共工旁聚布功㉗，可用。"尧曰："共工善言，其用僻㉘，似恭漫㉙天，不可。"尧又曰："嗟，四岳，汤汤洪水滔天㉚，浩浩怀山襄陵㉛，下民其忧，有能使治者？"皆曰鲧可。尧曰："鲧负命毁族㉜，

---

① 析：分，分散，指分散劳作。
② 字：生子。微：通"尾"。
③ 申：重复。
④ 南为：指夏天的农事。
⑤ 致：求得，这里指求得功效。
⑥ 日永：指夏至，这一天昼长夜短。永：长。
⑦ 星火：指心宿黄昏时出现在正南方。心宿是东方苍龙七宿中的第五宿，又叫大火。
⑧ 中夏：即仲夏，夏季的第二个月，就是阴历五月。
⑨ 因：就，依靠，这里指就高处而居。
⑩ 希革：指夏季炎热，鸟兽皮上毛羽稀少。希：同"稀"。革：兽皮。
⑪ 敬道日入：迎接秋季到来。
⑫ 西成：指秋天万物长成。
⑬ 夜中：指秋分，这一天黑夜和白昼平分。
⑭ 星虚：指虚宿黄昏时出现在正南方。虚宿是北方玄武七宿中的第四宿。
⑮ 中秋：即仲秋，秋季的第二个月，就是阴历八月。
⑯ 夷易：这里指迁回平地居住。
⑰ 毨（xiǎn）：秋季鸟兽更生新毛。
⑱ 伏物：指冬季要收藏贮存各种物资。伏：藏。
⑲ "日短，星昴，以正中冬"：根据白天最短和昴星出现在南方，确定这一天为"冬至"。昴：星名，二十八星宿中的北方"七宿"之一。
⑳ 燠：暖，热，这里指防寒取暖。氄（róng）：鸟兽细软而茂密的毛。
㉑ 岁三百：此二句意为三百六十六天为一年，设置闰月保证春夏秋冬四季不会错位。
㉒ 信：同"申"，申明条例。饬：通"敕"，告诫。
㉓ 顺：继承。
㉔ 嗣子：正妻所生长子，通常应该继承父位之子。开明：通达聪明。
㉕ 吁：叹词，表示怀疑和不满。
㉖ 顽凶：愚顽凶恶。凶：同"讼"，好争辩。
㉗ 欢兜（huān dōu）、共工：二者都是尧的大臣，为后文所说的"四凶"的其中两位。旁聚：指广泛聚集民众。旁：广泛。布：显露，显示。
㉘ 善言：说话好听。用僻：用心邪僻。
㉙ 漫：欺瞒，骗。
㉚ 四岳：分掌四方的诸侯首领。汤（shāng）汤：水流盛大的样子。
㉛ 怀：怀抱，这里是包围的意思。襄：上漫，淹没。
㉜ 负命：违背天命。毁族：毁败同族的人。

不可。"岳曰："异哉，试不可用而已。"尧于是听岳用鲧。九岁，功用不成。

尧曰："嗟！四岳，朕在位七十载，汝能庸命①，践朕位②？"岳应曰："鄙德忝帝位③。"尧曰："悉举贵戚及疏远④隐匿者。"众皆言于尧曰："有矜⑤在民间，曰虞舜。"尧曰："然，朕闻之。其何如？"岳曰："盲者子。父顽，母嚚⑥，弟傲，能和以孝，烝烝治⑦，不至奸⑧。"

尧曰："吾其试哉。"于是尧妻之二女⑨，观其德于二女。舜饬下二女于妫汭⑩，如⑪妇礼。尧善之，乃使舜慎和五典⑫，五典能从。乃遍入百官⑬，百官时序⑭。宾于四门，四门穆穆⑮，诸侯远方宾皆敬。尧使舜入山林川泽，暴风雷雨，舜行不迷。尧以为圣，召舜曰："女谋事至而言可绩⑯，三年矣，女登帝位。"舜让于德不怿⑰。正月上日⑱，舜受终于文祖⑲。文祖者，尧大祖⑳也。

欢兜进言㉑共工，尧曰："不可。"而试之工师，共工果淫辟㉒。四岳举鲧治鸿水，尧以为不可，岳强请试之，试之而无功，故百姓不便。三苗㉓在江淮、荆州数为乱。于是舜归而言于帝，请流共工于幽陵，以变北狄㉔；放欢兜于崇山，以变南蛮；迁三苗于三危，以变西戎；殛㉕鲧于羽山，以变东夷：四罪㉖而天下咸服。

---

① 庸命：指顺应天命。女：同"汝"。庸：同"用"。

② 践朕位：继承我的帝位。朕：我，我的。编者按："朕"本为通用的第一人称代词，自秦始皇起才专用于帝王的自称。

③ 鄙德：德行浅薄。忝（tiǎn）：辱，玷污。

④ 贵戚及疏远：指远近大臣。贵戚：同姓的人。

⑤ 矜（guān）：通"鳏"，无妻的成年男子。

⑥ 嚚（yín）：愚蠢而顽固。

⑦ 烝烝：孝德厚美的样子。治：劝导使他们能自治。

⑧ 奸：抵触，冒犯。

⑨ 妻之二女：尧让两个女儿嫁给他。二女即娥皇和女英。

⑩ 下二女：让二女降尊。下：卑下，谦下。妫汭：妫水入黄河的入海口，舜的老家。

⑪ 如：顺，遵循。

⑫ 慎和：谨慎地制定并付诸实践。五典：即五常之教，即父义、母慈、兄友、弟恭、子孝。

⑬ 遍入百官：全面且深入地考察百官。

⑭ 时：是，这里是因此、就的意思。序：有秩序。

⑮ 宾：指接迎朝见的诸侯和远方宾客。门：指天子朝会诸侯的明堂之门。穆穆：止敬和悦的样子。

⑯ 女（rǔ）：同"汝"，你。至：周到。绩：成，这里指做到。

⑰ 让于德：用德行不够来推辞。怿：悦。

⑱ 正月上日：正月初一。

⑲ 受终：接受尧的禅让。终：指尧终止天子的事。文祖：指帝尧的祖庙。

⑳ 大祖：即太祖，始祖。

㉑ 进言：推荐。

㉒ 淫辟：骄纵邪僻。

㉓ 三苗：我国古代部族名，散居于今湘、鄂、赣、皖毗邻的地区。

㉔ 变：同化。北狄：指北方的部族。下文"南蛮"、"西戎"、"东夷"分别指南方、西方、东方的部族。

㉕ 殛：通"极"，流放远方。

㉖ 罪：治罪。

尧立七十年得舜，二十年而老，令舜摄行天子之政，荐之于天。尧辟位凡二十八年而崩。百姓悲哀，如丧父母。三年，四方莫举乐，以思尧。尧知子丹朱之不肖，不足授天下，于是乃权①授舜。授舜，则天下得其利而丹朱病②；授丹朱，则天下病而丹朱得其利。尧曰"终③不以天下之病而利一人"，而卒授舜以天下。尧崩，三年之丧毕，舜让辟丹朱于南河之南。诸侯朝觐者不之丹朱而之舜，狱讼者不之丹朱而之舜，讴歌者不讴歌丹朱而讴歌舜。舜曰"天也"，夫而后之中国践④天子位焉，是为帝舜。

虞舜者，名曰重华。重华父曰瞽叟，瞽叟父曰桥牛，桥牛父曰句望，句望父曰敬康，敬康父曰穷蝉，穷蝉父曰帝颛顼，颛顼父曰昌意：以至舜七世矣。自从穷蝉以至帝舜，皆微为庶人⑤。

舜父瞽叟盲，而舜母死，瞽叟更娶妻而生象，象傲。瞽叟爱后妻子，常欲杀舜，舜避逃；及⑥有小过，则受罪。顺事⑦父及后母与弟，日以笃谨，匪有解⑧。

舜，冀州之人也。舜耕历山，渔雷泽，陶⑨河滨，作什器⑩于寿丘，就时⑪于负夏。舜父瞽叟顽，母嚚，弟象傲，皆欲杀舜。舜顺适不失子道，兄弟孝慈⑫。欲杀，不可得；即求，尝在侧⑬。

舜年二十以孝闻。三十而帝尧问可用者，四岳咸荐虞舜，曰可。于是尧乃以二女妻舜以观其内⑭，使九男与处以观其外⑮。舜居妫汭，内行弥谨。尧二女不敢以贵骄事舜亲戚，甚有妇道。尧九男皆益笃。舜耕历山，历山之人皆让畔⑯；渔雷泽，雷泽上人皆让居⑰；陶河滨，河滨器皆不苦窳⑱。一年而所居成聚，二

---

① 权：权且，姑且。
② 病：害，这里有不利、遭殃的意思。
③ 终：最终，毕竟。
④ 中国：国都，首都。践：登临。
⑤ 微：卑微，指地位低贱。庶人：平民。
⑥ 及：赶上。
⑦ 事：侍奉。
⑧ 匪：同"非"，没有，不。解：同"懈"，怠慢。
⑨ 陶：制陶器。
⑩ 什器：各种生活、劳动用品。"什"：杂，多种。
⑪ 就时：逐时，乘时，指乘时逐利，即经商做买卖。
⑫ 兄弟：对待弟弟像当哥哥的样子。孝慈：孝敬父母。"慈"：指双亲。
⑬ 即：若。尝：同"常"。
⑭ 观其内：观察他在家族中的表现及其处理事情的能力。
⑮ 九男：尧的九个儿子。观其外：观察他处理外部事务的能力。
⑯ 畔：田界。
⑰ 让居：让出自己居住的地方。
⑱ 苦窳（gǔ yǔ）：粗劣。

年成邑，三年成都。① 尧乃赐舜绨衣②，与琴，为筑仓廪③，予牛羊。瞽叟尚复欲杀之，使舜上涂④廪，瞽叟从下纵火焚廪。舜乃以两笠自扞⑤而下，去，得不死。后瞽叟又使舜穿井，舜穿井为匿空旁出⑥。舜既入深，瞽叟与象共下土实井，舜从匿空出，去。瞽叟、象喜，以舜为已死。象曰："本谋者象。"象与其父母分，于是曰："舜妻尧二女，与琴，象取之。牛羊仓廪予父母。"象乃止舜宫⑦居，鼓其琴。舜往见之。象鄂不怿⑧，曰："我思舜正郁陶⑨！"舜曰："然，尔其庶⑩矣！"舜复事瞽叟爱弟弥谨。于是尧乃试舜五典百官，皆治。

昔高阳氏有才子八人，世得其利，谓之"八恺⑪"。高辛氏有才子八人，世谓之"八元⑫"。此十六族者，世济其美⑬，不陨其名⑭。至于尧，尧未能举。舜举作八恺，使主后土⑮，以揆⑯百事，莫不时序⑰。举八元，使布五教于四方，父义，母慈，兄友，弟恭，子孝，内平外成⑱。

昔帝鸿氏有不才子，掩义隐贼⑲，好行凶慝⑳，天下谓之浑沌㉑。少暤氏有不才子，毁信恶忠，崇饰㉒恶言，天下谓之穷奇㉓。颛顼氏有不才子，不可教训，

---

① 聚：村落。邑：市镇。都：都城。
② 绨（chī）衣：细葛布制成的衣服，在当时很名贵。
③ 仓廪：盛放粮食的仓库。
④ 涂：用泥涂抹。
⑤ 扞：同"捍"，保护。
⑥ 匿空：暗孔，暗道。旁出：从一侧通向外面。
⑦ 止舜宫：住进了舜的房子。秦以前"宫"指一般房屋，与"室"同义。
⑧ 鄂：通"愕"，吃惊。不怿（yì）：不高兴，这里指神情尴尬。
⑨ 郁陶：伤心悲痛的样子。
⑩ 庶：差不多。
⑪ 恺：和悦，和善。
⑫ 元：善良。
⑬ 世济其美：世世代代都能和他们的祖先具有同等的美德。济：达到，成就。
⑭ 不陨其名：不令他们祖先的名望降低。陨：衰落。
⑮ 后土：指土地。
⑯ 揆：这里指主持，掌管。
⑰ 莫不时序：按时安排妥当。序：有秩序。
⑱ 内平外成：让诸夏太平，夷狄向化。
⑲ 掩义隐贼：意为掩蔽仁义，包庇奸贼。
⑳ 慝（tè）：邪恶。
㉑ 浑沌：顽冥不化、野蛮无知的样子。《集解》引贾逵曰："不才子，其苗裔讙兜也。"又《神异经·西荒经》："昆仑西有兽焉，其状如犬，长毛四足，两目不见，两耳不闻，有腹而无脏，有肠直而不旋，食物径过。人有德行而往抵触之，人有凶德而往依凭之，天使其然，名为浑沌。"《正义》据此认为讙兜性情似此怪兽，故号之浑沌。
㉒ 崇饰：粉饰。"崇"与"饰"同义。
㉓ 穷奇：怪僻，怪异。《集解》引服虔曰："谓共工氏也。"又《正义》引《神异经》云："西北有兽，其状似虎，有翼能飞，便剿食人，知人言语，闻人斗辄食直者，闻人忠信辄食其鼻，闻人恶逆不善辄杀兽往馈之，名曰穷奇。"据此认为共工性似，故号之。

不知话言①，天下谓之梼杌②。此三族世忧之。至于尧，尧未能去。缙云有不才子，贪于饮食，冒于货贿③，天下谓之饕餮④。天下恶之，比之三凶⑤。舜宾于四门，乃流四凶族，迁于四裔⑥，以御螭魅⑦，于是四门辟，言毋⑧凶人也。

舜入于大麓⑨，烈风雷雨不迷，尧乃知舜之足授天下。尧老，使舜摄行天子政，巡狩。舜得举用事二十年，而尧使摄政。摄政八年而尧崩。三年丧毕，让丹朱，天下归舜。而禹、皋陶、契、后稷、伯夷、夔、龙、倕、益、彭祖自尧时而皆举用⑩，未有分职⑪。于是舜乃至于文祖，谋于四岳，辟四门⑫，明通四方耳目，命十二牧论⑬帝德，行厚德，远佞人，则蛮夷率服。舜谓四岳曰："有能奋庸美⑭尧之事者，使居官相⑮事？"皆曰："伯禹为司空，可美帝功⑯。"舜曰："嗟，然，禹，汝平水土，维是勉哉。"禹拜稽首，让于稷、契与皋陶。舜曰："然，往矣。"舜曰："弃，黎民始饥，汝后稷播时⑰百谷。"舜曰："契，百姓不亲，五品不驯⑱，汝为司徒，而敬敷⑲五教，在宽⑳。"舜曰："皋陶，蛮夷猾㉑

---

① 不知话言：分辨不出好坏话。
② 梼杌：顽凶无比的样子。《集解》引贾逵曰："梼杌，顽凶无畴匹之貌，谓鲧也。"又《正义》引《神异经》云："西方荒中有兽焉，其状如虎而大，毛长二尺，人面，虎足，猪口牙，尾长一丈八尺，搅乱荒中，名梼杌。一名傲很（同"狠"），一名难训。"据此认为鲧性似，故号之。
③ 冒：贪。货贿：财货。
④ 饕餮（tāo tiè）：贪婪的样子。《正义》曰："谓三苗也。言贪饮食，冒货贿，故谓之饕餮。《神异经》云：'西南有人焉，身多毛，头上戴豕，性很（同'狠'）恶，好息，积财而不用，善夺人谷物。强者夺老弱者，畏群而击单，名饕餮。'言三苗性似，故号之。"
⑤ 比之三凶：将其与上述三凶并列。比：并列。
⑥ 四裔：四方边远之地。裔：衣边，引申为边远之地。
⑦ 螭魅：传说中山林里的妖怪。《集解》引服虔曰："螭魅，人面兽身，四足，好惑人，山林异气所生，以为人害。"
⑧ 毋：同"无"。
⑨ 麓：山脚。
⑩ 禹：鲧之子，因治水有功，受舜禅让为帝。皋陶：舜时掌管刑狱的大臣。契：舜时负责教化的官，商朝的祖先。后稷：名弃，舜时掌管农事的官，周朝的祖先。伯夷：舜时掌管礼的官。夔：舜时主乐的官。龙：舜时的谏官。倕：舜时主管建筑的官。益：也称"伯益"，秦国的祖先。彭祖：传说是颛顼的玄孙，历经唐虞夏商等代，活了八百多岁，《尚书》中无此人。
⑪ 分职：名分，职务。
⑫ 辟四门：广迎四方贤人。
⑬ 论：阐发，光大。
⑭ 奋庸：奋发建功。庸：功业，功劳。美："使……美"，有发扬光大的意思。
⑮ 相：辅佐。
⑯ 可美帝功：可以完成治水的大业。
⑰ 播时：播种。
⑱ 五品不驯：人伦关系秩序失常。五品：也称"五教"或者"五常"。
⑲ 敬敷：仔细认真地施行。敷：布，实施。
⑳ 宽：逐步引导。
㉑ 猾：侵扰。

夏，寇贼奸轨①，汝作士，五刑有服②，五服三就③；五流有度④，五度三居⑤：维明能信。"舜曰："谁能驯予工⑥?"皆曰垂可。于是以垂为共工。舜曰："谁能驯予上下⑦草木鸟兽?"皆曰益可。于是以益为朕虞⑧。益拜稽首，让于诸臣朱虎、熊罴。舜曰："往矣，汝谐⑨。"遂以朱虎、熊罴为佐。舜曰："嗟! 四岳，有能典朕三礼⑩?"皆曰伯夷可。舜曰："嗟! 伯夷，以汝为秩宗，夙夜⑪维敬，直哉维静絜⑫。"伯夷让夔、龙。舜曰："然。以夔为典乐，教稚子⑬，直而温，宽而栗⑭，刚而毋虐，简而毋傲⑮；诗言意，歌长言，声依永，律和声⑯，八音⑰能谐，毋相夺伦⑱，神人以和。"夔曰："於! 予击石拊石⑲，百兽率舞。"舜曰："龙，朕畏忌谗说殄伪⑳，振惊朕众㉑，命汝为纳言，夙夜出入㉒联命，惟信㉓。"舜曰："嗟! 女二十有二人㉔，敬哉，惟时相天事㉕。"三岁一考功，三考绌陟㉖，

---

① 寇贼奸轨：抢劫杀人。奸轨：内外作恶。奸：在内作恶；轨：通"宄"（guǐ），在外作恶。

② 服：刑法量刑合适。

③ 三就：分就三处施刑，大罪在原野，次罪在市朝，同族人犯罪送交甸师氏（掌田事职贡之官）施刑。

④ 五流有度：指流放而言，流放的远近要有规定的里程。

⑤ 五度三居：流放的远近分为三等。《集解》引马融曰："君不忍刑，宥之以远，五等之差亦有三等之居：大罪投四裔，次九州之外，次中国（国都）之外。"

⑥ 驯予工：管理工匠，即主管土木建筑及各种建筑。

⑦ 上下：指山原之上和低洼之地。

⑧ 朕虞：虞，是管理山泽的官名。朕：为第一人称代词。

⑨ 谐：合适。"汝谐"，你适合做此事。一说"谐"指和谐，配合得好，"汝谐"是说"你们互相配合吧"。

⑩ 典：主管。三礼：指祭天、祭地、祭鬼三种礼仪。

⑪ 夙（sù）夜：早晚。

⑫ 直：正直。静絜：肃穆而清洁。

⑬ 稚子：指天子及公卿大夫的长子。

⑭ 栗：谦敬庄重的样子。

⑮ "刚而毋虐，简而毋傲"：刚则失虐，简则失傲。

⑯ "诗言意……律和声"：说的是诗、歌和音乐的社会作用及它们之间的关系。诗是用来言志，即表达内心感情的；歌是咏唱诗的，即用延长音节来强化诗所表达的内容；歌要有音乐来配合，而乐声要以音律为准使之和谐。长言：指延长诗的音节。声：指乐声。律：音律。和声：使乐声和谐。

⑰ 八音：金［如钟、镈（bó）］、石（如磬、编钟）、土［如埙（xun）、缶（fǒu）］、革［如鼓、鼗（táo）］、丝（如琴、瑟）、木［如柷（chù）、敔（yǔ）］、匏（如笙、竽）、竹（如箫、管）等八种物质制成的乐器。

⑱ 夺：侵扰，干扰。伦：伦次，次序。

⑲ 击石拊石：敲起石磬之类的乐器。

⑳ 畏忌：憎恶。谗说：诬陷他人的言论。殄（tiǎn）伪：灭绝道德的行为。伪：通"为"。

㉑ 振惊朕众：迷惑我百姓的视听。

㉒ 出入：指传达命令，报告下情。

㉓ 信：真实传达，没有增减或篡改。

㉔ 崔适曰："自禹至彭祖共十人，加以十二牧，乃为二十二人。"

㉕ 时相天事：顺依天时而行事。

㉖ 绌：通"黜"，贬退。陟（zhì）：提升，提拔。

远近众功①咸兴。分北②三苗。

此二十二人咸成厥③功：皋陶为大理，平④，民各伏得其实⑤；伯夷主礼，上下咸让；垂主工师，百工致功⑥；益主虞，山泽辟⑦；弃主稷，百谷时茂；契主司徒，百姓亲和；龙主宾客，远人至；十二牧行而九州莫敢辟违⑧；唯禹之功为大，披九山，通九泽，决九河，定九州，各以其职来贡⑨，不失厥宜⑩。方五千里，至于荒服⑪。南抚交阯、北发，西戎、析枝、渠廋、氐、羌，北山戎、发、息慎，东长、鸟夷，四海之内咸戴帝舜之功⑫。于是禹乃兴《九招》⑬之乐，致异物⑭，凤凰来翔。天下明德⑮皆自虞帝始。

舜年二十以孝闻，年三十尧举之，年五十摄行天子事，年五十八尧崩，年六十一代尧践帝位。践帝位三十九年，南巡狩，崩于苍梧之野。葬于江南九疑，是为零陵。舜之践帝位，载天子旗，往朝父瞽叟，夔夔⑯唯谨，如子道。封弟象为诸侯。舜子商均亦不肖，舜乃豫⑰荐禹于天。十七年而崩。三年丧毕，禹亦乃让舜子，如舜让尧子。诸侯归之，然后禹践天子位。尧子丹朱，舜子商均，皆有疆土，以奉先祀⑱。服其服，礼乐如之⑲。以客见天子，天子弗臣⑳，示不敢专也。

自黄帝至舜、禹，皆同姓而异其国号㉑，以章明德㉒。故黄帝为有熊、帝颛

① 众功：各方面、部门的工作。
② 分北（bèi）：分离，分解。北：同"背"。
③ 厥（jué）：其，他的，他们的。
④ "皋陶为大理，平"：皋陶为法官，断狱公平。大理：官名，全国最高司法长官。
⑤ 伏：佩服，信服。得其实：指断案符合实情。
⑥ 工师：即前文所说"共工"，掌管土木建筑与各种手工制作的官。致功：意思是做出成绩。
⑦ 辟：开发，利用。
⑧ 十二牧行：十二州的州长在各自辖区行使职权，展开工作。九州莫敢辟违：普天之下的百姓在各州长官的领导下遵纪守法，没有人抗命不从。华夏原称为"九州"，长官为"九牧"，后来增加了三州为十二州，故其长官也成了"十二牧"。此处"十二"与"九"错落使用，皆指全天下。辟违：违背，违抗。辟：同"避"。
⑨ 职：赋税，贡品。意思是按本州的土地特点与物产向朝廷进献贡品。
⑩ 不失厥宜：意思是没有不合规定的。
⑪ 荒服：《集解》引马融注："政教荒忽，因其故俗而治之。"
⑫ 抚：管辖。戴：拥戴，这里有称颂的意思。
⑬ 《九招（shào）》：也写作"九韶"，古乐曲名。《吕氏春秋·古乐》中有帝喾命咸黑作《九招》、舜命质修《九招》以及后来殷汤命伊尹修《九招》之说。此处说为禹所作。
⑭ 致异物：招来了祥瑞的珍奇之物。
⑮ 明德：崇高的道德与圣明的政治。
⑯ 夔夔（kuí）：和顺恭敬的样子。
⑰ 豫：通"预"，事先。
⑱ 奉先祀：继承祖先的祭祀。
⑲ "服其服，礼乐如之"：让他们穿其父在位时的固有服饰，用其父在位时的固有礼乐。古代王朝改易，要一并改变服色和礼乐，夏禹不要唐、虞两族的人改变礼乐服色，以示特殊尊重。
⑳ 弗臣：不以为臣，不把他们当臣下看待。
㉑ 同姓：同出一姓，都是少典氏的后代。国号：指封为诸侯时各有不同的名号。
㉒ "异其国号，以章明德"：另立一个国号以彰明他们的道德功业。

项为高阳，帝喾为高辛，帝尧为陶唐，帝舜为有虞。帝禹为夏后而别氏①，姓姒氏。契为商，姓子氏。弃为周，姓姬氏。

太史公②曰：学者多称五帝，尚矣。然《尚书》独载尧以来③；而百家言黄帝，其文不雅驯④，荐绅⑤先生难言之。孔子所传《宰予问五帝德》及《帝系姓》⑥，儒者或不传。余尝西至空桐，北过涿鹿，东渐⑦于海，南浮江淮矣，至长老皆各往往称黄帝、尧、舜之处，风教固殊焉，总之不离古文⑧者近是。予观《春秋》、《国语》⑨，其发明《五帝德》、《帝系姓》章矣，⑩顾弟弗深考⑪，其所表见皆不虚。《书》缺有间矣⑫，其轶⑬乃时时见于他说。非好学深思，心知其意，固难为浅见寡闻道也。余并论次⑭，择其言尤雅者，故著为本纪书首。

货殖列传⑮

《老子》曰："至治之极⑯，邻国相望，鸡狗之声相闻，民各甘其食⑰，美其

---

① 别氏：另分出氏。上古"氏"与"姓"不同，姓为族号，氏本为姓的分支，由于各分支散居各地，子孙繁衍，各分支的"氏"就成了新的族号。战国以后姓氏合一，通称为姓。

② 太史公：一般认为是司马迁的自称。"太史公曰"以下的文字是司马迁的论赞。论赞是一篇的结语，其内容或为发表议论，或为说明立意之意，或为补充史实。

③ 《尚书》独载尧以来：《尚书》的第一篇是《尧典》，没有关于尧以前的历史记载，所以这里说"《尚书》独载尧以来"。

④ 不雅驯：不合乎规范，荒诞。驯：通"训"，典范。

⑤ 荐绅：同"搢（jìn）绅"、"缙（jìn）绅"，本指有官位的人，这里指贵族、士大夫。

⑥ 《宰予问五帝德》（《五帝德》）、《帝系姓》：都是记载黄帝、尧、舜等远古帝王事迹的篇章，见于今本的《大戴礼记》和《孔子家语》中。两部书都不被认定为儒家的正统经典，故汉时的儒生们多不传习。

⑦ 渐（jiān）：到达。

⑧ 古文：指古文经籍。汉代称当通行的隶书为今文，凡用隶书抄录的经书就叫今文经；称春秋战国文字（篆文）为古文，凡用篆文抄录的经书就叫古文经。这里的"古文"，《索隐》认为是指《五帝德》和《帝系姓》，也有认为是指《尚书》。

⑨ 《春秋》："春秋"是古代编年史的通称。古代大约各国都有自己的春秋，但后来都失传了，只有春秋时代鲁国的春秋留下来，因此"春秋"就成了鲁国编年史的专名，相传曾经孔子整理编定，为儒家经典之一，即所谓《春秋经》。《国语》：春秋时代的一部国别史，相传为春秋时左丘明所作，今一般认为是战国初期的著作。

⑩ 发明：阐发，阐明。章：彰明，明了。

⑪ 顾弟弗深考：此句意为问题只是在于没有人对它深入考察研究，所以才对它抱有不相信的态度。

⑫ 缺：缺失，残缺。有间：好长时间。

⑬ 轶（yì）：散失，这里指逸事，即当时所见《尚书》没有记载的事。

⑭ 论次：论定次第，评议编次。

⑮ 选自《史记》。司马迁：《史记》，韩兆琦评注，岳麓书社2004年版。

⑯ 至治：治理得极好的社会，指政治清明之世。至：极。治：治世，与"乱世"相对。

⑰ 甘其食：以其食为甘美，即认为自家的饮食甘美。甘：美。

服①，安其俗，乐其业，至老死不相往来。"必用此为务②，挽近世涂民耳目③，则几无行矣。

太史公曰：夫神农以前，吾不知已。至若《诗》、《书》所述虞夏以来，耳目欲极声色之好，口欲穷刍豢④之味，身安逸乐，而心夸矜势能之荣使⑤。俗之渐⑥民久矣，虽户说以眇论⑦，终不能化。故善者因之，其次利道之⑧，其次教诲之，其次整齐之，最下者与之争⑨。

夫山西饶材、竹、谷、纑、旄、玉石⑩；山东多鱼、盐、漆、丝、声色⑪；江南出柟、梓、姜、桂、金、锡、连、丹沙、犀、玳瑁、珠玑、齿革⑫；龙门、碣石北多马、牛、羊、旃裘、筋角；铜、铁则千里往往山出棋置⑬：此其大较⑭也。皆中国⑮人民所喜好，谣俗被服饮食奉生送死之具也⑯。故待⑰农而食之，虞⑱而出之，工而成之，商而通之。此宁有政教发徵期会哉⑲？人各任其能，竭其力，以得所欲。故物贱之征⑳贵，贵之征贱，各劝其业，乐其事，若水之趋下，日夜无休时，不召而自来，不求而民出之。岂非道之所符㉑，而自然之验㉒邪？

周书曰："农不出则乏其食，工不出则乏其事，商不出则三宝绝，虞不出则

---

① 美其服：以其服饰为美，即认为自己穿着的衣服漂亮。
② 必：如果，假若。用：以。务：要求得到，追求。
③ 挽近世：也作"挽近"。挽：通"晚"，离现在最近的时代。涂：堵塞。
④ 刍豢：泛指各种牲畜的肉。刍：吃草的牲畜，如牛羊。豢：吃粮食的牲畜，如猪狗。
⑤ 夸矜（jīn）：夸耀。矜：骄傲，夸耀。势能：权势和才能。荣使：犹言"荣光"。
⑥ 渐：浸染，逐渐形成。
⑦ 户说：挨家挨户地劝说。眇论：微妙的理论。眇：通"妙"。
⑧ 善者：好的办法。因：循，依照，顺着。利道之：以利引导它。道：同"导"。
⑨ 与之争：与民争利。
⑩ 材：木材。谷：《索隐》曰"木名，皮可以为纸"。纑（lú）：布缕。旄：牦牛尾，古代用来做旌节上的装饰。
⑪ 声色：指歌儿舞女。陈子龙曰："声色，指美女，亦列于货物矣。"参见《史记测义》。
⑫ 柟：同"楠"。柟、梓：两种名贵的木材。连：《集解》曰：铅之未炼者。犀：犀牛角。
⑬ 铜、铁则千里往往山出棋置：出产铜铁的矿山，千里之间星罗棋布。此句说明铜铁处处都有。
⑭ 此：指代上文所叙各种产品的分布。大较：大概，大略。
⑮ 中国：此指中原。
⑯ 谣俗：风俗。因歌谣可以反映民间的风俗，故以谣俗代指风俗。被服：衣服。奉生送死：侍奉生者，礼葬死者。具：用具，东西。此句说明四方丰富的物产为百姓所喜好需要。
⑰ 待：依靠。
⑱ 虞：管理、开发山泽资源的人。
⑲ "宁有……哉"："难道有……吗？"宁：难道，副词，表反问。发徵：征发，征调。期会：限期会集。
⑳ 征：征兆。
㉑ 道之所符：符合"大道"的事情。
㉒ 自然之验：合乎自然规律的事情。编者按：老子认为"老死不相往来"是社会之道，司马迁认为农虞工商分工合作是社会发展的自然规律，此处是针对老子观点的攻驳。

财匮少^①。"财匮少而山泽不辟矣。此四者，民所衣食之原也。原大则饶，原小则鲜^②。上则富国，下则富家。贫富之道，莫之夺予^③，而巧者有余，拙者不足。故太公望封于营丘^④，地潟卤^⑤，人民寡，于是太公劝其女功^⑥，极技巧，通鱼盐，则人物归之，襁至而辐凑^⑦。故齐冠带衣履天下，海岱之间敛袂而往朝焉^⑧。其后齐中衰，管子修之，设轻重九府^⑨，则桓公以霸，九合诸侯，一匡天下；而管氏亦有三归，位在陪臣^⑩，富于列国之君。是以齐富彊至于威、宣也。

故曰："仓廪实而知礼节，衣食足而知荣辱。"^⑪ 礼生于有而废于无^⑫。故君子富，好行其德；小人富，以适其力^⑬。渊深而鱼生之，山深而兽往之，人富而仁义附^⑭焉。富者得势益彰，失势则客无所之^⑮，以而^⑯不乐，夷狄益甚^⑰。谚曰："千金之子^⑱，不死于市^⑲。"此非空言也。故曰："天下熙熙^⑳，皆为利来；天下壤壤^㉑，皆为利往。"夫千乘之王^㉒，万家之侯^㉓，百室之君^㉔，尚犹患贫^㉕，而况匹夫编户之民^㉖乎！

---

① "虞不出则财匮少"句应放在"商不出则三宝绝"句之前。三宝：指农所出之"食"，工所成之"事"，虞所出之"财"（材料、货物），这三者都需要商贾来往使之流通交换。四种人缺一不可，所以下文接着说"此四者，民所衣食之原"。又，此四句今本《逸周书》上无。

② 鲜：少。

③ 莫之夺予：没有什么能改变。夺：改变。

④ 太公望：即姜太公吕望。

⑤ 潟卤：地多盐碱。

⑥ 女功：女子从事的劳动，指刺绣纺织等事。

⑦ 襁至而辐凑：言四方归来者多。襁至：像绳子穿着的钱似地接连而来。襁：本指穿钱的绳子，引申为穿好的钱。辐：车辐，车轮中间的直木，一头集中插在车毂上，一头分布插在车辋（车轮的外周）上。凑：集聚。

⑧ 海岱之间：指渤海东海和泰山中间的各小诸侯国。敛袂：整敛衣袖，表示恭敬。

⑨ 轻重九府：掌管金融货币的官府。《管子》云："夫治民有轻重之法，周有大府、王府、内府、外府、泉府、天府、职内、职金、职币，皆掌财币之官，故云九府也。"

⑩ 陪臣：指诸侯国的大夫，以其对周天子自称"陪臣"。

⑪ "仓廪实……知荣辱"：此二句引文见《管子·牧民》篇。廪：粮仓。

⑫ 礼：我国奴隶社会、封建社会的等级制度，以及与此相适应的一整套礼节仪式。有：富有。无：匮乏，贫穷。

⑬ 适其力：适当地用自己的劳力。适：适宜，适当。

⑭ 附：附着，增益。

⑮ 客：门客，食客。无所之：无处去，无处容身。

⑯ 以而：因而。

⑰ 夷狄：泛指少数民族。益甚：更为严重，更加厉害。

⑱ 千金之子：千金之家的子弟，指富家子弟。

⑲ 不死于市：不会因犯法而在市上处死。古代常在闹市处决犯人，并暴尸街头。

⑳ 熙熙：形容拥挤、热闹的样子。

㉑ 壤壤：通"攘攘"，纷乱的样子，与"熙熙"同义。

㉒ 千乘之王：拥有千辆兵车的国君。

㉓ 万家之侯：享有食邑万户的封侯，指诸侯。

㉔ 百室之君：享有食邑几百户的封君，指大夫。

㉕ 尚犹：尚且还。患：忧虑，担心。

㉖ 编户之民：编入户口册的老百姓。

昔者越王句践困於会稽之上，乃用范蠡、计然。计然曰：“知斗则修备，时用则知物①，二者形则万货之情可得而观已②。故岁在金③，穰④；水⑤，毁；木，饥；火，旱。旱则资⑥舟，水则资车，物之理也。六岁穰，六岁旱，十二岁一大饥。夫粜，二十病农，九十病末⑦。末病则财不出，农病则草不辟矣。上不过八十，下不减三十，则农末俱利，平粜齐物⑧，关市不乏⑨，治国之道也。积著⑩之理，务完物，无息币⑪。以物相贸易，腐败而食⑫之货勿留，无敢居贵。论其有馀不足，则知贵贱。贵上极则反贱，贱下极则反贵。贵出如粪土，贱取如珠玉。财币欲其行如流水。”修之十年，国富，厚赂⑬战士，士赴矢石，如渴得饮，遂报彊吴，观兵中国⑭，称号“五霸”。

范蠡既雪会稽之耻，乃喟然而叹曰：“计然之策七，越用其五而得意。既已施于国，吾欲用之家。”乃乘扁舟浮于江湖，变名易姓，适齐为鸱夷子皮，之陶为朱公。朱公以为陶天下之中，诸侯四通，货物所交易也。乃治产⑮积居，与时逐而不责于人⑯。故善治生⑰者，能择人而任时。十九年之中三致千金，再分散与贫交疏昆弟⑱。此所谓富好行其德者也。后年衰老而听子孙，子孙修业而息⑲之，遂至巨万。故言富者皆称陶朱公。

子赣⑳既学与仲尼，退而仕于卫，废著鬻财㉑于曹、鲁之间，七十子之徒，赐最为饶益。原宪㉒不厌糟，匿于穷巷。子贡结驷连骑，束帛之币以聘享诸侯，

---

① 知斗则修备：斗，打仗。修备：做好准备。时用则知物：知道货物何时为人需求购用。时：时间，季节。用：用途，使用。

② 二者形则万货之情可得而观已：明白这两件事情的道理，对各种货物的行情规律都能看清了。

③ 岁在金：岁，今指木星。金：指西方。

④ 穰：丰收。

⑤ 水：即“岁在水”，省略句。

⑥ 资：储存。

⑦ “二十病农，九十病末”：《索隐》曰：“言米贱则农夫病也，若米斗值九十，则商贾病，故云病末。”末：末业，指商业，此处指商人。

⑧ 平粜：平价出售。齐物：调整物价。

⑨ 关市不乏：关口上可以得到税收，市场上也可以得到供应。

⑩ 积著：积藏货物。

⑪ 完物：完好的货物。息币：储存现金。

⑫ 食：通“蚀”，受侵蚀。

⑬ 赂：以金钱收买，此处指赏赐。

⑭ 观兵中国：向中原地区的国家炫耀自己的武力。

⑮ 治产：购置货物。产：可以赚钱的东西。

⑯ 与时逐：指掌握物价规律，看准时机地买入卖出。逐：竞争。责：求，讨。

⑰ 治生：犹言“治产”，即赚钱。

⑱ 疏昆弟：疏远同族的兄弟。

⑲ 息：生也，大钱生小钱，即赚钱。

⑳ 子赣：即孔子弟子子贡，赣通“贡”，以言语闻名。其因好经商，曾被孔子责难。

㉑ 废著鬻财：囤积居奇，以时获利。

㉒ 原宪：孔子的学生，以修洁隐退、不慕名利著称。

所至，国君无不分庭与之抗礼。夫使孔子名布扬于天下者，子贡先后之①也。此所谓得执而益彰者乎？

白圭，周人也。当魏文侯时，李克务尽地力②，而白圭乐观时变，故人弃我取，人取我与。夫岁孰取谷，予之丝漆；茧出取帛絮，予之食。太阴在卯，穰；明岁衰恶。至午，旱；明岁美。至酉，穰；明岁衰恶。至子，大旱；明岁美，有水。至卯③，积著率岁倍④。欲长钱，取下谷；长石斗，取上种。⑤能薄饮食，忍嗜欲，节衣服，与用事僮仆同苦乐，趋时若猛兽挚鸟之发。故曰："吾治生产，犹伊尹、吕尚之谋，孙吴用兵，商鞅行法是也。是故其智不足与权变，勇不足以决断，仁不能以取予，强不能有所守，虽欲学吾术，终不告之矣。"盖天下言治生祖白圭。白圭其有所试矣，能试有所长，非苟而已也。

猗顿用盬盐起⑥。而邯郸郭纵以铁冶成业⑦，与王者埒⑧富。

乌氏倮⑨畜牧，及众，斥卖⑩，求奇缯物，间献遗戎王⑪。戎王什倍其偿，与之畜，畜至用谷量马牛。秦始皇帝令倮比封君⑫，以时与列臣朝请⑬。而巴寡妇清，其先得丹穴⑭，而擅其利数世，家亦不訾。清，寡妇也，能守其业，用财自卫，不见侵犯。秦皇帝以为贞妇而客之，为筑女怀清台。夫倮鄙人牧长，清穷乡寡妇，礼抗万乘，名显天下，岂非以富邪？

汉兴，海内为一，开关梁⑮，弛山泽之禁⑯，是以富商大贾周流天下，交易之物莫不通，得其所欲，而徙豪杰诸侯彊族于京师。

关中自汧、雍以东至河、华，膏壤沃野千里，自虞夏之贡⑰以为上田，而公刘适邠，大王、王季在岐，文王作丰，武王治镐，故其民犹有先王之遗风，好稼

---

① 先后之：为之扬名、散布、打点。

② 尽地力：即努力发展农业生产。

③ 至卯：经过了十二年。

④ 岁倍：一年内所得的利润与其固有的资本相等。

⑤ 此句意为：下等谷物低廉，可以大量购入，至贵时卖出，可获大利。上等谷物质高，母大子肥，若作为种子，收获量更多，应不计价高而取上谷。

⑥ 用：以，由于。盬：古盐池名，在今山西临猗县南。起：起家，发家。

⑦ 成业：成就家业。

⑧ 埒：相等，等同。

⑨ 乌氏倮：乌氏人，名倮。乌氏：秦县名，县治在今甘肃省平凉西北。

⑩ 斥卖：犹言"卖去"。斥：弃，逐。

⑪ 间献遗戎王：言其由秦国私下倒卖于戎王。间：私也，谓违法而出。

⑫ 比封君：与有封地的君长相同。编者按：战国时期，一国的君长称为侯或王，国内有封地的功臣、贵族称为君，如平原君、商君等。

⑬ 朝请：指进见君王。

⑭ 丹穴：丹砂矿。

⑮ 开关梁：指取消了国内各地互相往来的限制。关：关塞。梁：津梁，渡口，桥梁。

⑯ 弛山泽之禁：指准许人们随便开发。

⑰ 虞夏之贡：虞、夏时代所规定的各地对中央帝王的贡纳。

稿，殖五谷，地重①，重②为邪。及秦文、德、缪居雍，隙陇蜀之货物而多贾。献公徙栎邑，栎邑北却戎翟，东通三晋，亦多大贾。孝、昭治咸阳，因以汉都，长安诸陵，四方辐凑并至而会，地小人众，故其民益玩巧而事末也。南则巴蜀。巴蜀亦沃野，地饶卮、姜、丹沙、石、铜、铁、竹、木之器。南御③滇僰，僰僮④。西近邛笮，笮马、旄牛。然四塞⑤，栈道千里，无所不通，唯褒斜⑥绾毂其口，以所多易所鲜⑦。天水、陇西、北地、上郡与关中同俗，然西有羌⑧中之利，北有戎翟之畜，畜牧为天下饶。然地亦穷险，唯京师要其道⑨。故关中之地，于天下三分之一，而人众不过什三；然量其富，什居其六。

昔唐人都河东⑩，殷人都河内⑪，周人都河南。夫三河天下之中，若鼎足，王者所更⑫居也，建国各数百千岁，土地小狭，民人众，都国诸侯所聚会⑬，故其俗纤俭⑭习事。杨、平阳陈西贾秦、翟，北贾种、代。种、代，石北也，地边胡⑮，数被寇。人民矜懻忮⑯，好气，任侠为奸，不事农商。然迫近北夷，师旅亟往⑰，中国委输时有奇羡⑱。其民羯羠不均⑲，自全晋之时固已患其僄悍，而武灵王益厉⑳之，其谣俗犹有赵之风也。故杨、平阳陈掾㉑其间，得所欲。温、轵西贾上党，北贾赵、中山。中山地薄人众，犹有沙丘纣淫地馀民㉒，民俗懁急㉓，

---

① 地重：土地被人们所看重。
② 重：难，不轻易。
③ 御：接，相连。
④ 僰僮：僰族人被掠卖为奴者，这里是指有僰僮被掠到巴蜀来卖。
⑤ 四塞：四面都有屏障要塞。
⑥ 褒斜：古道路名，因其取道于褒、斜二水的河谷，故称为褒斜道。
⑦ 以所多易所鲜：以其所馀，换其所缺。
⑧ 羌：古代用来称呼居住在今宁夏、青海、甘肃一带的少数民族。
⑨ 要其道：指长安扼制着他们东出、南来的交通要道。
⑩ 唐人：指尧。河东：古地区名，今指山西省西南部，因其地处黄河以东，故称为河东。尧都平阳（今山西省临汾市西南）：地属河东。
⑪ 河内：商朝曾经先后定都在邢（今河南省温县东北）、殷（今河南省安阳市西）、朝歌（今河南省淇县），其地皆属河内。
⑫ 更：轮流，替换。
⑬ 都国诸侯所聚会：这一带是许多诸侯建立过国家的地方。都：建都。
⑭ 纤俭：吝啬，俭朴。
⑮ 边胡：靠近胡人地区。胡：当时指匈奴。
⑯ 矜懻忮：以懻忮相高。懻忮：《正义》曰："强直而很也。"很：性情执拗。
⑰ 亟往：多次到那里去。
⑱ 奇羡：剩余。
⑲ 羯羠不均：意为桀骜不驯。
⑳ 厉：鼓励，发扬。
㉑ 陈掾：意为"因缘，凭借"，指善用形势谋利。
㉒ 犹有沙丘纣淫地馀民：这里还留有殷纣王荒纵享乐的余风。
㉓ 懁急：急躁。

仰机利①而食。丈夫相聚游戏，悲歌慷慨，起则相随椎剽②，休则掘冢作巧奸冶，多美物，为倡优③。女子则鼓鸣瑟，跕屣④，游媚贵富，入后宫，遍诸侯⑤。

然邯郸亦漳、河之间一都会也。北通燕、涿，南有郑、卫。郑、卫俗与赵相类，然近梁、鲁，微重⑥而矜节⑦。濮上之邑徙野王，野王好气任侠，卫之风也。

夫燕亦勃、碣之间一都会也。南通⑧齐、赵，东北边胡。上谷至辽东，地踔远⑨，人民希，数被寇，大与赵、代俗相类，而民雕捍⑩少虑，有鱼盐枣栗之饶。北邻乌桓、夫馀，东绾秽貉、朝鲜、真番之利。

洛阳东贾齐、鲁，南贾梁、楚。故泰山之阳则鲁，其阴则齐。齐带山海⑪，膏壤千里，宜桑麻，人民多文采布帛鱼盐。临菑亦海岱之间一都会也。其俗宽缓阔达，而足智，好议论，地重，难动摇⑫，怯于众斗⑬，勇于持刺，故多劫人者，大国之风也。其中具五民⑭。

而邹、鲁滨洙、泗，犹有周公遗风，俗好儒，备于礼，故其民龊龊⑮。颇有桑麻之业，无林泽之饶。地小人众，俭啬，畏罪远邪。及其衰，好贾趋利，甚于周人。

夫自鸿沟⑯以东，芒、砀以北，属⑰巨野，此梁、宋也。陶、睢阳亦一都会也。昔尧作⑱于成阳，舜渔于雷泽，汤止于亳。其俗犹有先王遗风，重厚多君子，好稼穑，虽无山川之饶，能恶衣食⑲，致其蓄藏。

---

① 仰机利：依据时机来谋利。

② 椎剽：槌击人以劫取其物。椎：同"槌"。剽：劫取。

③ 美物：这里指漂亮男人。倡优：古代用以称呼那些以音乐、舞蹈、杂技、滑稽等艺术为职业的人。

④ 跕屣：趿拉着鞋子。

⑤ 遍诸侯：各国的诸侯贵族那里都有来自中山的女人。

⑥ 重：稳重，持重。

⑦ 矜节：崇尚节义。

⑧ 通：靠近。

⑨ 踔远：遥远。

⑩ 雕捍：忭情像雕一样捷悍。

⑪ 带山海：被山海所环抱，其围如带。

⑫ 难动摇：意为不肯轻易离开乡土。

⑬ 怯于众斗：怯于摆开阵势的交战。

⑭ 五民：指士、农、工、商、贾，也有说指五方之人。

⑮ 龊龊：拘谨、注意小节的样子。

⑯ 鸿沟：古运河名。该运河是中国古代最早沟通黄河和淮河的人工运河。战国魏惠王十年（公元前361）开始兴建。修成后在秦代、汉代、魏晋南北朝期间一直是黄淮间主要水运交通线路之一，其中西汉时期又称狼汤渠。鸿沟是历史上的楚河汉界。

⑰ 属：相连，这里指"北至"。

⑱ 作：兴起。

⑲ 恶衣食：省吃俭用。

越、楚则有三俗。夫自淮北沛、陈、汝南、南郡，此西楚也。其俗剽轻①，易发怒，地薄，寡于积聚。江陵故郢都，西通巫、巴，东有云梦之饶。陈在楚夏之交，通鱼盐之货，其民多贾。徐、僮、取虑，则清刻②，矜己诺③。

彭城以东，东海、吴、广陵，此东楚也。其俗类徐、僮。朐、缯以北，俗则齐。浙江④南则越。夫吴阖庐、春申、王濞三人招致天下之喜游子弟，东有海盐之饶，章山之铜，三江、五湖之利，亦江东一都会也。

衡山、九江、江南豫章、长沙，是南楚也，其俗大类西楚。郢之后徙寿春，亦一都会也。而合肥受南北潮⑤，皮革、鲍⑥、木输会⑦也。与闽中、干越⑧杂俗，故南楚好辞，巧说少信。江南卑湿，丈夫早夭。多竹木。豫章出黄金，长沙出连、锡，然堇堇物之所有⑨，取之不足以更⑩费。九疑、苍梧以南至儋耳者，与江南大⑪同俗，而杨越多焉。番禺亦其一都会也，珠玑、犀、玳瑁、果、布之凑⑫。

颍川、南阳，夏人之居也。夏人政尚忠朴，犹有先王之遗风。颍川敦愿⑬。秦末世，迁不轨之民于南阳。南阳西通武关、郧关，东南受汉、江、淮。宛亦一都会也。俗杂好事，业多贾。其任侠，交通颍川，故至今谓之"夏人"。

夫天下物所鲜所多，人民谣俗，山东食海盐，山西食盐卤⑭，领南⑮、沙北固往往出盐，大体如此矣。

总之，楚越之地，地广人希，饭稻羹鱼，或火耕而水耨⑯，果隋蠃蛤⑰，不待贾而足，地执饶食，无饥馑之患，以故呰窳偷生⑱，无积聚而多贫。是故江、淮以南，无冻饿之人；亦无千金之家。沂、泗水以北，宜五谷桑麻六畜，地小人众，数被水旱之害，民好畜藏，故秦、夏、梁、鲁好农而重民。三河、宛、陈亦然，加以商贾。齐、赵设智巧，仰机利。燕、代田畜而事蚕。

---

① 剽轻：易动好乱。

② 清刻：廉洁仔细。

③ 矜己诺：注重承诺，说话算数。

④ 浙江：即今天的钱塘江。

⑤ 受南北潮：此意指南面长江流域的货物、北面淮河流域的货物都可以由水路运到合肥。

⑥ 鲍：干鱼。

⑦ 输会：荟萃之地。

⑧ 干越：指吴越。

⑨ 堇堇物之所有：意指黄金连锡诸物的出产很少。堇堇：不多的样子。

⑩ 更：抵偿。

⑪ 大：大体，大致。

⑫ 凑：此处为集散地的意思。

⑬ 敦愿：老实，敦厚。

⑭ 盐卤：池盐。

⑮ 领南：指五岭以南地区，在今天的广东、广西及越南北部一带。领：通"岭"。

⑯ 火耕而水耨（nòu）：用火烧开一片空地后播种，然后为了除去空地的杂草再引水入田的耕作方式。

⑰ 果隋蠃蛤：果隋：同"果蓏（luǒ）"，泛指果实。蠃蛤：泛指有甲壳的小动物。

⑱ 呰窳（zǐ yǔ）偷生：懒惰，得过且过。

由此观之，贤人深谋于廊庙，论议朝廷，守信死节隐居岩穴之士设为名高者安归乎^①？归于富厚也。是以廉吏久，久更富，廉贾归富^②。富者，人之情性，所不学而俱欲者也。故壮士在军，攻城先登，陷阵却敌，斩将搴^③旗，前蒙矢石，不避汤水之难者，为重赏使也。其在闾巷少年，攻剽椎埋，劫人作奸，掘冢铸币，任侠并兼，借交报仇^④，篡逐幽隐^⑤，不避法禁，走死地如骛^⑥者，其实皆为财用耳。今夫赵女郑姬^⑦，设形容^⑧，揲^⑨鸣琴，揄长袂，蹑利屣，目挑心招，出不远千里，不择老少者，奔富厚也。游闲公子，饰冠剑，连车骑，亦为富贵^⑩容也。弋射渔猎，犯晨夜，冒霜雪，驰阬谷，不避猛兽之害，为得味也。博戏^⑪驰逐，斗鸡走狗，作色相矜，必争胜者，重失负^⑫也。医方诸食技术^⑬之人，焦神极能，为重糈^⑭也。吏士舞文弄法，刻章伪书，不避刀锯之诛者，没^⑮于赂遗也。农工商贾畜长^⑯，固求富益货也。此有知尽能索耳，终不馀力而让财矣。^⑰

谚曰："百里不贩樵，千里不贩籴。""居之一岁，种之以谷；十岁，树之以木；百岁，来之以德^⑱。"德者，人物之谓也。今有无秩禄之奉，爵邑之入，而乐与之比者，命曰"素封。"^⑲封者食租税，岁率户二百。千户之君则二十万，朝觐^⑳聘享出其中。庶民农工商贾，率亦岁万息二千，百万之家则二十万，而更徭^㉑租赋出其中。衣食之欲，恣所好美^㉒矣。故曰陆地牧马二百蹄^㉓，牛蹄角

---

① 安归乎：犹言"图的是什么呢？"
② 廉贾归富：不贪婪的商人反而获利更多。
③ 搴（qiān）：拔取。
④ 借交报仇：为给朋友报仇而不顾个人安危，就像把自己的身体借给朋友使用一样。
⑤ 篡逐：抢劫财物。幽隐：指无人之地。
⑥ 走死地如骛：言极其冒险之状。骛：马跑。
⑦ 赵女郑姬：指倡伎。
⑧ 设形容：梳妆打扮。
⑨ 揲：弹奏。
⑩ 为富贵：为夸耀个人的富贵。
⑪ 博戏：指赌博。
⑫ 重失负：意指"怕输"。
⑬ 食技术：以某种技术为职业。
⑭ 糈：原指祭神用的精米，后用来指报谢巫祝及占卜相面等方伎之士的彩礼。
⑮ 没：沉溺，被迷惑。
⑯ 畜长：蓄货生长利。
⑰ 此句意思是：为了获利，只会竭尽全力去拼，绝不会懈怠。
⑱ 来之以德：用自己的道德吸引远人来归附。
⑲ 无秩禄之奉：不靠做官而有的财货收入。爵邑之入：封地的收入。素封：没有封号的贵族。
⑳ 朝觐：诸侯朝见天子所花的费用。
㉑ 更徭：指劳役费。汉代规定，凡是到达一定年龄的男子，每年要出一定时间的劳役，凡不愿去者可以交钱，由官府雇人前去。
㉒ 恣所好美：指尽情享受。恣：随意。
㉓ 马二百蹄：五十匹马。

千①，千足羊，泽中千足麃，水中千石鱼陂②，山居千章之材③。安邑千树枣；燕、秦千树栗；蜀、汉、江陵千树橘；淮北、常山已南，河济之间千树萩；陈、夏千亩漆；齐、鲁千亩桑麻；渭川千亩竹；及名国万家之城，带郭千亩亩钟之田④，若⑤千亩卮茜，千畦姜韭：此其人皆与千户侯等。然是富给之资也，不窥市井，不行异邑，坐而待收，身有处士之义而取给⑥焉。若至家贫亲老，妻子软弱，岁时无以祭祀进醵⑦，饮食被服不足以自通，如此不惭耻，则无所比⑧矣。是以无财作力⑨，少有斗智，既饶争时，此其大经也。今治生不待危身取给，则贤人勉焉。是故本富为上，末富次之，奸富最下⑩。无岩处奇士之行，而长贫贱，好语仁义，亦足羞也。

凡编户之民⑪，富相什则卑下之，伯则畏惮之，千则役，万则仆⑫，物之理也。夫用贫求富，农不如工，工不如商，刺绣文不如倚市门⑬，此言末业，贫者之资也。通邑大都，酤⑭一岁千酿，醯酱千瓨⑮，浆千甔⑯，屠牛羊麃千皮，贩谷粜千钟，薪稿千车，船长千丈⑰，木千章，竹竿万个，其轺车百乘，牛车千两，木器髤⑱者千枚，铜器千钧，素木铁器若卮茜千石，马蹄躈⑲千，牛千足，羊麃千双，僮手指千，筋角丹沙千斤，其帛絮细布千钧，文采千匹，榻布皮革千石，漆千斗，蘖曲盐豉千荅，鲐鮆千斤，鲰千石，鲍千钧，枣栗千石者三之，狐鼦裘千皮，羔羊裘千石，旃席千具，佗果菜千钟，子贷金钱千贯⑳，节驵会，

---

① 牛蹄角千：一百头牛。每头牛八瓣蹄子，两只角。

② 千石鱼陂（bēi）：每年可捕捞千头鱼的池塘。陂：池塘。石：一百二十斤。

③ 千章之材：千根木材。

④ 带郭千亩亩钟之田：带郭：围绕城市的农田。亩钟：每亩可收一钟。钟：六斛四斗。

⑤ 若：或者。

⑥ 身有处士之义而取给：有隐者之名的人，生活过得很宽裕。

⑦ 岁时无以祭祀进醵：逢年过节没钱祭祀祖先、吃团圆饭。进醵：吃团圆饭。

⑧ 无所比：没有人愿意和他相提并论。比：并列。

⑨ 无财作力：没有钱的人只能当苦力。

⑩ "本富为上，末富次之，奸富最下"：本富，农种而富，坐而待收也；末富，以贾富者；奸富，奸巧斗智而富者。

⑪ 编户之民：平民百姓。编户：编入户籍。

⑫ "富相什则卑下之，伯则畏惮之，千则役，万则仆"：经济条件相差十倍，人就低人一等，差得越多越可怜，以致成了别人的奴隶。社会等级，人与人之间的关系，全由这种经济力量决定。

⑬ 刺绣文：指手工业之事。倚市门：指商业之事。

⑭ 酤：泛指酒。

⑮ 醯（xī）酱：醋。瓨（xiáng）：陶制瓶类，可装十升。

⑯ 甔（dān）：缸，可装十斗。

⑰ 船长千丈：一年当中卖出的船的总长度。

⑱ 髤（xiū）：以漆漆物。

⑲ 躈（qiào）：同"窍"，肛门。

⑳ 子贷金钱千贯：每年可获千贯利钱的债主。

贪贾三之，廉贾五之，此亦比千乘之家，其大率也。佗杂业不中什二①，则非吾财②也。

请略道当世千里之中，贤人所以富者，令后世得以观择焉。

蜀卓氏③之先，赵人也，用铁冶富。秦破赵，迁卓氏。卓氏见虏略④，独夫妻推辇，行诣迁处。诸迁虏少有馀财，争与吏，求近处，处葭萌。唯卓氏曰："此处狭薄。吾闻汶山之下，沃野，下有蹲鸱⑤，至死不饥⑥。民工于市，易贾。"乃求远迁。致之临邛，大喜，即铁山鼓铸，运筹策，倾⑦滇蜀之民，富至僮千人。田池射猎之乐，拟于人君。

程郑，山东迁虏也，亦冶铸，贾椎髻之民⑧，富埒卓氏，俱居临邛。

宛孔氏之先，梁人也，用铁冶为业。秦伐魏，迁孔氏南阳。大鼓铸，规陂池⑨，连车骑，游诸侯，因通商贾之利。有游闲公子之赐与名，然其赢得过当，⑩愈于纤啬，家致富数千金，故南阳行贾尽法孔氏之雍容⑪。

鲁人俗俭啬，而曹邴氏尤甚，以铁冶起，富至巨万。然家自父兄子孙约："俯有拾，仰有取⑫。"贳贷行贾遍郡国。邹、鲁以其故多去文学而趋利者，以曹邴氏也。

齐俗贱奴虏，而刀闲独爱贵之。桀黠奴，人之所患也，唯刀闲收取，使之逐渔盐商贾之利，或连车骑，交守相⑬，然愈益任之。终得其力，起富数千万。故曰"宁爵毋刀"，言其能使豪奴自饶而尽其力。

周人既纤，而师史尤甚，转毂以百数，贾郡国，无所不至。洛阳街居在齐秦楚赵之中，贫人学事富家，相矜以久贾，数过邑不入门，设任此等⑭，故师史能致七千万。

宣曲任氏之先，为督道仓吏。秦之败也，豪杰皆争取金玉，而任氏独窖仓粟。楚汉相距荥阳也，民不得耕种，米石至万，而豪杰金玉尽归任氏，任氏以此起富。富人争奢侈，而任氏折节为俭，力田畜。田畜人争取贱贾，任氏独取贵善。富者数世。然任公家约，非田畜所出弗衣食⑮，公事不毕则身不得饮酒食

---

① 不中什二：不能获取十分之二的利润。

② 非吾财：不买卖这种商品，或不从事这样的活动。

③ 卓氏：即卓文君家族。

④ 见虏略：被秦人掠挟。

⑤ 蹲鸱（dun chī）：大芋，因状如蹲伏的鸱而得此名。

⑥ 至死不饥：贫困的人可以用来充饥，不致被饿死。

⑦ 倾：压倒，超过。此处说明其富裕的程度。

⑧ 贾椎髻之民：与附近的少数民族做生意。

⑨ 规陂池：修治堤堰池塘。

⑩ 有游闲公子之赐与名：此三句言其为人行事如同富贵公子，赏赐不吝，实际上，这样赚得的钱比那些吝啬商人要多得多。赢得过当：赚得的钱多于游乐、赏赐的开销。

⑪ 雍容：富贵闲暇的样子。

⑫ "俯有拾，仰有取"：不从事无益的活动，动则必有所得。

⑬ 守相：郡守和诸侯国之相，都是当时各地方的最高行政长官。

⑭ 设任此等：靠的就是这个。

⑮ 非田畜所出弗衣食：不是自己种田或畜牧所得的东西，不吃不穿。

肉。以此为闾里率，故富而主上重之。

塞之斥①也，唯桥姚已致马千匹，牛倍之，羊万头，粟以万钟计。吴楚七国兵起时，长安中列侯封君行从军旅，赍贷子钱②，子钱家以为侯邑国③在关东，关东成败未决，莫肯与。唯无盐氏出捐千金贷，其息什之。三月，吴楚平，一岁之中，则无盐氏之息什倍，用此富埒关中。

关中富商大贾，大抵尽诸田，田啬、田兰。韦家栗氏，安陵、杜杜氏，亦巨万。

此其章章尤异者也。皆非有爵邑奉禄弄法犯奸而富，尽椎埋去就，与时俯仰，获其赢利，以末致财，用本守之，以武一切④，用文持之，变化有概⑤，故足术⑥也。若至力农畜，工虞商贾，为权利以成富⑦，大者倾郡，中者倾县，下者倾乡里者，不可胜数。

夫纤啬筋力⑧，治生之正道也，而富者必用奇胜。田农，掘⑨业，而秦扬以盖一州。掘冢，奸事也，而田叔以起。博戏，恶业也，而桓发用富。行贾，丈夫贱行也，而雍乐成以饶。贩脂，辱处⑩也，而雍伯千金。卖浆，小业也，而张氏千万。洒削⑪，薄技也，而郅氏鼎食⑫。胃脯，简微耳，浊氏连骑。马医，浅方，张里击钟⑬。此皆诚壹⑭之所致。

由是观之，富无经业⑮，则货无常主，能者辐凑，不肖者瓦解。千金之家比一都之君，巨万者乃与王者同乐。岂所谓"素封"者邪？非也？

学习视野

作家作品

《史记》概述及选篇介绍

《史记》是由司马迁撰写的中国第一部纪传体通史，是二十四史的第一部。

---

① 塞之斥：指武帝对四夷用兵。斥：开也，开拓疆土，使边塞更加广远。
② 赍贷子钱：借钱以供便携之需。赍：行人所带的物品钱财。子钱：放贷以取利息的钱。
③ 侯邑国：这些在京列侯的封邑、封国。
④ 一切：权宜、从便。
⑤ 变化：或买或卖，或缓或急，变化莫测。有概：风节法度可观。
⑥ 术：同"述"。
⑦ 为权利以成富：依靠、利用权谋之便而取得财富的人。
⑧ 纤啬筋力：一方面要俭省，另一方面要能吃苦出力。
⑨ 掘：同"拙"。
⑩ 辱处：使人感到耻辱的行业。
⑪ 洒削：磨剪子磨刀。
⑫ 鼎食：列鼎而食，古代贵族的排场。
⑬ 击钟：古代贵族吃饭时要击钟奏乐。
⑭ 诚壹：专心致志。
⑮ 富无经业：什么行业都可以使人发财。

全书分十二本纪，十表，八书，三十世家，七十列传，共一百三十篇，五十二万余字，记载了中国从传说中的黄帝到汉武帝太初四年长达三千年的历史。《史记》是中国传记文学的典范。

"史记"本是古代史书的通称，从三国时期开始，"史记"由史书的通称逐渐演变成"太史公书"的专称。《史记》与《汉书》（班固）、《后汉书》（范晔、司马彪）、《三国志》（陈寿）合称"前四史"，与宋代司马光编撰的《资治通鉴》并称"史学双璧"。

《五帝本纪》是《史记》的开篇之作。它记载了远古传说中相继为帝的五个部落首领——黄帝、颛顼（zhuān xū）、帝喾（kù）、尧、舜的事迹，同时也记录了当时部落之间频繁的战争，部落联盟首领实行禅让、远古初民战猛兽、治洪水、开良田、种嘉谷、观测天文、推算历法、谱制音乐舞蹈等多方面的情况，为我们了解和研究远古社会提供了某些线索或信息。

本篇的材料安排巧妙，略写了黄帝与蚩尤的涿鹿之战、与炎帝的阪泉之战，详写了尧、舜二帝，旨在展现由黄帝开创，尧、舜继承并发扬光大的帝王事业。在叙写方式上，对黄帝、颛顼、帝喾的记述皆用叙述口吻，侃侃道来；描述尧、舜的中心部分，则用叙议结合、在叙事中穿插对话的方式，突出尧、舜知人善任、从谏如流的部落联盟首领的风貌，也烘托出自由、民主、君臣和睦的政治气氛。

《货殖列传》出自《史记》第一百二十九卷、第六十九列传。这是专门记叙从事"货殖"活动的杰出人物的类传。所谓"货殖"，即利用货物的生产与交换，进行商业活动，从中生财求利。本篇记载了春秋以来著名商人的经营活动，赞扬了他们卓越的才能，分析并论证了商业活动发生发展的必然性，肯定了商业活动对经济发展、强国利民的重要影响，这与从商鞅、韩非以来，直到汉初还提倡的"重本抑末"、压抑商人的观念形成鲜明对比。同时，司马迁也引证事例驳斥了"不言利"、"寡欲"的经济观点，明确地提出并论证了经济法则的作用，肯定了人类追求财富的合理性，体现了司马迁独特的唯物史观。

钱钟书在论及司马迁这篇《货殖列传》时说："当世法国史家深非史之为'大事记'体者，专载朝政军事，而忽诸民生日用；马迁传《游侠》已属破格，然尚以传人为主，此篇则全非'大事记'、'人物志'，于新史学不啻乎辟鸿濛矣。"（《管锥编·史记会注考证》）

✵ 学 习 计 划

阅读理解

1. 在司马迁的笔下，为何要多次提到舜的家世和他的孝行？

2. 如何理解司马迁提到的"素封者"？

拓展学习

　　《孟子》曰："知人论世。"① 观一人生平，会对其作品有更多的理解。下文选自《太史公自序》，是司马迁对自己一生的总结，首先叙述了自己的家族谱系和家学渊源，并概括了自己前半生的经历，继而以对话的形式，鲜明地表达了他撰写《史记》的目的就是完成父亲临终前的嘱托，以《史记》续孔子的《春秋》，然而史书草创未就，就因李陵一案而横遭宫刑，心中愤懑之情令他将所有的精力与激情投入对历史人物的描绘和评价中，触景生情，以史明志，希冀读《史记》的人能了解他的心境和他所描述的历史世界。

太史公自序（节选）

　　昔在颛顼，命南正重以司天，北正黎以司地。唐虞之际，绍重黎之后，使复典之，至于夏商，故重黎氏世序天地。其在周，程伯休甫其后也。当周宣王时，失其守而为司马氏。司马氏世典周史。惠襄之间，司马氏去周适晋。晋中军随会奔秦，而司马氏入少梁。

　　自司马氏去周适晋，分散，或在卫，或在赵，或在秦。其在卫者，相中山。在赵者，以传剑论显，蒯聩其后也。在秦者名错，与张仪争论，于是惠王使错将伐蜀，遂拔，因而守之。错孙靳，事武安君白起。而少梁更名曰夏阳。靳与武安君阬赵长平军，还而与之俱赐死杜邮，葬于华池。靳孙昌，昌为秦主铁官，当始皇之时。蒯聩玄孙卬为武信君将而徇朝歌。诸侯之相王，王卬于殷。汉之伐楚，卬归汉，以其地为河内郡。昌生无泽，无泽为汉市长。无泽生喜，喜为五大夫，卒，皆葬高门。喜生谈，谈为太史公。

　　太史公学天官于唐都，受易于杨何，习道论于黄子。

　　太史公既掌天官，不治民。有子曰迁。

　　迁生龙门，耕牧河山之阳。年十岁则诵古文。二十而南游江、淮，上会稽，探禹穴，窥九疑，浮于沅、湘；北涉汶、泗，讲业齐、鲁之都，观孔子之遗风，乡射邹、峄；厄困鄱、薛、彭城，过梁、楚以归。于是迁仕为郎中，奉使西征巴、蜀以南，南略邛、筰、昆明，还报命。

　　是岁天子始建汉家之封，而太史公留滞周南，不得与从事，故发愤且卒。而子迁适使反，见父于河洛之间。太史公执迁手而泣曰："余先周室之太史也。自上世尝显功名于虞夏，典天官事。后世中衰，绝于予乎？汝复为太史，则续吾祖矣。今天子接千岁之统，封泰山，而余不得从行，是命也夫，命也夫！余死，汝必为太史；为太史，无忘吾所欲论著矣。且夫孝始于事亲，中于事君，终于立身。扬名于后世，以显父母，此孝之大者。夫天下称诵周公，言其能论歌文武之

_____

① 《孟子·万章下》。孟子谓万章曰："一乡之善士斯友一乡之善士，一国之善士斯友一国之善士，天下之善士斯友天下之善士。以友天下之善士为未足，又尚论古之人。颂其诗，读其书，不知其人，可乎？是以论其世也。是尚友也。"

德，宣周邵之风，达太王王季之思虑，爰及公刘，以尊后稷也。幽厉之后，王道缺，礼乐衰，孔子脩旧起废，论诗书，作春秋，则学者至今则之。自获麟以来四百有余岁，而诸侯相兼，史记放绝。今汉兴，海内一统，明主贤君忠臣死义之士，余为太史而弗论载，废天下之史文，余甚惧焉，汝其念哉！迁俯首流涕曰："小子不敏，请悉论先人所次旧闻，弗敢阙。"

卒三岁而迁为太史令，绅史记石室金匮之书。五年而当太初元年，十一月甲子朔旦冬至，天历始改，建于明堂，诸神受纪。

太史公曰："先人有言：'自周公卒五百岁而有孔子。孔子卒后至于今五百岁，有能绍明世，正易传，继春秋，本诗书礼乐之际？'意在斯乎！意在斯乎！小子何敢让焉。"

上大夫壶遂曰："昔孔子何为而作春秋哉？"太史公曰："余闻董生曰：'周道衰废，孔子为鲁司寇，诸侯害之，大夫壅之。孔子知言之不用，道之不行也，是非二百四十二年之中，以为天下仪表，贬天子，退诸侯，讨大夫，以达王事而已矣。'子曰：'我欲载之空言，不如见之于行事之深切著明也。'夫春秋，上明三王之道，下辨人事之纪，别嫌疑，明是非，定犹豫，善善恶恶，贤贤贱不肖，存亡国，继绝世，补敝起废，王道之大者也。易著天地阴阳四时五行，故长于变；礼经纪人伦，故长于行；书记先王之事，故长于政；诗记山川谿谷禽兽草木牝牡雌雄，故长于风；乐乐所以立，故长于和；春秋辩是非，故长于治人。是故礼以节人，乐以发和，书以道事，诗以达意，易以道化，春秋以道义。拨乱世反之正，莫近于春秋。春秋文成数万，其指数千。万物之散聚皆在春秋。春秋之中，弑君三十六，亡国五十二，诸侯奔走不得保其社稷者不可胜数。察其所以，皆失其本已。故易曰'失之豪釐，差以千里'。故曰'臣弑君，子弑父，非一旦一夕之故也，其渐久矣'。故有国者不可以不知春秋，前有谗而弗见，后有贼而不知。为人臣者不可以不知春秋，守经事而不知其宜，遭变事而不知其权。为人君父而不通于春秋之义者，必蒙首恶之名。为人臣子而不通于春秋之义者，必陷篡弑之诛，死罪之名。其实皆以为善，为之不知其义，被之空言而不敢辞。夫不通礼义之旨，至于君不君，臣不臣，父不父，子不子。夫君不君则犯，臣不臣则诛，父不父则无道，子不子则不孝。此四行者，天下之大过也。以天下之大过予之，则受而弗敢辞。故春秋者，礼义之大宗也。夫礼禁未然之前，法施已然之后；法之所为用者易见，而礼之所为禁者难知。"

壶遂曰："孔子之时，上无明君，下不得任用，故作春秋，垂空文以断礼义，当一王之法。今夫子上遇明天子，下得守职，万事既具，咸各序其宜，夫子所论，欲以何明？"

太史公曰："唯唯，否否，不然。余闻之先人曰：'伏羲至纯厚，作易八卦。尧舜之盛，尚书载之，礼乐作焉。汤武之隆，诗人歌之。春秋采善贬恶，推三代之德，褒周室，非独刺讥而已也。'汉兴以来，至明天子，获符瑞，封禅，改正朔，易服色，受命于穆清，泽流罔极，海外殊俗，重译款塞，请来献见者，不可胜道。臣下百官力诵圣德，犹不能宣尽其意。且士贤能而不用，有国者之耻；主上明圣而德不布闻，有司之过也。且余尝掌其官，废明圣盛德不载，灭功臣世家贤大夫之业不述，堕先人所言，罪莫大焉。余所谓述故事，整齐其世传，非所谓作也，而君比之于春秋，谬矣。"

于是论次其文。七年而太史公遭李陵之祸，幽于缧绁。乃喟然而叹曰："是余之罪也夫！是余之罪也夫！身毁不用矣。"退而深惟曰："夫诗书隐约者，欲遂其志之思也。昔西伯拘羑里，演周易；孔子戹陈蔡，作春秋；屈原放逐，著离骚；左丘失明，厥有国语；孙子膑脚，而论兵法；不韦迁蜀，世传吕览；韩非囚秦，说难、孤愤；诗三百篇，大抵贤圣发愤之所为作也。此人皆意有所郁结，不得通其道也，故述往事，思来者。"于是卒述陶唐以来，至于麟止，自黄帝始。

贞观治道*（节选）

［北宋］司马光

丙午，上与群臣论止盗。或请重法以禁之，上哂①之曰："民之所以为盗者，由赋繁役重，官吏贪求，饥寒切身，故不暇顾廉耻耳。朕当去奢省费，轻徭薄赋，选用廉吏，使民衣食有余，则自不为盗，安用重法邪！"自是数年之后，海内升平，路不拾遗，外户不闭，商旅野宿②焉。

上又尝谓侍臣曰："君依于国，国依于民。刻民以奉君，犹割肉以充腹，腹饱而身毙，君富而国亡。故人君之患，不自外来，常由身出。夫欲盛则费广，费广则赋重，赋重则民愁，民愁则国危，国危则君丧矣。朕常以此思之，故不敢纵欲也。"

上厉精图治，数引魏徵入卧内，访以得失；徵知无不言，上皆欣然嘉纳。上遣使点兵，封德彝奏："中男③虽未十八，其躯干壮大者，亦可并点。"上从之。敕出，魏徵固执以为不可，不肯署敕，至于数四。上怒，召而让之曰："中男壮大者，乃奸民诈妄以避征役，取之何害，而卿固执至此！"对曰："夫兵在御之得其道，不在众多。陛下取其壮健，以道御之，足以无敌于天下，何必多取细弱以增虚数乎！且陛下每云：'吾以诚信御天下，欲使臣民皆无欺诈。'今即位未几，失信者数矣！"上愕然曰："朕何为失信？"对曰："陛下初即位，下诏云：'逋负④官物，悉令蠲免⑤。'有司以为负秦府国司者，非官物，征督如故。陛下以秦王升为天子，国司之物，非官物而何！又曰：'关中免二年租调，关外给复⑥一年。'既而继有敕云：'已役已输者，以来年为始。'散还之后，方复更征，百姓固已不能无怪。今既征得物，复点为兵，何谓以来年为始乎！又陛下所与共治天下者在于守宰，居常简阅，咸以委之；至于点兵，独疑其诈，岂所谓以诚信为治乎！"上悦曰："者朕以卿固执，疑卿不达政事，今卿论国家大体，诚尽其精要。夫号令不信，则民不知所从，天下何由而治乎！朕过深矣！"乃不点中男，

---

* 选自司马光《资治通鉴》卷一九一至一九三。［北宋］司马光：《资治通鉴》，中华书局 1986 年版。选文及注释主要参考了刘后滨、李晓菊主编：《资治通鉴二十讲》，中国人民大学出版社 2010 年第 1 版；陈磊译注：《资治通鉴》，中华书局 2007 年第 1 版，注释有删改。

① 哂：讥笑。
② 野宿：露宿，在野外过夜。
③ 中男：未成丁的男子。
④ 逋负：拖欠赋税、债务。
⑤ 蠲免：免除。
⑥ 给复：免除赋税徭役。

赐徵金瓮①一。

上闻景州录事参军②张玄素名，召见，问以政道，对曰："隋主好自专庶务，不任群臣；群臣恐惧，唯知禀受奉行而已，莫之敢违。以一人之智决天下之务，借使得失相半，乖谬已多，下谀上蔽，不亡何待！陛下诚能谨择群臣而分任以事，高拱穆清③而考其成败以施刑赏，何忧不治！又，臣观隋末乱离，其欲争天下者不过十余人而已，其余皆保乡党、全妻子，以待有道而归之耳。乃知百姓好乱者亦鲜，但人主不能安之耳。"上善其言，擢为侍御史④。

上患吏多受赇，密使左右试赂之。有司门令史受绢一匹，上欲杀之，民部尚书裴矩谏曰："为吏受赂，罪诚当死；但陛下使人遗之而受，乃陷人于法也，恐非所谓'道之以德，齐之以礼'。"上悦，召文武五品已上告之曰："裴矩能当官力争，不为面从，傥每事皆然，何忧不治！"

上令封德彝举贤，久无所举。上诘之，对曰："非不尽心，但于今未有奇才耳！"上曰："君子用人如器，各取所长，古之致治者，岂借才于异代乎？正患己不能知，安可诬一世之人！"德彝惭而退。

御史大夫杜淹奏"诸司文案恐有稽失⑤，请令御史就司检校。"上以问封德彝，对曰："设官分职，各有所司。果有愆违⑥，御史自应纠举；若遍历诸司，搜摘疵额⑦，太为烦碎。"淹默然。上问淹："何故不复论执？"对曰："天下之务，当尽至公，善则从之，德彝所言，真得大体，臣诚心服，不敢遂非。"上悦曰："公等各能如是，朕复何忧！"

有上书请去佞臣者，上问："佞臣为谁？"对曰："臣居草泽，不能知其人，愿陛下与群臣言，或阳怒以试之，彼执理不屈者，直臣也，畏威顺旨者，佞臣也。"上曰："君，源也；臣，流也；浊其源而求其流之清，不可得矣。君自为诈，何以责臣下之直乎！朕方以至诚治天下，见前世帝王好以权谲小数接其臣下者，常窃耻之。卿策虽善，朕不取也。"

上神采英毅，群臣进见者，皆失举措；上知之，每见人奏事，必假以辞色⑧，冀⑨闻规谏。尝谓公卿曰："人欲自见其形，必资明镜；君欲自知其过，必待忠臣。苟其君愎谏自贤⑩，其臣阿谀顺旨，君既失国，臣岂能独全！如虞世基

---

① 瓮：一种口大腹小的陶制容器。

② 景州：今河北衡水。录事参军：官名，刺史属官，掌管文书，纠察府事。

③ 高拱：两手相抱，高抬于胸前，为安坐时的姿势。穆清：太平祥和。

④ 侍御史：官名，唐代属于御史台官员，举劾非法，督查郡县。

⑤ 稽失：延误，贻误。

⑥ 愆（qiān）违：过失。

⑦ 摘（tī）：挑出。疵额（cī lèi）：缺点毛病。

⑧ 假以辞色：对别人和颜悦色、好言好语地对待。

⑨ 冀：希望，期望。

⑩ 愎谏自贤：对别人的劝告态度刚愎自用，认为只有自己才最聪明正确。愎：固执任性。谏：旧时称规劝君主或尊长，使改正错误。

等谄事炀帝以保富贵①，炀帝既弑②，世基等亦诛。公辈宜用此为戒，事有得失，毋惜尽言！"

或上言秦府旧兵，宜尽除武职，追入宿卫。上谓之曰："朕以天下为家，惟贤是与，岂旧兵之外皆无可信者乎！汝之此意，非所以广朕德于天下也。"

上谓黄门侍郎王曰："国家本置中书、门下以相检察，中书诏敕或有差失，则门下当行驳正。人心所见，互有不同，苟论难往来，务求至当，舍己从人，亦复何伤！比来或护己之短，遂成怨隙，或苟避私怨，知非不正，顺一人之颜情，为兆民之深患，此乃亡国之政也。炀帝之世，内外庶官，务相顺从，当是之时，皆自谓有智，祸不及身。及天下大乱，家国两亡，虽其间万一有得免者，亦为时论所贬，终古不磨。卿曹各当徇公忘私，勿雷同也！"

上好骑射，孙伏伽谏，以为："天子居则九门，行则警跸，非欲苟自尊严，乃为社稷生民之计也。陛下好自走马射的以娱悦近臣，此乃少年为诸王时所为，非今日天子事业也。既非所以安养圣躬，又非所以仪刑后世，臣窃为陛下不取。"上悦。未几，以伏伽为谏仪大夫。

上谓房玄龄曰："官在得人③，不在员多。"命玄龄并省，留文武总六百四十三员。

上曰："为朕养民者，唯在都督、刺史，朕常疏其名于屏风，坐卧观之，得其在官善恶之迹，皆注于名下，以备黜陟④。县令尤为亲民，不可不择。"乃命内外五品已上，各举堪为县令者，以名闻。

丁巳，上谓房玄龄、杜如晦曰："公为仆射，当广求贤人，随才授任，此宰相之职也。比闻听受辞讼⑤，日不暇给，安能助朕求贤乎！"因敕"尚书细务属左右丞⑥，唯大事应奏者，乃关仆射"。

玄龄明达政事，辅以文学，夙夜⑦尽心，惟恐一物失所；用法宽平，闻人有善，若己有之，不以求备取人，不以己长格物。与杜如晦引拔士类，常如不及。至于台阁规模，皆二人所定。上每与玄龄谋事，必曰："非如晦不能决。"及如晦至，卒用玄龄之策。盖元龄善谋，如晦能断故也。二人深相得⑧，同心徇国⑨，故唐世称贤相，推房、杜焉。

---

① 虞世基：隋炀帝重臣，书法家，文学家，奸臣。谄事：逢迎侍奉。

② 弑：古时称臣杀君、子杀父母。

③ 得人：得到德才兼备的人，用人得当。

④ 黜陟：指人才的进退、官吏的升降。

⑤ 辞讼：诉讼，打官司的言词。

⑥ 左右丞：尚书左右丞，为尚书令、仆射的助手，分别管理尚书省事，品秩与六部侍郎相等，为正四品。

⑦ 夙夜：朝夕，日夜，指天天、时时、日夜从事。

⑧ 相得：彼此投合。

⑨ 徇国：为国家利益而献出生命。

诸宰相侍宴，上谓王曰："卿识鉴①精通，复善谈论，玄龄以下，卿宜悉加品藻②，且自谓与数子何如？"对曰："孜孜③奉国，知无不为，臣不如玄龄。才兼文武，出将入相，臣不如李靖。敷奏④详明，出纳惟允⑤，臣不如温彦博。处繁治剧，众务毕举，臣不如戴胄。耻君不及尧舜，以谏争为己任，臣不如魏徵。至于激浊扬清⑥，嫉恶好善，臣于数子，亦有微长。"上深以为然，众亦服其确论。

上之初即位也，尝与群臣语及教化，上曰："今承大乱之后，恐斯民未易化也。"魏徵对曰："不然。久安之民骄佚⑦，骄佚则难教；经乱之民愁苦，愁苦则易化。譬犹饥者易为食，渴者易为饮也。"上深然之。封德彝非之曰："三代⑧以还，人渐浇讹⑨，故秦任法律，汉杂霸道，盖欲化而不能，岂能之而不欲邪！魏徵书生，未识时务，若信其虚论，必败国家。"徵曰："五帝、三王不易民而化，昔黄帝征蚩尤⑩，颛顼诛九黎⑪，汤放桀⑫，武王伐纣，皆能身致太平，岂非承大乱之后邪！若谓古人淳朴，渐至浇讹，则至于今日，当悉化为鬼魅矣，人主安得而治之！"上卒从徵言。

元年，关中饥，米斗直绢一匹；二年，天下蝗；三年，大水。上勤而抚之，民虽东西就食⑬，未尝嗟怨⑭。是岁，天下大稔⑮，流散者咸归乡里，米斗不过三四钱，终岁断死刑才二十九人。东至于海，南极五岭，皆外户不闭，行旅不赍粮⑯，取给⑰于道路焉。上谓长孙无忌曰："贞观之初，上书者皆云：'人主当独运威权，不可委之臣下。'又云：'宜震耀威武，征讨四夷。'唯魏徵劝朕：'偃武修文⑱，中国既安，四夷自服。'朕用其言。今颉利成擒⑲，其酋长并带刀宿

---

① 识鉴：见识和鉴别人才。
② 品藻：品评，鉴定。
③ 孜孜：勤勉、努力、不懈怠的样子。
④ 敷奏：陈奏，向君上报告。
⑤ 允：公平得当。
⑥ 激浊扬清：语出《尸子·君治》："水有四德……扬清激浊，荡去滓秽，义也。"本指冲去污水，浮起清水；后用以喻斥恶奖善，清除坏的，发扬好的。
⑦ 骄佚：骄奢安逸。
⑧ 三代：指夏、商、周三代。
⑨ 浇讹：浮薄诈伪。
⑩ 蚩尤：传说中的古代九黎族首领，与皇帝战于涿鹿，失败被杀。
⑪ 颛顼诛九黎：传说中颛顼消灭南方的九黎族。颛顼：远古传说中的上古帝王，号高阳氏，黄帝之孙，年十岁，佐少昊，二十即帝位，在位七十八年。
⑫ 桀：夏朝末代君主，相传是个暴君。
⑬ 就食：到有粮食吃的地方去。
⑭ 嗟怨：嗟叹怨恨。
⑮ 稔（rěn）：庄稼成熟。
⑯ 赍粮：携带干粮。赍：怀抱着，带着；旅行的人携带衣食等物："行者赍，居者送。"
⑰ 取给：取得物力或人力以供需用。
⑱ 偃武修文：停息武备，修明文教。偃：停息。
⑲ 劼利成擒：唐大败突厥，俘虏了劼利可汗。

卫，部落皆袭衣冠，徵之力也，但恨不使封德彝见之耳！"徵再拜谢曰："突厥破灭，海内康宁，皆陛下威德，臣何力焉！"上曰："朕能任公，公能称所任，则其功岂独在朕乎！"

学习视野

作家作品

司马光和《资治通鉴》①

司马光（1019—1086），北宋政治家、文学家、史学家，生于河南光山，自幼喜读史论史，仁宗宝元元年（1038）进士及第，历仕仁宗、英宗、神宗、哲宗四朝，是反对王安石变法的保守派领袖，在宰相任上去世，朝廷赠爵号"温国公"，谥"文正"，故后世称"司马温公"、"司马文正公"，因其祖籍陕州侠县涑水乡，故又称"涑水先生"。他主持编纂了我国历史上第一部编年体通史——《资治通鉴》。

"资治通鉴"意为"鉴于往事，有资于治道"。全书约三百多万字，共二百九十四卷，起始于战国周威烈王二十三年（公元前403），迄于五代后周显德六年（公元前959），记叙了前后共一千三百六十二年间的历史，是我国编年史中时间跨度最长的一部巨著。全书按朝代为纪，共分为十六纪，即《周纪》五卷、《秦纪》三卷、《汉纪》六十卷、《魏纪》十卷、《晋纪》四十卷、《宋纪》十六卷、《齐纪》十卷、《梁纪》二十二卷、《陈纪》十卷、《隋纪》八卷、《唐纪》八十一卷、《后梁纪》六卷、《后唐纪》八卷、《后晋纪》六卷、《后汉纪》四卷、《后周纪》五卷。另有《资治通鉴考异》、《资治通鉴目录》各三十卷。

"贞观"为唐太宗李世民年号，出自《易·系辞下》："天地之道，贞观者也。"贞：正、常；观：示。李世民以"贞观"为年号，意为"示天下以正"，以正道示人。李世民目睹隋朝的败亡，注重总结、吸取隋炀帝等亡国之君的教训，以天下百姓为念，克制自我，选贤任能，虚心纳谏，与房玄龄、杜如晦、魏征等一批贤臣共同制定并推动了各种切合当时政治、经济、文化、军事等各方面实际情况的方针政策，建立了一系列典章制度，促使唐代社会从隋末动乱的衰败中重新焕发生机并迅速发展，社会政治、经济、文化等方面都呈现出空前的繁荣景象，史称"贞观之治"。

---

① 主要参考、引用了以下论著的相关观点、说法，限于体例，文中不再一一注明：刘后滨、李晓菊主编：《资治通鉴二十讲》，中国人民大学出版社2010年第1版；陈磊译注：《资治通鉴》，中华书局2007年第1版。

　　李世民及其臣子关于治国理政、君臣关系等方面的理念、制度、措施等被认为是"贞观之治"出现的主要原因，为后人所推崇，被称为"贞观治道"。

　　唐太宗君臣继承了传统文化中的民本思想，唐太宗即认为"水能载舟，亦能覆舟"，"天子者，有道则人推而为主，无道则人弃而不用，诚可畏也"，故轻徭薄赋，发展生产。唐太宗还建立了良好的君臣关系并知人善任，他认为"君臣协契，义同一体"，"君为政源，率臣以正"，"臣为股肱，制君以义"，虚心纳谏，"以铜为镜，可以正衣冠；以古为镜，可以知兴替；以人为镜，可以明得失。朕常保此三镜，以防己过。今魏征殂逝，遂亡一镜矣"。

❋ 学 习 计 划

阅读理解

　　1. 历史上不乏有人将天下国家视为个人私产，而唐太宗则认为"天子者，有道则人推而为主，无道则人弃而不用，诚可畏也"，是什么原因使他产生了这种认识？

　　2. 怎样理解李世民的"水能载舟，亦能覆舟"的比喻？与上一题所引文字，其思想意涵在细微处有何不同？

　　3. 结合选文，讨论"贞观治道"有哪些具体内容？对我们有何启示？

　　4. 设想你处于李世民或魏征等人的权位上，是否能做到如他们那般虚心纳谏、直言敢谏？为什么？

拓展学习

　　1. 阅读刘后滨、李晓菊主编：《资治通鉴二十讲》，中国人民大学出版社2010年第一版；陈磊译注：《资治通鉴》，中华书局2007年第一版。

　　2. 写一篇作文，谈谈你对"贞观之治"、"贞观治道"，李世民、魏征或唐太宗君臣等的看法。

张居正传[*]

［清］ 张廷玉等

张居正，字叔大，江陵①人。少颖敏绝伦。十五为诸生。巡抚顾璘奇其文，曰："国器也。"未几，居正举于乡，璘解犀带以赠，且曰："君异日当腰玉，犀不足溷②子。"嘉靖二十六年，居正成进士，改庶吉士。日讨求国家典故。徐阶③辈皆器重之。授编修，请急归，亡何还职。

居正为人，颀面秀眉目，须长至腹。勇敢任事，豪杰自许。然沉深有城府，莫能测也。严嵩为首辅，忌阶，善阶者皆避匿。居正自如，嵩亦器居正。迁右中允，领国子司业事。与祭酒高拱④善，相期以相业。寻还理坊事⑤，迁侍裕邸⑥讲读。王甚贤之，邸中中官亦无不善居正者。而李芳数从问书义，颇及天下事。寻迁右谕德兼侍读，进侍讲学士，领院事。

阶代嵩首辅，倾心委居正。世宗崩，阶草遗诏，引与共谋。寻迁礼部右侍郎兼翰林院学士。月余，与裕邸故讲官陈以勤俱入阁，而居正为吏部左侍郎兼东阁大学士。寻充《世宗实录》总裁，进礼部尚书兼武英殿大学士，加少保兼太子太保，去学士五品仅岁余。时徐阶以宿老居首辅，与李春芳皆折节⑦礼士。居正最后入，独引相体⑧，倨见九卿，无所延纳。间出一语辄中肯，人以是严惮之，重于他相。

高拱以很⑨躁被论去，徐阶亦去，春芳为首辅。亡何，赵贞吉入，易视居正。居正与故所善掌司礼者李芳谋，召用拱，俾领吏部，以扼贞吉，而夺春芳政。拱至，益与居正善。春芳寻引去，以勤亦自引，而贞吉、殷士儋皆为所构

---

* 选自《明史》。张廷玉等：《明史》，中华书局 1974 年版。注释主要取自杨昶译：《明史选译》，凤凰出版社 2011 年版，有删改。

① 江陵：今湖北荆州。

② 溷（hùn）：原意为肮脏、浑浊、侮辱，此处意为配称。

③ 徐阶（1503—1578）：字子升，松江华亭人，历官礼部尚书等职；后逐严嵩，任首辅。

④ 高拱（1512—1578）：字肃卿，新郑人；嘉靖二十年进士，官至大学士；后因弹劾宦官冯保而被逐。

⑤ 理坊事：担任太子官署的职务。

⑥ 裕邸：明世宗第三子（后为穆宗）裕王载垕的住所。

⑦ 折节：原意为弯折腰肢，屈己下人，也指强自克制，改变平素志行。此处喻为谦恭待人，屈己下人。

⑧ 引相体：显示宰相的器识和风度。

⑨ 很：同"狠"。

罢，独居正与拱在，两人益相密。拱主封俺答①，居正亦赞之，授王崇古等以方略。加柱国、太子太傅。六年满，加少傅、吏部尚书、建极殿大学士。以辽东战功，加太子太师。和市成，加少师，余如故。

初，徐阶既去，令三子事居正谨。而拱衔②阶甚，嗾③言路追论不已，阶诸子多坐罪。居正从容为拱言，拱稍心动。而拱客构居正纳阶子三万金，拱以诮④居正。居正色变，指天誓，辞甚苦。拱谢不审⑤，两人交遂离。拱又与居正所善中人冯保郄⑥。穆宗不豫⑦，居正与保密处分后事，引保为内助，而拱欲去保。神宗即位，保以两宫诏旨逐拱，事具拱传，居正遂代拱为首辅。帝御平台⑧，召居正奖谕之，赐金币及绣蟒斗牛服。自是赐赉无虚日。

帝虚己委居正，居正亦慨然以天下为己任，中外想望丰采。居正劝帝遵守祖宗旧制，不必纷更，至讲学、亲贤、爱民、节用皆急务。帝称善。大计⑨廷臣，斥诸不职及附丽拱者。复具诏召群臣廷饬之，百僚皆惕息。帝当尊崇两宫。故事，皇后与天子生母并称皇太后，而徽号有别。保欲媚帝生母李贵妃，风⑩居正以并尊。居正不敢违，议尊皇后曰仁圣皇太后，皇贵妃曰慈圣皇太后，两宫遂无别。慈圣徙乾清宫，抚视帝，内任保，而大柄悉以委居正。

居正为政，以尊主权、课吏职、信赏罚、一号令为主。虽万里外，朝下而夕奉行。黔国公沐朝弼数犯法，当逮，朝议难之。居正擢用其子，驰使缚之，不敢动。既至，请贷⑪其死，锢之南京。漕河⑫通，居正以岁赋逾春，发水横溢，非决则涸，乃采漕臣议，督艘卒以孟冬月兑运⑬，及岁初毕发，少罢水患。行之久，太仓粟充盈，可支十年。互市饶马，乃减太仆⑭种马，而令民以价纳，太仆金亦积四百余万。又为考成法⑮以责吏治。初，部院覆奏行抚按勘者，尝稽不报。居正令以大小缓急为限，误者抵罪。自是，一切不敢饰非，政体为肃。南京

---

① 俺答（1507—1582）：鞑靼部首领，为元室之后，隆庆四年受封为"顺义王"。

② 衔：含在心里，怨恨。

③ 嗾（sǒu）：唆使、指使别人做坏事。

④ 诮（qiào）：责备。

⑤ 谢不审：为自己不慎重而道歉。谢：认错，道歉。不审：不慎重，不周密。

⑥ 中人：宦官。郄：通"隙"，不和。

⑦ 不豫：天子有病的讳称；泛称尊长有疾，身体不适，有病。

⑧ 平台：明代紫禁城内皇帝召见群臣之所。

⑨ 大计：官吏每三年一次的考绩。

⑩ 风：微言劝告，暗示。

⑪ 贷：宽免，宽恕，饶恕。

⑫ 漕河：古时专指运漕粮（粮食至京师）的河道。

⑬ 孟冬：冬季的第一个月，即农历十月。兑运：明代漕运方式之一，由官军代运漕粮，百姓付予相应的路费和耗米。

⑭ 太仆：官名。周官有太仆，掌正王之服位，出入王命，为王左驭而前驱。秦汉沿置，为九卿之一，为天子执御，掌舆马畜牧之事。

⑮ 考成法：考核官吏成绩的办法。

小奄①醉辱给事中，言者请究治。居正谪其尤激者赵参鲁于外以悦保，而徐说保裁抑其党，毋与六部事。其奉使者，时令缇骑阴诇之②。其党以是怨居正，而心不附保。

居正以御史在外，往往凌抚臣，痛欲折之。一事小不合，诟责随下，又敕其长加考察。给事中余懋学请行宽大之政，居正以为风己，削其职。御史傅应祯继言之，尤切。下诏狱③，杖戍。给事中徐贞明等群拥入狱，视具橐饘④，亦逮谪外。御史刘台按辽东，误奏捷。居正方引故事绳督之，台抗章论居正专恣不法，居正怒甚。帝为下台诏狱，命杖百，远戍。居正阳具疏救之，仅夺其职。已，卒戍台。由是诸给事御史益畏居正，而心不平。

当是时，太后以帝冲年⑤，尊礼居正甚至，同列吕调阳莫敢异同。及吏部左侍郎张四维入，恂恂若属吏，不敢以僚自处。

居正喜建竖⑥，能以智数驭下，人多乐为之尽。俺答款塞⑦，久不为害。独小王子部众十余万，东北直⑧辽左，以不获通互市，数入寇。居正用李成梁镇辽，戚继光镇蓟门。成梁力战却敌，功多至封伯，而继光守备甚设。居正皆右之，边境晏然。两广督抚殷正茂、凌云翼等亦数破贼有功。浙江兵民再作乱，用张佳胤往抚即定，故世称居正知人。然持法严。核驿递，省冗官，清庠序⑨，多所澄汰。公卿群吏不得乘传⑩，与商旅无别。郎署⑪以缺少，需次者⑫辄不得补。大邑士子额隘，艰于进取。亦多怨之者。

时承平久，群盗蝟起，至入城市劫府库，有司恒讳之，居正严其禁。匿弗举者，虽循吏必黜。得盗即斩决，有司莫敢饰情。盗边海钱米盈数，例皆斩，然往往长系或瘐死。居正独亟斩之，而追捕其家属。盗贼为衰止。而奉行不便者，相率为怨言，居正不恤也。

慈圣太后将还慈宁宫，谕居正谓："我不能视皇帝朝夕，恐不若前者之向学、勤政，有累先帝付托。先生有师保之责，与诸臣异。其为我朝夕纳诲，以辅台

---

① 小奄：小太监。
② 缇骑（tí qí）：为逮治犯人的禁卫吏役的通称。诇（xiòng）：密告，侦察，探听。阴诇：暗中监视他。
③ 诏狱：奉皇帝命令拘捕犯人的监狱。
④ 橐饘：指衣食。
⑤ 冲年：幼小，明神宗十岁即位。
⑥ 建竖：提拔中下级官吏。
⑦ 款塞：叩塞门，指塞外部族前来通好或内附。
⑧ 直：到达。
⑨ 清庠序：整顿学校。庠序：古代的地方学校，后也泛称学校。
⑩ 乘传：乘坐驿站的马车。传：驿站的马车。
⑪ 郎署：朝廷各部衙门内的属官。
⑫ 需次者：候补官吏。需次：旧时指官吏授职后，按照资历依次补缺。

德①，用终先帝凭几之谊②。"因赐坐蟒、白金、彩币。未几，丁父忧。帝遣司礼中官慰问，视粥药，止哭，络绎道路，三宫赙赠③甚厚。

户部侍郎李幼孜欲媚居正，倡夺情④议，居正惑之。冯保亦固留居正。诸翰林王锡爵、张位、赵志皋、吴中行、赵用贤、习孔教、沈懋学辈皆以为不可，弗听。吏部尚书张瀚以持慰留旨⑤，被逐去。御史曾士楚、给事中陈三谟等遂交章请留。中行、用贤及员外郎艾穆、主事沈思孝、进士邹元标相继争之。皆坐廷杖，谪斥有差。时彗星从东南方起，长亘天。人情汹汹，指目⑥居正，至悬谤书通衢。帝诏谕群臣，再及者诛无赦，谤乃已。于是使居正子编修嗣修与司礼太监魏朝驰传往代司丧。礼部主事曹诰治祭，工部主事徐应聘治丧。居正请无造朝，以青衣、素服、角带入阁治政，侍经筵讲读，又请辞岁俸。帝许之。及帝举大婚礼，居正吉服从事。给事中李涞言其非礼，居正怒，出为佥事。时帝顾居正益重，常赐居正札，称"元辅张少师先生"，待以师礼。

居正乞归葬父，帝使尚宝少卿郑钦、锦衣指挥史继书护归，期三月，葬毕即上道。仍命抚按诸臣先期驰赐玺书敦谕。范⑦"帝赍⑧忠良"银印以赐之，如杨士奇、张孚敬例，得密封言事。戒次辅吕调阳等"有大事毋得专决，驰驿之江陵，听张先生处分"。居正请广内阁员，诏即令居正推。居正因推礼部尚书马自强、吏部右侍郎申时行入阁。自强素连居正，不自意得之，颇德居正，而时行与四维皆自昵于居正，居正乃安意去。帝及两宫赐赍慰谕有加礼，遣司礼太监张宏供张⑨饯郊外，百僚班送。所过地，有司节厨传⑩，治道路。辽东奏大捷，帝复归功居正。使使驰谕，俾定爵赏。居正为条列以闻。调阳益内惭，坚卧，累疏乞休不出。

居正言母老不能冒炎暑，请俟清凉上道。于是内阁、两都部院寺卿、给事、御史俱上章，请趣⑪居正亟还朝。帝遣锦衣指挥翟汝敬驰传往迎，计日以俟；而令中官护太夫人以秋日由水道行。居正所过，守臣率长跪，抚按大吏越界迎送，身为前驱。道经襄阳，襄王出候，要居正宴。故事，虽公侯谒王执臣礼，居正

---

① 台德：我德。

② 凭几之谊：帝王临终前对大臣的期望和托付。《书·顾命》："皇后凭玉几，道扬末命。"后以"凭几"指帝后临终付托。

③ 赙赠：指赠送给丧家的财物。《后汉书·袁安传》："及赴卒郡，闻兄弟迎丧，不受赙赠。"

④ 夺情：服丧期间朝廷强令出仕。《警世通言·况太守断死孩儿》："（况钟）因丁忧回籍，圣旨夺情起用，特赐驰赴任。"

⑤ 持慰留旨：扣住慰问并挽留张居正的圣旨不发。

⑥ 指目：用手指，用眼看，在旁边议论。

⑦ 范：铸造。

⑧ 赍：赐予，给予。

⑨ 供张：即供帐，陈设供宴会用的帷帐、用具、饮食等物；也指举行宴会。

⑩ 厨传：即驿站，古代供应过客食宿、车马的处所。

⑪ 趣：同"促"，催促，急促。

具，宾主而出。过南阳，唐王亦如之。抵郊外，诏遣司礼太监何进宴劳，两宫亦各遣大珰①李琦、李用宣谕，赐八宝金钉川扇、御膳、饼果、醪醴，百僚复班迎。入朝，帝慰劳恳笃，予假十日而后入阁，仍赐白金、彩币、宝钞、羊酒，因引见两宫。及秋，魏朝奉居正母行，仪从煊赫，观者如堵。比至，帝与两宫复赐赍加等，慰谕居正母子，几用家人礼。

时帝渐备六宫，太仓银钱多所宣进。居正乃因户部进御览数目陈之，谓每岁入额不敌所出，请帝置坐隅时省览，量入为出，罢节浮费。疏上，留中。帝复令工部铸钱给用，居正以利不胜费止之。言官请停苏、松织造，不听。居正为面请，得损大半。复请停修武英殿工，及裁外戚迁官恩数，帝多曲从之。帝御文华殿，居正侍讲读毕，以给事中所上灾伤疏闻，因请振。复言："上爱民如子，而在外诸司营私背公，剥民罔上，宜痛钳以法。而皇上加意撙节②，于宫中一切用度、服御、赏赍、布施，裁省禁止。"帝首肯之，有所蠲贷③。居正以江南贵豪怙势及诸奸猾吏民善逋赋④，选大吏精悍者严行督责。赋以时输，国藏日益充，而豪猾率怨居正。

居正服将除，帝召吏部问期日，敕赐白玉带、大红坐蟒、盘蟒。御平台召对，慰谕久之。使中官张宏引见慈庆、慈宁两宫，皆有恩赍，而慈圣皇太后加赐御膳九品，使宏侍宴。

帝初即位，冯保朝夕视起居，拥护提抱有力，小扞格⑤，即以闻慈圣。慈圣训帝严，每切责之，且曰："使张先生闻，奈何！"于是帝甚惮居正。及帝渐长，心厌之。乾清小珰孙海、客用等导上游戏，皆爱幸。慈圣使保捕海、用，杖而逐之。居正复条其党罪恶，请斥逐，而令司礼及诸内侍自陈，上裁去留。因劝帝戒游宴以重起居，专精神以广圣嗣，节赏赍以省浮费，却珍玩以端好尚，亲万几⑥以明庶政，勤讲学以资治理。帝迫于太后，不得已，皆报可，而心颇嗛⑦保、居正矣。

帝初政，居正尝纂古治乱事百余条，绘图，以俗语解之，使帝易晓。至是，复属儒臣纪太祖列圣《宝训》、《宝录》分类成书，凡四十：曰创业艰难，曰励精图治，曰勤学，曰敬天，曰法祖，曰保民，曰谨祭祀，曰崇孝敬，曰端好尚，曰慎起居，曰戒游侠，曰正宫闱，曰教储贰⑧，曰睦宗籓，曰亲贤臣，曰去奸

---

① 大珰：指当权的宦官。珰：汉代宦官充武职者的冠饰，后即作为宦官的代称。

② 撙节：节制，节省，节约。

③ 蠲贷：减免，免除；指免除租税，借放钱粮。

④ 逋赋：拖欠赋税。

⑤ 扞（hàn）格：互相抵触。

⑥ 万几：也作"万机"，《书·皋陶谟》："无教逸欲有邦，兢兢业业，一日二日万几。"孔传："几，微也，言当戒惧万事之微。"后以"万几"指帝王日常处理的纷繁的政务。

⑦ 嗛（xián）：怀恨，怨恨。

⑧ 储贰：也作"储二"。储副：太子，即储君，君主的继承者。

邪，曰纳谏，曰理财，曰守法，曰儆戒①，曰务实，曰正纪纲，曰审官，曰久任，曰重守令，曰驭近习②，曰待外戚，曰重农桑，曰兴教化，曰明赏罚，曰信诏令，曰谨名分，曰裁贡献，曰慎赏赉，曰敦节俭，曰慎刑狱，曰褒功德，曰屏异端，曰节武备，曰御戎狄。其辞多警切，请以经筵之暇进讲。又请立起居注，纪帝言动与朝内外事，日用翰林官四员入直，应制诗文及备顾问。帝皆优诏报许。

居正自夺情后，益偏恣。其所黜陟，多由爱憎。左右用事之人多通贿赂。冯保客徐爵擢用至锦衣卫指挥同知，署南镇抚。居正三子皆登上第。苍头③游七入赀为官，勋戚文武之臣多与往还，通姻好。七具衣冠报谒④，列于士大夫。世以此益恶之。

亡何，居正病。帝频颁敕谕问疾，大出金帛为医药资。四阅⑤月不愈，百官并斋醮为祈祷。南都⑥、秦、晋、楚、豫诸大吏，亡不建醮。帝令四维等理阁中细务，大事即家令居正平章⑦。居正始自力，后惫甚不能遍阅，然尚不使四维等参之。及病革⑧，乞归。上复优诏慰留，称"太师张太岳先生"。居正度不起，荐前礼部尚书潘晟及尚书梁梦龙、侍郎余有丁、许国、陈经邦，已，复荐尚书徐学谟、曾省吾、张学颜、侍郎王篆等可大用。帝为黏御屏。晟，冯保所受书者也，强居正荐之。时居正已昏甚，不能自主矣。及卒，帝为辍朝，谕祭九坛，视国公兼师傅者。居正先以六载满，加特进中极殿大学士；以九载满，加赐坐蟒衣，进左柱国，荫一子尚宝丞；以大婚，加岁禄百石，录子锦衣千户为指挥佥事；以十二载满，加太傅；以辽东大捷，进太师，益岁禄二百石，子由指挥佥事进同知。至是，赠上柱国，谥文忠，命四品京卿、锦衣堂上官、司礼太监护丧归葬。于是四维始为政，而与居正所荐引王篆、曾省吾等交恶。

初，帝所幸中官张诚见恶冯保，斥于外，帝使密诇⑨保及居正。至是，诚复入，悉以两人交结恣横状闻，且谓其宝藏逾天府。帝心动。左右亦浸言保过恶，而四维门人御史李植极论徐爵与保挟诈通奸诸罪。帝执保禁中，逮爵诏狱。谪保奉御居南京，尽籍其家金银珠宝巨万计。帝疑居正多蓄，益心艳之。言官劾篆、省吾，并劾居正，篆、省吾俱得罪。新进者益务攻居正。诏夺上柱国、太师，再

---

① 儆戒：警戒，戒备，戒惧。
② 近习：君主所宠爱亲信的人。
③ 苍头：奴仆。
④ 谒：名刺，名帖。
⑤ 阅：经历，经过。
⑥ 南都：即南京。
⑦ 平章：评处，商酌，商量处理。
⑧ 病革：病势危急，病重。语出《礼记·檀弓上》："夫子之病革矣。"郑玄注："革，急也。"宋叶适《赵孺人墓铭》："以是病革，索浴洗，换新衣。"
⑨ 诇（xiòng）：侦察，刺探，探听，密告。

夺谥。居正诸所引用者，斥削殆尽。召还中行、用贤等，迁官有差。刘台赠官，还其产。御史羊可立复追论居正罪，指居正构辽庶人宪㸅①狱。庶人妃因上疏辩冤，且曰："庶人金宝万计，悉入居正。"帝命司礼张诚及侍郎丘橓偕锦衣指挥、给事中籍居正家。诚等将至，荆州守令先期录人口，锢其门，子女多遁避空室中。比门启，饿死者十余辈。诚等尽发其诸子兄弟藏，得黄金万两，白金十余万两。其长子礼部主事敬修不胜刑，自诬服②寄三十万金于省吾、篆及傅作舟等，寻自缢死。事闻，时行等与六卿大臣合疏，请少缓之；刑部尚书潘季驯疏尤激楚。诏留空宅一所、田十顷，赡其母。而御史丁此吕复追论科场事，谓高启愚以舜、禹命题，为居正策禅受③。尚书杨巍等与相驳。此吕出外，启愚削籍。后言者复攻居正不已。诏尽削居正官秩，夺前所赐玺书、四代诰命，以罪状示天下，谓当剖棺戮死而姑免之。其弟都指挥居易、子编修嗣修，俱发戍烟瘴地。

终万历世，无敢白居正者。熹宗时，廷臣稍稍追述之。而邹元标为都御史，亦称居正。诏复故官，予葬祭。崇祯三年，礼部侍郎罗喻义等讼居正冤。帝令部议，复二荫及诰命。十三年，敬修孙同敞请复武荫，并复敬修官。帝授同敞中书舍人，而下部议敬修事。尚书李日宣等言："故辅居正，受遗辅政，事皇祖者十年，肩劳任怨，举废饬弛，弼成万历初年之治。其时中外乂安④，海内殷阜，纪纲法度，莫不修明。功在社稷，日久论定，人益追思。"帝可其奏，复敬修官。

学习视野

作家作品

张廷玉和《张居正传》⑤

《明史》，题为张廷玉等撰。张廷玉（1672—1755），安徽桐城（今安徽桐城）人，字衡臣，康熙进士，官至吏部尚书、军机大臣，兼任翰林院学士，主持修史等事。《明史》修撰者众多，最后由张廷玉等定稿，并领衔奏上，故题署其名。

《明史》是一部纪传体断代史，是二十四史中的最后一部，共三百三十二

---

① 宪㸅：太祖第十五子辽王朱植的后裔，隆庆初年因犯罪被废为庶人。张居正家与之有隙，居正死，朱宪㸅翻案，并籍没张氏家产。

② 诬服：无辜而服罪。

③ 禅受：逼君主退位以取而代之。

④ 乂（yì）安：天下太平，安定无事。

⑤ 主要参考、引用了以下论著的相关观点、说法，限于体例，文中不再一一注明。杨昶译：《明史选译》，凤凰出版社 2011 年版。

卷，包括本纪二十四卷，志七十五卷，列传二百二十卷，表十三卷，卷数仅次于《宋史》。所载史事起始于明太祖朱元璋洪武元年（1368），终止于思宗朱由检崇祯十七年（1644），叙述了明王朝将近三百年间政治、经济、军事、文化、中外关系等方方面面的历史。

《明史》修撰耗时颇长（前后共九十余年），为官修史书中最长，用力甚勤，颇受好评，如"未有如《明史》之完善者"（赵翼《廿二史札记》卷三十一）。但作为清朝官修史书，为了证明异族统治的合法性等，对明朝中后期的政治军事等颇多曲笔污蔑之处，对其本族则多有隐恶虚美。

《明史·张居正传》详细记述了张居正幼年聪颖、时彦赏识、权倾天下的一生，对其性格心理、道德修养、缺陷不足等予以细致刻画和褒贬，并记述了其生前身后世人评价的转变，文辞谨严，叙事流畅，详略得当，褒贬中肯，是一篇优秀的传记文。

张居正（1525—1582），字叔大，号太岳，江陵人，故又称张江陵，明代政治家、改革家。他自幼聪颖，受到时彦赏识，嘉靖二十六年（1547）中进士，后官至吏部左侍郎、吏部尚书，与高拱并为宰辅。万历初年，他与宦官冯保共逐高拱，代为首辅。当时神宗年幼，张居正得到摄政李太后的充分信任，军政大权集于一身，前后当国十年，针对五大积弊——"曰宗室骄恣，曰庶官瘝旷，曰吏治因循，曰边备未修，曰财用大匮"实行变法改革，涉及政治、经济、军事等领域。他实行考成法，加强官员考评，改革官吏升迁制度，裁减冗员，提高了政府部门效率；推行"一条鞭法"，清查田地，把各项赋税徭役等合并，按亩征银，增加了纳税田亩数，改善了政府财政；任用名将戚继光、李成梁等，加强了边镇防务。这一段时间，史称"江陵柄政"（《明史纪事本末》），又称"张居正改革"。

张居正改革触动了宗室、官僚、士绅等既得利益集团的利益，遭到了强烈的对抗。但是明王朝积弊严重，必须改革，且皇帝年幼，张居正得到摄政太后的信任，其改革得以推行，并使嘉靖、隆庆以来政治腐败、国力枯竭、边防松弛等局面有所扭转。晚年张居正权势很大，因辽东大捷而晋升太师，成为明代唯一一位生前受此职者，去世时哀荣备至，赠上柱国，谥文忠，并加封太师。

张居正死后不久，即遭弹劾攻讦，官职、谥号、诰命等皆被剥夺，家产被籍没，其弟、其子被发配。至熹宗，特别是崇祯时，面对明王朝积弊难返、日益衰败的局面，朝廷臣僚转而追述张居正的功绩。"熹宗时，廷臣稍稍追述之。而邹元标为都御史，亦称居正。诏复故官，予葬祭。"崇祯也感叹"抚髀思江陵，而后知得庸相百，不若得救时相一也"，恢复了张居正的谥号、诰命等。

学 习 计 划

阅读理解

1. 邹元标说："江陵功在社稷，过在身家，国尔之议，死而后已。谓之社稷臣，奚愧焉！"海瑞评价张居正"工于谋国，拙于谋身"。《明史》盛赞张居正为政期间"海内殷阜，纪纲法度莫不修明。功在社稷，日久论定，人益追思"。谈谈你对这些评论的理解。

2. 以下是史上著名改革者的名言，谈谈你对这些言论的理解和你对变法改革的看法。

"治世不一道，便国不法古。故汤武不循古而王，夏殷不易礼而亡。反古者不可非，而循礼者不足多。"（商鞅）

"天变不足畏，祖宗不足法，人言不足恤。"（王安石）

"不但一时之毁誉不关于虑，即万世之是非，亦所弗计也。"（张居正 ）

"各国变法，无不从流血而成，今日中国未闻有因变法而流血者，此国之所以不昌也。有之，请自嗣同始。"（谭嗣同）

拓展学习

1. 选取《张居正》中的相关情节，写一篇戏剧或散文。

2. 阅读《张居正大传》和《张居正》。朱东润：《张居正大传》，陕西师范大学出版社 2009 年版；熊召政：《张居正》，人民文学出版社 2006 年版。

文　学　篇

诗词

《诗经》二首[*]

[先秦]《诗经》

击鼓①

击鼓其镗②，踊跃用兵③。土国城漕④，我独南行⑤。
从孙子仲⑥，平陈与宋⑦。不我以归⑧，忧心有忡⑨。
爰居爰处，爰丧其马。⑩ 于以⑪求之，于林之下。
死生契阔⑫，与子成说⑬。执子之手，与之偕老。
于嗟阔兮⑭，不我活⑮兮。于嗟洵⑯兮，不我信⑰兮。

蓼莪⑱

蓼蓼者莪⑲，匪莪伊⑳蒿。哀哀父母，生我劬劳㉑。

---

* 选自《诗经选译》。章培恒、安平秋、马樟根主编：《诗经选译》，凤凰出版社 2011 年版。
① 出自《国风·邶风》。
② 镗（tāng）：鼓声。其镗：即"镗镗"。
③ 踊跃：双声联绵词，犹言鼓舞。兵：武器、刀枪之类。
④ 土国城漕：土：挖土。城：修城。国：指都城。漕：卫国的城市。
⑤ 此指出兵往陈、宋。这两国在卫国之南。
⑥ 孙子仲：当时卫国领兵南征的统帅。
⑦ 陈国国都在宛丘，今河南省淮阳县。宋国国都在睢阳，今河南省商丘市南。
⑧ 不我以归：是不以我归的倒装，指有家不让回。
⑨ 有忡：忡忡，忧虑不安的样子。
⑩ 爰（yuán）：哪里。丧：丧失，此处言跑失。"爰居爰处? 爰丧其马"：哪里可以住，我的马丢在那里。
⑪ 于以：在哪里。
⑫ 契阔：聚散、离合的意思。契：合；阔：离。
⑬ 成说：约定，成议，盟约。
⑭ 于嗟：叹词。阔：指两地距离远。
⑮ 活：借为"佸"，相会。
⑯ 洵：久远。
⑰ 信：守信，守约。
⑱ 出自《诗经·小雅》。
⑲ 蓼（lù）蓼：长又大的样子。莪（é）：一种草，即莪蒿。李时珍《本草纲目》："莪抱根丛生，俗谓之抱娘蒿。"
⑳ 匪：同"非"。伊：是。
㉑ 劬（qú）劳：与下章"劳瘁"皆劳累之意。

蓼蓼者莪，匪莪伊蔚①。哀哀父母，生我劳瘁。
瓶之罄矣②，维罍③之耻。鲜民④之生，不如死之久矣。
无父何怙⑤，无母何恃⑥。出则衔恤⑦，入则靡至⑧。
父兮生我，母兮鞠⑨我。拊我畜我⑩，长我育我。
顾我复我⑪，出入腹我⑫。欲报之德，昊天罔极⑬。
南山烈烈⑭，飘风发发⑮。民莫不穀⑯，我独何害⑰。
南山律律⑱，飘风弗弗⑲。民莫不谷，我独不卒⑳。

❖ 学 习 视 野

作家作品

《诗经》及其创作

　　《诗经》是我国最早的一部诗歌总集，共收录周代诗歌三百零五篇；原称
"诗"或"诗三百"，汉代儒生始称《诗经》；分为风、雅、颂三类，大部分是周
初至春秋中叶五百多年间的作品，内容主要包括以下几方面：史诗、农事诗、政
治和道德批评诗、战争和劳役诗、婚恋诗。句式以四言为主，节奏简约明快；常
用重章叠句，情致回环往复；多用比兴手法，意蕴丰赡含蓄。汉代传《诗经》
有鲁、齐、韩、毛四家。前三家为今文经学派，早立于官学，却先后亡佚。赵人

---

① 蔚（wèi）：一种草，即牡蒿。
② 瓶：汲水器具。罄（qìng）：尽。
③ 罍（léi）：盛水器具。
④ 鲜（xiǎn）：指寡、孤。民：人。
⑤ 怙（hù）：依靠。
⑥ 恃：依靠，依赖。
⑦ 衔恤：含忧。
⑧ 入则靡至：入门茫然不知止。
⑨ 鞠：养。
⑩ 拊：通"抚"。畜：通"慉"，喜爱。
⑪ 顾：顾念。复：返回，指不忍离去。
⑫ 腹：指怀抱。
⑬ 昊（hào）天：广大的天。罔：无。极：准则。
⑭ 烈烈：险峻的样子。
⑮ 飘风：同"飙风"。发发：读如"拨拨"，风声。
⑯ 穀：善。
⑰ 我独何害：独我为何遭此劫？
⑱ 律律：山高峻的样子。
⑲ 弗弗：风急速的样子。
⑳ 卒：终，指养老送终。

毛苌传《诗》，为"毛诗"，属古文学派，汉代末立官学，毛诗汉末兴盛，取代三家而独传于世。毛诗于古《诗》三百篇均有小序，而首篇《关雎》题下的小序后，另有一段较长文字，世称《诗大序》，又称《毛诗序》。《诗经》是中国诗史的源头，它积淀了丰厚的上古文化内涵，具有不朽的诗史意义，开创了中国诗歌关怀现世、注重民生疾苦、再现普通民众思想情感的诗歌之路；它的赋比兴手法更是后世诗歌艺术表现的基本法则。

《击鼓》这首诗表达了战士厌恶战争，渴望与家人相守过太平生活的强烈愿望。这是卫国戍卒思归不得的诗。诗的时代背景是：春秋鲁隐公四年（公元前719年夏），卫公子州吁联合宋、陈、蔡三国共同伐郑，领军大将孙子仲带兵久久不归，战士思归，军心离散。全诗五章，前三章通过陪衬和烘托概括了从应征入伍至行伍涣散这一过程，笔墨简洁，揭示深刻。第四章笔锋一转，忽然追述当日和妻子执手相誓、期以偕老的事，与前面所写战乱景况对照，更加显出此日情状的可悲。末二章所表现的情境，对后世诗歌创作影响甚大，所以有人尊这首诗为"征戍诗之祖"。春秋时期的战争频仍，国与国不断联盟或对抗，平民百姓成了君主们利益纷争的棋子，在生离死别的命运中挣扎、痛苦、悲愁。战士思归，军心离散，前三章叙述了战争的进展，军队的行程，自己的遭遇；面对战马的逃亡，主人公悲从中来，发自肺腑说出自己的誓言，与妻子的相爱之心绝不动摇。虽然战争阻隔，但自己时刻不忘，可恨的战争使誓言无法实现，让人愤恨、惆怅！誓言是那么诚挚，在风雨飘摇的人生中，在无法左右命运的人生中，仿佛天地之大只有这夫妻二人的深情，只有相依为命、相濡以沫、患难与共的夫妻两个是可信赖、可依靠的，因而值得以生命来报答。亲人团聚、生死相依是支撑千千万万普通百姓在服兵役中活下去的信念，这誓言当真是重如泰山！前面的文字都是铺垫，心情沉甸甸，思绪紧紧围绕这不公平的命运，一遍遍地把内心的决心推向明朗和坚决，那就是："死生契阔，与子成说。执子之手，与子偕老。"

《蓼莪》首二章前两句是兴，由蒿、蔚发起的对自身贫贱命运的哀叹，联想到人间为人父母的辛劳。第三章指出不能赡养父母是因为统治阶级强加于劳动者身上的各种服役。第四章用了动词来形容"我"字，将父母爱子之心表达得淋漓尽致。末二章用悲惨的图景渲染无亲的痛苦，极为真实强烈。《蓼莪》是一首著名的吟咏父母之爱的诗。诗作使用了比兴的手法。通过比较，表现自己内心的愧疚，用"瓶之罄矣，维罍之耻"来比喻和阐述孩子对父母不孝敬的可耻。下面用铺陈的手法叙写父母对子女的生养之恩、顾念之情、深厚之爱，但眷眷深情无以为报。最后一层，联系自身遭遇，主人公对命运的不公和无常进行了控诉，对不能行孝于父母表达了强烈的痛苦之情。父母的爱表达得越深厚，子女报答的心理就越真切，父母与子女构成了天下所有爱孩子的父母和孝顺的子女的代表，抒发了他们的心声。"哀哀父母，生我劬劳。""哀哀父母，生我劳瘁。""父兮生我，母兮鞠我。拊我畜我，长我育我。顾我复我，出入腹我。"父母之爱真的是

"昊天罔极"！

❖ 学 习 计 划

阅读理解

1. 《击鼓》为什么要详细介绍战争的由来和进展？
2. 《击鼓》中的主人公是一个什么性格的人？
3. 《蓼莪》这首诗中的父母是如何爱自己的孩子的？
4. 理解《蓼莪》中的主人公复杂的思想感情。

拓展学习

1. 搜集《诗经》中其他反映兵役的诗歌，与《击鼓》进行比较分析。
2. 分析《诗经》中的艺术创作手法。

汉乐府诗四首

[汉] 汉乐府

公无渡河①

公无②渡河，公竟渡河。堕河而死，当奈公何！

双白鹄③

飞来双白鹄，乃从西北来。十十五五，罗列成行。妻卒被病，行不能相随。五里一返顾，六里一徘徊。吾欲衔汝去，口噤④不能开。吾欲负汝去，毛羽何摧颓。乐哉新相知，忧来生别离。⑤跚蹰顾群侣，泪下不自知。念与君离别，气结不能言。各各重自爱，远道归还难。妾当守空房，闭门下重关。若生当相见，亡者会黄泉。今日乐相乐，延年万岁期。⑥

枯鱼过河泣⑦

枯鱼⑧过河泣，何时悔复及⑨！作书与鲂鱮⑩，相教慎出入。

饮马长城窟行⑪

青青河畔草，绵绵思远道。⑫
远道不可思，宿昔⑬梦见之。
梦见在我傍，忽觉在他乡。

---

① 选自《乐府诗选》。余冠英选注：《乐府诗选》，人民文学出版社1954年版，汉相和歌古辞。
② 公：对男子长者的尊称。无：禁止之辞，和"毋"相同。
③ 根据宋人郭茂倩的分类，这首诗歌属于"相和歌辞·瑟调曲"。"鹄"：又作"鹤"。
④ 噤：嘴张不开。
⑤ "乐哉"二句，化用屈原《九歌·少司命》中的"悲莫悲兮生别离，乐莫乐兮新相知"。
⑥ "今日"二句，疑为入乐时所加，与全诗没有多大关系。
⑦ 此诗属汉乐府杂曲歌辞。
⑧ 枯鱼：干鱼。
⑨ 悔复及：追悔不及。
⑩ 鲂：武昌鱼。鱮（xù）：鲢鱼。
⑪ 根据宋人郭茂倩的分类，这首诗歌属于"相和歌辞·瑟调曲"。
⑫ 绵绵：长久不绝。这里语意双关，由看到连绵不断的青青春草而引起对征人缠绵不断的情思。
⑬ 宿昔：昨夜。

他乡各异县，展转不相见。
枯桑知天风①，海水知天寒。
入门各自媚②，谁肯相为言！
客从远方来，遗我双鲤鱼③，
呼儿烹鲤鱼，中有尺素书④。
长跪⑤读素书，书中竟何如？
上言加餐饭，下言长相忆。

学习视野

作家作品

汉乐府诗歌

乐府是汉武帝刘彻时开始设立的专门掌管音乐的官署。它的主要任务有三：一是制作宗庙的乐章；二是培训乐工；三是收集民间歌谣。《汉书·艺文志》记载："自孝武立乐府而采歌谣，于是有赵、代之讴，秦、楚之风，皆感于哀乐，缘事而发。亦可以观风俗，知厚薄云。"乐府诗是指这个机构为配制乐曲而从民间采集或由文人制作的诗歌。最初，这些诗歌主要用来入乐。魏晋时期开始把"乐府诗"简称为"乐府"，于是，"乐府"由机构名称演变为一种诗体的名称。

至汉哀帝刘欣时，乐府仅保留了有关廊庙的雅乐，作为俗乐的民歌则被剔除在外。东汉是否恢复了乐府机构没有明确的历史记载，但还保留着采诗的习惯。

汉乐府诗从句式上看主要是杂言，但已经出现了完整的五言诗。前者如著名的《有所思》："有所思，乃在大海南。何用问遗君，双珠玳瑁簪，用玉绍缭之，闻君有他心，拉杂摧烧之……"⑥后者如《陌上桑》、《焦仲卿妻》等。从篇幅上看，汉乐府有十字左右的短篇，也有千字以上的长篇。

汉乐府民歌"感于哀乐，缘事而发"，即事见义，故叙事居多。即使是抒情之作，也常常带有叙事成分。汉乐府叙事生动，结构紧凑，形象鲜明；而且，语言通俗易懂，多富有戏剧性的独白和对话。如《东门行》中的夫妻对话、《上山

---

① "枯桑"句：枯桑虽然无枝，也当知道起风；海水虽然广大，也当知道天气变冷。

② 媚：爱。

③ 双鲤鱼：指藏书信的函，就是刻成鲤鱼形的两块木板，一底一盖，把书信夹在里面。一说将上面写着书信的绢结成鱼形。

④ 尺素：古人写文章或书信用长一尺左右的绢帛，称为"尺素"。素：生绢。书：书信。

⑤ 长跪：伸直了腰跪着，古人席地而坐，坐时两膝着地，臀部压在脚后跟上。跪时将腰伸直，上身就显得长些，所以称为"长跪"。

⑥ 曹道衡选注：《乐府诗选》，人民文学出版社2000年版，第18～19页。

采蘼芜》中前夫与弃妇的对话、《羽林郎》中胡姬驳斥冯子都的对话，都是运用人物对话来推进情节发展、刻画人物性格的。其中，《孔雀东南飞》是汉乐府叙事诗的高峰。

《公无渡河》是汉乐府里最短的歌辞，和最长的《孔雀东南飞》同是写夫妇殉情之作。《乐府诗集》把这篇附在《相和六引：箜篌引》下。据《古今注》，朝鲜津卒霍里子高一天早起撑船，见一个"白发狂夫"不顾危险横渡急流。他的妻追来拦阻不及，夫堕河而死，妻亦投河自杀，自杀前弹着箜篌唱出这几句哀歌。子高的妻丽玉因而创作了《箜篌引》之曲。《公无渡河》歌辞简短，实写事件的经过，没有起因、缘由的交代，不知是什么具体的事导致男子蹈河而死。男子个性倔强，刚烈果决，一意孤行，而妻子也忠贞不渝，与夫共患难，令人感慨。是夫妻闹矛盾，还是与父母之间有冲突？是家庭矛盾，还是邻里纠纷？是社会压迫、黑暗活不下去，还是精神思想产生绝望之情？是羞愧难当，还是心灰意冷？是走投无路，还是负气使性？汉乐府的诗歌捕捉的是现实生活，描写的是生活现实，唱出的是最真切的心声，表现的是现实事件，毫无加工涂饰，这样一个生活场景引人无穷想象。

《双白鹄》以兴起诗，以兴叙事，即兴即事，一边起兴一边叙事，将聚少离多的悲苦寄托在对自然万物的感念之上；抓住生活中的几个场景，通过对话来解释事件情由。这首诗歌描写了比翼双飞的白鹄，忽因雌鹄披病，雄鹄无力救助，不得不经历"生别离"的忧伤。临别时，双鹄依依不舍，相诉衷肠，结下生死之约，读来感人至深。作者用词简洁，以独特简约的形式，通过间接的表达抒发内心情感。诗歌对白鹄进行了人格化的描写，亦鹄亦人，鹄与人合二为一。

《枯鱼过河泣》以鱼拟人，似是遭遇祸患者警告伙伴的诗。枯鱼作书的确是奇想，汉乐府里所有寓言体的歌辞无不表现出极活泼的想象力。枯鱼即是死鱼，死鱼开口说话已是奇事，枯鱼死后又回到了自己生前热爱的河水旁，有心声，有复杂的心理活动，后悔之情强烈，之后是殷殷叮咛：鲂与鳒，再也不要像我一样轻率冒进，遭遇不幸的命运——走向死亡。也许是贪图诱饵，吃了钓钩，进了渔网；也许是游到浅水处贪看风景被捕获、遭殃；也许是离开自己的故土——水、河流，离开自己的天地，离开自己的亲人，得到的是悲惨的命运。由鱼联想到人与社会，诗意隐晦，联想很多，不幸的命运总是有很多教训和无奈。鱼遭毒手，人遭受苦难，也有各种各样的原因。在悲叹的同时吸取教训，警示后人，不要轻易去做某件有风险的事，不要轻信他人，不要自以为是、为所欲为，不要上当受骗、后悔莫及，不要轻易放弃自我原则立场，不要轻易改变初衷……莫重蹈覆辙，远离痛苦和灾难，这就是寓言诗的作用，言有尽而意无穷。这首诗概括了人生常见的现象：遭遇不幸时后悔当初的糊涂、盲目、草率、轻信、无知等人性弱点，进而反思过往，总结经验教训，得出一定的真知、生活道理，给人以警示和启发。思往事，知来者。"悟已往之不谏，知来者之可追。实迷途其未远，觉今是而昨非。"诗中表现出反思意识，反省自我和外界，总结是非曲直，以趋利避害、以利后事的实事求是态度。

《饮马长城窟行》这首乐府民歌是社会下层群众的歌谣，最基本的艺术特色是它的叙事性，反映下层人民生活。中国古代征役频繁，游宦之风盛行。野有旷夫，室有思妇，文学作品中也出现了大量的思妇怀人诗。这些诗表现了妇女们独守空闺的悲苦和对行人的思念，大多写得真切动人。这首诗最早见于南朝梁昭明太子萧统编的《文选》，归入乐府古辞。关于诗题的由来，《文选》五臣注说："长城，秦所筑，以备胡者。其下有泉窟，可以饮马。征人路于此而伤悲矣。言天下征役，军戎未止，妇人思夫，故作是行。"这首诗写的是夫妇的情爱。末二句表现出失望之情。在文意突变的地方换韵，古乐府常用此法。其本意与长城无关，只是征夫思妇之辞。这首诗歌表现的是一对恩爱夫妻之间的思念与牵挂：一个服役他乡，一个留守故里。笔锋妙处在于梦境与现实的跳跃，时空的自由转换。由思念而至梦见，由梦境而至现实，由妻子的惦念而至丈夫的牵挂。以家书为线索，将相思中的人并置在一处。最朴实的情感就是最动人的，汉乐府的诗歌大抵如此。

❖ 学 习 计 划

阅读理解

1. 对比阅读汉乐府《公无渡河》与李白的《公无渡河》。

公无渡河（李白）

黄河西来决昆仑，咆哮万里触龙门。
波滔天，尧咨嗟。
大禹理百川，儿啼不窥家。
杀湍湮洪水，九州始蚕麻。
其害乃去，茫然风沙。
被发之叟狂而痴，清晨临流欲奚为。
旁人不惜妻止之，公无渡河苦渡之。
虎可搏，河难凭，公果溺死流海湄。
有长鲸白齿若雪山，公乎公乎挂胃于其间，箜篌所悲竟不还。

2. 《双白鹄》描写了比翼双飞的白鹤，忽因雌鹤披病，雄鹤无力救助，不得不经历"生别离"的忧伤，读来感人至深。试述这首诗歌的感人之处及其使用的艺术手法。

3. 通过学习《枯鱼过河泣》，了解比喻、拟人手法的运用。

4. 《饮马长城窟行》这首诗歌描写了女主人公瘗瘵思夫的相思之情，同时也有"入门各自媚,谁肯相为言"的时政针砭。试述该诗从哪些方面表现了女主人公的相思之情?其表现方式是什么?

拓展学习

1. 整理乐府诗歌发展的轨迹、线索。

2. 西汉时即有文人模仿乐府旧题进行创作,至东汉、魏晋,文人乐府日益增多。阅读陈琳、陆机的《饮马长城窟行》,比较二者之间的艺术风格。

陶渊明诗三首[*]

[东晋] 陶渊明

连雨独饮

运生会归尽，终古谓之然。① 世间有松乔②，于今定何间③。故老赠余酒，乃言饮得仙。试酌百情远④，重觞忽忘天⑤。天岂去此哉，任真无所先⑥。云鹤⑦有奇翼，八表⑧须臾还。自我抱兹独⑨，僶俛⑩四十年。形骸久已化⑪，心在⑫复何言。

酬刘柴桑⑬

穷居寡人用⑭，时忘四运周⑮。櫚庭⑯多落叶，慨然知已秋。新葵郁北牖⑰，嘉穟养南畴⑱。今我不为乐，知有来岁不？命室⑲携童弱，良日登⑳远游。

＊ 选自《陶渊明集》。[东晋] 陶渊明：《陶渊明集》，逯钦立校注，中华书局 1979 年版。

① 运：天运，指自然界发展变化的规律。生：指生命。会：当，推测之词。归尽：指死亡。这两句的意思是：自然界的发展变化规律是有生必有死，自古以来就是如此。

② 松乔：古代传说中成仙的两个人。松：赤松子，传说是上古神农氏的雨师。乔：王子乔，名晋，周灵王的太子，传其乘鹤仙去。

③ 定何间：究竟在何处。

④ 试酌：初次喝。百情：杂念。

⑤ 重觞：再加品尝。忘天：忘记上天的存在。

⑥ 任真：听任自然。无所先：没有比这更重要的了。

⑦ 云鹤：飞入云雾中的鹤。

⑧ 八表：八方之外，这里指极远的地方。

⑨ 独：指"任真"。

⑩ 僶俛（mǐn miǎn）：勤勉努力。

⑪ 形骸：形体。化：变化，衰老。

⑫ 心在：指"任真"之心依然不变。

⑬ 刘柴桑：名程之，字仲思，彭城（今江苏徐州）人；曾为柴桑令，故称其为刘柴桑；后辞官隐居庐山西林，人号刘遗民。酬：酬唱，以诗文相赠答之意。

⑭ 穷居：偏僻的住处，指隐居。人用：人事应酬。

⑮ 四运周：四季周而复始地运行。

⑯ 櫚：通"闾"。櫚庭：闾巷庭院。

⑰ 郁：茂盛，在此作动词用。牖（yǒu）：窗户。

⑱ 穟：同"穗"。畴：耕种的田地。

⑲ 室：妻子。

⑳ 登：通"得"。

述酒

重离照南陆①，鸣鸟②声相闻。秋草虽未黄，融风久已分③。素砾皛修渚④，南岳无余云⑤。豫章抗高门⑥，重华固灵坟⑦。流泪抱中叹，倾耳听司晨⑧。神州献嘉粟，西灵为我驯⑨。诸梁董师旅，芊胜丧其身⑩。山阳归下国，成名犹不勤⑪。卜生善斯牧，安乐不为君⑫。平王去旧京，峡中纳遗薰⑬。双陵甫云育，三趾显奇文。⑭ 王子爱清吹，日中翔河汾⑮。朱公练九齿，闲居离

---

① 重离：离为周易八卦之一，象征火；重卦后为六十四卦之一，卦名仍为离。《周易·说卦》里有"离为火、为日"，故重离代指太阳。同时，其又暗喻司马氏。相传晋司马氏乃古帝颛顼之子重黎的后代，而"重离"与"重黎"谐音。照南陆：指司马氏在东晋之初统治南方，如日丽天，中兴王业。

② 鸣鸟：指凤凰和鸣，比喻东晋之初人才济济，名臣荟萃。凤凰喻贤才，凤凰鸣喻贤才逢时。

③ 融风：立春后的东北风。分：分散消失。此用春风消失比喻晋代王业已经不兴旺了。

④ 素砾：白石。古人常用砾与玉并举，砾指奸邪，玉比忠贤。皛（xiǎo）：皎洁，明亮，这里为显露之意。修渚：长江中的沙洲，代指长江。素砾显于江渚，暗喻奸邪得势。

⑤ 南岳无余云：晋元帝即位登南岳衡山祭天，故南岳代指司马氏政权。此句意为无忠臣辅佐。

⑥ 豫章：刘裕在晋安帝义熙二年被封为豫章郡公，豫章这里应代指刘裕。抗高门：指刘裕继桓玄之后与司马氏集团王侯分庭抗礼。

⑦ 重华：舜帝，代指晋恭帝。晋恭帝被废为零陵王，而舜墓即在零陵的九嶷山。固：固然，只有。灵坟：帝王之墓，暗指晋恭帝已死。

⑧ 抱：指怀抱、内心。司晨：报晓，也指报晓的雄鸡。听司晨：指彻夜难睡，侧耳听鸡鸣报晓，等待天亮。

⑨ "神州献嘉粟，西灵为我驯"：神州，指国内。嘉粟：又称嘉禾，生长的特别苗壮的禾苗，古人认为是吉瑞的象征。晋义熙十三年，巩县人得粟九穗，刘裕把它献给帝，帝又归于刘裕。西灵：当为四灵之误。《礼记》记载：麟、凤、龟、龙为四灵。晋恭帝《禅位诏》中说"四灵效瑞"。我：代指刘裕。为我驯：为我驯服，即归属于我。这两句说刘裕假托祥瑞之兆，图谋篡位。

⑩ "诸梁董师旅，芊胜丧其身"：意为沈诸梁率领楚国军队，挫败了楚太子芊胜企图篡位的阴谋。典事详见《史记·楚世家》，意指今有刘裕篡位，却无人出来征讨。董：治理，在此指率领。

⑪ "山阳归下国，成名犹不勤"：意为晋恭帝就像汉献帝被曹丕废为山阳公那样，被废为石阳公，但刘裕还是不放过他，竟下酒予以鸩杀，这一点还不如曹丕大度。成名：指受到追谥，《周书·谥法解》中有"不勤成名曰灵"。古代帝王不善终者，谥为"灵"，恭帝死后即被追谥为零陵王。

⑫ "卜生善斯牧，安乐不为君"：卜生：即卜式，汉武帝时人。据《汉书·卜式传》记载："卜式布衣草鞋而牧羊，岁余，羊肥息。上过其羊所，善之。式曰：'非独羊也，治民亦犹是矣。以时起居，恶者辄去，毋令败群。'上奇其言，欲试使治民。"善斯牧：善于牧羊，这里暗指刘裕铲除异己，为篡权做准备。安乐：汉昌邑王刘贺的臣僚。刘贺嗣位日益骄逸，安乐身为故相，并不尽忠劝诫，暗指晋臣僚不忠于晋室。

⑬ "平王去旧京，峡中纳遗薰"：周平王离开故都，犹可在洛阳承袭周王朝的余荫，犹如东晋。峡中：指郏鄏（jiá rǔ），山名，在今河南洛阳西北，这里代指洛阳。薰：熏育，中国古代北方民族名，春秋时被称为戎、狄，后也称为匈奴。刘聪为匈奴遗族，曾攻陷洛阳，晋因此东迁。这句说晋东迁之后，洛阳一带中原地区被匈奴占领。

⑭ 双陵：指东晋初两个皇帝的陵墓，代指东晋。甫云育：刚有发展，云为语助词。三趾：三足乌，太阳鸟。晋初曾用它作为代魏的祥瑞，而今又成了宋代晋的祥瑞。显奇文：谶纬之言。这两句说东晋刚有发展，刘裕就演出了逼迫皇帝禅位的悲剧。

⑮ "王子爱清吹，日中翔河汾"：用王子晋成仙故事，比喻晋恭帝已被鸩杀而逝去，伴随着仙乐，他的灵魂在白日里飘着回归祖宗所在的河汾一带了。清吹：指吹笙，传王子晋好吹笙，十七岁乘白鹤白日升仙。

世纷。① 峨峨西岭内，偃息常所亲②。天容自永固，彭殇非等伦③。

◆◆◆ 学 习 视 野

作家作品

陶渊明和他的诗

陶渊明（365—427），字元亮；一说名潜，字渊明；私谥"靖节"；浔阳柴桑（今江西九江市）人，东晋时期最杰出的诗人。其为人率性任真，虽曾任江州祭酒、镇军参军、彭泽令等职，终因厌恶官场污浊而退隐乡村，躬耕自资，不再出仕。

陶渊明生活在晋宋更迭的时代，政权的争夺以更加黑暗血腥的方式袭来。一方面东晋豪门世族肆意横征暴敛、纵情奢华，另一方面以桓玄、刘裕为代表的军阀互相攻伐残杀，凭借军事实力挟持朝廷，最终于 420 年刘裕以宋取代晋。文人士大夫的人生态度也由积极有为转变为避世远祸，士族刚毅正直的道德风范衰落，在文风上则表现为由激昂发扬的建安风骨一变而为晦涩质木的谈玄说理，再变而为雕琢浮艳的齐梁诗风。陶渊明的隐居有避世远祸的成分，他的诗也有玄言诗的色彩，但他内心的真淳与热情足以振奋起平淡的文体，一改玄言诗的淡乎寡味，使他的诗充满了思致与穷理的深刻。在对田园生活的描绘中，渗透着作者固穷守节的高尚情操，创造出美不胜收、妙不可言的境界，引发了无数后人回归自然的遐想。

陶渊明是我国最早大量创作田园诗的诗人，但其诗文内涵的丰富性早已使其突破了隐逸诗人的定位。除了田园诗之外，其作品也不乏表现政治理想和关心时局的咏怀诗和咏史诗，其以古代的高洁之士和英雄为同道，抒愤申志。

陶渊明现存诗一百二十多篇，散文六篇，辞赋三篇。陶渊明的诗歌质朴自然，冲和平淡。其对自然景物的描画写意传神，得山水自然之神韵，写人与山水自然之间的精神上的契合，是魏晋古朴诗风的集大成者。历代对于其诗文的评价甚多，如宋苏轼的"质而实绮，癯而实腴"（《与子由书》）、金元好问的"一语

---

① 朱公：陶朱公范蠡，在此代指自己。九齿：喻九龄，即指长生术。这两句说面对如此形势，我要像陶朱公修炼长生之术那样，闲居在乡，离开纷乱。

② "峨峨西岭内，偃息常所亲"：晋帝被葬在高高的西岭，他已在那里偃息了，长亲山丘。另一解认为西岭为首阳山，那里安卧着作者所仰慕的伯夷、叔齐两位高人，亲为钦慕敬仰之意。

③ "天容自永固，彭殇非等伦"：晋帝与山丘为一体，容颜永固，彭祖虽长寿八百岁，也难与他等量齐观。另一解承上句"首阳山"之意，是说伯夷、叔齐那出众的节操将会永远存在，正如长寿的彭祖同夭折的儿童不能等量齐观。

天然万古新，豪华落尽见真淳"（《论诗绝句三十首》其四）等。

《连雨独饮》作于晋安帝元兴三年（404）①，在桓玄、刘裕等军阀的混战之中，东晋形存实亡。在这样的大背景下，适逢阴雨连绵，作者抱酒独饮，慨然作诗。在酒的醺醉中人还于自然，听任于自然，与自然融为一体。虽然孤独，但对于"任真"的坚信使其归于平静坦然。正是醉酒使他体验到物我两忘的状态，精神得以升华，这也是作者诗中反复出现"酒"的原因。诗人在饮酒中议论人生哲理，坚信人应顺应自然的规律而生存。

《酬刘柴桑》是与刘程之的应答之作，写于414年秋天。此时庐山僧人慧远等结白莲社，刘程之为社中十八贤之一，曾多次招陶渊明入社，陶渊明不肯。但陶渊明偶尔入庐山，相与交往。陶渊明的回归自然与佛教的出家修行不同，他不是万念俱灭，归于死寂，相反，陶渊明对自然、对生命抱以最大热情，虽也有人生无常、及时行乐的消极思想，但其诗文总体上洋溢着对于大自然的眷恋和对于淳朴自然生活的热爱。

《述酒》一诗作于宋武帝永初二年（421），世人多谓不可解。今天看来其意应是表达对于刘裕篡晋建宋并鸩杀安帝、恭帝行为的愤慨，只是表达得隐晦曲折，所以难解。鉴于当时血腥残酷的政治环境，作者只能用隐语的方式表达此事。如果只为隐身避祸，陶渊明完全可以选择沉默，然而内心积郁的悲愤让其必有所表达。诗中，作者用笔记下时代的罪恶，传达内心异常的痛苦，同时也表现出不肯与当权者同流合污的抗争精神。鲁迅先生说："陶集里有《述酒》一篇是说当时政治的。这样看来，可见他于世事也并没有遗忘和冷淡。"②

❋ 学 习 计 划

阅读理解

1. 结合《连雨独饮》谈一下酒在陶渊明诗中的意义和价值。

2. 隐逸田园山林，往往心归死寂，然而陶渊明的田园诗却生机盎然，结合《酬刘柴桑》分析陶渊明归隐田园思想的内涵。

3. 《述酒》的主题复杂难解，作者在这里寄寓了怎样的追求和情感？

---

① 本课三首诗创作时间皆引自孟二冬《陶渊明集译注及研究》。孟二冬：《陶渊明集译注及研究》，昆仑出版社2008年版。

② 鲁迅：《而已集·魏晋风度及文章与药及酒之关系》，人民文学出版社1973年版，第97页。

拓展学习

1. 陶渊明的诗对于景物的描写，不重在描摹景物，而是借山水自然之神韵，写自我的精神感悟。诵读《陶渊明集》，体会陶渊明诗的这一特点。

2. 查找资料，梳理后人对于陶渊明的评价，理解其思想和创作对于后世的影响。

李白诗三首

[唐] 李白

江上吟①

木兰之枻沙棠舟②，玉箫金管坐两头。美酒樽中置千斛③，载妓随波任去留④。仙人有待乘黄鹤⑤，海客无心随白鸥⑥。屈平词赋悬日月，楚王台榭空山丘。⑦兴酣落笔摇五岳，诗成笑傲凌沧洲。⑧功名富贵若长在，汉水亦应西北流。⑨

答王十二寒夜独酌有怀⑩

昨夜吴中雪，子猷佳兴发。⑪万里浮云卷碧山，青天中道流孤月。孤月沧浪

---

① 选自《李白诗选》。复旦大学古典文学教研组注：《李白诗选》，人民文学出版社1983年版。此诗为乾元二年（759）之作。诗题一作《江上游》。

② 木兰：又名杜兰、林兰，形状如楠树，木质较松，可造船。沙棠：树木名，据古代传说，人吃了它的果实后，能入水不溺。枻（yì）：船桨。木兰枻、沙棠舟：形容船和桨的名贵。

③ 斛：古代量器名。十斗为一斛。千斛：形容船中置酒之多。

④ 去留：也作"去流"，非。郭璞《山海经赞》："安得沙棠，制为龙舟。……聊以逍遥，任波去留。"此盖用其意。

⑤ "仙人"句：黄鹤楼原在今湖北武昌西黄鹤矶上，传说仙人王子安乘黄鹤过此，故名。又传说费文祎登仙，曾驾黄鹤在此休息，遂以名楼。此指要想成仙，还须待黄鹤飞来。

⑥ 随白鸥：也作"狎白鸥"。《列子·黄帝》："海上之人有好鸥者，每旦之海上，从鸥鸟游，鸥鸟之至者百，住而不止。"此句指海上人无机诈之心，因而能随白鸥一起嬉游。

⑦ "屈平"二句：指屈原辞赋如日月高悬，千古不朽，而楚王的宫苑却早已成了荒丘。《史记·屈原贾生列传》："屈平之作《离骚》，……虽与日月争光可也。"台榭：台上有屋称榭。楚灵王有章华台，楚庄王有钓台。

⑧ 五岳：指东岳泰山、西岳华山、南岳衡山、北岳恒山、中岳嵩山。笑傲：宋本作"啸傲"。沧洲：古时称隐士居处。这两句指兴酣落笔写成的诗可以摇撼五岳，凌驾沧洲。

⑨ 汉水：源出今陕西宁强县，东南流经陕西南部、湖北西北部和中部，至武汉市入长江。此以汉水西北倒流为喻，指事情绝不可能。

⑩ 天宝六载（747），北海太守李邕被杀。天宝八载（749）六月，陇右节度使哥舒翰攻破吐蕃石堡，士卒伤亡惨重。此诗是天宝八载六月以后所作。

⑪ 吴中：指今江苏省南部一带地方。《世说新语·任诞》记载：王子猷居山阴，夜大雪，眠觉，开室，命酌酒。四望皎然，因起彷徨，咏左思《招隐诗》。忽忆戴安道，时戴在剡，即便夜乘小船就之。经宿方至，造门不前而返。人问其故，王曰："吾本乘兴而行，兴尽而返，何必见戴！"这里以王子猷借指王十二。

河汉清，北斗错落长庚明。怀余对酒夜霜白，玉床金井冰峥嵘。① 人生飘忽百年内，且须酣畅万古情。君不能狸膏金距学斗鸡，坐②令鼻息吹虹霓。君不能学哥舒，横行青海夜带刀，西屠石堡取紫袍③。吟诗作赋北窗里，万言不值一杯水。世人闻此皆掉头④，有如东风射马耳。鱼目亦笑我，谓与明月同⑤。骅骝拳跼不能食，蹇驴⑥得志鸣春风。《折杨》《黄华》⑦合流俗，晋君听琴枉《清角》⑧。《巴人》谁肯和《阳春》⑨，楚地犹来贱奇璞。⑩ 黄金散尽交不成，白首为儒身被轻。一谈一笑失颜色，苍蝇贝锦喧谤声⑪。曾参岂是杀人者？谗言三及慈母惊。⑫ 与君论心握君手，荣辱于余亦何有？孔圣犹闻伤凤麟⑬，董龙更是何鸡狗⑭！一生傲岸苦不谐⑮，恩疏媒劳⑯志多乖。严陵高揖汉天子⑰，何必长剑拄颐事玉阶⑱。

---

① 沧浪：苍凉、寒冷的意思。河汉：银河。北斗：星座名。错落：参互纷杂。长庚：即金星。床：指井旁的栏杆。玉床金井：形容井和井旁栏杆的华美。峥嵘：本是形容山势高峻，这里是形容冰的奇突。

② 坐：因此。

③ 哥舒，指哥舒翰。青海，在今青海省。当时唐与吐蕃常在青海一带作战。哥舒翰以攻取石堡城功，拜特进鸿胪员外卿，加摄御史大夫，见《旧唐书·哥舒翰传》。紫袍，大官所穿之袍。唐制，文武官三品以上穿紫袍。

④ 掉头：不屑一顾的意思。

⑤ 鱼目：比喻一般庸庸碌碌的人。明月：珠名，比喻有才德的人。

⑥ 骅骝：良马。拳跼：曲而不伸之意。蹇驴：跛驴。这两句讽刺朝廷中小人当道，有才能的人受到排斥。

⑦ 《折杨》、《黄华》，古代的两支通俗歌曲，为一般人所喜爱。《庄子·天地》："大声不入于里耳，《折杨》、《皇华》，则嗑然而笑。"

⑧ 《清角》：相传为黄帝所作的乐曲，据说一定要有德之君才能听，德薄之人听了要有灾难。春秋时晋平公强迫音乐家师旷为他演奏此曲，结果晋国大旱三年，平公本人也得了病。事见《韩非子·十过》。这句说晋平公枉然奏《清角》，无法享受。

⑨ 《巴人》、《阳春》：都是春秋战国时代楚国的歌曲，前者是通俗的乐曲，后者是所谓高雅的乐曲。事见宋玉《对楚王问》。和：相和而歌。

⑩ 出自《韩非子·和氏》。

⑪ 失颜色：指不合礼教的规范。苍蝇：即青蝇，喻谗人。《诗经·小雅·青蝇》篇："营营青蝇，止于樊。岂弟君子，无信谗言。"贝锦，《诗经·小雅·巷伯》篇："萋兮斐兮，成是贝锦。彼谮人者，亦已太甚。"

⑫ 《新序·杂事》载：曾参寓居郑国时，一个和他同姓名的人杀了人，有人去告诉他的母亲说"曾参杀人"。曾母开始不信，到第三人来告时，她当时正在织布，就投杼下机，逾墙而逃。这两句意思说，曾母虽然很信任曾参，但仍不免为谣言所惑。

⑬ 以"圣人"尚且不得志来表明自己的挫折。

⑭ 《十六国春秋》载：前秦宰相王堕性刚峻，对奸臣右仆射董荣（小名叫龙）尤为不满，每次上朝，都不同他说话。有人劝王堕敷衍一下，王堕骂道："董龙是何种鸡狗，那里配得上同我说话！"后王堕被董龙借故杀害。这里以董龙比喻李林甫、杨国忠一类权贵。

⑮ 傲岸：高傲。不谐：跟人合不来。

⑯ 《楚辞·九歌》："心不同兮媒劳，恩不甚兮轻绝。"媒劳：指引荐的人徒劳。

⑰ 严陵：即隐士严光，字子陵，曾与刘秀同学。后刘秀做了皇帝（即光武帝），请他去相见。他见刘秀时，不行君臣之礼，长揖不拜。参见《后汉书·逸民传》。

⑱ 长剑拄颐：佩带的剑很长，上端几乎触着面孔，这里指做官。事玉阶：在宫廷中玉阶边侍奉皇帝。

达亦不足贵，穷亦不足悲。韩信羞将绛灌比①，祢衡耻逐屠沽儿②。君不见李北海③，英风豪气今何在！君不见裴尚书，土坟三尺蒿棘居④！少年早欲五湖去，见此弥将钟鼎疏⑤。

庐山谣寄卢侍御虚舟⑥

我本楚狂人，凤歌笑孔丘。⑦ 手持绿玉杖⑧，朝别黄鹤楼。五岳寻仙不辞远，一生好入名山游。庐山秀出南斗⑨傍，屏风九叠云锦张⑩。影落明湖青黛⑪光，金阙前开二峰长⑫，银河倒挂三石梁⑬。香炉瀑布遥相望⑭，回崖沓嶂凌苍苍⑮。翠影红霞映朝日，鸟飞不到吴天⑯长。登高壮观天地间，大江茫茫去不还。黄云万里动风色，白波九道流雪山⑰。好为庐山谣，兴因庐山发。闲窥石镜清我心⑱，谢公行处苍苔没⑲。早服还丹无世情⑳，琴心三叠道初成㉑。遥见仙人彩云里，手

---

① 《史记·淮阴侯列传》载：韩信本被刘邦封为王，后来被贬为淮阴侯。他常称病不上朝，羞与绛侯周勃、颍阴侯灌婴等同居侯位。绛灌：指周勃、灌婴。

② 祢衡：东汉末年人，与孔融友善，仇视曹操。一次，他来许都（在今河南许昌东南，当时曹操集团的政治中心地），有人劝他同陈群、司马朗（都是当时的知名人物）来往，他回答说："我怎能跟那些屠沽儿在一块呢？"屠沽儿：宰猪卖酒的人。

③ 李北海：即李邕，唐玄宗时为北海太守，故称李北海。李邕在当时颇有文名，后贬淄川太守，天宝六载（747）为李林甫所害。

④ 裴尚书：指裴敦复，曾任刑部尚书，与李邕同时被李林甫杀害。蒿棘：杂草。

⑤ 春秋时范蠡辅助越王勾践打败吴国，后功成身退，泛舟五湖，不再入仕，事见《吴越春秋》。钟鼎，古代贵族家中饮食时鸣钟列鼎，这里用来表示高官厚禄。

⑥ 李白遇赦后，自江夏来庐山时所作。卢虚舟：字幼真，范阳人，肃宗时曾官殿中侍御史。

⑦ 楚狂：名叫接舆，春秋时楚人。孔丘到楚国，接舆在他车旁唱歌，首句云："凤兮，凤兮！何德之衰！"故称凤歌。参见《论语·微子》及《高士传》。这里李白以接舆自比，表示决心归隐。

⑧ 绿玉杖：仙人所用之杖。

⑨ 秀出：突出。南斗：星名，即二十八宿里的斗宿。古代天文学认为庐山所在的一带属于南斗的分野。

⑩ 山的形状像屏风，像锦绣般的云霞一样展开。

⑪ 明湖：指鄱阳湖。青黛：青黑色。

⑫ 意为双峰高耸，分立两厢，如大门打开。

⑬ 银河：指瀑布。石梁：如桥梁般的山石。有人说这里的瀑布即指九叠云屏附近的三叠泉。

⑭ 香炉：峰名。香炉峰的瀑布与三叠泉遥遥相对。

⑮ 回崖沓嶂：指山的高险处。沓：多、重的意思。凌：凌越。苍苍：天的颜色。这句说回崖叠嶂，凌越天空，极言其高。

⑯ 吴天：庐山一带地方春秋时属吴国，故云吴天。

⑰ 据古代传说，长江流至浔阳（九江），分为九道；自山顶下望，但见白波九道。雪山：指江中波浪。

⑱ 《太平寰宇记》："石镜山在山东悬崖之上，其状团圆，近之则照见形影。"

⑲ 谢公即谢灵运，他曾游庐山。他的《入彭蠡湖口》诗有"攀崖照石镜"之句。这句是说：谢灵运走过的地方，已长满了青苔。

⑳ 道家炼丹，使丹烧成水银，积久又还丹，就叫还丹，以为吃了可以成仙。世情：指世俗之情。修仙的人要摒弃世情。

㉑ 道教术语，指修炼身心，达到心和气静的境界。

把芙蓉朝玉京①。先期汗漫九垓上，愿接卢敖游太清。②

学习视野

作家作品

李白和他的诗

李白（701—762），字太白，号青莲居士。其出生地有争议：一种说法是唐代设安西都护府管辖的碎叶城（今吉尔吉斯斯坦的托克马克市西南约 10 公里）；还有一种说法是出生在唐剑南道绵州（今四川省江油市青莲乡）。自言祖籍陇西成纪（今甘肃省天水市秦安县），还有一说是绵州昌隆人。后世将李白和杜甫并称为"李杜"。

李白性格豪迈，渴望建功立业。他粪土王侯，傲视权贵，同情人民，关心政局，但有时也流露出人生如梦、及时行乐的情绪。他的诗作，抒发了对理想的追求和豪情壮志，表现了对国事的关心和对人民的同情，大胆抨击封建权贵，热情赞美祖国壮丽河山，以惊世骇俗的笔墨创造了瑰丽奇伟的意境，又毫不矫饰，真诚地袒露自己的内心世界。《蜀道难》、《行路难》、《将进酒》、《梦游天姥吟留别》、《静夜思》、《望庐山瀑布》、《早发白帝城》等诗均为传世名作。李白的诗作，诗风雄奇、飘逸、真率、自然，对当世和后代都有巨大影响，有《李太白集》。

李白的诗歌总体风格清新俊逸，既反映了时代的繁荣景象，也揭露了统治阶级的荒淫和腐败，表现出蔑视权贵、反抗传统束缚、追求自由和理想的积极精神。杜甫曾经这样评价过李白的文章："笔落惊风雨，诗成泣鬼神。"杜甫有一首诗叫《赠李白》："秋来相顾尚飘蓬，未就丹砂愧葛洪。痛饮狂歌空度日，飞扬跋扈为谁雄！"

李白是继屈原之后中国文学史上最杰出的积极浪漫主义诗人。"腹有诗书气自华"（苏轼《和董传留别》），李白非常自信，"虽长不满七尺，而心雄万夫"（《与韩荆州书》），从小就为理想积蓄力量。李白追求理想的实现与人格的自由、独立，追求政治上明君重臣相契相合、伯乐与千里马相得益彰的际遇。李白游历天下，名山大川——自然的大气象是他所喜爱的，华山、庐山、长江、蜀道……无不网罗在他笔下，大笔写人，气势磅礴，雷霆万钧。李白气凌山河，俯瞰天下，概括能力极强，指挥山河组成一个个方阵、造型，写出了自然的精神、气

---

① 玉京：道教大神元始天尊的居处。

② 事见《淮南子·道应训》，卢敖游北海，遇见一个怪仙，想同他做朋友而同游，怪仙道："吾与汗漫期于九垓之外，吾不可以久驻。""遂入云中。"汗漫：不可知的事物。九垓：九天。太清：最高的天空。

韵，他豪壮潇洒的性格在山川面前得到了很好的释放。山水是他的语言，是他奔放纵横性格的展示，是他精神、灵魂的寄托之地。他始终热爱生活，积极向上，既心系国家天下，又充满奋发有为的鸿鹄之志，这使他的诗风明朗壮阔、光明垒落。李白的诗让读者跟他一起仰天长啸，一起月下独酌，一起探艰险的蜀道，一起梦游天姥山，一起叹黄河之水天上来，一起赏庐山瀑布银河落九天；每一首诗都让人难忘，如身临其境，感叹作者"笔落惊风雨，诗成泣鬼神"（杜甫《寄李十二白二十韵》）。这是李白的魅力，人格与诗风天然完美的结合。李白有理想，有胸襟，胆识才力使他大气飘举，笔力雄健。孟子说："吾善养吾浩然之气"（《孟子·公孙丑上》），而在李白的诗中，浩然之气奔腾不息。他关心国事，对当时黑暗腐朽的政治进行了无情的揭露和鞭挞，抒写了对个性自由的追求和对封建秩序的轻视。李白热切地向往没有羁绊、桎梏的生活和心灵活动的广大空间。李白傲岸不羁、向往自由的性格，必然同当时的社会现实发生尖锐的冲突。追求自由和蔑视等级制度的反抗精神在他的作品里随处可见。人们之所以喜爱李白，就是因为他才华横溢、热情真率、积极进取。李白的很多诗歌豪中见悲，豪出于积极的人生态度，悲则出于对现实的清醒认识。李白的诗雄奇，雄奇的最主要特征是客观图景中饱含作者胸襟的万顷汪洋，从而"思接千载"，"视通万里"（《文心雕龙·神思》）；思想、情感、性格融铸一起，表现出强烈的、鲜明的个性。雄奇往往表现为驱遣万物运转的惊人巨力。这种巨力，必然是诗人的理想高超、气魄宏伟、神采奋发的外化。在李白的笔下，黄河的雄奇本质，实际上是他以内在生命为描写对象的豪情自白。李白的"雄奇"纵横驰骋，雄强率真的个性指点江山，撮万物于笔端，挥洒自如。李白要本真地活着，要展现才能，体现人的价值，他强烈的个性在山水中释放，人与自然融合；"天生我才必有用"，体现了生命要求发展、追求自由、积极进取的本质特征。他以心为诗，无所不能。

《江上吟》中，李白在长江上畅游，看着眼前的黄鹤楼——历史上曾经的楚国天地，楚国大诗人屈原的家乡，将眼前景、心中情、历史风尘中的人物事迹结合起来，表明了自己的价值观、思想，那就是"海客无心随白鸥"、"屈平辞赋悬日月"、"兴酣落笔摇五岳，诗成笑傲凌沧洲"；纵浪大化，驰骋诗才，敢与"五岳"比高比重，与"沧州"比宽广比雄壮。这首诗表现了诗人对追逐功名富贵的人生的否定，对忘却机巧之心、物我为一、潇洒自适生活的向往，认为唯有诗文辞赋可以不朽。全诗气势豪放，感情激昂，起伏变化，结构绵密，独具匠心。

《答王十二寒夜独酌有怀》中，李白抨击了当时社会的黑暗，使用大量的典故，采用对比、排比手法，加上强烈的抒情和议论，鲜明地表达了自己的观点，既有对入世的强烈要求，又有理想志向受到权贵阻挠后的无比愤懑之情。全诗章法跌宕起伏，纵横驰骋，既酣畅淋漓，又铺排严密，张弛有度。全诗抒怀分成三层：第一层，感慨贤愚颠倒、是非混淆的现实；第二层，写自己受谗遭谤的境遇；第三层，写自己的态度和今后的打算。诗人对自己充满了强烈的自信，把自己比作"骅骝"、"奇璞",音乐中的《清角》、《阳春》,人中的"曾参"、"孔圣"、"严陵"、"韩信"、"祢衡",表现出傲岸不屈的高洁人格;不屑于与"蹇驴"、"鱼目"、"董龙"、"屠沽儿"之流的庸碌、奸佞小人同列,不愿意阿谀谄媚或者靠发动战争、踩着别人的鲜血向上爬。诗人不愿意为了私利而不择手段,因此高洁的情操遭到猜忌、诽谤、排挤打击,理想无法实现。"骅骝拳跼不能食","一谈一笑失颜色,苍蝇贝锦喧谤声",更有奸佞小人的报复、杀害,使得李白对权力富贵心灰意冷。诗人笔锋犀利,用铺陈排比、纵横捭阖的手法抨击了黑暗的社会,揭露了贤人报国无门、奸人当道而令志士仁人心灰意冷的社会现实。这首诗把自己的内心世界表露无遗,刻画自己的形象,体现了鲜明的个性,表现了诗人粪土王侯、视富贵如浮云、不与统治者同流合污的精神,同时也揭示了"安史之乱"前唐王朝贤愚颠倒、浮华的表象下动荡不安的社会现实。

《庐山谣寄卢侍御虚舟》一诗突出了李白崇尚道教、爱好自然的人生观。李白将自己的张扬个性、人生价值观以及诗歌天赋融汇到诗歌创作中,开篇即道"我本楚狂人,凤歌笑孔丘"。诗人以狂人之性和修道者的心胸与目光,以诗人笔法重新描述、安排和诠释自然,为读者呈现出一幅与众不同的自然画卷。整首诗歌,笔姿绚烂多样,笔势雄奇,诗韵随情感变化而多次跳跃转换。诗人为表达思想情感,以自己出众的才华完全驾驭诗歌创作,亦诗亦己,亦己亦诗。

❋ 学习计划

阅读理解

1. 李白在诗歌创作上如何继承前代诗歌的优良传统?

2. 李白近千首诗中有一百多首与神仙道教有关。他正式入道,"名在方士格",炼丹服食,充满对神仙世界的幻想,如《庐山谣寄卢侍御虚舟》。试析神仙道教思想对李白的影响。

拓展学习

1. 了解"开元盛世"到"安史之乱"的历史过程。

2. 为什么称李白为谪仙?李白诗歌的特色是什么?

杜甫诗三首

[唐] 杜甫

奉赠韦左丞丈二十二韵①

纨袴不饿死，儒冠多误身。② 丈人试静听，贱子请具陈③。甫昔少年日，早充观国宾。④ 读书破万卷，下笔如有神。⑤ 赋料扬雄敌，诗看子建亲。⑥ 李邕求识面⑦，王翰愿卜邻。⑧ 自谓颇挺出⑨，立登要路津⑩。致君尧舜上，再使风俗淳。⑪ 此意竟萧条，行歌非隐沦⑫。骑驴十三载⑬，旅食京华春⑭。朝扣富儿门，暮随肥马⑮尘。残杯与冷炙，到处潜悲辛。⑯ 主上顷见征⑰，欻然欲求伸⑱。青冥却垂翅，蹭蹬无纵鳞⑲。甚愧丈人厚，甚知丈人真。每于百僚上，猥⑳诵佳句新。窃效贡公喜㉑，难甘原宪㉒

---

① 选自《杜甫诗选注》。萧涤非注：《杜甫诗选注》，人民文学出版社1979年版。韦济，天宝七载作尚书左丞，很赏识杜甫的诗，杜甫这时困守长安，便写了这首诗表示感激，并抨击当时的社会和政治。

② "纨袴"是富贵子弟的标志，"儒冠"是杜甫自谓。当时杨国忠子杨暄，考明经不及格，但考官仍不敢不列为第一；御史中丞张倚子奭，一窍不通，也列为首选，所以说纨袴不饿死。

③ 贱子：杜甫自称。具陈：细说。

④ 开元二十三年杜甫由乡贡参加进士考试，时年二十四，所以说"早充观国宾"。充：充当。

⑤ 这两句是杜甫的经验之谈。破是吃透，万卷言其多，这是杜甫能集大成的一个重要原因。

⑥ 扬雄：西汉辞赋家。子建：曹植的字，建安时期著名文学家。敌：对等、相当。亲：接近。

⑦ 《新唐书·杜甫传》："甫少贫，不自振，李邕奇其才，先往见之。"

⑧ 王翰字子羽，晋阳（今山西太原）人。景云进士，官仙州别驾。任侠使酒，恃才不羁。以行为狂放，贬道州司马，旋卒。《凉州词》"葡萄美酒夜光杯，欲饮琵琶马上催。醉卧沙场君莫笑，古来征战几人回？"的作者。卜邻，择邻。

⑨ 挺出：杰出。

⑩ 《古诗十九首》："何不策高足，先据要路津。"津是渡口，要路津比喻机要的职位。

⑪ 这两句是杜甫的政治理想和志愿。

⑫ 隐沦是隐逸之士。行歌于路，有点像隐士的派头，但自己并不是逃避现实的人，所以说"非隐沦"。

⑬ 骑驴：与乘马的达官贵人对比。十三载从唐玄宗开元二十三年（735）杜甫参加进士考试，到唐玄宗天宝六载（747），恰好十三载。

⑭ 京华：京师。春字形容京师的繁华。

⑮ 肥马：用物代人，即纨绔们。

⑯ 潜悲辛：是说吃在口里，苦在心头。潜：藏也。以上四句写屈辱生活，正是"误身"处。

⑰ 天宝六载，唐玄宗下诏征求人才。顷：是说不久以前。

⑱ 欻（xū）：忽然。求伸，求实现致君尧舜的志愿。

⑲ 青冥指天空。蹭蹬（cèng dèng）比喻失意潦倒。

⑳ 猥：是古人常用客气字，犹"蒙"或"承"。

㉑ 贡禹，西汉大臣，元帝时与王吉（字子阳）同为谏议大夫，二人友善。《汉书·王吉传》："吉与贡禹为友，世称'王阳在位，贡公弹冠'言其取舍同也。"比喻乐意辅佐政治志向相同的人。这里杜甫自比贡禹，以王吉期待韦济。

㉒ 原宪是孔子的学生，穷得出名。

贫。焉能心怏怏①，只是走踆踆②？今欲东入海，即将西去秦③。尚怜终南山，回首清渭滨。④ 常拟报一饭，况怀辞大臣。⑤ 白鸥没浩荡，万里谁能驯⑥？

哀江头⑦

少陵野老吞声哭⑧，春日潜行曲江曲⑨。江头宫殿锁千门，细柳新蒲为谁绿⑩。忆昔霓旌下南苑⑪，苑中万物生颜色。昭阳殿里第一人⑫，同辇⑬随君侍君侧。辇前才人⑭带弓箭，白马嚼啮黄金勒。翻身向天仰射云⑮，一笑⑯正坠双飞翼。明眸皓齿今何在⑰，血污游魂归不得。⑱ 清渭东流剑阁深⑲，去住彼此无消息⑳。人生有情泪沾臆㉑，江水江花岂终极㉒。黄昏胡骑尘满城，欲往城南望南北㉓。

---

① 怏怏（yàng yàng），因不满或不平而心中不高兴。
② 踆踆（qūn）：且前且却的样子。
③ 秦：即指长安。
④ 这两句是说欲去又迟迟不忍。终南山和渭水皆在长安。怜，怜爱。心有所恋，故回首。
⑤ 大臣：指韦济。一饭之德，尚不忘报，何况远辞大臣，又是文章知己，哪能不则声就走？这两句说明赠诗之故。
⑥ 白鸥：自比。没浩荡：灭没于浩荡的烟波之间。谁能驯：谁还能拘束我？
⑦ 至德二载（757）三月所作。江就是曲江，在长安城东南，是当时皇帝贵族官僚以及文士们游赏的胜地。
⑧ 少陵是汉宣帝许皇后的墓地，在杜陵附近，杜甫曾在这里住过家，故自称少陵野老。吞声哭：把哭声往肚里咽，不敢哭出来。
⑨ 潜行：秘密地行走。曲：角落里。因在叛军中，怕惹起注意。
⑩ "为谁绿"三字最痛心。
⑪ 霓旌，指天子之旗。南苑，指芙蓉苑，在曲江东南。
⑫ 昭阳殿：汉殿名。汉成帝宠幸赵飞燕女弟，居昭阳殿。唐人多以赵飞燕比杨贵妃，李白诗"汉宫谁第一，飞燕在昭阳"，也是指杨贵妃。
⑬ 辇：天子之车。
⑭ 才人：宫中射生的女官。《新唐书·百官志》："内官才人七人，正四品。掌叙燕寝、理丝枲，以献岁功。"
⑮ 仰射云：即仰射飞鸟。
⑯ 一笑：指杨贵妃。
⑰ 明眸皓齿：指杨贵妃。
⑱ 血污游魂：指贵妃缢死马嵬驿。一来不得好死，二来长安沦陷，所以说归不得。这两句承上陡落，足令统治者惊心动魄。有前日的荒淫，便有今日的恶果。
⑲ 清渭东流：指贵妃藁葬渭滨，马嵬驿南滨渭水。剑阁深：指玄宗入蜀。
⑳ 去住彼此：指玄宗、贵妃。无消息：即《长恨歌》所谓"一别音容两渺茫"。
㉑ 臆：胸膛。泪沾臆：应前"吞声哭"。在沦陷之中，过伤心之地，对于玄宗和贵妃的下场，杜甫这种同情也是可以理解的。
㉒ 终极：犹穷尽。高适《别王秀才》诗："赠言岂终极，慎勿滞沧洲。"岂终极：即岂有穷尽意，是说花草无知，年年依旧，蒲柳自绿，又何足怨？
㉓ 欲往：犹将往。杜甫这时住在城南。时已黄昏，应回住处，故欲往城南。望城北者，望官军之北来收复京师。时肃宗在灵武，地当长安之北。

观公孙大娘弟子舞剑器行并序①

大历二年十月十九日②，夔州别驾元持宅，见临颍李十二娘舞剑器，壮其蔚跂。③ 问其所师？曰："余，公孙大娘弟子也。"开元五载，余尚童稚，记于郾城观公孙氏舞剑器浑脱④，浏漓顿挫，独出冠时。自高头宜春梨园二伎坊内人，洎外供奉舞女⑤，晓是舞者，圣文神武皇帝⑥初，公孙一人而已！玉貌锦衣，况余白首！⑦ 今兹弟子，亦匪盛颜。⑧既辨其由来，知波澜莫二。⑨ 抚事慷慨，聊为《剑器行》。昔者吴人张旭善草书书帖，数尝于邺县见公孙大娘舞西河剑器，自此草书长进，豪荡感激，即⑩公孙可知矣！

昔有佳人公孙氏，一舞剑器动四方。观者如山色沮丧，天地为之久低昂。⑪烨如羿射九日落，矫如群帝骖龙翔。来如雷霆收震怒，罢如江海凝清光。⑫绛唇珠袖两寂寞⑬，晚有弟子传芬芳。临颍美人在白帝，妙舞此曲神扬扬。与余问答既有以⑭，感时抚事增惋伤。先帝侍女八千人，公孙剑器初第一。⑮五十年间似反掌，风尘澒洞昏王室⑯！梨园弟子散如烟，女乐馀姿映寒日。⑰

金粟堆南木已拱，⑱瞿塘石城草萧瑟。玳筵急管曲复终，乐极哀来月东出。⑲

---

① 歌行体。

② 大历二年：即公元 767 年。

③ 蔚跂：光彩照人，姿态矫健。

④ 浑脱是一种舞名。剑器浑脱，是剑器与浑脱二舞的综合。

⑤ 伎坊，即教坊。洎，及也。宜春、梨园设在宫禁内，是内教坊，也可以说是内供奉。外供奉，则指设在宫禁外的左、右教坊，以及其他一些杂应官妓。

⑥ 圣文神武皇帝：指玄宗。

⑦ 这两句很含蓄，是说那时我尚童稚，而公孙大娘已是一个妙龄女郎，现在连我都白了头，公孙大娘就更不用提了。

⑧ 弟子：即李十二娘。连徒弟都不似当年老师的年轻，说明历时之久。

⑨ 这两句是说：既弄清了她的师授渊源，因而也就知道她的舞法和公孙大娘没有什么两样。

⑩ 即：就是。

⑪ 因名动四方，故观者如山如海。因惊心动魄，故面为变色。"天地"句，也是从效果上极力形容舞旋之神妙，观者目眩，故有此感觉。

⑫ 烨（huò）：光芒闪灼貌。羿：后羿，古善射者。《淮南子·本经训》："尧之时，十日并出，焦禾稼，杀草木，尧乃使羿射十日。"矫：矫健。

⑬ 绛唇：指人。珠袖：指舞。两寂寞：人与舞俱亡。

⑭ 既有以：既有根由。因见诗序，故从略。

⑮ 初：始也，本也。这两句是说自始就推她第一。

⑯ 自开元五年（717）至大历二年（767）凡五十一年。澒洞（hòng tóng）：弥漫无际的样子。

⑰ 因禄山之乱，京师乐工多流落江南，这句是同情李十二娘的话。"馀姿"：即序所谓"亦匪盛颜"。时在十月，故曰"寒日"，兼含日暮穷途之意。

⑱ 金粟即金粟山，在蒲城县（今陕西省）东北，玄宗葬此，称泰陵。

⑲ 这两句是说宴席上乐曲结束，这时天色已晚，产生了乐极悲来的心情。

老夫不知其所往，足茧荒山转愁疾。①

❖❖❖ 学习视野

作家作品

杜甫和他的诗

杜甫（712—770），字子美，汉族，唐朝河南巩县（今河南省巩义）人，自号少陵野老（因曾住于长安城南少陵原），唐代伟大的现实主义诗人，祖籍襄阳（今湖北襄阳）。杜甫生活于唐王朝由盛转衰、祸乱迭起的时代，在政局日趋腐败的形势下，其"致君尧舜上，再使风俗淳"的理想彻底破灭。坎坷困顿、颠沛流离的生活，使他对民生疾苦、社会矛盾以及国事危艰有深刻的观察与切身的感受。其诗全面而忠实地反映了所处时代广阔的社会生活，充满强烈的忧国忧民感情，被誉为"诗史"。风格以"沉郁顿挫"为主，兼具多种色调。杜甫古近律绝、长篇短制等各体皆精，尤其对七律的发展做出了杰出的贡献。其传世名作有《望岳》、《兵车行》、《自京赴奉先县咏怀五百字》、《春望》、《北征》，"三吏"、"三别"诸诗，以及《登高》、《秋兴》、《登岳阳楼》等。其著有《杜少陵集》。

杜甫在中国古典诗歌中的影响非常深远，被后人称为"诗圣"，他的诗被称为"诗史"。后世称他为杜拾遗、杜工部，也称他为杜少陵、杜草堂。

杜甫创作了《春望》、《北征》、"三吏"、"三别"等名作。759 年，杜甫弃官入川，虽然躲避了战乱，生活相对安定，但仍然心系苍生，胸怀国事。杜甫虽然是个现实主义诗人，但也有狂放不羁的一面，从其名作《饮中八仙歌》中不难看出他的豪气干云。

杜甫的思想核心是儒家的仁政思想，怀有"致君尧舜上，再使风俗淳"的宏伟抱负。杜甫虽然在世时名声并不显赫，但后来声名远播，对中国文学和日本文学都产生了深远的影响。杜甫共有约一千五百首诗歌被保留了下来，大多集于《杜工部集》。

杜甫的伟大在于他的人民性。他有坚定崇高的理想和抱负，始终热爱祖国，忧国忧民，正直磊落，为人民而歌，敢于展示真性情，品格高尚。杜甫的仁政思想极富理想色彩，这也就决定了诗人总是不满于现实，并善于看到阴暗面，促成了杜诗的批判性特质。杜甫接受民本思想，把眼睛投向人民，关心民疾，同情百姓，关心帮助他人。他坚持儒家人格价值观，执著无悔地选择了积极入世有为的人生态度。杜甫与中国历代仁人志士一样，"不以物喜，不以己悲。居庙堂之高则忧其民，处江湖之远则忧其君。是进亦忧，退

---

① 足茧：足掌因摩擦而生的硬皮。

亦忧。然则何时而乐耶？其必曰'先天下之忧而忧，后天下之乐而乐乎'"（范仲淹《岳阳楼记》）。杜甫是一个具有政治抱负的爱国爱民的诗人，同时也是一个具有乐观精神和顽强意志的诗人，尽管吃尽苦头，却从不曾悲观消极。这也就决定了他的现实主义不可能是一种浅薄的现实主义，而是有理想的现实主义。杜甫诗最能激发人们的忧国忧民之情，激发士大夫为社会进步和挽救国家危亡做出贡献。南北宋之交的抗金名臣李纲说："子美之诗凡千四百三十余篇，其忠义气节、羁旅艰难、悲愤无聊，一见于诗，句法理致，老而益精。平时读之，未见其工；迨亲更兵火丧乱之后，诵其诗如出乎其时，犁然有当于人心，然后知其语之妙也。"（《重校杜子美集序》）。这段话很有代表性，说明了杜诗在万方多难的时刻更能激起爱国者的共鸣。杜甫诗风雄浑深厚，沉郁顿挫。沉郁是情感思想的深沉、深厚、忧愤深广。"万方多难"与"艰难苦恨"使得杜甫看尽满目疮痍，尝尽人间坎坷辛苦；饱经磨难使他思想深刻，情感郁结，欲说还休。顿挫表现为意象、诗思、音律的发展变化，以及情感的抒张开阖。杜诗选取典型事件，写典型人物，精细描绘刻画，锤炼字句。杜甫是伟大的现实主义诗人，其诗是唐由盛转衰的历史见证。杜诗由于博大精深，题材风格多样，被人们称为集大成者。

《奉赠韦左丞丈二十二韵》写于杜甫困守长安十年时期，求人援引。开头两句"纨袴不饿死，儒冠多误身"总括了封建社会贤愚倒置的黑暗现实，奠定了全诗的基调。诗人紧接着回忆了自己读书、求仕的经历，并且自信地将自己与历史上的扬雄、曹植相类比，抨击了当时社会的黑暗、权贵势力气焰熏天、一手遮天；贫苦的读书人被拒之门外，找不到出路，沉抑下僚，过着衣食难以为继的日子。杜甫用铺陈、概括的手法叙述了自己的悲惨遭遇，感情深沉，浑厚激荡。杜甫"思深意曲，极鸣悲慨"（方东树《昭昧詹言》），使得诗歌艺术特色鲜明。"甚愧丈人厚，甚知丈人真。"这"厚"与"真"二字就是杜甫性格的写照。

《哀江头》以叙事、铺陈的手法回忆了"安史之乱"前玄宗和贵妃、达官显贵们的享受生活。曲江是当时皇帝贵族官僚以及文士们的游赏胜地，有说不尽的繁华热闹，但也正是这种地方使人特别容易感受到国破家亡的痛苦，因为和过去形成了强烈的对比。安乐享受的生活铺叙得越充分，今日的国破离散越可悲。杜甫抓住玄宗与贵妃优游的一个场景，写出了杨贵妃的受宠、尊荣，而正是这个杨贵妃，"血污游魂归不得"，下场悲惨。此诗抚今追昔，意多哀悼，虽然没有明确，但主旨则在指出国破家亡的根源，实由于统治者的骄奢荒淫，并指出这种骄奢荒淫之下，统治者也是要自食其果的。

《观公孙大娘弟子舞剑器行并序》是杜甫众多追忆、感怀诗中的一首。他目睹了唐王朝由盛转衰的过程，通过战乱带来的人事、文物的兴衰变化；家国一体，由个人的荣辱浮沉联想到国家的兴衰成败，联系到自身的命运，寓意良深。

即使是一首感时抚事的诗，在一件小事情上，杜甫往往也会想到整个国家命运。为了更好地描写剑器舞并表达这种激动的感情，该诗使用了歌行体。开元盛世，国家鼎盛时期，国朝文物荟萃，各路精英人才汇聚长安，杜甫无限向往，他使用了博喻、衬托浓墨重彩地渲染了公孙氏的飒爽英姿。玄宗时的剑器名家早已烟消云散，弟子流落风尘，不正像盛世王朝的一去不复返吗？杜甫感慨时代的变迁，感伤国家的命运，在他的笔端，凝聚着对开元盛世的热爱、追念，以及对现实的深沉忧思。

❖ 学 习 计 划

阅读理解

　　1. 结合杜甫诗作谈谈他的思想。

　　2. 分析杜甫诗作的特点。

拓展学习

　　1. 阅读杜甫《春望》、《北征》、"三吏"、"三别"等诗作，体会杜甫诗史的创作风格。

　　2. 阅读杜甫《秋兴八首》，体会杜甫即兴写景诗歌与"沉郁顿挫"风格的关系。

白居易诗二首

[唐] 白居易

缭绫①

念女工之劳也。

缭绫缭绫何所似？不似罗绡与纨绮②。

应似天台山③上明月前，四十五尺瀑布泉。

中有文章又奇绝，地铺白烟花簇雪。

织者何人衣者谁？越溪寒女汉宫姬。

去年中使宣口敕④，天上取样人间织。

织为云外秋雁行，染作江南春水色。

广裁衫袖长制裙，金斗⑤熨波刀剪纹。

异彩奇文相隐映⑥，转侧⑦看花花不定。

昭阳⑧舞人恩正深，春衣一对⑨值千金。

汗沾粉污不再着，曳土踏泥无惜心。

缭绫织成费功绩，莫比寻常缯与帛⑩。

丝细缲多女手疼，扎扎⑪千声不盈尺。

昭阳殿里歌舞人，若见织时应也惜。

---

① 选自章培恒、安平秋、马樟根主编，吴大逵、马秀娟译注：《元稹白居易诗选译》，凤凰出版社2011 年版。缭绫：绫为高级丝织品，缭绫则采用一种特殊丝织方法。元稹《织妇词》："缭绫织帛犹努力，变缉缭机苦难织。东家头白双女儿，为解挑纹嫁不得。"可知当时吴越之地生产此种极费工力的精美丝织品。

② 罗绡、纨绮：均为丝织品。

③ 天台山：在今浙江天台。

④ 中使：由皇帝派往各地充任使命的宦官。口敕：口头旨意。

⑤ 金斗：熨斗。

⑥ 隐映：映照，烘托。

⑦ 转侧：翻转方向。

⑧ 昭阳：昭阳殿，汉宫殿。汉成帝皇后赵飞燕居昭阳殿。

⑨ 一对：一副，一套。

⑩ 缯、帛：泛指一般丝织品。

⑪ 扎扎：同"札札"，机杼声。《古诗十九首》："纤纤擢素手，札札弄机杼。"

放鱼①

晓日提竹篮，家僮买春蔬。

青青芹蕨下，叠卧双白鱼。

无声但呀呀②，以气相煦濡③。

倾篮写④地上，拨剌⑤长尺余。

岂唯刀机忧，坐见蝼蚁图。⑥

脱泉虽已久，得水犹可苏。

放之小池中，且用救干枯。

水小池窄狭，动尾触四隅。

一时幸苟活，久远将何如？

怜其不得所，移放于南湖⑦。

南湖连西江⑧，好去勿踟蹰。

施恩即望报，吾非斯人徒。

不须泥沙底，辛苦觅明珠。⑨

学习视野

作家作品

白居易和他的诗

　　白居易（772—846），字乐天，号香山居士，祖籍山西太原（到其曾祖父时迁居下邽），生于河南新郑；白居易 800 年进士，后任翰林学士、左拾遗及左赞善大夫，因上书言事，贬江州司马。晚年因政治混乱，为避免党争，思想逐渐趋于消极，官终刑部尚书。世称白香山。唐代伟大的现实主义诗人，唐代三大诗人之一。白居易与元稹共同倡导新乐府运动，世称"元白"，与刘禹锡并称"刘

---

　　① 这首诗作于元和十一年（816）春季。

　　② 呀呀：活鱼离开水后，嘴一张一合的情态。

　　③ 煦：吐出，吹气。濡：浸渍，润湿。语出《庄子·大宗师》："泉涸，鱼相与处于陆，相煦以湿，相濡以沫，不如相忘于江湖。"

　　④ 写：同"泻"，倾倒。

　　⑤ 拨剌：鱼跳动的声音。

　　⑥ 刀：菜刀。机：同"几"，小桌子，这里引申为案板。坐见：眼见，眼看着。

　　⑦ 南湖：此指鄱阳湖。鄱阳湖分南湖、北湖，南湖为主要部分。

　　⑧ 西江：这里指长江。

　　⑨《淮南子·览冥训》高诱注：隋侯见一条大蛇负伤，用药救治了它，蛇从大江中衔来一颗宝珠报答他。

白"。他认为"文章合为时而著，歌诗合为事而作"（《与元九书》），论诗强调继承《诗经》的优良传统和杜甫的创作精神。

白居易的诗歌题材广泛，形式多样，善于叙述，语言平易通俗。他思想倾向鲜明，对当时的社会问题作了较深刻的揭露和批判，在新乐府运动中显示了最优异的成绩。有《白氏长庆集》传世。王若虚云："乐天之诗，情致曲尽，入人肝脾、随物赋形，所在充满，殆与元气相侔。至长韵大篇，动数百千言，而顺适惬当，句句如一，无争张牵强之态，此岂撚断吟须、悲鸣口吻者之所能至哉？而世或以浅易轻之，盖不足与言矣。"（《滹南诗话》卷一）

中唐前期诗坛上曾一度沉寂，到了元和时代，重又出现繁荣的气象。以韩、柳为代表的古文运动和以白居易为代表的新乐府运动都兴起在这个时期，元、白等人用平易通俗的语言反映人民疾苦，他们的诗篇被广泛传诵。白居易的贡献在于继承从《诗经》到杜甫的现实主义传统，掀起一场现实主义诗歌运动，即新乐府运动。白居易认为诗歌必须负起"补察时政"、"泄导人情"的政治使命，从而达到"救济人病，裨补时阙"的政治目的。将诗歌和政治、人民生活密切结合是白居易写诗、评诗、领导新乐府运动的纲领。写诗必须关心政治，从生活中汲取创作题材。诗歌有教育作用和社会功能。白居易强调内容与形式的统一，主张形式必须服从内容，为内容服务。白居易是中唐新乐府运动的执大旗者。他关注现实，以诗为谏，将社会政治弊病纳入《秦中吟》十首、《新乐府》五十首中，秉笔直书，具有高度的人民性和丰富的现实内容。《新乐府》是白居易采用李绅、元稹的《新题乐府》原题，又加扩充而创作的。李、元之作发扬了古乐府"讽兴"之义，同时继续了杜甫"即事名篇"、自创新题的做法。白居易在《新乐府序》中进一步将其创作目的概括为"为君为臣为民为物为事而作，不为文而作"，为此规定了"其辞质而径"、"其言直而切"、"其事核而实"、"其体顺而肆"的写作要求；并模仿"《诗三百》之义"，采用了"首句标其目"、"卒章显其志"的形式。"新乐府"虽然"可以播于乐章歌曲"，但其实"篇无定句，句无定字，系于意不系于文"，并不以入乐与否为标准。《新乐府》的内容可以分为两大类：一类回顾唐王朝的兴衰历史，总结治政经验；另一类反映和揭露宪宗朝的现实政治和社会状况。《秦中吟》、《新乐府》等作品写出后，在社会上广为流传，"权豪贵近者相目而变色"（《与元九书》），确实发挥了"补察时政"的作用。白居易的讽喻诗理论及实践，将汉代《毛诗序》以来的儒家美刺教化诗论进一步引向实用化、功利化的方向，更加突出了文学的政治、道德意义。

元和四年（809），白居易任左拾遗，创作了讽喻诗的组诗《新乐府》，共有五十首。前有总序，阐明意图是"为君为臣为民为物为事而作，不为文而作"。每首题名下有一小序，分别说明各首的主旨。《新乐府》采用乐府歌行体，反映了唐代自开国至贞元、元和时期的政治情况和社会面貌，内容广泛深入。新乐府诗的创作实践是白居易关注社会民生、关注国家时政弊端的利剑。白居易的新乐府诗一般是先介绍某件事，叙述、描写、抒情相结合，表现这件事的真实状况；往往是民生疾苦与权贵官吏的腐败对比着写，凸显恶势力的丑陋、凶残，百姓哀哀无告、辗转折磨于苦海之中；最后在诗歌末尾"卒章显其志"，以严正的议论指出时弊，揭露统治者的罪恶。《卖炭翁》"苦宫市也"，《杜陵叟》"伤农夫之困也"，《上阳人》"愍怨旷也"，《折臂翁》"戒边功也"……《缭绫》是《新乐府》五十篇中的第三十一篇，主题是"念女工之劳"。此诗通过描述缭绫的生产过程、工艺特点以及生产者与消费者的社会关系，表达了对纺织女工劳动艰辛的同情，揭露了宫廷生活的穷奢极欲。此诗亦揭露了唐代的贡奉弊端，诗中更为细致地描写了织女辛苦劳作的生活，将"寒女"与"宫姬"两种不同人物的命运进行了鲜明的对比。诗作使用铺陈、类比、比喻等手法描绘了缭绫的珍贵、绮丽，而这样的巧夺天工是织工们辛勤劳作的创造，"丝细缫多女手疼，扎扎千声不盈尺"，却被统治阶层恣意挥霍，在对比之中显示了作者的爱憎，抨击了时弊。

《放鱼》这首诗是作者被贬到江州之后所作。诗中写了一个故事：两条白鱼，置于地上，相濡以沫，相煦以湿，即便不伤于刀俎，也将被蝼蚁所食；诗人遂起同情之心，将之放生于南湖、西江，并说："施恩即望报，吾非斯人徒。"作者仕途失意，谪居江州，救白鱼于困厄之中，应该是出于一种同病相怜的感觉。诗中寄托了诗人的身世之感慨，表现了一种对危难者的同情怜悯之心。这种同情心和他在讽喻诗中所表现的对人民疾苦的关切和推己及人的自责精神是有联系的。《新制布裘》中就显示了白居易慨然以救济天下寒人为己任的情怀："丈夫贵兼济，岂独善一身。安得万里裘，盖裹周四垠。温暖皆如我，天下无寒人。"拯救危难穷溺，是白居易关怀人民生活、表现政治抱负的追求。《观刈麦》中白居易同情因赋税繁重而失去土地、被迫拾麦充饥的贫妇，想到自身宽裕舒适的生活而深感惭愧——"今我何功德，曾不事农桑。吏禄三百石，岁晏有余粮。念此私自愧，尽日不能忘"，表现了他一直以来推己及人、关心民疾的仁爱胸怀和革新朝政的善良愿望。

❖ 学 习 计 划

阅读理解

1. 了解白居易生活的时代背景。
2. 新乐府运动在唐代是怎样形成的？

拓展学习

1. 课外阅读白居易的《秦中吟》和《新乐府》诗。
2. 为什么元、白并称？他们的诗风有何异同？

柳永词四首[*]

[北宋] 柳永

定风波·自春来

自春来、惨绿愁红①，芳心是事可可②。日上花梢，莺穿柳带，犹压香衾卧。暖酥消、腻云亸③，终日厌厌倦梳裹。无那④！恨薄情一去，音书无个⑤。

早知恁么⑥，悔当初、不把雕鞍锁。向鸡窗⑦、只与蛮笺象管⑧，拘束教吟课⑨。镇⑩相随、莫抛躲，针线闲拈伴伊坐。和我，免使年少，光阴虚过。

望海潮·东南形胜

东南形胜⑪，江吴都会⑫，钱塘自古繁华。烟柳画桥，风帘翠幕，参差⑬十万人家。云树绕堤沙⑭，怒涛卷霜雪，天堑⑮无涯。市列珠玑⑯，户盈罗绮⑰，竞豪奢。

---

* 选自唐圭璋编：《全宋词》，中华书局 2009 年版。

① 惨绿愁红：实写绿树红花，却以景代情，表现思妇心头苦闷。

② 是事可可：凡事不在意。可可：不在意。

③ 暖酥消、腻云亸：暖酥消，指所抹油脂消褪，头发也散乱。"暖"字应与"腻"字对应起来看，指女子装扮，往往浓抹细梳。亸（duǒ）：下垂貌。

④ 无那（nuò）：语气助词，表感叹。

⑤ 无个：没有。个：语气助词。

⑥ 恁么：这样。

⑦ 鸡窗：指书窗。《艺文类聚·鸟部》引《幽明录》："晋兖州刺史沛国宋处宗尝买得一长鸣鸡，爱养甚至，恒笼著窗间。鸡遂作人语，与处宗谈论极有言智，终日不辍。处宗因此言巧大进。"此处用典，也有深意。

⑧ 蛮笺象管：纸和笔。蛮笺：古时四川所产的彩色笺纸。象管：即象牙做的笔管。

⑨ 吟课：把吟咏做功课。

⑩ 镇：常，永久。

⑪ 形胜：地理条件优越。胜：指地势有利的地方。

⑫ 江吴都会：江吴即钱塘（今浙江杭州市），位置在钱塘江北岸，旧属吴国，故说江吴都会。一作"三吴"。郦道元《水经注·浙江水》说，吴兴郡、吴郡和会稽郡"世号三吴"。

⑬ 参差（cēn cī）：指亭台楼阁高低不齐。

⑭ 云树：树木远望似云，极言其多而高大。堤：指钱塘江的大堤。

⑮ 天堑（qiàn）：天然形成的壕沟，这里指钱塘江。堑：壕沟。

⑯ 珠玑（jī）：指珠宝。

⑰ 罗绮（qǐ）：指丝织物。

重湖叠巘清嘉①，有三秋②桂子，十里荷花。羌管③弄晴，菱歌泛夜，嬉嬉钓叟莲娃。千骑拥高牙④，乘醉听箫鼓，吟赏烟霞。异日图将好景，归去凤池⑤夸。

戚氏·晚秋天

晚秋天，一霎微雨洒庭轩。槛菊萧疏，井梧零乱，惹残烟。凄然，望江关⑥，飞云黯淡夕阳间。当时宋玉悲感⑦，向此临水与登山。远道迢递，行人凄楚，倦听陇水潺湲。正蝉吟败叶，蛩响衰草，相应喧喧。

孤馆度日如年。风露渐变，悄悄至更阑。长天净，绛河⑧清浅，皓月婵娟⑨。思绵绵，夜永对景，那堪屈指，暗想从前。未名未禄，绮陌红楼，往往经岁迁延⑩。

帝里⑪风光好，当年少日，暮宴朝欢。况有狂朋怪侣，遇当歌、对酒竞留连。别来迅景⑫如梭，旧游似梦，烟水程⑬何限。念利名、憔悴长萦绊。追往事、空惨愁颜。漏箭⑭移、稍觉轻寒。渐鸣咽、画角数声残。对闲窗畔，停灯向晓，抱影无眠。

夜半乐·冻云黯淡天气

冻云黯淡天气⑮，扁舟⑯一叶，乘兴离江渚⑰。渡万壑千岩，越溪⑱深处。

---

① 重湖叠巘（yǎn）清嘉：北宋时西湖已有外湖、里湖之别，故称重湖。叠巘：重叠的山峰。清嘉：清秀，美丽。
② 三秋：农历九月。
③ 羌（qiāng）管：笛子。笛子是羌族的管乐器，故称羌管。这里泛指乐器。
④ 千骑（jì）拥高牙：千骑，形容州郡长官出行时随从众多。高牙：牙指牙旗，古代将军用的以象牙为装饰的旗帜。由于旗很高，故称"高牙"。
⑤ 凤池：凤凰池。《通典·职官三》"中书令"条："魏晋以来，中书监令掌赞诏命，记会时事，典作文书。以其地在枢近，多承宠任，是以人固其位，谓之凤凰池焉。"唐宋时，中书省是最高行政机关。这里以凤凰池代指朝廷。
⑥ 江关：江河关山。
⑦ 宋玉悲感：宋玉作《九辩》，有"悲哉，秋之为气也"之语。
⑧ 绛河：银河。天称绛霄，银河称绛河。
⑨ 婵娟：美好貌。
⑩ 经岁迁延：经年，一年又一年。迁延：逍遥。
⑪ 帝里：京城。
⑫ 迅景：飞逝的光阴。
⑬ 水程：行船的路程。
⑭ 漏箭：漏壶（古代计时器）的部件。上刻时辰度数，随水浮沉以计时。
⑮ 冻云黯淡天气：天空云气浓重阴暗，又时天气寒冷，云气似乎凝结起来。
⑯ 扁舟：小船。
⑰ 江渚：江边。渚：水中沙洲，此指水边。
⑱ 越溪：指越国西施浣纱的若耶溪，在今浙江绍兴市南。这里泛指越地的溪流。

怒涛渐息，樵风①乍起，更闻商旅相呼。片帆高举，泛画鹢②、翩翩过南浦③。

望中酒斾闪闪，一簇烟村，数行霜树。残日下、渔人鸣榔④归去。败荷零落，衰柳掩映，岸边两两三三，浣纱游女⑤，避行客，含羞笑相语。

到此因念，绣阁轻抛，浪萍难驻⑥。叹后约⑦、丁宁竟何据！惨离怀、空恨岁晚归期阻。凝泪眼、杳杳神京路⑧，断鸿声远长天暮⑨。

❖❖ 学习视野

作家作品

柳永和他的词

柳永（约987—约1053），北宋词人，崇安（今福建武夷山）人；原名三变，字景庄，后改名永，字耆卿，排行第七，又称柳七；宋仁宗朝进士，官至屯田员外郎，故世称柳屯田。他原热衷功名，然而仕途之路却坎坷不平。"由于失意无聊，流连坊曲，在乐工和歌妓们的鼓舞之下，这位精通音律的词人创作了大量适合于歌唱的新乐府（慢词），受到广大市民的欢迎。"⑩柳词多描绘城市风光和歌妓生活，抒写羁旅行愁。词人善于铺叙刻画，词作情景交融、语言通俗、音律谐婉；有《乐章集》。

词人出身儒宦家庭，却又性情浪漫、多才多艺、放荡不羁。他的性情之举恰恰成为自己仕宦之路的绊脚石。一方面，他背负家庭瞩望，要走仕进之路，另一方面，却又难耐寂寞，沉溺青楼；一方面，他饱读经书，希图施展政治才华，另一方面，稍有挫折，却又率性而作，牢骚诗歌。《鹤冲天》中一句"忍把浮名，换了浅斟低唱"断送了自己的政治前途。然而正是因为词人率真，又不委屈隐

---

① 樵风：指顺风。《后汉书·郑弘传》"会稽山阴人"注引南朝宋孔灵符《会稽记》："射的山南有白鹤山，此鹤为仙人取箭。汉太尉郑弘尝采薪，得一遗箭，顷有人觅，弘还之，问何所欲，弘识其神人也，曰：'常患若邪溪载薪为难，愿旦南风，暮北风。'后果然。"因称若邪溪之风为郑公风，也称樵风。后以樵风指顺风。

② 画鹢（yì）：船其首画鹢鸟者，以图吉利。鹢是古书上说的一种水鸟，不怕风暴，善于飞翔。

③ 翩翩过南浦：翩翩，行船轻快貌。南浦，泛指水滨。

④ 鸣榔：用长木条（榔）敲击船舷。渔人有时用它敲船，使鱼受惊入网；有时用它敲船以做唱歌节拍。这里用后者，即渔人唱着渔歌回家。

⑤ 浣纱游女：水边洗衣劳作的农家女子。

⑥ 浪萍难驻：萍随浪转，飘浮不定，用以比喻流浪生活。

⑦ 后约：约定以后相见的日期。

⑧ 杳杳神京路：杳杳，指遥远的意思。京师，即宋都汴京（今河南开封市）。

⑨ 断鸿声远长天暮：断鸿声远，指音信断绝。古有鸿雁传书之说。《汉书·苏武传》："天子射上林中，得雁，足有系帛书。"长天暮：远天出现茫茫暮色。

⑩ 胡云翼选注：《宋词选》，上海古籍出版社2007年版，第16页。

忍，一部《乐章集》中，才会出现那么多交织着不懈追求和浪漫奔放、失志之悲与儿女柔情的人生感沛之作。词人的性情与诗才往往胶合一处，既要随性情所动，又要一呈才华。据《古今词话》载："柳耆卿与孙相何为布衣之交。孙知杭州，门禁甚严，耆卿欲见之不得，作《望海潮》词，往谒名妓楚楚曰：'欲见孙相，恨无门路。若因府会，愿借朱唇歌于孙相公之前。若问谁为此词，但说柳七。'中秋府会，楚楚宛转歌之，孙即日迎耆卿预坐。"① 这里出现的不是颠沛落魄的仕宦之徒，而是在等级身份制社会中敢于表现情感和个性的诗人。

《定风波·自春来》是柳永俚词的代表作。词中描写一闺中少妇，因丈夫客居在外，有感春色，芳心惊悸。词人引铺叙手法入词，将写景、抒情和想象串联一处，一层层剥解开叹春思人的心绪。词的非凡之处在下阕。词人赋予少妇三重想象——"雕鞍锁"、"教吟课"、"针线闲拈伴伊坐"，极写少妇渴望与夫相伴相守之意。为盼夫归，为悔与夫轻离，少妇一连串想出三个留住夫君的办法。词人一改文人雅士隐喻象征之法，亦不用典借故，只以口语俚词，娓娓而写少妇内心想法，以白描般的铺叙抒写情感。

《望海潮·东南形胜》是柳永的一首传世佳作。此词采用大开大阖、波澜起伏的笔法，浓墨重彩地展现了杭州繁华景象。词人写杭州之概，将杭州置于钱塘潮景和吴国旧貌的表现环境中，声势夺人。在自然条件优越的旧都气象中，又尽显当前商家官府的富庶、豪奢、淫乐与霸气。词人借自然之景和古代意象起兴，笔笔描摹，笔笔诉状，将当今杭州奢华景象呈现出来，结末一句"异日图将好景，归去凤池夸"不失讥诮之笔。"异日"报与皇上的，是古都繁盛、自然胜景抑或当今的骄奢淫逸？

《戚氏·晚秋天》为北宋长调慢词之最，亦堪称柳词压轴之作，当是柳永入仕后晚年的作品。以"当时宋玉悲感，向此临水与登山"句看，可知此词写于湖北江陵。此时柳永外放荆南，已经年过五十，官低位卑，心情苦闷。正是在此心境下，词人见秋天"菊疏梧零"，触景生情，联想当年"宋玉悲感"，生发内心凄凉之感。全词分为三叠：第一叠写宋玉悲秋，第二叠写孤馆落寞，第三叠写少年轻狂。第一、二两叠，从秋景到秋天的联想再到眼前景象，用借景起兴的方式叙写自己不幸的命运。进入第三叠，词人笔锋一转，在已经完成的叙写之处又添加回忆之笔，"帝里风光好，当年少日，暮宴朝欢"，竟使命运的表现从外部叙写直指内在性格揭示。在此处，词人写出了对当年往事的留恋，"遇当歌、对酒竟留连"写出了疏放性情与羁留功名的矛盾，"念利名、憔悴长萦绊"亦写出了光阴似箭、人生苦短、抱恨无成的遗憾，"漏箭移、稍觉轻寒。渐鸣咽、画角数声残"。整首词由景到人，由外及内，款款写来，写出了一部人间人情事故的悲剧。"序事闲暇，有首有尾，亦间出佳语……前辈云：'离骚寂寞千年后，戚

---

① 唐圭璋编：《词话丛编》（第一册），中华书局1986年版，第15页。

氏凄凉一曲终。'"①

《夜半乐·冻云黯淡天气》是柳永用旧曲名创制的新声乐府之一。此词分三叠：第一叠写旅途经历；第二叠写所见人物，亦是写景；唯第三叠抒发感怀。词人此时游历浙江，故引用此地典故与地名。整首词，词人似乎走走看看，信手而写，到处异地风光，"越溪深处"，"渔人鸣榔"，"浣纱游女"；然而正是在这不经意间，词人一缕排解不掉的忧愁冲散了一切观赏的心绪。词人随手拈来的叙写最终进入一块纠结之地，"凝泪眼、杳杳神京路，断鸿声远长天暮"，抒发去国离乡之感。

❈ 学 习 计 划

阅读理解

1. 阅读四首词，比较其不同的表现特色，归纳柳永词的词风。

2. 《戚氏》和《夜半乐》都是三叠长调词，比较两词在表现手法上有何不同？

3. 宋人王灼在《碧鸡漫志》中说："惟是浅近卑俗，自成一体，不知书者尤好之。予尝以比都下富儿，虽脱村野，而声态可憎。"怎样理解柳永词的俚俗和"村野之气"？

拓展学习

1. 通过对柳永词艺术审美的认识，能否进一步认识艺术上的俗与雅、质与文？仿照《定风波》和《望海潮》的表现笔法，创作词或新乐府诗。

2. 查找关于柳永及其创作的资料，写一篇关于柳永的传。

---

① 唐圭璋编：《词话丛编》（第一册），中华书局 1986 年版，第 84 页。

周邦彦词二首[*]

［北宋］周邦彦

苏幕遮·燎沉香

燎沉香①，消溽暑②。鸟雀呼晴，侵晓③窥檐语。叶上初阳干宿雨④，水面清圆，一一风荷举。

故乡遥，何日去？家住吴门⑤，久作长安旅⑥。五月渔郎相忆否？小楫轻舟，梦入芙蓉浦⑦。

夜飞鹊·河桥送人处

河桥送人处，凉夜何其⑧。斜月远、坠余辉，铜盘烛泪已流尽，霏霏⑨凉露沾衣。相将散离会，探风前津鼓，树杪参旗⑩。花骢会意，纵扬鞭，亦自行迟。

迢递路回清野，人语渐无闻，空带愁归。何意重经前地，遗钿不见，斜径都迷。兔葵燕麦⑪，向斜阳欲与人齐。但徘徊班草⑫，欷歔酹酒⑬，极望天西。

---

* 选自《全宋词》。唐圭璋编：《全宋词》，中华书局 2009 年版。

① 燎（liáo）沉香：烧香。燎：点燃。沉香：一种珍贵的香料，置水则下沉，故又名沉水香。

② 溽（rù）暑：夏天湿热的天气。

③ 侵晓：凌晨，破晓。

④ 宿雨：昨夜的雨。

⑤ 吴门：苏州是古代吴国的国都，有吴门、吴中等名称。此处以吴门泛指吴越一带。作者是钱塘人，钱塘古属吴郡，故称之。

⑥ 久作长安旅：长年客居京城。长安：以古长安借指北宋都城汴京（今河南开封）。

⑦ 芙蓉浦：浦：水湾，河流。芙蓉：又叫"芙蕖"，荷花的别称。

⑧ 何其：多么。

⑨ 霏霏：形容露水很大。

⑩ 树杪（miǎo）参（cēn）旗：指树梢上的夜空中散布着点点繁星。树杪：树梢。参旗：星辰名，初秋时于黎明前出现。

⑪ 兔葵燕麦：野葵和野麦。

⑫ 班草：布草而坐。

⑬ 欷歔（xū）酹（lèi）酒：欷歔：叹息声。酹酒：以酒洒地而祭。

学习视野

作家作品

周邦彦和他的词

周邦彦（1056—1121），北宋词人；字美成，自号清真居士，钱塘（今浙江杭州市）人。宋神宗时，其为太学生，献《汴都赋》万余言，赞扬新法，得到皇帝赏识，擢为太学正，后累官庐州教授、知溧水县等。宋徽宗颁布《大晟乐》，召周邦彦提举大晟府，主管乐府。宋人王灼《碧鸡漫志》① 有载："崇宁间，建大晟乐府，周美成作提举官，而制撰官又有七。……新广四十八调，患谱弗传，雅言请以盛德大业及祥瑞事迹制词实谱。有旨依月用律，月进一曲，自此新谱稍传。"

周邦彦精通音律，年轻时颇呈其才，因文章词作稍显，却亦因此得罪。宋人周密《浩然斋词话》记其事："宣和中，李师师以能歌舞称。时周邦彦为太学生，每游其家。一夕值祐陵临幸，仓卒隐去。既而赋小词，所谓'并刀如水、吴盐胜雪'者，盖记此夕事也。未几，李被宣唤，遂歌于上前。问谁所为，则以邦彦对。于是遂与解褐，自此通显。既而朝廷赐酺，师师又歌大酺、六丑二解，上顾教坊使袁绹问，绹曰：'此起居舍人新知潞州周邦彦作也。'问六丑之义，莫能对，急召邦彦问之。对曰：'此犯六调，皆声之美者，然绝难歌。昔高阳氏（颛顼高阳）有子六人，才而丑，故以比。'上喜，意将留行。且以近者祥瑞沓至，将使播之乐府，命蔡元长微叩之。邦彦云：'某老矣，颇悔少作。'会起居郎张果与之不咸，廉知邦彦尝于亲王席上作小词赠舞鬟云：'歌席上，舞赖是横波。……'为蔡道其事。上知之，由是得罪。"②

周邦彦是北宋末年大词家，后人极尽赞誉。胡云翼称："南宋末年人陈郁《藏一话腴》称他：'二百年来，以乐府独步。贵人、学士、市侩、妓女，皆知美成词可爱。'……他的词开了南宋姜夔、史达祖一派，对后世词坛有巨大的影响。"③ 周邦彦词多写闺情、羁旅，也作咏物，格律谨严，语言曲丽精雅，长调尤善铺叙，为后来格律派词人所宗。旧时词论称他为"词家之冠"、"词中老杜"。清人陈廷焯《白雨斋词话》道："词至美成，乃有大宗。前收苏、秦之终，后开姜、史之始。自有词人以来，不得不推为巨擘。后之为词者，亦难出其范围。然其妙处，亦不外沉郁顿挫。顿挫则有姿态，沉郁则极深厚。既有姿态，又

---

① 唐圭璋编：《词话丛编》（第一册），中华书局 1986 年版，第 78 页。

② 同上，第 232 页。

③ 胡云翼选注：《宋词选》，上海古籍出版社 2007 年版，第 62 页。

极深厚，词中三昧亦尽于此矣。今之谈词者亦知尊美成。然知其佳，而不知其所以佳。正坐不解沉郁顿挫之妙。"① 周邦彦著有《清真居士集》，后人改名为《片玉集》。

《苏幕遮·燎沉香》是周邦彦词中的小令。胡云翼说："周邦彦的词向以'富艳精工'著称；这首词前段描绘雨后风荷的神态，后段写小楫轻舟的归梦，清新淡雅，别具一格。"② 词人善用典故，借事铺陈，隐约含蓄；然此作一反故态，开篇即景，绘景以拟人状，"鸟呼"，"荷举"，更不惜以"一一"之拙笔衬写"风荷"之俏姿，更在此写景的愉悦之中稍露人生愁闷心态。

《夜飞鹊·河桥送人处》写惜别、怀旧之情，写情却情不直露。此词的结构安排极为巧妙，从"河桥送人处"到"何意重经前地"再到"但徘徊班草"，呈现出当时、当前的时空变换，此种变换在诗词的跳跃性结构中更显深旷空灵，写尽人在人亦不在的惆怅之感。清人陈廷焯评道："美成夜飞鹊云：'何意重经前地，遗钿不见，斜径都迷。兔葵燕麦，向斜阳、影与人齐。但徘徊班草，欷歔酹酒，极望天西。'哀怨而浑雅。白石扬州慢一阕，从此脱胎，超处或过之，而厚意微逊。"③ 美成之厚，即在这三重时空变换叠加，两处"当时"，中间插入一处"当下"；如果没有所插入的"当下"——那几句"何意重经前地，遗钿不见，斜径都迷。兔葵燕麦，向斜阳欲与人齐"之写，再回到"当时"之"但徘徊班草，欷歔酹酒，极望天西"，亦无此令人唏嘘感动。自此词可见词人下笔，一任才情所呈，情如水涌，所到之处，渐成渠畔。

❈ 学习计划

阅读理解

1. 体会清人陈廷焯"美成小令，以警动胜"的语义。感受《苏幕遮》一词"警动"处所在。

2. 分析《夜飞鹊》词的结构特征及词中"沉郁顿挫"的情感表现。

拓展学习

1. 阅读下面两首周邦彦词，体会清人陈廷焯对周词的评价："后之为词者，亦难出其范围。然其妙处，亦不外沉郁顿挫。顿挫则有姿态，沉郁则极深厚。既有姿态，又极深厚，词中三昧亦尽于此矣。今之谈词者亦知尊美成。然知其佳，而不知其所以佳。"分析其"沉郁顿挫"的词风表现。

---

① 唐圭璋编：《词话丛编》（第四册），中华书局1986年版，第3787页。

② 胡云翼选注：《宋词选》，上海古籍出版社2007年版，第64页。

③ 唐圭璋编：《词话丛编》（第四册），中华书局1986年版，第3789页。

《六丑》：正单衣试酒，怅客里光阴虚掷。愿春暂留，春归如过翼，一去无迹。为问家何在？夜来风雨，葬楚宫倾国。钗钿堕处遗香泽，乱点桃蹊，轻翻柳陌。多情为谁追惜？但蜂媒蝶使，时叩窗槅。

东园岑寂，渐蒙笼暗碧。静绕珍丛底，成叹息。长条故惹行客，似牵衣待话，别情无极。残英小，强簪巾帻，终不似、一朵钗头颤袅，向人敧侧。漂流处、莫趁潮汐，恐断红、尚有相思字，何由见得？

《花犯》：粉墙低，梅花照眼，依然旧风味。露痕轻缀，疑净洗铅华，无限佳丽。去年胜赏曾孤倚，冰盘同燕喜。更可惜、雪中高树，香篝熏素被。

今年对花最匆匆，相逢似有恨，依依愁悴。吟望久，青苔上，旋看飞坠。相将见、翠丸荐酒，人正在、空江烟浪里。但梦想、一枝潇洒，黄昏斜照水。

2. 仿照《苏幕遮》和《夜飞鹊》的笔法，写两首新乐府小令。

姜夔词三首[*]

[南宋] 姜夔

扬州慢·淮左名都

淳熙丙申至日①，予过维扬②。夜雪初霁，荠麦③弥望。入其城，则四顾萧条，寒水自碧，暮色渐起，戍角④悲吟。予怀怆然，感慨今昔，因自度此曲⑤。千岩老人以为有"黍离"之悲也⑥。

淮左名都⑦，竹西佳处⑧，解鞍少驻初程。过春风十里⑨，尽荠麦青青。自胡马窥江⑩去后，废池乔木⑪，犹厌言兵。渐黄昏，清角⑫吹寒，都在空城。

杜郎俊赏⑬，算而今、重到须惊。纵豆蔻词工，青楼梦好⑭，难赋深情。二十四桥仍在⑮，波心荡、冷月无声。念桥边红药，年年知为谁生？

＊　选自《全宋词》。唐圭璋编：《全宋词》，中华书局 2009 年版。

①　淳熙丙申：宋孝宗三年（1176）。至日：冬至日。

②　维扬：即扬州（今属江苏）。

③　荠麦：荠菜和野生的麦。

④　戍角：军营中发出的号角。

⑤　自度此曲：自创《扬州慢》曲调。

⑥　千岩老人以为有"黍离"之悲也：千岩老人，南宋诗人萧德藻，字东夫，自号千岩老人。姜夔曾跟他学诗，又是他的侄女婿。黍离：《诗经·黍离》篇，写周平王东迁后，周大夫途径西周故都，见宗庙圮毁，尽为禾黍，彷徨不忍去，故作此诗。后以"黍离"表故国之思。

⑦　淮左名都：指扬州。宋朝的行政区设有淮南东路和淮南西路，扬州是淮南东路的首府，故称淮左名都。左：古人方位名，面朝南时，东为左，西为右。名都：著名的都会。

⑧　竹西佳处：扬州城东禅智寺侧有竹西亭。杜牧《题扬州禅智寺》："谁知竹西路，歌吹是扬州？"

⑨　春风十里：指扬州繁华景象。杜牧《赠别》："春风十里扬州路，卷上珠帘总不如。"

⑩　胡马窥江：金兵于宋高宗建炎三年（1129）和绍兴三十一年（1161）两次南侵，洗劫扬州。这里应指第二次扬州遇劫。

⑪　废池：废毁的池台。乔木：残存的古树。废池乔木：扬州乱后余生，城中荒芜，人烟萧条。

⑫　清角：凄清的号角声。

⑬　杜郎：即杜牧。唐文宗大和七年至九年，杜牧在扬州任淮南节度使掌书记。俊赏：俊逸清赏。钟嵘《诗品序》："近彭城刘士章，俊赏才士。"

⑭　"纵豆蔻词工，青楼梦好"：豆蔻，形容少女美艳。杜牧《赠别》："娉娉袅袅十三余，豆蔻梢头二月初。"这里指纵使有杜牧写"豆蔻"、"青楼梦"诗的才华，也难表达此刻再见扬州的悲怆心情。

⑮　二十四桥仍在：扬州城内古桥，即吴家砖桥，一名红药桥，桥边盛产红芍药花。

暗香·旧时月色

辛亥①之冬，予载雪诣石湖②。止既月，授简索句，且征新声，作此两曲。石湖把玩不已，使工妓隶习③之，音节谐婉，乃名之曰《暗香》、《疏影》。

旧时月色，算几番照我，梅边吹笛？唤起玉人，不管清寒与攀摘。④ 何逊而今渐老，都忘却春风词笔。⑤ 但怪得竹外疏花⑥，香冷入瑶席。

江国，正寂寂。叹寄与路遥⑦，夜雪初积。翠尊易泣，红萼无言耿相忆。长记曾携手处，千树压、西湖寒碧⑧。又片片吹尽也，几时见得？

疏影·苔枝缀玉

苔枝缀玉⑨，有翠禽小小，枝上同宿。客里⑩相逢，篱角黄昏，无言自倚修竹⑪。昭君不惯胡沙远⑫，但暗忆、江南江北。想佩环月夜归来⑬，化作此花幽独。

犹记深宫旧事，那人正睡里，飞近蛾绿。⑭ 莫似春风，不管盈盈⑮，早与安排金屋⑯。还教一片随波去，又却怨玉龙哀曲⑰。等恁时⑱、重觅幽香⑲，已入小

---

① 辛亥：宋光宗绍熙二年（1191）。

② 石湖：诗人范成大晚年居住在苏州西南的石湖，自号石湖居士。

③ 隶习：学习，练习。

④ "唤起玉人"二句：写过去和美人于清寒中攀摘梅花旧事。贺铸《浣溪沙》词："玉人和月摘梅花。"

⑤ "何逊而今渐老"二句：何逊，字仲言，南朝梁诗人，早年曾任南平王萧伟的记室，在扬州有《扬州法曹梅花盛开》诗："兔园标物序，惊时最是梅。"杜甫《和裴迪登蜀州东亭送客逢早梅相忆见寄》诗："东阁官梅动诗兴，还如何逊在扬州。"

⑥ 竹外疏花：竹林外几处稀疏梅花。苏轼《和秦太虚梅花》诗："竹外一枝斜更好。"

⑦ 寄与路遥：音讯隔绝。这里暗用陆凯寄范晔诗："折梅逢驿使，寄与陇头人。"

⑧ "千树压、西湖寒碧"：写红梅碧水相映成趣的景色。宋时杭州西湖上的孤山梅花成林，故云"千树"。

⑨ 苔枝：指梅枝。范成大《梅谱》说绍兴、吴兴一带的古梅"苔须垂于枝间，或长数寸，风至，绿丝飘飘可玩"。缀玉：梅花品性高洁，其清如玉，故言梅花如玉般缀满枝头。

⑩ 客里：白石为江西人，当时客居江苏。

⑪ 无言自倚修竹：杜甫《佳人》："天寒翠袖薄，日暮倚修竹。"这里把梅花比作孤高清洁之美人。

⑫ 昭君不惯胡沙远：言昭君远嫁匈奴，非其所愿。

⑬ 想佩环月夜归来：杜甫《咏怀古迹》之三题咏昭君，中有"环佩空归月夜魂"语。佩环：即环佩，女人饰品，借指昭君。

⑭ "犹记深宫旧事"三句：《太平御览》引《杂五行书》："宋武帝女寿阳公主人日卧于含章殿檐下，梅花落公主额上，成五出花，拂之不去。皇后留之，看得几时。经三日，洗之乃落。宫女奇其异，竞效之，今梅花妆是也。"此处借用南朝宋武帝女梅花妆之典，以美人写梅，又似将梅化入美人。蛾绿：指美女黛眉。

⑮ 盈盈：《古诗》中有"盈盈楼上女"，借指梅花。

⑯ 安排金屋：《汉武故事》记武帝幼时对姑母说："若得阿娇（武帝表妹）作妇，当作金屋贮之。"此借表惜梅之意。

⑰ 玉龙：笛名。哀曲：指曲子《梅花落》。李白《与史郎中钦听黄鹤楼上吹笛》："黄鹤楼中吹玉笛，江城五月落梅花。"落梅花：即《梅花落》。

⑱ 恁时：那时。

⑲ 幽香：代梅花。

窗横幅①。

学习视野

作家作品

姜夔和他的词

姜夔（约 1155—1221），字尧章，号白石道人，饶州鄱阳（今江西省鄱阳县）人。他少年失怙，屡试不第，终生未仕，一生转徙江湖。胡云翼称他："少年时流寓两湖的汉阳、长沙一带。后来家居浙江吴兴，漫游苏、杭、扬、淮之间，到处依人做客。在政治上困顿、失意，始终是个布衣。"② 但他多才多艺，精通音律，能自度曲，其词格律严密，词作素以空灵含蓄著称。姜夔对诗词、散文、书法、音乐无不精善，是继苏轼之后又一难得的艺术全才。一方面是坎坷失意的人生，另一方面却又是多才多艺的艺术全才；充满矛盾的人生状态反映在词人的创作上面，不论是咏物摹景、交游酬赠还是感时伤世，词人既要宣泄和抒发自己的人生态度和艺术审美，往往旨在言外，曲意婉转，仿佛隔窗发叹、雾里看花。王国维《人间词话》称其词："白石写景之作，如'二十四桥仍在，波心荡、冷月无声'，'数峰清苦，商略黄昏雨'，'高树晚蝉，说西风消息'，虽格韵高绝，然如雾里看花，终隔一层。"③ 姜夔性情超旷，飘然不群，有如孤云野鹤。清人刘熙载《词概》称他："词家称白石曰白石老仙，或问毕竟与何仙相似，曰：'藐姑冰雪，盖为近之。'"又称："姜白石词幽韵冷香，令人挹之无尽，拟诸形容，在乐则琴，在花则梅也。"④ 由此种词风，可窥词人境遇一斑。姜夔晚居西湖，去世后靠友朋吴潜等人捐资，终葬于杭州钱塘门外西马塍。其有《白石道人诗集》、《白石道人歌曲》、《续书谱》、《绛帖平》等书传世。

《扬州慢·淮左名都》是姜词中的现实篇。胡云翼引郑文焯校《白石道人歌曲》道："绍兴三十年，完颜亮南寇。江淮军败，中外震骇。亮寻为其臣下弑于瓜州。此词作于淳熙三年，寇平已十有六年，而景物萧条，依然有废池乔木之感。"⑤ 对此屈辱之役、"维扬"兵焚之况，词人开篇即作今昔对比之写，犹以"淮左名都"一句写尽往昔繁华之慨。"写兵焚后情景逼真。'犹厌言兵'

---

① 横幅：指画幅。
② 胡云翼选注：《宋词选》，上海古籍出版社 2007 年版，第 170 页。
③ 唐圭璋编：《词话丛编》（第五册），中华书局 1986 年版，第 4284 页。
④ 唐圭璋编：《词话丛编》（第四册），中华书局 1986 年版，第 4284 页、第 3694 页。
⑤ 胡云翼选注：《宋词选》，上海古籍出版社 2007 年版，第 172 页。

四字，包括无限伤乱语。他人累千百言，亦无此韵味。"① 词人作现实之写，只在关键处落笔，一句"犹厌言兵"写尽宋人伤于此役之百转心肠，更有一句"清角吹寒"，将"维扬"尚在、国已半壁的屈辱无奈之情挥发至尽。词人自伤身世，更感于时事，犹感国势衰微、国中无人，故状物发微、含蓄陈情。清人陈廷焯《白雨斋词话》称："南渡以后，国势日非。白石目击心伤，多于词中寄慨。不独暗香、疏影二章，发二帝之幽愤，伤在位之无人也。特感慨全在虚处，无迹可寻，人自不察耳。感慨时事，发为诗歌，便已力据上游，特不宜说破，只可用比兴体。即比兴中，亦须含蓄不露，斯为沉郁，斯为忠厚。"

《暗香·旧时月色》与《疏影·苔枝缀玉》二篇，"笔致骚雅"，是姜词中的绝唱之作。清人李佳《左庵词话》称其："石湖咏梅二词，尤为空前绝后，独有千古。……清虚婉约，用典亦复不涉呆相。风雅如此，老倩小红低唱，吹箫和之，泂无愧色。"② 此二篇均写梅，但写梅姿态各有不同。《暗香》一词，词人意在以梅怀人，故处处着笔于梅，又于落梅处笔笔于人。在词人笔下，梅花无处不在，恋人亦无所不在。词人不惜用繁笔写梅，却又繁而不腻，密而不呆。词人罗织三个层次，变换三个视角，将借梅怀人的内容穿织一处。"梅边吹笛"自回想开端，到"何逊"处转，温暖回想跌入"竹外疏花"、"瑶席香冷"的现实。然而笔力又转，于"夜雪翠尊"时，再忆相约"红萼"情景。"何逊"已老，对恋人的怀想却挥之不去。许昂霄《词综偶评》曰："旧时月色二句，起法倒装。何逊而今渐老二句，陡转。又片片吹尽也二句，收。"③ 词人采用借典用故与凝缩前人诗句的方法，不断变换描写梅花的层次，以不同层次和不同视角的描摹，极写梅花无处不在，以寄托挥之不尽的思念之情。

《疏影·苔枝缀玉》写梅花的幽独，亦写美人的孤愤，只将梅花与美人合为一处，揭示了梅花幽静、孤独、美丽气质。上阕开篇"苔枝缀玉"写梅，转笔又写"昭君不惯胡沙远"，以昭君美人"化作此花幽独"，美人与梅花巧合。下阕起笔写"深宫旧事"，落笔"蛾绿"美人，连续用典，笔笔写尽对美人遭遇的痛惜之情；到结尾处，又回到幽香梅花入与"小窗横幅"，稍露一点幽怨之情。许昂霄《词综偶评》曰："昭君不惯胡沙远四句，能转法华，不为法华所转。宋人咏梅，例以弄玉，太真为比，不若以明妃拟之，犹有情致也。胡澹菴诗，亦有'春风自识明妃面'之句。还教一片随波去二句，用笔如龙。"④

---

① 唐圭璋编：《词话丛编》（第四册），中华书局 1986 年版，第 4284 页、第 3798 页。
② 唐圭璋编：《词话丛编》（第四册），中华书局 1986 年版，第 3108 页。
③ 唐圭璋编：《词话丛编》（第四册），中华书局 1986 年版，第 1558 页。
④ 唐圭璋编：《词话丛编》（第四册），中华书局 1986 年版。

学 习 计 划

阅读理解

1. 体会王国维评姜词"虽格韵高绝,然如雾里看花,终隔一层"。分析此三首词"终隔一层"状。

2. 分析《扬州慢·淮左名都》一词的现实性写法。

3. 《暗香·旧时月色》、《疏影·苔枝缀玉》二词写梅,但手法各异,分析其不同表现特征。

拓展学习

1. 查找姜夔相关材料,针对其与萧德藻、杨万里、范成大等著名诗人交友以及寓居湖州且四处游历经历,阅读《满江红·仙姥来时》、《凄凉犯·绿杨项陌秋风起》、《秋宵吟·古帘空》、《暗香·旧时月色》、《疏影·苔枝缀玉》等词,写一篇《姜夔其人其词》小传或词评。

2. 阅读南宋词人史达祖词《双双燕·咏燕》、《东风第一枝·春雪》,对比姜夔词《暗香·旧时月色》、《疏影·苔枝缀玉》,体会其不同的咏物特征。仿照词人咏物笔法,写作新乐府咏物词。

《双双燕·咏燕》

过春社了,度帘幕中间,去年尘冷。差池欲住,试入旧巢相并。还相雕梁藻井,又软语、商量不定。飘然快拂花梢,翠尾分开红影。

芳径,芹泥雨润,爱贴地争飞,竞夸轻俊。红楼归晚,看足柳昏花暝。应自栖香正稳,便忘了、天涯芳信。愁损翠黛双蛾,日日画阑独凭。

《东风第一枝·春雪》

巧沁兰心,偷粘草甲,东风欲障新暖。漫凝碧瓦难留,信知暮寒轻浅。行天入镜,做弄出、轻松纤软。料故园、不卷重帘,误了乍来双燕。

青未了、柳回白眼。红欲断、杏开素面。旧游忆著山阴,后盟遂妨上苑。寒炉重暖,便放慢春衫针线。恐凤靴、挑菜归来,万一灞桥相见。

散文

祭十二郎文[*]

［唐］韩愈

年、月、日①，季父②愈闻汝丧之七日，乃能衔哀致诚③，使建中远具时羞之奠④，告汝十二郎之灵：

呜呼！吾少孤⑤，及长，不省所怙⑥，惟兄嫂是依。中年，兄殁南方⑦，吾与汝俱幼，从嫂归葬河阳⑧。既又与汝就食江南⑨，零丁孤苦，未尝一日相离也。吾上有三兄⑩，皆不幸早世。承先人⑪后者，在孙惟汝，在子惟吾。两世一身⑫，形单影只。嫂尝抚汝指吾而言曰："韩氏两世，惟此而已！"汝时尤小，当不复记忆。吾时虽能记忆，亦未知其言之悲也。

吾年十九，始来京城。其后四年，而归视⑬汝。又四年，吾往河阳省⑭坟墓，

---

* 选自《古文观止》。钟基、李先银、王身钢译注：《古文观止》，中华书局 2011 年版。

① 年、月、日：此为拟稿时原样。

② 季父：父辈中排行最小的叔父。

③ 衔哀：心中含着悲哀。致诚：表达赤诚的心意。

④ 建中：人名，当为韩愈家中仆人。时羞：应时的鲜美佳肴。羞：同"馐"，美味的食品。

⑤ 孤：幼年丧父称"孤"。《新唐书·韩愈传》："愈生三死而孤，随伯兄会贬官岭表。"

⑥ 怙（hù）：《诗·小雅·蓼莪》："无父何怙，无母何恃。"后世因用"怙"代父，"恃"代母。失父曰失怙，失母曰失恃。

⑦ "中年，兄殁（mò）南方"：代宗大历十二年（777），韩会由起居舍人贬为韶州（今广东韶关）刺史，次年死于任所，年四十三。时韩愈十一岁，随兄在韶州。

⑧ 河阳：今河南孟县西，是韩氏祖宗坟墓所在地。

⑨ 就食江南：唐德宗建中二年（781），北方藩镇李希烈反叛，中原局势动荡。韩愈随嫂迁家避居宣州（今安徽宣城）。因此，韩氏在宣州置有田宅别业。韩愈《复志赋》："值中原之有事兮，将就食于江之南。"《祭郑夫人文》："既克返葬，遭时艰难。百口偕行，避地江濆。"其均指此。就食：即谋生。

⑩ 吾上有三兄：三兄指韩会、韩介，还有一位死时尚幼，未及命名；一说：吾指我们，即韩愈和十二郎，三兄指自己的两个哥哥和十二郎的哥哥韩百川（韩介的长子）。

⑪ 先人：指已去世的父亲韩仲卿。

⑫ 两世一身：子辈和孙辈均只剩一个男丁。

⑬ 视：古时探亲，上对下曰视，下对上曰省。贞元二年（786），韩愈十九岁，由宣州至长安应进士举，至贞元八年春始及第，其间曾回宣州一次。而据韩愈《答崔立之书》与《欧阳生哀辞》均称二十岁至京都举进士，与本篇所记相差一年。

⑭ 省（xǐng）：探望，此引申为凭吊。

遇汝从嫂丧来葬①。又二年，吾佐董丞相于汴州②，汝来省吾。止③一岁，请归取其孥④。明年，丞相薨⑤。吾去汴州，汝不果⑥来。是年，吾又佐戎徐州⑦，使取⑧汝者始行，吾又罢去⑨，汝又不果来。吾念汝从于东⑩，东亦客也，不可以久。图久远者，莫如西归，将成家而致汝。呜呼！孰谓汝遽⑪去吾而殁乎！吾与汝俱少年，以为虽暂相别，终当久相与处。故舍汝而旅食京师，以求斗斛之禄⑫。诚知其如此，虽万乘⑬之公相，吾不以一日辍汝而就⑭也。

　　去年⑮，孟东野往。吾书与汝曰："吾年未四十，而视茫茫，而发苍苍，而齿牙动摇。念诸父与诸兄，皆康强而早世。如吾之衰者，其能久存乎？吾不可去，汝不肯来，恐旦暮死，而汝抱无涯之戚⑯也！"孰谓少者殁而长者存，强者夭而病者全乎？

　　呜呼！其信然邪？其梦邪？其传之非其真邪？信也，吾兄之盛德而夭其嗣乎？汝之纯明而不克蒙⑰其泽乎？少者强者夭殁，长者衰者而存全乎？未可以为信也！梦也，传之非其真也？东野之书，耿兰⑱之报，何为而在吾侧也？呜呼！其信然矣！吾兄之盛德而夭其嗣矣！汝之纯明宜业⑲其家者，不克蒙其泽矣！所

----

① 遇汝从嫂丧来葬：韩愈嫂子郑氏卒于元贞元九年（793），韩愈有《祭郑夫人文》。贞元十一年，韩愈往河阳祖坟扫墓，与奉其母郑氏灵柩来河阳安葬的十二郎相遇。

② 董丞相：指董晋。贞元十二年（796），董晋以检校尚书左仆射，同中书门下平章事任宣武军节度使，汴、宋、亳、颍等州观察使。时韩愈在董晋幕中任节度推官。汴州：治所在今河南开封市。

③ 止：住。

④ 取其孥（nú）：把家眷接来。孥：妻和子的统称。

⑤ 薨（hōng）：古时诸侯或二品以上大官死曰薨。贞元十五年（799）二月，董晋死于汴州任所，韩愈随葬西行。去后第四天，汴州即发生兵变。

⑥ 不果：没能够，指因兵变事。

⑦ 佐戎徐州：当年秋，韩愈入徐、泗、濠节度使张建封幕任节度推官。节度使府在徐州。佐戎：辅助军务。

⑧ 取：迎接。

⑨ 罢去：贞元十六年五月，张建封卒，韩愈离开徐州赴洛阳。

⑩ 东：指故乡河阳之东的汴州和徐州。

⑪ 孰谓：谁料到。遽（jù）：骤然。

⑫ 斗斛（hú）：唐时十斗为一斛。斗斛之禄：指微薄的俸禄。韩愈离开徐州后，于贞元十七年（801）来长安选官，调四门博士，贞元十九年迁监察御史。

⑬ 万乘（shèng）：指高官厚禄。古代兵车一乘，有马四匹。封国大小以兵赋计算，凡地方千里的大国，称为万乘之国。

⑭ 辍（chuò）：停止。辍汝：和上句"舍汝"同义。就：就职。

⑮ 去年：指贞元十八年（802）。孟东野：即韩愈的诗友孟郊，是年出任溧阳（今属江苏）尉，溧阳去宣州不远，故韩愈托他捎信给宣州的十二郎。

⑯ 无涯之戚：无穷的悲伤。涯：边。戚：忧伤。

⑰ 纯明：纯正贤明。不克：不能。蒙：承受。

⑱ 耿兰：生平不详，当时宣州韩氏别业的管家人。十二郎死后，孟郊在溧阳写信告诉韩愈，时耿兰也有丧报。

⑲ 业：用如动词，继承之意。

谓天者诚难测，而神者诚难明矣！所谓理者不可推，而寿者不可知矣！

虽然，吾自今年来，苍苍者或化而为白矣，动摇者或脱而落矣①。毛血②日益衰，志气③日益微，几何不从汝而死也！死而有知，其几何离④？其无知，悲不几时，而不悲者无穷期矣！汝之子始十岁⑤，吾之子始五岁⑥。少而强者不可保，如此孩提⑦者，又可冀其成立邪？呜呼哀哉！呜呼哀哉！

汝去年书云："比得软脚病⑧，往往而剧。"吾曰："是疾也，江南之人，常常有之。"未始以为忧也。呜呼！其竟以此而殒其生乎？抑别有疾而至斯乎？

汝之书，六月十七日也。东野云，汝殁以六月二日；耿兰之报无月日。盖东野之使者，不知问家人以月日；如耿兰之报，不知当言月日。东野与吾书，乃问使者，使者妄称以应之乎。其然乎？其不然乎？

今吾使建中祭汝，吊汝之孤⑨与汝之乳母。彼有食可守以待终丧，则待终丧而取以来；如不能守以终丧⑩，则遂取以来⑪。其余奴婢，并令守汝丧。吾力能改葬⑫，终葬汝于先人之兆⑬，然后惟其所愿⑭。

呜呼！汝病吾不知时，汝殁吾不知日，生不能相养于共居，殁不能抚汝以尽哀⑮，敛⑯不凭其棺，窆⑰不临其穴，吾行负神明，而使汝夭，不孝不慈，而不能与汝相养以生、相守以死。一在天之涯，一在地之角，生而影不与吾形相依，死而魂不与吾梦相接。吾实为之，其又何尤⑱！彼苍者天，曷其有极！⑲

---

① 动摇者或脱而落矣：时年韩愈有《落齿》诗云："去年落一牙，今年落一齿；俄然落六七，落势殊未已。"

② 毛血：指体质。

③ 志气：指精神。

④ 其几何离：分离会有多久呢？此意指死后仍可相会。

⑤ 汝之子：十二郎有二子，长韩湘，次韩滂。韩滂出嗣十二郎的哥哥韩百川为子，见韩愈《韩滂墓志铭》。始十岁：当指长子韩湘。十岁：一本作"一岁"，则当指韩滂，滂生于贞元十八年（802）。

⑥ 吾之子始五岁：指韩愈长子韩昶，贞元十五年（799）韩愈居符离集时所生，小名曰符。

⑦ 孩提：本指二三岁的幼儿。此为年纪尚小之意。

⑧ 比（bì）：近来。软脚病：即脚气病。

⑨ 吊：此指慰问。孤：指十二郎的儿子。

⑩ 终丧：守满三年丧期。《孟子·滕文公上》："三年之丧，……自天子达于庶人，三代共之。"

⑪ 取以来：指把十二郎的儿子和乳母接来。

⑫ 力能改葬：假设之意，即先暂时就地埋葬，与下句连续可知。

⑬ 兆：葬域，墓地。

⑭ 惟其所愿：才算了却心事。

⑮ 抚汝以尽哀：指抚尸恸哭。

⑯ 敛：同"殓"。为死者更衣称小殓，尸体入棺材称大殓。

⑰ 窆（biǎn）：下棺入土。

⑱ 何尤：怨恨谁？

⑲ "彼苍者天，曷其有极"：意为"你青苍的上天啊，我的痛苦哪有尽头啊"。语本《诗经·唐风·鸨羽》："悠悠苍天，曷其有极。"

自今已往，吾其无意于人世矣！当求数顷之田于伊、颍①之上，以待余年。教吾子与汝子，幸其成②；长吾女与汝女，待其嫁③。如此而已。呜呼！言有穷而情不可终，汝其知也邪？其不知也邪？呜呼哀哉！尚飨④！

学习视野

作家作品

韩愈和《祭十二郎文》

韩愈（768—824），字退之，唐代文学家、哲学家、思想家，河阳（今河南省焦作孟州市）人，汉族；祖籍河北昌黎，世称韩昌黎；晚年任吏部侍郎，又称韩吏部；谥号"文"，又称韩文公。他与柳宗元同为唐代古文运动的倡导者，主张学习先秦两汉的散文语言，破骈为散，扩大文言文的表达功能。宋代苏轼称他"文起八代之衰"，明人推他为唐宋八大家之首，与柳宗元并称"韩柳"，有"文章巨公"和"百代文宗"之名，作品都收在《昌黎先生集》里。韩愈在思想上是中国"道统"观念的确立者，是尊儒反佛的里程碑式人物。

韩愈的作品非常丰富，现存诗文七百余篇，其中散文近四百篇。韩愈的散文、诗歌创作实现了自己的理论。其赋、诗、论、说、传、记、颂、赞、书、序、哀辞、祭文、碑志、状、表、杂文等各种体裁的作品，均有卓越的成就。

韩愈的散文内容丰富，形式多样，语言鲜明简练，新颖生动，为古文运动树立了典范。其文风雄健奔放，曲折自如。

《祭十二郎文》是韩愈为了自己情同手足的侄子韩老成突然去世而写的悼亡之作。韩愈三岁丧父母，靠兄嫂（十二郎的父母）抚养成人。十二郎是韩愈大哥韩会的唯一嗣子（韩愈次兄韩介之子，出继给长兄韩会为嗣），叫老成，排行十二，所以小名叫十二郎，年纪比韩愈小五六岁的样子。后来，韩会在四十二岁的时候，因宰相元载的事被贬为韶州刺史，不到几个月就病死在韶州，这时韩愈只有十一岁，十二郎也很小。韩愈虽然有三个哥哥，但都很早离开了人世。这时，能继承祖先的后代，只有韩愈和他的侄子十二郎两个人。以后几年，二人相依相伴，没有一天离开过。韩愈十九岁时自宜城前往京城，其后十年的时间中，只和十二郎见过三次面。当他正打算和十二郎永远生活在一起的时候，十二郎却死去了。韩愈知道了这个消息，悲痛欲绝，写了一篇《祭十二郎文》，叫仆人建

---

① 伊、颍（yǐng）：伊水和颍水，均在今河南省境。此指故乡。

② 幸其成：韩昶后中穆宗长庆四年进士。韩湘后中长庆三年进士。

③ 长（zhǎng）：用如动词，养育之意。待其嫁：韩愈三婿——李汉、蒋系、樊宗懿。十二郎之婿是李干，见《韩集》。

④ 尚飨：古代祭文结语用词，意为希望死者享用祭品。

中备了一些时下的物品从老远的地方去致祭他。

全篇语言恳挚，不假雕饰。文中写幼时孤苦相依的情景、聚少离多的感慨、生死无常的哀痛，真情至性之语从肺腑中自然流出。《祭十二郎文》是一篇千百年来传诵且影响深远的祭文名作，字字含情，读来令人心酸泪下。

❈ 学 习 计 划

阅读理解

1. 韩愈和十二郎是什么关系？韩愈对十二郎之死为什么感到意外？韩愈感到愧疚的原因是什么？韩愈祭文中哀痛的原因是什么？

2. 古人写祭文时，内容多为对死者生平的追述和赞扬，形式多为骈文或四言韵文。韩愈这篇祭文有什么独特之处？为什么？

3. 中国的丧葬礼仪很丰富，各地各阶层也都有不同的风俗习惯。根据本人实际介绍一下你所在的民族、地区的丧葬文化礼仪。随着时代的变迁，谈谈你对丧葬习俗、丧葬文化发展变化的理解。

拓展学习

1. 课外阅读韩愈《柳子厚墓志铭》，谈谈《柳子厚墓志铭》与《祭十二郎文》的异同。

2. 阅读曹峰奎：《感人肺腑情真意切——〈祭十二郎文〉与〈祭妹文〉之比较》，载《语文教学之友》2010 年第 4 期。

3. 阅读崔瑞霞：《从〈祭十二郎文〉、〈哭小弟〉看古今祭文情感表现力》，载《新闻爱好者》2012 年第 18 期。

4. 死生都是大事。请大家讨论死亡的价值和意义。

种树郭橐驼传*

[唐] 柳宗元

郭橐驼①，不知始何名。病偻②，隆然③伏行，有类橐驼者，故乡人号之"驼"。驼闻之曰："甚善，名我固当。"因舍其名，亦自谓"橐驼"云。其乡曰丰乐乡，在长安西。驼业种树，凡长安豪家富人为观游④及卖果者，皆争迎取养，视驼所种树，或迁徙，无不活，且硕茂，蚤实以蕃⑤。他植者虽窥伺效慕，莫能如也。

有问之，对曰："橐驼非能使木寿且孳⑥也，能顺木之天，以致其性焉尔。凡植木之性：其本欲舒，其培欲平，其土欲故，其筑欲密。既然已，勿动勿虑，去不复顾。其莳⑦也若子，其置也若弃，则其天者全而其性得矣。故吾不害其长而已，非有能硕茂之也；不抑耗其实而已，非有能蚤而蕃之也。他植者则不然。根拳而土易⑧；其培之也，若不过焉则不及。苟有能反是者，则又爱之太殷，忧之太勤，且视而暮抚，已去而复顾。甚者爪其肤以验其生枯，摇其本以观其疏密，而木之性日以离矣。虽曰爱之，其实害之；虽曰忧之，其实仇之：故不我若也，吾又何能为哉！"

问者曰："以子之道，移之官理⑨可乎？"驼曰："我知种树而已，官理非吾业也。然吾居乡，见长人者⑩好烦其令，若甚怜⑪焉，而卒以祸。且暮吏来呼曰：'官命促尔耕，勖⑫尔植，督尔获；蚤缫而绪⑬，蚤织而缕⑭，字⑮而幼孩，遂而

---

* 选自《古文观止》。钟基、李先银、王身钢译注：《古文观止》，中华书局2011年版。

① 橐（tuó）驼：骆驼。
② 偻（lǚ）：脊背弯曲，驼背。
③ 隆然：高高突起的样子。
④ 为观游：修建观赏游览的园林。
⑤ 蚤：通"早"。蕃：繁多。
⑥ 孳（zī）：生长得快。
⑦ 莳（shì）：移栽。
⑧ 土易：换了新土。
⑨ 官理：为官治民。唐人避高宗名讳，改"治"为"理"。
⑩ 长（zhǎng）人者：指治理人民的官长。
⑪ 怜：爱。
⑫ 勖（xù）：勉励。
⑬ 缫（sāo）：煮茧抽丝。而：通"尔"，你。绪：丝头。
⑭ 缕：线，这里指纺线织布。
⑮ 字：养育。

鸡豚①。'鸣鼓而聚之，击木而召之。吾小人辍飧饔②以劳吏者，且不得暇，又何以蕃吾生而安吾性邪？故病③且怠。若是，则与吾业者其亦有类乎？"

问者嘻曰："不亦善夫！吾问养树，得养人术。"传其事以为官戒也。

学习视野

作家作品

柳宗元和《种树郭橐驼传》

柳宗元（773—819），字子厚，唐代河东（今山西运城）人，杰出诗人、哲学家、儒学家，成就卓著的政治家，唐宋八大家之一；著名作品有《永州八记》等六百多篇文章，经后人辑为三十卷，名为《柳河东集》。因为他是河东人，人称柳河东，又因终于柳州刺史任上，又称柳柳州。柳宗元与韩愈同为中唐古文运动的领导人物，并称"韩柳"。在中国文化史上，其诗文成就均极为杰出。

本文是一篇兼具寓言和政论色彩的传记散文，名"传"，实际上是一个讽喻性极强的寓言故事。这是柳宗元早年在长安任职时期的作品。郭橐驼种树的本事已不可考。柳宗元在参加"永贞革新"前两年，即贞元十九年至二十一年（803—805），曾任监察御史里行，是御史的见习官，可以和御史一样"分察百僚，巡按郡县，纠视刑狱，肃整朝仪"，可以到各地检查工作，民事、军事、财政都可以过问，品秩不高但权限较广。这篇文章就是针对当时地方官吏扰民、伤民的现象而作的，可以看成柳宗元参加"永贞革新"的先声。

本文通过对郭橐驼种树之道的记叙，说明了"顺木之天，以致其性"是"养树"的法则，类推出"养人"也须"顺性"的道理，指出为官治民不能"好烦其令"，不能扰民、伤民，反映出作者"养民"治国的思想和改革弊政的愿望。

学习计划

阅读理解

1. 如何理解"顺木之天，以致其性"？治理国家与郭橐驼种树的经验有何相通之处？

2. 如果把郭橐驼种植树木的做法应用在教育教学中，我们应该怎样培养学

---

① 遂：长，喂大。豚（tún）：小猪。
② 飧（sūn）：晚饭。饔（yōng）：早饭。
③ 病：困苦。

生呢?

3. 介绍一下你的成长经历，结合本人实际谈谈学校、家庭、社会对个人成长的影响。讨论中国教育与美国等西方国家教育的差别。试谈你对当前我国教育制度改革的意见或建议。

拓展学习

1. 阅读罗玉红：《小传记，大道理——〈种树郭橐驼传〉的文化解读》，载《语文教学之友》2009 年第 1 期。

2. 阅读徐云：《〈种树郭橐驼传〉四美探析》，载《阅读与鉴赏》2011 年第 1 期。

3. 结合本人实际，写人物传记一篇。

文与可画筼筜谷偃竹记*

[北宋] 苏轼

竹之始生，一寸之萌①耳，而节叶具焉。自蜩腹蛇蚹②，以至于剑拔十寻者，生而有之也。今画者乃节节而为之，叶叶而累之，岂复有竹乎？故画竹必先得成竹于胸中，执笔熟视，乃见其所欲画者，急起从之，振笔直遂③，以追其所见，如兔起鹘落，少纵则逝矣。与可之教予如此。予不能然也，而心识其所以然。夫既心识其所以然，而不能然者，内外不一，心手不相应，不学之过也。故凡有见于中而操之不熟者，平居自视了然，而临事忽焉丧之，岂独竹乎？

子由为《墨竹赋》，以遗与可曰："庖丁④，解牛者也，而养生者取之；轮扁，斫轮者也⑤，而读书者与之。今夫夫子之托于斯竹也，而予以为有道者则非邪？"子由未尝画也，故得其意而已。若予者，岂独得其意，并得其法。

与可画竹，初不自贵重。四方之人持缣素⑥而请者，足相蹑于其门。与可厌之，投诸地而骂曰："吾将以为袜。"士大夫传之，以为口实。及与可自洋州还，而余为徐州。与可以书遗余曰："近语士大夫，吾墨竹一派⑦，近在彭城，可往求之，袜材当萃于子矣⑧。"书尾复写一诗，其略云："拟将一段鹅溪绢⑨，扫取寒梢万尺长。"予谓与可："竹长万尺，当用绢二百五十匹。知公倦于笔砚，愿得此绢而已。"与可无以答，则曰："吾言妄矣。世岂有万尺竹哉？"余因而实之，答其诗曰："世间亦有千寻竹，月落庭空影许长。"与可笑曰："苏子辩矣。

* 选自《古文鉴赏辞典》。上海辞书出版社文学鉴赏辞典编纂中心：《古文鉴赏辞典》，上海辞书出版社1987年版。筼（yún）筜（dāng）：筼，单独解释应为"一种皮薄、节长而竿高的竹子"；筼筜乃是陕西洋县筼筜谷所产之竹。

① 萌：嫩芽。

② 蜩（tiáo）腹：蝉的肚皮。蛇蚹（hān）：蛇腹下的横鳞。

③ 遂：完成。

④ 庖丁：厨师。《庄子·养生》说：庖丁解牛的技艺高妙，因为他能洞悉牛的骨骼肌理，运刀自如，十九年解了数千只牛，其刀刃还同新磨的一样，毫无损伤。文惠君听了庖丁的介绍后，说："善哉！吾闻庖丁之言，得养生焉。"

⑤ "轮扁，斫（zhuó）轮者也"：斫，砍削。《庄子·天道》载：桓公在堂上读书，轮扁在堂下斫轮，轮扁停下工具，说桓公所读的书都是古人的糟粕，桓公责问其由。轮扁说：臣斫轮"不徐不疾，得之于手而应于心，口不能言，有数存焉于其间"，却无法用口传授给别人。

⑥ 缣素：供书画用的白色细绢。

⑦ 墨竹一派：善画墨竹的人，指苏轼。

⑧ 袜材当萃于子矣：谓求画的细绢当聚集到你处。

⑨ 鹅溪：在今四川盐亭县西北，附近产名绢，称鹅溪绢，宋人多用以作书画材料。

然二百五十匹绢，吾将买田而归老焉。"因以所画筼筜谷偃竹遗予曰："此竹数尺耳，而有万尺之势。"筼筜谷在洋州，与可尝令予作洋州三十咏，《筼筜谷》其一也。予诗云："汉川修竹贱如蓬，斤斧何曾赦箨龙①。料得清贫馋太守，渭滨千亩在胸中。"与可是日与其妻游谷中，烧笋晚食，发函得诗，失笑喷饭满案。

元丰二年正月二十日，与可没于陈州②。是岁七月七日，予在湖州③曝书画，见此竹，废卷而哭失声。昔曹孟德祭桥公文，有车过腹痛之语④，而予亦载与可畴昔戏笑之言者，以见与可于予亲厚无间如此也。

❖ 学 习 视 野

作家作品

苏轼和《文与可画筼筜谷偃竹记》

苏轼（1037—1101），北宋文学家、书画家、美食家；字子瞻，号东坡居士；汉族，四川人，葬于颍昌（今河南省平顶山市郏县）。其一生仕途坎坷，学识渊博，天资极高，诗文书画皆精。其文汪洋恣肆，明白畅达，与欧阳修并称欧苏，为"唐宋八大家"之一；其诗清新豪健，善用夸张、比喻，艺术表现独具风格，与黄庭坚并称苏黄；其词开豪放一派，对后世有巨大影响，与辛弃疾并称苏辛；其书法擅长行书、楷书，能自创新意，用笔丰腴跌宕，有天真烂漫之趣，与黄庭坚、米芾、蔡襄并称宋四家；其画学文同，论画主张神似，提倡"士人画"。其著有《苏东坡全集》和《东坡乐府》等。

苏轼为文，多率性挥毫，情味恣肆。《文与可画筼筜谷偃竹记》是苏轼杂记中的出色作品，又是苏轼表达文艺见解的重要著作，写得庄谐相衬，情深意切，是篇典型地体现苏轼文理自然、姿态横生特点的优秀散文。

元丰二年（1079）七月七日，苏轼在晾晒书简时，发现亡故的文与可送给自己的一幅《筼筜谷偃竹图》，见物生情，就写了这篇杂记。文与可生前曾以这样的竹子为题材，作画赠予苏轼，本文即以此画为线索，叙述了作者和文与可的深挚友谊及睹物思人的悲痛。通篇以画相串，以怀念友情为中心，显得形散神不散，做到了自由挥洒和谨守章法的完美结合。文章不拘一格，意蕴深远，在随性所至的叙述中酣畅淋漓地表达了丰富的感想和情愫。文章自画法说起，而叙事错

---

① 箨（tuò）龙：指竹笋。箨：竹笋上一片一片的皮。

② 陈州：治所在今河南淮阳。

③ 湖州：今浙江吴兴，时苏轼任湖州知州。

④ "昔曹孟德祭桥公文，有车过腹痛之语"：建安七年，曹操军过浚仪，遣使以太牢祀旧友桥玄。祀文说："承从容约誓之言：'殂逝之后，路有经由，不以斗酒只鸡过相沃酹，车过三步，腹痛勿怪。'虽临时戏笑之言，非至亲之笃好，胡肯为此辞乎？"苏轼以此典比喻自己与文与可的情谊笃厚。

列，可见与可画竹之法的精妙，而作者与文与可之间的深厚情谊也在这看似平淡的叙述中展现得淋漓尽致。

这是一篇悼念性的文字，而前人评此作"戏笑成文"。这篇散文的主要部分确实颇多诙谐之语，写得妙趣横生，但唯其如此，才可见作者和文与可的"亲厚无间"，而文与可一旦亡故，作者的悲痛之深可想而知。以喜衬悲，愈见其悲。全文好似从作者胸中自然流出，情愫滔滔，毫无滞碍，所用语言不加雕琢，文从字顺，活泼流畅。正如明代王舜俞所说："文至东坡真不须作文，只随便记录便是文。"

❋ 学 习 计 划

阅读理解

1. 这是什么类型的文章？苏轼写这篇文章的目的是什么？

2. 《文与可画筼筜谷偃竹记》有什么艺术特色？

3. 以本文为例，比较悼念类文章的写法：以"哀"写"恸"；写尽"乐"事，亦可寄哀。

拓展学习

1. 文与可是谁？课外阅读相关文献和作品，请为文与可写一篇小传。

2. 阅读黄非冰：《无竹令人俗——从'竹'的绘画角度解读〈文与可画筼筜谷偃竹记〉》，载《读与写（教育教学刊）》2012 年第 7 期。

3. 阅读王碧霄：《概述苏轼〈文与可画筼筜谷偃竹记〉中的绘画美学思想》，载《剑南文学（经典教苑）》2013 年第 2 期。

4. 仿照此文，写作一篇悼念性文章。

虎丘[*]

[明] 袁宏道

虎丘①去城可七八里，其山无高岩邃壑②，独以近城，故箫鼓楼船，无日无之。凡月之夜，花之晨，雪之夕，游人往来，纷错如织，而中秋为尤胜。

每至是日，倾城阖户③，连臂而至。衣冠士女④，下迨蔀屋⑤，莫不靓妆⑥丽服，重茵累席⑦，置酒交衢间⑧。从千人石上至山门，栉比如鳞⑨。檀板⑩丘积，樽罍⑪云泻。远而望之，如雁落平沙，霞铺江上，雷辊电霍⑫，无得而状。

布席之初，唱者千百，声若聚蚊，不可辩识。分曹部署⑬，竟以歌喉相斗，雅俗既陈，妍媸⑭自别。未几而摇头顿足⑮者，得数十人而已。已而，明月浮空，石光如练⑯，一切瓦釜⑰，寂然停声。属而和者，才三四辈⑱，一箫，一寸管，一人缓板而歌，竹肉⑲相发，清声亮彻，听者魂销。比⑳至夜深，月影横斜，荇藻㉑凌

---

* 选自《袁宏道集笺校》卷四。[明] 袁宏道：《袁宏道集笺校》，钱伯城笺校，上海古籍出版社 2008年版。

① 虎丘：山名，在今江苏苏州市，是江南名胜之一。相传春秋时吴王阖闾葬此，三日而虎踞其上，因此称为虎丘。

② 邃壑：深谷。虎丘仅高十余丈，占地面积不大，所以既无高岩，也无深谷。

③ 倾城阖户：全城关闭门户。阖：关闭。

④ 衣冠士女：富贵人家的男女。衣冠：缙绅，士大夫。这里泛指有身份、有地位的人

⑤ 下迨蔀屋：下至贫民。迨（dài）：到。蔀（bù）：遮蔽，引申为光线暗淡。蔀屋：指贫家昏暗的房屋。此处则指代贫民。

⑥ 靓（jìng）妆：涂脂抹粉。

⑦ 重茵累席：游人皆席地而坐，垫席一个挨着一个。茵：垫褥。

⑧ 置酒交衢（qú）间：在纵横交错的大道上摆酒宴。交衢：纵横交错的通道。

⑨ 栉（zhì）比如鳞：形容人多得像梳齿、鱼鳞一样排列着。栉：梳子和篦子的总称。

⑩ 檀板：用檀木制作的歌板。

⑪ 樽罍（léi）：盛酒之器，指酒杯、酒壶等。

⑫ 雷辊（gǔn）电霍：雷鸣电闪。辊：车轮转动声。

⑬ 分曹部署：分部安排。

⑭ 妍媸（chī）：美丑。妍：美丽。媸：丑。

⑮ 摇头顿足：一面摇头，一面用脚踏地击打节拍歌唱。

⑯ 练：白色的熟绢。

⑰ 瓦釜：陶器，喻粗俗的歌调。

⑱ "属（zhǔ）而和（hè）者"两句：相互跟随唱和的，仅剩三四人。属：连接，跟随。

⑲ 竹肉：指管乐与歌喉。

⑳ 比（bì）：等。

㉑ 荇（xìng）藻：水草。此处喻月下的树影。

乱，则箫板亦不复用。一夫登场，四座屏息，音若细发，响彻云际；每度一字，几尽一刻①，飞鸟为之徘徊，壮士听而下泪矣。

剑泉②深不可测，飞岩如削。千顷云③得天池诸山作案④，峦壑竞秀，最可觞客⑤。但过午则日光射人，不堪久坐耳。文昌阁亦佳，晚树尤可观。面北为平远堂⑥旧址，空旷无际，仅虞山一点在望⑦。堂废已久，余与江进之谋所以复之⑧，欲祠韦苏州、白乐天诸公于其中⑨；而病寻作⑩，余既乞归，恐进之之兴亦阑⑪矣。山川兴废，信有时哉！

吏吴两载⑫，登虎丘者六。最后与江进之、方子公⑬同登，迟月生公石⑭上。歌者闻令来，皆避匿去。余因谓进之曰："甚矣，乌纱⑮之横，皂隶⑯之俗哉！他日去官，有不听曲此石上者，如月⑰！"今余幸得解官称吴客矣。虎丘之月，不知尚识⑱余言否耶？

学习视野

作家作品

袁宏道和《虎丘》

袁宏道（1568—1610），字中郎，号石公，湖广公安（今湖北省公安县）人；万历二十年进士，曾任吴县（今江苏省苏州市）知县，官至吏部郎中；与

---

① 一刻：古代的时间单位。古人分一昼夜为一百刻，"一刻"大致相当于今天的一刻钟。这里的意思是说，唱一个字的声音拉得很长，将近一刻钟。

② 剑泉：即剑池，在千人石北面，水深约一丈五尺。池两侧的岩石高约十丈，平如刀削。

③ 千顷云：山名，即苏州城西三十里处的天平山。

④ 天池：山名，指苏州城西二十五里处的灵岩山。作案：指天池等山丘如同几案般衬托着远处的千顷云。

⑤ 最可觞（shāng）客：最适合游人饮酒。可：适合。觞：进酒，劝饮。

⑥ 平远堂：千人石北面的建筑，当时已废，后修复。

⑦ "仅虞山"句：仅有虞山映入眼帘，远远望去只有一点点。

⑧ 江进之：名盈之，字进之，今湖南常德桃源县人。谋所以复之：商量怎样修复平远堂的计划。

⑨ 韦苏州、白乐天：即唐朝诗人韦应物、白居易。祠：祭祀先辈的庙堂，这里用作动词，指设立牌位供祭祀。

⑩ 而病寻作：可是不久就生病了。寻：随即，不久。

⑪ 阑：残，减弱。

⑫ 吏吴两载：在吴县做官两年。吏：官员，这里活用为动词，指做官。

⑬ 方子公：方文僎，字子公，穷困潦倒，由袁中道荐予宏道，为宏道料理笔札。

⑭ 迟：等待。生公石：千人石北面的石台，相传高僧竺道生（世称生公）曾在那里讲经说法。

⑮ 乌纱：乌纱帽，自唐朝起始定为官服。此处指官吏。

⑯ 皂隶：官府中的差役。

⑰ 如月：以月为证。这是对天发誓之词。如：依从。

⑱ 识（zhì）：记得，记住。

其兄宗道、弟中道并称"三袁",为"公安派"创始者,而其中袁宏道的成就最高。其思想受李贽影响较深,在诗文理论上与创作中反对前后"七子"的模拟、复古主张,主张文学作品要"独抒性灵,不拘格套"。其著有《袁中郎全集》。

袁宏道是写作山水游记的大家,记游之作皆能独出心裁,写出常人所道不出的乐趣。《虎丘》是袁宏道游记中的代表作品之一,作于作者去官之后,记叙了苏州虎丘的景观,描绘了虎丘的月夜景色和游人聚饮欢歌的场面,表现了作者愿与民同乐的心情,并抒发了不满官场的情绪。其写景记游,并不拘泥于描绘虎丘的花木泉岩,而是多着墨于虎丘游人之盛、游人之乐,以游客之乐为乐。写游人之乐,又侧重于对歌者唱曲场面的描摹,将歌声的美妙动听化作文字,自然逼真,曲尽其妙,使人获得极大的艺术享受。

作者最后写与友人石上等待月出时曾指月为誓,而今解官,无案牍劳形,得称心意。"虎丘之月,不知尚识余言否耶?"以对月发问作结,饶有意趣,令人回味无穷。

文章以作者的心理感受为中心线索,整篇文章写山水少,而写游览的各种情状多,这些都发端于作者的审美感受。一路走来,游览踪迹和意象的变化随着作者游览时审美感受的变化或深或浅,或浓或淡,不受传统散文创作笔法的限制,表现出以我观物的美学特征。

文章语言清新晓畅,写法不拘一格,情之所至,信笔写来,而又气韵生动,很好地体现了公安派"独抒性灵"的主张。

❈ 学 习 计 划

阅读理解

1. 作者在这篇游记中抒发和寄托了怎样的情怀?结合作品,谈谈你对虎丘之夜月的理解。

2. 本文描述了游人聚饮欢歌的场景,和一般的场面描写相比有何独到之处?作者为什么这样写?

3. 联系当今社会实际,讨论文学创作与童心的关系。

拓展学习

1. 阅读戴红贤:《袁宏道游记与绘画关系初探》,载《深圳大学学报(人文社会科学版)》2013 年第 30 卷第 6 期。

2. 阅读曹嘉丽:《闲适娱乐的独得之'趣'——袁宏道小品文美学探讨》,载《四川师范大学学报(社会科学版)》2007 年第 12 期。

3. 仿照袁宏道的《虎丘》,试作一篇"独抒性灵,不拘格套"的游记。

西湖七月半[*]

［明］张岱

西湖七月半①，一无可看，只可看看七月半之人。看七月半之人，以五类看之。

其一，楼船箫鼓②，峨冠盛筵③，灯火优傒④，声光相乱⑤，名为看月而实不见月者，看之⑥；其一，亦船亦楼⑦，名娃闺秀⑧，携及童娈⑨，笑啼杂之，环坐露台，左右盼望，身在月下而实不看月者，看之；其一，亦船亦声歌⑩，名妓闲僧，浅斟⑪低唱，弱管轻丝⑫，竹肉相发⑬，亦在月下，亦看月而欲人看其看月者，看之；其一，不舟不车，不衫不帻⑭，酒醉饭饱，呼群三五，跻⑮入人丛，昭庆、断桥，嚣呼嘈杂⑯，装假醉，唱无腔曲，月亦看，看月者亦看，不看月者亦看，而实无一看者，看之；其一，小船轻幌⑰，净几暖炉，茶铛旋煮⑱，素瓷静递，好友佳人，邀月同坐，或匿影树下，或逃嚣里湖⑲，看月而人不见其看月

---

* 选自吴功正：《古文鉴赏辞典》，江苏文艺出版社 1987 年版。

① 七月半：为阴历七月十五，此日是传统的中元节，俗称鬼节。佛道两家都要举行隆重的祭祀活动，人们在这天晚上也要纷纷出游。按杭州旧习，这天晚上倾城出游西湖。

② 楼船箫鼓：乘坐楼船，吹箫击鼓。楼船：有楼饰的游船。

③ 峨冠盛筵：头戴高冠，摆上丰盛的酒席。峨冠：高的帽子，是权贵者戴的。

④ 灯火优傒（xī）：船上张灯燃烛，一片辉煌，周围环列着歌妓和侍仆。优：旧时称演戏的人。傒：通"奚"，奴仆。

⑤ 相乱：错杂缭乱。

⑥ 看之：看此一类人。

⑦ 亦船亦楼：指乘着楼船，也坐船，也登楼。

⑧ 名娃闺秀：泛指富贵人家的子女。名娃：名门之女。娃：在南方称美女为娃。闺秀：闺房之秀，指妇女。

⑨ 童娈（luán）：美童。娈：美好。

⑩ 亦船亦声歌：又是坐船，又是奏乐唱歌。

⑪ 浅斟：慢慢地喝酒。

⑫ 弱管轻丝：形容乐声轻柔细弱。管、丝：指管乐器和弦乐器。

⑬ 竹肉相发：箫笛伴着歌声。竹肉：指管乐与歌喉。《晋书·孟嘉传》："丝不如竹，竹不如肉。"

⑭ 不衫不帻（zé）：指衣冠不整齐。衫：长衫。帻：古代男子包发的头巾。这里的"衫"、"帻"作动词用。

⑮ 跻（jī）：登，升。这里意为"列入"、"混进"。

⑯ "昭庆"二句：在昭庆寺、断桥一带狂呼乱叫，语声嘈杂。昭庆、断桥：两处都是西湖名胜。嚣（xiāo）：呼号。

⑰ 轻幌（huǎng）：细薄的帷幔。

⑱ 茶铛（chēng）：温茶的器具。旋：片刻，这里意为"随时地"。

⑲ 逃嚣里湖：为躲避喧闹而泛舟到里湖。西湖分外湖、内湖、里湖、岳湖。里湖在葛岭北山下，孤山北面，这里游人较少，荷花最盛。

之态①，亦不作意②看月者，看之。

杭人游湖，巳出酉归，避月如仇。③ 是夕好名④，逐队争出，多犒门军⑤酒钱，轿夫擎燎⑥，列俟岸上。一入舟，速舟子急放⑦断桥，赶入胜会。以故二鼓⑧以前，人声鼓吹，如沸如撼⑨，如魇如呓⑩，如聋如哑⑪。大船小船一齐凑岸，一无所见⑫，止见篙击篙，舟触舟，肩摩肩，面看面而已。少刻兴尽，官府席散，皂隶喝道⑬去。轿夫叫船上人，怖以关门⑭，灯笼火把如列星，一一簇拥而去。岸上人亦逐队赶门，渐稀渐薄，顷刻散尽矣。

吾辈始舣舟⑮近岸。断桥石磴⑯始凉，席其上，呼客纵饮。此时月如镜新磨，山复整妆，湖复颒面⑰，向之浅斟低唱者出，匿影树下者亦出，吾辈往通声气⑱，拉与同坐。韵友⑲来，名妓至，杯箸安，竹肉发。月色苍凉，东方既白，客方散去。吾辈纵舟⑳，酣睡于十里荷花㉑之中，香气拍人，清梦甚惬㉒。

学习视野

作家作品

张岱和《西湖七月半》

张岱（1597—约1676），晚明散文家；字宗子，改字石公，号陶庵，又自号

---

① "看月"句：是说这类人默默地赏月，不让别人发现自己。
② 作意：着意，指故意做作。
③ "杭人"三句：是说杭州人平时游西湖，午前出发，傍晚返回，不等月亮出来就走了，简直是避之如仇。巳（sì）：午前九时至十一时。酉（yǒu）：下午五时至七时。
④ 是夕：七月十五日这天晚上。好（hào）名：追求节日玩耍之名。
⑤ 犒门军：指赏钱给守卫城门的士兵，免得因为出游晚归而受到刁难。
⑥ 擎（qíng）：举。燎：火把。
⑦ 速：这里意为"催促"。舟子：船夫。放：开往。
⑧ 二鼓：二更时。一夜分为五更，每更约两小时。
⑨ 如沸如撼：像开水沸腾的声音，像摇撼东西的声音。
⑩ 魇（yǎn）：梦中遇到可怕的事而呻吟惊叫。呓（yì）：梦中说的胡话。
⑪ 如聋如哑：喧声震耳欲聋，彼此说话也听不清，只得闭口不言。
⑫ 一无所见：指看不到美景。
⑬ 皂隶：衙役穿青衣，故称其为皂隶。喝道：官员在外行走，前头有人吆喝，驱赶人让路。
⑭ 怖以关门：用"城门要关了"警告、吓唬船上的游人上岸。
⑮ 舣（yǐ）舟：拢船。
⑯ 石磴（dèng）：石阶。
⑰ 湖复颒（huì）面：是说游船归岸了，碧水在月影下愈显娇媚明洁，如同重新洗浴过。颒：洗面。
⑱ "吾辈"句：我们这一流人前去同他们打招呼。
⑲ 韵友：风雅的朋友。
⑳ 纵舟：任凭小船自行飘荡。
㉑ 十里荷花：极言西湖风物的雅丽。语出柳永《望海潮》："有三秋桂子，十里荷花。"
㉒ 清梦：幽梦。惬：心满意足。

蝶庵居士；山阴（今浙江绍兴）人，侨寓杭州；明亡后披发入山，安贫著书；回首二十年前的繁华靡丽生活，写成《陶庵梦忆》和《西湖梦寻》两书，以抒发他对故国乡土的追恋之情。张岱文笔活泼清新，时杂诙谐，不论写景抒情，叙事论理，俱趣味盎然。如《陶庵梦忆》中的《西湖七月半》、《湖心亭看雪》，均写得意境极佳。张岱以其散文的成就，被认为是晚明小品文的代表作家。

张岱又是明末爱国史学家。他家经三代积累，聚集了大量明朝史料。他借辑明代遗事表达了对故国的沉痛怀念和坚贞的民族气节。

其著作有《琅嬛文集》、《陶庵梦忆》、《西湖梦寻》等。

《西湖七月半》记述了晚明时杭州人在七月半至西湖泛舟赏月的盛况，生动地再现了当时的世风民习。作者将游乐者分群别类，并对其看月情态一一作了简洁的描摹刻画，通过真假看月者的对照比较，嘲讽达官富豪"楼船箫鼓"、附庸风雅的丑态和市井百姓"嘈呼嘈杂"、赶凑热闹的俗气，标榜文人雅士陶醉湖光月色、清高脱俗的情致。

文章生动传神，人物的神情形态表露无遗，鲜活无比；善于营造氛围，通过不同氛围的对比，不同看月者的雅俗自见，作者的褒贬不言而喻；笔调幽默诙谐，充满人情世态和生活气息。

❋ 学习计划

阅读理解

1. 作者为什么不写八月十五而写七月十五的西湖故事？文中在遥想往日的西湖旧事中寄托了怎样的思想情感？

2. 作者描写人物，三言两语作粗笔勾勒，但生动传神，惟妙惟肖。试举例分析说明。

3. 试比较《西湖七月半》与《湖心亭看雪》的异同。

崇祯五年十二月，余住西湖。大雪三日，湖中人鸟声俱绝。是日，更定矣，余挐（ráo，通"桡"，持；引申为撑、划）一小舟，拥毳衣［毳（cuì）衣：用毛皮制成的衣服。毳：鸟兽的细毛］炉火，独往湖心亭看雪。雾凇沆砀［沆砀（hàng dàng）：白气弥漫的样子。沆：形容大水］，天与云与山与水，上下一白。湖上影子，惟长堤一痕，湖心亭一点，与余舟一芥，舟中人两三粒而已。到亭上，有两人铺毡对坐，一童子烧酒炉正沸。见余，大喜曰："湖中焉得更有此人！"拉余同饮。余强（qiǎng）饮三大白（古人罚酒时用的酒杯）而别。问其姓氏，是金陵人，客此。及下船，舟子喃喃曰："莫说相公痴，更有痴似相公者！"

拓展学习

1. 阅读李娜：《张岱笔下的"清明上河图"——张岱散文〈西湖七月半〉

赏析》，载《科学咨询（科技·管理)》2013 年第 1 期。

2. 阅读胡妍：《七月半？八月半？——张岱〈西湖七月半〉解读》，载《大家》2012 年第 18 期。

3. 借鉴本文写法，试作一篇以写人为主的游记。

己亥六月重过扬州记[*]

［清］ 龚自珍

居礼曹^①，客有过^②者曰："卿知今日之扬州乎？读鲍照《芜城赋》，则遇之矣^③。"余悲其言。

明年，乞假南游，抵扬州。属有告籴^④谋，舍舟而馆^⑤。

既宿^⑥，循馆之东墙，步游得小桥，俯溪，溪声谨^⑦。过桥，遇女墙^⑧啮可登者，登之，扬州三十里，首尾屈折高下见。晓雨沐屋，瓦鳞鳞然，无零甃断甓^⑨，心已疑礼曹过客言不实矣。

入市，求熟肉，市声讙。得肉，馆人以酒一瓶、虾一筐馈。醉而歌，歌宋元长短言乐府，俯窗鸣鸣^⑩，惊对岸女夜起，乃止。

客有请吊蜀岗^⑪者，舟甚捷，帘幕皆文绣，疑舟窗蠡縠^⑫也，审视，玻璃五色具^⑬。舟人时时指两岸曰：某园故址也，某家酒肆故址也，约八九处，其实独倚虹园圮无存^⑭。曩所信宿^⑮之西园，门在，题榜在，尚可识，其可登临者尚八

---

　* 选自吴功正：《古文鉴赏辞典》，江苏文艺出版社 1987 年版。道光十九年（1839），作者辞官南归，道经扬州，抚今追昔，写下了这篇文章。重过：作者于嘉庆二十五年（1820）由北京南还时曾路过扬州，故云。

　① 礼曹：礼部。当时作者任礼部主客司主事兼祠祭司行走。

　② 过：访。

　③ 鲍照：南朝宋文学家，字明远，东海（今江苏连云港市东）人；曾任临海王前军参军等职；长于乐府诗，赋及骈文；所作《芜城赋》，写广陵故城（即扬州）昔日的盛况及后来的衰颓景象，感慨系之。遇之：得之，感受到。

　④ 属（zhǔ）：适巧。告籴（dí）：请求买谷，有请求资助饥困之意。籴：买进粮食，与"粜（tiào）"相对。

　⑤ 馆：用为动词，住旅馆。

　⑥ 既宿：过夜之后。

　⑦ 讙（huān）：喧响，通"欢"。

　⑧ 女墙：城墙上面呈凹凸形的小墙。啮（niè）：咬，引申为坏缺。

　⑨ 零甃（zhòu）断甓（pì）：犹言残垣断壁。甃：井壁，这里泛指墙壁。甓：砖。

　⑩ 长短言乐府：即词。词又称长短言，可入乐，故称。鸣鸣：象声词，指歌声。

　⑪ 吊：凭吊。蜀岗：山名，在今江苏扬州市西北，居瘦西湖畔，为扬州古城遗址。

　⑫ 蠡（luó）：通"螺"。縠（què）：物之甲壳，即鳞甲之类。蠡縠：指为螺壳鳞甲所镶嵌。

　⑬ 玻璃五色具：谓五色玻璃齐全。（玻璃在当时为洋货，被作者视为"不急之物"的奢侈品，主张杜绝进口，详见其《送钦差大臣侯官林公序》。洋货侵入被作者视为扬州衰落之迹象。）

　⑭ 倚虹园：因靠近横跨瘦西湖的大虹桥而得称。大虹桥是乾隆年间（1736—1796）改建的石拱桥。圮（pǐ）：塌坏。

　⑮ 曩（nǎng）：从前。信宿：住过两夜。

九处。阜①有桂，水有芙蕖菱芡②，是居扬州城外西北隅，最高秀。南览江，北览淮，江淮数十州县治，无如此冶华③也。忆京师言，知有极不然者④。

归馆，郡之士皆知余至，则大灌⑤，有以经义请质难⑥者，有发⑦史事见问者，有就询京师近事者，有呈所业若文、若诗、若笔⑧、若长短言、若杂著、若丛书，乞为序、为题辞者，有状其先世事行乞为铭者⑨，有求书册子、书扇⑩者，填委⑪塞户牖⑫，居然嘉庆中故态。谁得曰今非承平时邪？惟窗外船过，夜无笙琶声，即有之，声不能彻旦⑬。然而女子有以栀子华发为贽⑭求书者，爰以书画环瑱互通问⑮，凡三人，凄馨哀艳之气，缭绕于桥亭舰⑯舫间，虽澹定，是夕魂摇摇不自持⑰。

余既信信，挐流风，捕余韵，乌睹所谓风嗥雨啸、鼯狖悲、鬼神泣者？⑱ 嘉庆末，尝于此和友人宋翔凤侧艳诗⑲，闻宋君病，存亡弗可知。又问其所谓赋诗者⑳，不可见，引为恨。

---

① 阜：土山。

② 芙蕖：荷花。菱：菱角。芡（qiàn）：睡莲科植物，叶呈盾状，浮水面；夏日开花，紫色，昼开暮合；实如刺球，含子数十枚；子及地下茎均可食；有鸡头、乌头、雁头等别名。

③ 冶华：美丽繁华。

④ 极不然者：极不确实之处。

⑤ 灌：同"欢"。

⑥ 经义：经书的解释。质难：质疑问难。

⑦ 发：提出，揭示。

⑧ 笔：散文，与"文"相对，"文"指有藻采声韵的骈文。文笔之分见《文心雕龙·总术》。

⑨ "有状"句：谓有自撰其先人行状请求代为写神道碑铭或墓志铭的人，指拿着自己为先人撰写的行状。乞为铭：请求为他们撰写墓志铭。

⑩ 书：题字。书册子：在书册、画册上题字。书扇：在扇面上题字。

⑪ 填委：纷集，堆积。

⑫ 户牖：意为门窗、门户，指住处。

⑬ 彻旦：通宵达旦。

⑭ 栀（zhī）子：花木，叶厚而有光泽，呈椭圆形，夏天开白色大花，极香。这里指栀子花。华发：白发。这里语义难通，疑"发"字为"鬘"字之误，华鬘为舞妓之花饰。贽（zhì）：初次见面所执的礼物。

⑮ 爰（yuán）：于是，乃。环：带在臂上的玉环。瑱（tiàn）：以玉充耳，一种首饰。通问：通音讯。

⑯ 舰：有板屋的船。

⑰ "虽澹"句：意为自己即使态度恬淡镇定，当时情绪仍难免为其声色所动，不能自持。

⑱ "余既"数句：意为我已连宿四夜，尚可捕捉到昔日繁盛时的流风余韵，哪里能见到《芜城赋》中所描述的那种飘摇悲凄景象？信信：一信再信，连宿四夜。鼯（wú）：一种形似松鼠的动物，腹旁有飞膜，能滑翔。狖（yòu）：这里同"狖"，一种似狸（野猫）的野兽。"风嗥"云云，概述鲍照《芜城赋》"坛罗虺（毒蛇）蜮（短狐），阶斗麏（獐子）鼯，木魅山鬼，野鼠城狐，风嗥雨趋"语。

⑲ 嘉庆末：嘉庆二十五年（1820）。宋翔凤（1776—1860）：字虞庭，一字于庭，江苏长洲（今苏州市）人；嘉庆年间（1796—1820）举人，官湖南新宁县知县；从其舅庄述祖受今文经学，又从段玉裁治《说文》之学，通训诂名物，是常州学派的著名学者。作者于嘉庆二十四年（1819）在京师与宋翔凤相识，见其《资政大夫礼部侍郎武进庄分神道碑铭》自记。侧艳：文辞艳丽而流于轻佻。

⑳ 所谓赋诗者：指当年与宋氏及作者和诗之妓。

卧而思之，余齿①垂五十矣，今昔之慨，自然之运，古之美人名士富贵寿考②者几人哉？此岂关扬州之盛衰，而独置感慨于江介也哉！③抑予赋侧艳则老矣，甄综④人物，蒐⑤辑文献，仍以自任，固未老也。天地有四时，莫病⑥于酷暑，而莫善于初秋；澄汰其繁缛淫蒸⑦，而与之为萧疏澹荡，泠然瑟然⑧，而不遽使人有苍莽寥沇⑨之悲者，初秋也。今扬州，其初秋也欤？予之身世，虽乞籴⑩，自信不遽死，其尚犹丁⑪初秋也欤？作《己亥六月重过扬州记》。

❖ 学习视野

作家作品

龚自珍和《己亥六月重过扬州记》

龚自珍（1792—1841），清代思想家、文学家；字尔玉，又字璱人，号定庵，更名易简，字伯定；又更名巩祚，号定盦，又号羽琌山民；浙江仁和（今杭州）人；道光年间（1821—1850）进士，官礼部主事。其学务博览，重经世济民；主张从事政治和经济改革，以解决当时日益深化的社会危机，并热切要求抵抗资本主义国家的经济和军事侵略，维护国家主权。当林则徐赴广东查禁鸦片时，其曾预见到英国可能侵犯，建议加强战备，不与其妥协。

龚自珍自幼研究经史，治经学，为嘉庆（1796—1820）、道光（1821—1850）年间提倡"通经致用"的今文经学派的重要人物；哲学上持"性无善无不善"之说，反对孟子的"性善"论和荀子的"性恶"论，并强调万事万物都处于变化之中；所作诗文，极力提倡"更法"、"改图"，深刻揭露清王朝统治的腐朽，反映社会阶级矛盾的日益尖锐，洋溢爱国热情；散文博奥纵横，自成一家，诗歌尤其瑰丽奇肆，有"龚派"之称；著有《龚自珍全集》。

清道光十九年（1839）己亥四月二十三日，龚自珍因一贯主张革新、抨击时政、大力支持禁烟运动而遭到清朝廷内当权者的排挤，被逼辞官，南归故里。这

---

① 齿：年龄。
② 自然之运：自然界的运动、变化。寿考：年高。
③ "此岂"句：意为这哪里与扬州的盛衰有关，而偏偏把感慨发泄在江畔呢！江介：江畔，这里指扬州。
④ 甄综：考察搜罗。
⑤ 蒐（sōu）："搜"的异体字。
⑥ 病：难受。
⑦ 澄汰：澄清，淘汰。繁缛：指景象繁杂。淫蒸：过分闷热的蒸腾之气。
⑧ 萧疏澹荡：淡远空寂。泠（líng）然瑟然：形容清凉。泠：清凉。瑟：萧索。
⑨ 寥（liáo）沇（xuè）：旷荡而虚静。寥：稀少，冷落，静寂，空虚。沇：空旷清朗。
⑩ 乞籴：求买粮食。
⑪ 丁：当，值。

年六月，他途经扬州，写出了这篇名文。他以一个今文经学家主张"通经致用"所独具的政治敏感，通过对扬州这座历史名城表面一片繁华、内里万般萧索，以及当地文人官僚醉生梦死精神状态的描绘，概括而曲折地反映了"乾嘉盛世"上层社会的黑暗与腐朽，揭示了一个历史时代正日趋衰落，封建王朝已濒临"山雨欲来风满楼"的危局。全文抓住一个"重"字，今昔对比，景似事殊，愤慨之情溢于言表。本文与他同一年创作的《己亥杂诗》异曲同工，构成一幅时代风云变幻的历史画卷，警示后人。

❋ 学习计划

阅读理解

1. 作者第二次亲历的扬州是否真的如客人所言，扬州已经破败成为芜城？作者有何深意？

2.《己亥六月重过扬州记》在写法上有什么特点？

3. 联系中国在 1840 年前后的历史，谈谈龚自珍的《己亥六月重过扬州记》到底想表达什么思想观念？

拓展学习

1. 阅读章明寿：《时代脉搏，哲人心声——龚自珍〈己亥六月重过扬州记〉赏析》，载《名作欣赏》1989 年第 4 期。

2. 阅读李锦全：《鸦片战争前后的进步社会思潮——论龚自珍、林则徐、魏源思想的历史作用》，载《天府新论》1991 年第 1 期。

3. 阅读徐世中：《论龚自珍矛盾心态及其对创作的影响》，载《牡丹江大学学报》2011 年第 1 期。

4. 联系本文，谈谈对龚自珍组诗《己亥杂诗》其五和其二百二十的理解。

己亥杂诗·其五

浩荡离愁白日斜，吟鞭东指即天涯。
落红不是无情物，化作春泥更护花。

己亥杂诗·其二百二十

九州生气恃风雷，万马齐喑究可哀。
我劝天公重抖擞，不拘一格降人才。

小

说

刘玄德三顾茅庐[*]

［元］罗贯中

却说玄德正安排礼物，欲往隆中①谒诸葛亮，忽人报："门外有一先生，峨冠博带，道貌非常②，特来相探。"玄德曰："此莫非即孔明否？"遂整衣出迎。视之，乃司马徽③也。玄德大喜，请入后堂高坐，拜问曰："备自别仙颜，因军务倥偬④，有失拜访。今得光降，大慰仰慕之私⑤。"徽曰："闻徐元直⑥在此，特来一会。"玄德曰："近日因曹操囚其母，徐母遣人驰书，唤回许昌去矣。"徽曰："此中曹操之计矣！吾素闻徐母最贤，虽为操所囚，必不肯驰书召其子；此书必诈也。元直不去，其母尚存；今若去，母必死矣！"玄德惊问其故，徽曰："徐母高义，必羞见其子也。"玄德曰："元直临行，荐南阳诸葛亮，其人若何？"徽笑曰："元直欲去，自去便了，何又惹他出来呕心血也？"玄德曰："先生何出此言？"徽曰："孔明与博陵崔州平、颍川石广元、汝南孟公威与徐元直四人为密友。此四人务于精纯，惟孔明独观其大略⑦。尝抱膝长吟，而指四人曰：'公等仕进可至刺史，郡守。'众问孔明之志若何，孔明但笑而不答。每常自比管仲、乐毅⑧，其才不可量也。"玄德曰："何颍川之多贤乎！"徽曰："昔有殷馗⑨善观天文，尝谓'群星聚于颍分⑩，其地必多贤士'。"时云长在侧曰："谋闻管仲、乐毅乃春秋、战国名人，功盖寰宇；孔明自比此二人，毋乃太过？"徽笑曰："以吾观之，不当比此二人；我欲另以二人比之。"云长问："那二人？"徽曰："可比兴周八百年之姜子牙⑪、

---

[*] 选自《三国演义》第三十七和三十八回，内容有删节，本文题目为编者所加。［元］罗贯中：《三国演义》，人民文学出版社1998年版。

① 隆中：现湖北省襄阳区。

② "峨冠博带，道貌非常"：戴着高帽子，束着宽衣带，看样子是个很有道行的人。峨：高。博：宽。

③ 司马徽：当时的一个隐士，字德操，颍川（今河南省禹县）人。

④ 倥偬（kǒng zǒng）：急迫匆忙。

⑤ 仰慕之私：景仰的心情。

⑥ 徐元直：即徐庶，元直是他的字，颍川人。

⑦ 观其大略：从大处着眼，往远处着想。

⑧ 管仲、乐毅：管仲是春秋时期齐国的政治家，帮助齐桓公建立了霸业。乐毅是战国时燕国的上将军，曾率领燕、赵、韩、魏、楚五国联军大败强大的齐国。

⑨ 殷馗（kuí）：东汉时人，擅长天文。

⑩ 颍分（fēn）：颍川地界。分：区域。我国古代根据星宿的分布来划分相应的地界，叫分野。

⑪ 姜子牙：本姓姜，因其祖先封于吕，改姓吕，名尚，又称太公望。后文刘备信中说的吕望，也就是他。他年老时遇周文王，被拜为老师，后帮助周武王推翻殷纣王的统治，建立了周朝。

旺汉四百年之张子房①也。"众皆愕然。徽下阶相辞欲行，玄德留之不住。徽出门仰天大笑曰："卧龙虽得其主，不得其时，惜哉！"言罢，飘然而去。玄德叹曰："真隐居贤士也！"

次日，玄德同关、张并从人等来隆中。遥望山畔数人，荷锄耕于田间，而作歌曰：

苍天如圆盖，陆地似棋局；世人黑白分，往来争荣辱。
荣者自安安，辱者定碌碌。南阳有隐居，高眠卧不足。

玄德闻歌，勒马唤农夫问曰："此歌何人所作？"答曰："乃卧龙先生所作也。"玄德曰："卧龙先生住何处？"农夫曰："自此山之南，一带高冈，乃卧龙冈也。冈前疏林内茅庐中，即诸葛先生高卧之地。"玄德谢之，策马前行。不数里，遥望卧龙冈，果然清景异常。

玄德来到庄前，下马亲叩柴门，一童出问。玄德曰："汉左将军、宜城亭侯、领豫州牧、皇叔刘备，特来拜见先生。"② 童子曰："我记不得许多名字。"玄德曰："你只说刘备来访。"童子曰："先生今早少出。"玄德曰："何处去了？"童子曰："踪迹不定，不知何处去了。"玄德曰："几时归？"童子曰："归期亦不定，或三五日，或十数日。"玄德惆怅不已。张飞曰："既不见，自归去罢了。"玄德曰："且待片时。"云长曰："不如且归，再使人来探听。"玄德从其言，嘱咐童子："如先生回，可言刘备拜访。"

遂上马，行数里，勒马回观隆中景物，果然山不高而秀雅，水不深而澄清；地不广而平坦，林不大而茂盛；猿鹤相亲，松篁③交翠：观之不已。忽见一人，容貌轩昂，丰姿俊爽，头戴逍遥巾④，身穿皂布袍，杖藜从山僻小路而来⑤。玄德曰："此必卧龙先生也！"急下马向前施礼，问曰："先生非卧龙否？"其人曰："将军是谁？"玄德曰："刘备也。"其人曰："吾非孔明，乃孔明之友：博陵崔州平也。"玄德曰："久闻大名，幸得相遇。乞即席地权坐，请教一言。"二人对坐于林间石上，关、张侍立于侧。州平曰："将军何故欲见孔明？"玄德曰："方今天下大乱，四方云扰⑥，欲见孔明，求安邦定国之策耳。"州平笑曰："公以定乱为主，虽是仁心，但自古以来，治乱无常。自高祖斩蛇起义⑦，诛无道秦，是由

---

① 张子房：即张良，刘邦主要谋士之一。
② "汉左将军"句：刘备先后被汉献帝封为左将军、宜城亭侯、豫州牧。领：兼任。
③ 篁（huáng）：竹子。
④ 逍遥巾：一种裹在头上的四方形的头巾。
⑤ 杖藜：拄着藜杖。藜：一种草本植物，茎长老了可以做拐杖。
⑥ 云扰：像乱云那样纷扰。
⑦ 高祖斩蛇起义：《史记·高祖本记》记载着这样的传说：一天夜里，一条大白蛇拦住刘邦的去路，刘邦乘醉把白蛇斩为两段，不久就聚众起义抗秦。

乱而入治也；至哀、平之世①二百年太平日久，王莽篡逆，又由治而入乱；光武中兴②，重整基业，复由乱而入治；至今二百年，民安已久，故干戈又复四起：此正由治入乱之时，未可猝定也。将军欲使孔明斡旋天地③，补缀乾坤④，恐不易为，徒费心力耳。岂不闻'顺天者逸，逆天者劳'⑤、'数之所在，理不得而夺之；命之所在，人不得而强之'⑥乎？"玄德曰："先生所言，诚为高见。但备身为汉胄⑦，合当匡扶汉室，何敢委⑧之数与命？"州平曰："山野之夫，不足与论天下事，适承明问，姑妄言之。"玄德曰："蒙先生见教。但不知孔明往何处去了？"州平曰："吾亦欲访之，正不知其何往。"玄德曰："请先生同至敝县，若何？"州平曰："愚性颇乐闲散，无意功名久矣，容他日再见。"言讫，长揖而去。玄德与关、张上马而行。张飞曰："孔明又访不着，却遇如此腐儒，闲谈许久！"玄德曰："此亦隐者之言也。"

　　三人回至新野，过了数日，玄德使人探听孔明。回报曰："卧龙先生已回矣。"玄德便教备马。张飞曰："量一村夫，何必哥哥自去，可使人唤来便了。"玄德叱曰："汝岂不闻孟子云：'欲见贤而不以其道，犹欲其入而闭之门也。'⑨孔明当世大贤，岂可召乎！"遂上马再往访孔明。关、张亦乘马相随。时值隆冬，天气严寒，彤云⑩密布。行无数里，忽然朔风凛凛，瑞雪霏霏；山如玉簇⑪，林似银妆。张飞曰："天寒地冻，尚不用兵，岂宜远见无益之人乎！不如回新野以避风雪。"玄德曰："吾正欲使孔明知我殷勤之意。如弟辈怕冷，可先回去。"飞曰："死且不怕，岂怕冷乎！但恐哥哥空劳神思。"玄德曰："勿多言，只相随同去。"将近茅庐，忽闻路傍酒店中有人作歌。玄德立马听之。其歌曰：

　　壮士功名尚未成，呜呼久不遇阳春！君不见：东海老叟⑫辞荆榛，后车遂与

---

　　① 哀、平之世：哀帝、平帝的时代。哀帝、平帝是西汉末的两个皇帝。

　　② 光武中兴：王莽统治时期，民不聊生，爆发了农民起义；时刘邦的后代刘秀也起兵反对王莽，最后窃取农民起义的果实建立了东汉王朝。封建时代的历史家将之称为光武中兴。光武：刘秀的庙号。

　　③ 斡（wò）旋天地：扭转当时局势的意思。

　　④ 补缀乾坤：安定天下之意。补缀：修补破旧的衣服。乾坤：代表天地，这里指天下、国家。

　　⑤ "顺天者逸，逆天者劳"：顺应天意做事的人，用力少而收效大；违反天意做事的人，用力多而收效小。

　　⑥ "数之所在，理不得而夺之；命之所在，人不得而强之"：天数决定了的，道义不能改变它；天命决定了的，人的力量不能勉强（改变）它。数：这里指由上天决定的必然性。

　　⑦ 汉胄（zhòu）：汉朝皇室的后代。据《三国演义》第二十四回，刘备是西汉景帝第七子中山靖王刘胜之后。

　　⑧ 委：推卸给。

　　⑨ "欲见贤……之门也"：想见一个有才德的人却不用应有的礼节，就好比希望他走进屋子而把门关上一样。语见《孟子·万章》。

　　⑩ 彤云：天将下雪，云呈暗红色，故称彤云。

　　⑪ 玉簇：晶莹的玉堆成的。簇：丛聚。

　　⑫ 东海老叟：即吕尚。

文王亲；八百诸侯不期会①，白鱼入舟涉孟津②；牧野一战血流杵③，鹰扬④伟烈冠武臣。又不见：高阳酒徒起草中⑤，长揖芒砀"隆准公"⑥；高谈王霸惊人耳，辍洗⑦延坐钦英风；东下齐城七十二，天下无人能继踪。二人功迹尚如此，至今谁肯论英雄？

歌罢，又有一人击桌而歌。其歌曰：

吾皇提剑清寰海，创业垂基四百载。桓灵季业火德⑧衰，奸臣贼子调鼎鼐⑨。青蛇飞下御座傍，又见妖虹降玉堂⑩。群盗四方如蚁聚，奸雄百辈皆鹰扬。吾侪长啸空拍手，闷来村店饮村酒。独善其身尽日安，何须千古名不朽！

二人歌罢，拊掌大笑。玄德曰："卧龙其在此间乎！"遂下马入店。见二人凭桌对饮：上首者白面长须，下首者清奇古貌。玄德揖而问曰："二公谁是卧龙先生？"长须者曰："公何人？欲寻卧龙何干？"玄德曰："某乃刘备也。欲访先生，求济世安民之术。"长须者曰："我等非卧龙，皆卧龙之友也：吾乃颍川石广元，此位是汝南孟公威。"玄德喜曰："备久闻二公大名，幸得邂逅。今有随行马匹在此，敢请二公同往卧龙庄上一谈。"广元曰："吾等皆山野慵懒之徒，不省治国安民之事，不劳下问。明公请自上马，寻访卧龙。"

玄德乃辞二人，上马投卧龙冈来。到庄前下马，叩门问童子曰："先生今日在庄否？"童子曰："现在堂上读书。"玄德大喜，遂跟童子而入。至中门，只见门上大书一联云："淡泊以明志，宁静而至远。"⑪玄德正看间，忽闻吟咏之声，乃立于门侧窥之，见草堂之上，一少年拥炉抱膝，歌曰：

凤翱翔于千仞兮，非梧不栖；士伏处于一方兮，非主不依。乐躬耕于陇亩

---

① "八百诸侯"以下四句：歌颂吕尚辅佐周武王灭纣，事迹见《史记·周本纪》。

② 孟津：古黄河津渡名，在今河南孟津县东北，孟县西南。相传周武王伐纣，在此盟会诸侯并渡河，故又名盟津。

③ 牧野：殷都朝歌的郊区。牧野在今河南淇县西南。朝歌：在今河南淇县。流杵：即漂杵。杵：捣衣的木棒。

④ 鹰扬：威武的样子。

⑤ "高阳酒徒"以下六句：赞扬汉初郦食其（lì yì jī）的事迹，见《史记·郦生陆贾列传》。郦食其：陈留（今河南开封市东南）高阳人，据说他见刘邦时自称"高阳酒徒"。草：草野，即民间的意思。

⑥ 芒砀（dàng）"隆准公"：刘邦曾隐于芒砀（今安徽省砀山县一带）山泽之中，据说刘邦长着一个高大的鼻子，所以有这种称呼。隆：高大。准：鼻子。

⑦ 辍洗：据说郦食其去见刘邦，刘邦正在洗脚，他责备刘邦对他不尊敬，于是刘邦不再洗脚，起来接待他。辍：停止。

⑧ 火德：战国时阴阳家提出"五德终始"的学说，把五行（金、木、水、火、土）的属性称为"五德"，用来附会到王朝兴替上，宣扬一种唯心主义的历史循环论。这种说法以秦为金德，火尅金，代秦而起的汉为火德。

⑨ 调鼎鼐：古人以在鼎鼐中调五味来比喻朝廷大臣治理国家。鼎：古代烹煮用的器具。鼐：大鼎。

⑩ "青蛇"二句：即《三国演义》第一回所写汉灵帝时出现的不祥之兆。

⑪ "淡泊"二句：只有恬静寡欲才能使自己的志向明确起来，只有心情宁静才能思考深远的道理。

兮，吾爱吾庐；聊寄傲于琴书①兮，以待天时。

玄德待其歌罢，上草堂施礼曰："备久慕先生，无缘拜会。昨因徐元直称荐，敬至仙庄，不遇空回。今特冒风雪而来，得瞻道貌，实为万幸！"那少年慌忙答礼曰："将军莫非刘豫州，欲见家兄否？"玄德惊讶曰："先生又非卧龙耶？"少年曰："某乃卧龙之弟诸葛均也。愚兄弟三人：长兄诸葛瑾，现在江东孙仲谋处为幕宾；孔明乃二家兄。"玄德曰："卧龙今在家否？"均曰："昨为崔州平相约，出外闲游去矣。"玄德曰："何处闲游？"均曰："或驾小舟游于江湖之中，或访僧道于山岭之上；或寻朋友于村落之间，或乐琴棋于洞府之内：往来莫测，不知去所。"玄德曰："刘备直如此缘分浅薄，两番不遇大贤！"均曰："少坐献茶。"张飞曰："那先生既不在，请哥哥上马。"玄德曰："我既到此间，如何无一语而回？"因问诸葛均曰："闻令兄卧龙先生熟谙韬略②，日看兵书，可得闻乎？"均曰："不知。"张飞曰："问他则甚③！风雪甚紧，不如早归。"玄德叱止之。均曰："家兄不在，不敢久留车骑，容日却来回礼。"玄德曰："岂敢望先生枉驾④。数日之后，备当再至。愿借纸笔作一书，留达令兄，以表刘备殷勤之意。"均遂进文房四宝。玄德呵开冻笔，拂展云笺⑤，写书曰：

备久慕高名，两次晋谒，不遇空回，惆怅何似！窃念备汉朝苗裔，滥叨名爵⑥，伏睹朝廷陵替⑦，纲纪崩摧⑧，群雄乱国，恶党欺君，备心胆俱裂。虽有匡济⑨之诚，实乏经纶⑩之策。仰望先生仁慈忠义，慨然展吕望之大才，施子房之鸿略，天下幸甚！社稷幸甚！先此布达，再容斋戒熏沐，特拜尊颜，面倾鄙悃⑪。统希鉴原⑫！

玄德写罢，递与诸葛均收了，拜辞出门。均送出，玄德再三殷勤致意而别。方上马欲行，忽见童子招手篱外，叫曰："老先生来也。"玄德视之，见小桥之西，一人暖帽遮头，狐裘蔽体，骑着一驴，后随一青衣小童，携一葫芦酒，踏雪而来；转过小桥，口吟诗一首。诗曰：

---

① 聊寄傲于琴书：姑且把不愿随俗沉浮的心情寄托在弹琴和读书上。傲：傲世，对世俗不满。

② 熟谙（ān）韬略：精通兵法。谙：精通。韬略：兵法。

③ 则甚：做什么。

④ 枉驾：屈驾。

⑤ 云笺：精美的信纸。

⑥ 滥叨名爵：非分地接受了名位和封爵。

⑦ 陵替：衰微低落。

⑧ 纲纪崩摧：法令制度被毁坏。

⑨ 匡济：匡世济民。匡：纠正。

⑩ 经纶：理丝，引申为治理国家。

⑪ 面倾鄙悃（kǔn）：对你当面倾吐我的诚意。悃：诚意。

⑫ 统希鉴原：一切都希望你了解和原谅。

一夜北风寒，万里彤云厚。长空雪乱飘，改尽江山旧。仰面观太虚①，疑是玉龙斗。纷纷鳞甲飞，顷刻遍宇宙。骑驴过小桥，独叹梅花瘦！

玄德闻歌曰："此真卧龙矣！"滚鞍下马，向前施礼曰："先生冒寒不易！刘备等候久矣！"那人慌忙下驴答礼。诸葛均在后曰："此非卧龙家兄，乃家兄岳父黄承彦也。"玄德曰："适间所吟之句，极其高妙。"承彦曰："老夫在小婿家观《梁父吟》②，记得这一篇；适过小桥，偶见篱落间梅花，故感而诵之。不期为尊客所闻。"玄德曰："曾见令婿否？"承彦曰："便是老夫也来看他。"玄德闻言，辞别承彦，上马而归。正值风雪又大，回望卧龙冈，悒怏不已。后人有诗单道玄德风雪访孔明。诗曰：

一天风雪访贤良，不遇空回意感伤。冻合溪桥山石滑，寒侵鞍马路途长。
当头片片梨花落，扑面纷纷柳絮狂。回首停鞭遥望处，烂银堆满卧龙冈。

玄德回新野之后，光阴荏苒，又早新春。乃令卜者揲蓍③，选择吉期，斋戒三日，熏沐更衣，再往卧龙冈谒孔明。关、张闻之不悦，遂一齐入谏玄德。关公曰："兄长两次亲往拜谒，其礼太过矣。想诸葛亮有虚名而无实学，故避而不敢见。兄何惑于斯人之甚也！"玄德曰："不然。昔齐桓公欲见东郭野人，五反而方得一面④。况吾欲见大贤耶？"张飞曰："哥哥差矣：量此村夫，何足为大贤！今番不须哥哥去；他如不来，我只用一条麻绳缚将来！"玄德叱曰："汝岂不闻周文王谒姜子牙之事乎？文王且如此敬贤，汝何太无礼！今番汝休去，我自与云长去。"飞曰："既两位哥哥都去，小弟如何落后？"玄德曰："汝若同往，不可失礼。"飞应诺。

于是三人乘马引从者往隆中。离草庐半里之外，玄德便下马步行，正遇诸葛均。玄德忙施礼，问曰："令兄在庄否？"均曰："昨暮方归。将军今日可与相见。"言罢，飘然自去。玄德曰："今番侥幸得见先生矣！"张飞曰："此人无礼！便引我等到庄也不妨。何故竟自去了！"玄德曰："彼各有事，岂可相强。"三人来到庄前叩门，童子开门出问。玄德曰："有劳仙童转报：刘备专来拜见先生。"童子曰："今日先生虽在家，但今在草堂上昼寝未醒。"玄德曰："既如此，且休通报。"吩咐关、张二人，只在门首等着。玄德徐步而入，见先生仰卧于草堂几席之上。玄德拱⑤立阶下。半响，先生未醒。关、张在外立久，不见动静，入见玄德犹然侍立。张飞大怒，谓云长曰："这先生如何傲慢！见我哥哥侍立阶下，

---

① 太虚：天空。

② 《梁父吟》：原是乐府曲调名，据说这是诸葛亮喜欢吟诵的诗篇。

③ 揲蓍（shé shī）：古人占卜时，经过一定的仪式，把四十九根蓍草分为两部分，然后四根一数以定阳爻或阴爻，从而推断吉凶祸福。这里是指选择吉日的迷信活动。

④ "昔齐桓公"二句：汉代刘向所著《新序》说：春秋时齐桓公去看一个小臣，三次都没见着。旁人劝他不要去了，他不听，第五次去才见到。这里说的东郭野人即《新序》里的小臣。

⑤ 拱：拱手，两手相合举于胸前，表示敬意。

他竟高卧，推睡不起！等我去屋后放一把火，看他起不起！"云长再三劝住。玄德仍命二人出门外等候。望堂上时，见先生翻身将起——忽又朝里壁睡着。童子欲报。玄德曰："且勿惊动。"又立了一个时辰，孔明才醒，口吟诗曰：

大梦谁先觉？平生我自知。草堂春睡足，窗外日迟迟。

孔明吟罢，翻身问童子曰："有俗客来否？"童子曰："刘皇叔在此，立候多时。"孔明乃起身曰："何不早报！尚容更衣。"遂转入后堂。又半晌，方整衣冠出迎。玄德见孔明身长八尺，面如冠玉①，头载纶巾②，身披鹤氅，飘飘然有神仙之概。玄德下拜曰："汉室末胄、涿郡愚夫③，久闻先生大名，如雷贯耳。昨两次晋谒，不得一见，已书贱名于文几，未审得入览否？"孔明曰："南阳野人，疏懒性成，屡蒙将军枉临，不胜愧赧④。"二人叙礼毕，分宾主而坐。童子献茶。茶罢，孔明曰："昨观书意，足见将军忧民忧国之心；但恨亮年幼才疏，有误下问。"玄德曰："司马德操之言，徐元直之语，岂虚谈哉？望先生不弃鄙贱，曲⑤赐教诲。"孔明曰："德操、元直，世之高士。亮乃一耕夫耳，安敢谈天下事？二公谬举矣。将军奈何舍美玉而求顽石乎？"玄德曰："大丈夫抱经世奇才，岂可空老于林泉之下？愿先生以天下苍生为念，开备愚鲁而赐教。"孔明笑曰："愿闻将军之志。"玄德屏人促席⑥而告曰："汉室倾颓⑦，奸臣窃命⑧，备不量力，欲伸大义于天下，而智术浅短，迄无所就。惟先生开其愚而拯其厄，实为万幸！"孔明曰："自董卓造逆以来，天下豪杰并起。曹操势不及袁绍，而竟能克绍者，非惟天时，抑亦人谋也。今操已拥百万之众，挟天子以令诸侯，此诚不可与争锋。孙权⑨据有江东，已历三世。国险⑩而民附，此可用为援而不可图也。荆州北据汉、沔⑪，利尽南海⑫，东连吴会⑬，西通巴、蜀，此用武之地，非其主不能守：是殆天所以资将军，将军岂有意乎？益州险塞⑭，沃野千里，天府之

① 冠玉：这里用来形容白润的脸色。
② 纶（guān）巾：一种用青丝带制成的头巾，后来又名"诸葛巾"。
③ 涿郡愚夫：刘备自称，他是涿郡（今河北省涿州市）人。
④ 赧（nǎn）：因羞惭而脸红。
⑤ 曲：详尽。
⑥ 屏人促席：叫别人走开，自己靠近诸葛亮。
⑦ 倾颓：崩溃，衰败。
⑧ 窃命：窃取政权。命：皇帝的政令。
⑨ 孙权：字仲谋。他继承父亲孙坚和哥哥孙策的事业，占据江东（长江下游南岸）一带地方，所以下文说"已历三世"。
⑩ 国险：地势险要，指有长江天险。
⑪ 汉、沔（miǎn）：汉水和沔水，两水合流后以汉沔通称。这里指汉水中游。
⑫ 利尽南海：一直到南海的物产资源都能得到。
⑬ 吴会：吴郡，今苏州一带。会：都会。
⑭ 险塞：险要难入，指有险可守。

国，高祖因之以成帝业；今刘璋暗弱，民殷国富，而不知存恤①，智能之士，思得明君。将军既帝室之胄，信义著于四海，总揽②英雄，思贤如渴，若跨有荆、益，保其岩阻③，西和诸戎④，南抚彝越⑤，外结孙权，内修政理；待天下有变，则命一上将将荆州之兵以向宛、洛⑥，将军身率益州之众以出秦川⑦，百姓有不箪食壶浆⑧以迎将军者乎？诚如是，则大业可成，汉室可兴矣。此亮所以为将军谋者也。惟将军图⑨之。"言罢，命童子取出画一轴，挂于中堂，指谓玄德曰："此西川五十四州之图也。将军欲成霸业，北让曹操占天时，南让孙权占地利，将军可占人和。先取荆州为家，后即取西川建基业，以成鼎足之势，然后可图中原也。"玄德闻言，避席⑩拱手谢曰："先生之言，顿开茅塞，使备如拨云雾而睹青天。但荆州刘表、益州刘璋，皆汉室宗亲，备安忍夺之？"孔明曰："亮夜观天象，刘表不久人世；刘璋非立业之主：久后必归将军。"玄德闻言，顿首拜谢。只这一席话，乃孔明未出茅庐，已知三分天下，真万古之人不及也！

玄德拜请孔明曰："备虽名微德薄，愿先生不弃鄙贱，出山相助。备当拱听明诲。"孔明曰："亮久乐耕锄，懒于应世，不能奉命。"玄德泣曰："先生不出，如苍生何？"言毕，泪沾袍袖，衣襟尽湿。孔明见其意甚诚，乃曰："将军既不相弃，愿效犬马之劳。"玄德大喜，遂命关、张入，拜献金帛礼物。孔明固辞不受。玄德曰："此非聘大贤之礼，但表刘备寸心耳。"孔明方受。于是玄德等在庄中共宿一宵。次日，诸葛均回，孔明嘱咐曰："吾受刘皇叔三顾之恩，不容不出。汝可躬耕于此，勿得荒芜田亩。待我功成之日，即当归隐。"玄德等三人别了诸葛均，与孔明同归新野。

❖❖❖ 学习视野

作家作品

罗贯中和《三国演义》

罗贯中（1330？—1400？），名本，字贯中，号湖海散人；山西太原人；元末

---

① 存恤：爱惜。
② 总揽：广泛地招致收罗。
③ 保其岩阻：守住险要之地。
④ 西和诸戎：联合西方各少数民族。
⑤ 彝越：泛指南方和西南方的少数民族。
⑥ 宛、洛：今河南南阳和洛阳，这里泛指中原地带。
⑦ 秦川：今甘肃东南部和陕西中部南部。
⑧ 箪（dān）食壶浆：拿着酒饭。箪食：用篮子盛着食物。箪：古代盛饭的圆竹器。浆：酒浆。
⑨ 图：考虑。
⑩ 避席：离开座位说话以示尊敬。

明初小说家。有关罗贯中的生平材料现存较少。据传，其人与世寡合，曾为元末农民起义领袖张士诚的幕客。朱元璋统一中国后，其因与张士诚之事而终不得志，改而从事小说的编写工作。罗贯中根据陈寿《三国志》和裴松之注，以及元代《三国志平话》和有关传说资料编写而成《三国志通俗演义》。《三国志通俗演义》较早版本为嘉靖本二十四卷二百四十则，每则有一个单句的小标题，开我国章回小说之先河。今天我们读到的一百二十回本《三国演义》为清代毛纶、毛宗岗父子修改过的版本，除了整理回目、改为对偶外，毛本较之罗本无论史实内容还是文辞结构都更为完整，其尊刘抑曹的正统观念也更为浓厚。全书结构宏伟壮阔，情节引人入胜，语言"文不甚深，言不甚俗"。

《三国演义》是我国最早、最有成就的长篇历史小说，是一部以政治、军事和外交斗争为题材的长篇小说。小说为如何写作历史小说提供了"七分事实，三分虚构"的基本经验。小说中的主要事件和人物大都是真实的，但在具体的内容和情节上又有虚构和夸张的成分，作者对人物的主观褒贬评价也蕴含于作品的细节描写之中。这为之后的历史小说创作提供了可以借鉴的艺术经验。

《三国演义》是我国最早、最精彩的军事长篇小说。小说提供了不少战争经验和各种军事科学知识，是艺术化的古代军事思想战略战术教科书。小说中的官渡之战、赤壁之战、彝陵猇亭之战皆是以少胜多的典范战事，作者力图说明智谋是最佳的武器，有智谋可以以少当多、以一当十、以弱胜强，精神力量是最宝贵的；也试图在告诉后人：得民心者得天下，得人才者得天下。

《三国演义》成功地塑造了以曹操、诸葛亮、张飞、关羽、刘备等为代表的性格鲜明的典型形象。这些人物形象在汉文化圈中家喻户晓，影响甚广，得益于小说高超的艺术手法。令人称奇的是，这一系列人物是单凭历史大舞台完成塑造的，作者只在政治、军事、经济、外交这种前台展现人物，而放弃了人物的日常生活细节描写。作品中的人物主要凭借自己的言行来完成性格塑造，作者不是站在全知全能的角度，读者要凭借自己亲眼所见人物言行来获悉其内心情感。以自身的言行传达人物心理情感与中国发达的传记史学传统有关，在《三国演义》之后一脉相承，成为中国古典小说的人物塑造传统。

作者对于刘蜀阵营中人物的描写充满了敬意与赞誉的情感，这种情感既体现在整体结构的宏观驾驭上，也渗透于字里行间。"三顾茅庐"描写中的诗情画意寄寓了作者对于刘备与诸葛亮这对君臣的褒扬，与《三国志》等历史记载不同，小说中，作者表面上不动声色，实质上可以尽情抒写内心对于正统刘氏阵营的肯定，将所有精彩与正义都赋予诸葛亮、关羽、张飞、赵云等人物。这些人选择刘备，是一种自觉的政治性选择，因而无论顺境还是逆境皆齐心协力，鞠躬尽瘁，死而后已。

《刘玄德三顾茅庐》叙述了刘备三次到隆中拜见诸葛亮的经过。与本篇有关的情节是：刘备在新野（今河南新野县）得到谋士徐庶，为此刘备在对曹操的作战中打了几次胜仗。然而这时曹操却劫持了徐庶的母亲，假造徐母之信以召徐庶。徐庶在临走时向刘备推荐了隐居在隆中的诸葛亮，于是刘备三顾草庐，请诸葛亮出来帮助他。对于刘备每一次拜见经过，作者都做了详细的描写，故事情节一波三折，人物形象生动可感，最突出的艺术特色就是采用了"隐而愈现"的写作手法。全文旨在塑造诸葛亮这一人物形象，表现其足智多谋、料事如神的奇才，但全文并不直接实写诸葛亮，而是采用了虚写的手法。刘备前两次拜访皆不得见其人，然而作者却通过刘备的感受着力刻画了诸葛亮居住周边环境的秀丽恬静，诸葛亮身边人物的隐逸闲适，并以此来渲染、烘托诸葛亮这一人物所特有的神秘莫测、才略过人的隐者风度和特征。这样写来，首先，制造了一种传奇的气氛，激发了读者的好奇心，调动了读者阅读下文的兴致；其次，更加耐人寻味，激人想象，能使读者参与创作，引发读者已有的生活体验，去塑造自己心目中的诸葛亮；最后，使诸葛亮这一人物形象还未登场亮相，便已深深植根于读者的脑海中，如闻其声，如见其人，从而加重了这一人物形象的力度。另外，此文还运用了"正衬"的描写手法，通过他人称赞诸葛亮四位密友的贤能来衬托诸葛亮加倍的贤能。

❖ 学 习 计 划

阅读理解

1. 刘备礼贤下士、宽厚仁德，诸葛亮忠贞不贰、才智过人，《刘玄德三顾茅庐》是怎样突现这两个人的性格特点的？

2. 比较《三国志通俗演义》和毛本《三国演义》章回目录的异同，查找资料，分析二者思想内容、人物形象演化的原因。

拓展学习

1. 本文"隐而愈现"的艺术表现手法又称为"留白"，在中国古代诗歌、音乐、绘画等多种艺术领域皆有应用，试举例说明这种手法的艺术效果。

2. 当代影视剧多次改编上演过《三国演义》，收集近年来影视剧中曹操、刘备、诸葛亮人物塑造材料，比较分析影视剧中的人物形象和原著中人物形象的异同，讨论原著与影视剧改编的同异关系。

宋小官团圆破毡笠[*]

［明］冯梦龙

不是姻缘莫强求，姻缘前定不须忧。

任从波浪翻天起，自有中流稳渡舟。

话说正德年间，苏州府昆山县大街，有一居民，姓宋名敦，原是宦家之后。浑家卢氏，夫妻二口，不做生理，靠着祖遗田地，见成收些租课为活。年过四十，并不曾生得一男半女。宋敦一日对浑家说："自古道：'养儿待老，积谷防饥。'你我年过四旬，尚无子嗣。光阴似箭，眨眼头白。百年之事，靠着何人？"说罢，不觉泪下。卢氏道："宋门积祖善良，未曾作恶造业；况你又是单传，老天决不绝你祖宗之嗣。招子也有早晚，若是不该招时，便是养得长成，半路上也抛撇了，劳而无功，枉添许多悲泣。"宋敦点头道："是。"方才拭泪未干，只听得坐启①中有人咳嗽，叫唤道："玉峰在家么？"原来苏州风俗，不论大家小家，都有个外号，彼此相称。玉峰就是宋敦的外号，宋敦侧耳而听。叫唤第二句，便认得声音，是刘顺泉。那刘顺泉双名有才，积祖驾一只大船，揽载客货，往各省交卸。趁得好些水脚银两，一个十全的家业，团团都做在船上。就是这只船本，也值几百金，浑身是香楠木打造的。江南一水之地，多有这行生理。那刘有才是宋敦最契之友。听得是他声音，连忙趋出坐启，彼此不须作揖，拱手相见，分坐看茶，自不必说。宋敦道："顺泉今日如何得暇？"刘有才道："特来与玉峰借件东西。"宋敦笑道："宝舟缺什么东西，到与寒家相借？"刘有才道："别的东西不来干渎。只这件，是宅上有余的，故此敢来启口。"宋敦道："果是寒家所有，决不相吝。"刘有才不慌不忙，说出这件东西来。正是：

背后并非擎诏②，当前不是围胸，鹅黄细布密针缝，净手将来供奉。

还愿曾装冥钞，祈神并衬威容。名山古刹几相从，染下炉香浮动。

原来宋敦夫妻二口，因难于得子，各处烧香祈嗣，做成黄布袱、黄布袋，装裹佛马楮钱之类。烧过香后，悬挂于家中佛堂之内，甚是志诚。刘有才长于宋敦五年，四十六岁了，阿妈徐氏亦无子息。闻得徽州有盐商求嗣，新建陈州娘娘庙

---

① 坐启：又称坐起，房屋里接近门首的小客厅。

② 背后并非擎诏：封建时期，皇帝的诏旨发往外路，是用黄布包裹，并且背在派去的使者背后，所以这里如此说。

于苏州阊门之外，香火甚盛，祈祷不绝。刘有才恰好有个方便，要驾船往枫桥接客，意欲进一炷香，却不曾做得布袄布袋，特与宋家告借。其时说出缘故，宋敦沉思不语。刘有才道："玉峰莫非有吝借之心么？若污坏时，一个就赔两个。"宋敦道："岂有此理！只是一件，既然娘娘庙灵显，小子亦欲附舟一往。只不知几时去？"刘有才道："即刻便行。"宋敦道："布袄布袋，拙荆另有一副，共是两副，尽可分用。"刘有才道："如此甚好。"宋敦入内，与浑家说知，欲往郡城烧香之事。卢氏也欢喜。宋敦于佛堂挂壁上取下两副布袄布袋，留下一副自用，将一副借与刘有才。刘有才道："小子先往舟中伺候，玉峰可快来。船在北门大坂桥下，不嫌怠慢时，吃些见成素饭，不消带米。"宋敦应允。当下忙忙的办下些香烛纸马阡张定段，打叠包裹，穿了一件新联①就的洁白湖绸道袍，赶出北门下船。趁着顺风，不勾半日，七十里之程，等闲到了。舟泊枫桥，当晚无话。有诗为证：

> 月落乌啼霜满天，江枫渔火对愁眠。
> 姑苏城外寒山寺，夜半钟声到客船。

次日起个黑早，在船中洗盥罢，吃了些素食，净了口手，一对儿黄布袄驮了冥财，黄布袋安插纸马文疏，挂于项上，步到陈州娘娘殿前，刚刚天晓。庙门虽开，殿门还关着。二人在两廊游绕，观看了一遍，果然造得齐整。正在赞叹。"呀"的一声，殿门开了，就有庙祝出来迎接进殿。其时香客未到，烛架尚虚，庙祝放下琉璃灯来，取火点烛，讨文疏替他通陈祷告。二人焚香礼拜已毕，各将几十文钱，酬谢了庙祝，化纸出门。刘有才再要邀宋敦到船，宋敦不肯。当下刘有才将布袄布袋交还宋敦，各各称谢而别。刘有才自往枫桥接客去了。宋敦看天色尚早，要往娄门趁船回家。刚欲移步，听得墙下呻吟之声。近前看时，却是矮矮一个芦席棚，搭在庙垣之侧，中间卧着个有病的老和尚，恹恹欲死，呼之不应，问之不答。宋敦心中不忍，停眸而看。傍边一人走来说道："客人，你只管看他做甚？要便做个好事了去。"宋敦道："如何做个好事？"那人道："此僧是陕西来的，七十八岁了，他说一生不曾开荤，每日只诵《金刚经》。三年前在此募化建庵，没有施主。搭这个芦席棚儿住下，诵经不辍。这里有个素饭店，每日只上午一餐，过午就不用了。也有人可怜他，施他些钱米，他就拿来还了店上的饭钱，不留一文。近日得了这病，有半个月不用饮食了。两日前还开口说得话，我们问他：'如此受苦，何不早去罢？'他说：'因缘未到，还等两日。'今早连话也说不出了，早晚待死。客人若可怜他时，买一口薄薄棺材，焚化了他，便是做好事。他说'因缘未到'，或者这因缘，就在客人身上。"宋敦想道："我今日为求嗣而来，做一件好事回去，也得神天知道。"便问道："此处有棺材店么？"

---

① 联：缝纫。

那人道："出巷陈三郎家就是。"宋敦道："烦足下同往一看。"那人引路到陈家来。陈三郎正在店中支分镟匠锯木。那人道："三郎，我引个主顾作成你。"三郎道："客人若要看寿板，小店有真正婺源加料双轴的在里面；若要见成的，就店中但凭拣择。"宋敦道："要见成的。"陈三郎指着一副道："这是头号，足价三两。"宋敦未及还价，那人道："这个客官是买来舍与那芦席棚内老和尚做好事的，你也有一半功德，莫要讨虚价。"陈三郎道："既是做好事的，我也不敢要多，照本钱一两六钱罢，分毫少不得了。"宋敦道："这价钱也是公道了。"想起汗巾角上带的一块银子，约有五六钱重，烧香剩下，不上一百铜钱，总凑与他，还不勾一半。"我有处了，刘顺泉的船在枫桥不远。"便对陈三郎道："价钱依了你，只是还要到一个朋友处借办，少顷便来。"陈三郎到罢了，说道："任从客便。"那人怫然不乐道："客人既发了个好心，却又做脱身之计。你身边没有银子，来看做甚？……"说犹未了，只见街上人纷纷而过，多有说这老和尚，可怜半月前还听得他念经之声，今早呜呼了。正是：

三寸气在千般用，一旦无常万事休。

那人道："客人不听得说么？那老和尚已死了，他在地府睁眼等你断送哩！"宋敦口虽不语，心下复想道："我既是看定了这具棺木，倘或往枫桥去，刘顺泉不在船上，终不然呆坐等他回来。况且常言得'价一不择主'，倘别有个主顾，添些价钱，将这副棺木买去了，我就失信于此僧了。罢罢！"便取出银子，刚刚一块，讨等①来一称，叫声惭愧。原来是块元宝，看时像少，称时便多，到有七钱多重，先教陈三郎收了。将身上穿的那一件新联就的洁白湖绸道袍脱下，道："这一件衣服，价在一两之外，倘嫌不值，权时相抵，待小子取赎。若用得时，便乞收算。"陈三郎道："小店大胆了，莫怪计较。"将银子衣服收过了。宋敦又在髻上拔下一根银簪，约有二钱之重。交与那人道："这枝簪，相烦换些铜钱，以为殡殓杂用。"当下店中看的人都道："难得这位做好事的客官，他担当了大事去。其余小事，我们地方上也该凑出些钱钞相助。"众人都凑钱去了。宋敦又复身到芦席边，看那老僧，果然化去，不觉双眼垂泪，分明如亲戚一般，心下好生酸楚，正不知什么缘故，不忍再看，含泪而行。到娄门时，航船②已开，乃自唤一只小船，当日回家。浑家见丈夫黑夜回来，身上不穿道袍，面又带忧惨之色，只道与人争竞，忙忙地来问。宋敦摇首道："话长哩！"一径走到佛堂中，将两副布袱布袋挂起，在佛前磕了个头，进房坐下，讨茶吃了，方才开谈，将老和尚之事备细说知。浑家道："正该如此。"也不嗔怪。宋敦见浑家贤惠，到也回愁作喜。是夜夫妻二口睡到五更，

---

① 等：用来称金银等贵重物品的衡器。
② 航船：定期在两个地方往来航行搭客装货的船只。

宋敦梦见那老和尚登门拜谢道："檀越①命合无子，寿数亦止于此矣。因檀越心田慈善，上帝命延寿半纪②。老僧与檀越又有一段因缘，愿投宅上为儿，以报盖棺之德。"卢氏也梦见一个金身罗汉走进房里，梦中叫喊起来，连丈夫也惊醒了。各言其梦，似信似疑，嗟叹不已。正是：

> 种瓜还得瓜，种豆还得豆。
>
> 劝人行好心，自作还自受。

从此卢氏怀孕，十月满足，生下一个孩儿。因梦见金身罗汉，小名金郎，官名就叫宋金。夫妻欢喜，自不必说。此时刘有才也生一女，小名宜春。各各长成，有人撺掇两家对亲。刘有才倒也心中情愿。宋敦却嫌他船户出身，不是名门旧族。口虽不语，心中有不允之意。那宋金方年六岁，宋敦一病不起，呜呼哀哉了。自古道："家中百事兴，全靠主人命。"十个妇人，敌不得一个男子。自从宋敦故后，卢氏掌家，连遭荒歉，又里中欺他孤寡，科派户役③。卢氏撑持不定，只得将田房渐次卖了，赁屋而居。初时，还是诈穷，以后坐吃山崩，不上十年，弄做真穷了，卢氏亦得病而亡。断送了毕，宋金只剩得一双赤手，被房主赶逐出屋，无处投奔。且喜从幼学得一件本事，会写会算。偶然本处一个范举人选了浙江衢州府江山县知县，正要寻个写算的人。有人将宋金说了，范公就教人引来。见他年纪幼小，又生得齐整，心中甚喜。叩其所长，果然书通真草，算善归除④。当日就留于书房之中，取一套新衣与他换过，同桌而食，好生优待。择了吉日，范知县与宋金下了官船，同往任所。正是：

> 冬冬画鼓催征棹，习习和风荡锦帆。

却说宋金虽然贫贱，终是旧家子弟出身。今日做范公门馆，岂肯卑污苟贱，与童仆辈和光同尘，受其戏侮。那些管家们欺他年幼，见他做作，愈有不然之意。自昆山起程，都是水路，到杭州便起旱了。众人撺掇家主道："宋金小厮家，在此写算服事老爷，还该小心谦逊，他全不知礼。老爷优待他忒过分了，与他同坐同食；舟中还可混账，到陆路中火歇宿，老爷也要存个体面。小人们商议，不如教他写一纸靠身文书⑤，方才妥帖。到衙门时，他也不敢放肆为非。"范举人是棉花做的耳朵，就依了众人言语，唤宋金到舱，要他写靠身文书。宋金如何肯写。逼勒了多时，范公发怒，喝教剥去衣服，喝出船去。众苍头拖拖拽拽，剥得干干净净，一领单布衫，赶在岸上。气得宋金半晌开口不得。只见轿马纷纷伺候

---

① 檀越：佛教称施主为檀越，是梵语的音译。

② 半纪：旧时以十二年为一纪，半纪就是六年。

③ 科派户役：科派，摊派，责令负担。户役，徭役。征发百姓去当差，一般都是按田亩和人丁计算轮充的，不当差，就要花钱雇人代替；去当差，必然要赔累。所以，宋家为了科役把家业弄穷了。

④ 归除：珠算里面的一种算法练习，就是二位除法。

⑤ 靠身文书：指自愿投充为奴仆的身契。

范知县起陆。宋金噙着双泪，只得回避开去。身边并无财物，受饿不过，少不得学那两个古人：

> 伍相吹箫于吴门，韩王寄食于漂母①。

日间街坊乞食，夜间古庙栖身。还有一件，宋金终是旧家子弟出身，任你十分落泊，还存三分骨气，不肯随那叫街丐户一流，奴言婢膝，没廉没耻，讨得来便吃了，讨不来忍饿，有一顿没一顿。过了几时，渐渐面黄肌瘦，全无昔日丰神。正是：

> 好花遭雨红俱褪，芳草经霜绿尽凋。

时值暮秋天气，金风催冷，忽降下一场大雨。宋金食缺衣单，在北新关关王庙中担饥受冻，出头不得。这雨自辰牌直下至午牌方止。宋金将腰带收紧。挪步出庙门来，未及数步，劈面遇着一人。宋金睁眼一看，正是父亲宋敦的最契之友，叫做刘有才，号顺泉的。宋金无面目"见江东父老"，不敢相认，只得垂眼低头而走。那刘有才早已看见，从背后一手挽住，叫道："你不是宋小官②么？为何如此模样？"宋金两泪交流，叉手告道："小侄衣衫不齐，不敢为礼了，承老叔垂问。"如此如此，这般这般，将范知县无礼之事，告诉了一遍。刘翁道："'恻隐之心，人皆有之。'你肯在我船上相帮，管教你饱暖过日。"宋金便下跪道："若得老叔收留，便是重生父母。"当下刘翁引着宋金到于河下。刘翁先上船，对刘妪说知其事。刘妪道："此乃两得其便，有何不美。"刘翁就在船头上招宋小官上船，于自身上脱下旧布道袍，教他穿了。引他到后艄，见了妈妈徐氏，女儿宜春在傍，也相见了。宋金走出船头。刘翁道："把饭与宋小官吃。"刘妪道："饭便有，只是冷的。"宜春道："有热茶在锅内。"宜春便将瓦罐于臽了一罐滚热的茶。刘妪便在厨柜内取了些醃菜，和那冷饭，付与宋金道："宋小官！船上买卖，比不得家里，胡乱用些罢！"宋金接得在手。又见细雨纷纷而下，刘翁叫女儿："后艄有旧毡笠，取下来与宋小官戴。"宜春取旧毡笠看时，一边已自绽开。宜春手快，就盘髻上拔下针线将绽处缝了，丢在船篷之上，叫道："拿毡笠去戴。"宋金戴了破毡笠，吃了茶淘冷饭。刘翁教他收拾船上家火，扫抹船只，自往岸上接客，至晚方回，一夜无话。次日，刘翁起身，见宋金在船头上闲坐，心中暗想："初来之人，莫惯了他。"便吆喝道："个儿郎吃我家饭，穿我家衣，闲时搓些绳，打些索，也有用处，如何空坐？"宋金连忙答应道："但凭驱使，不敢有违。"刘翁便取一束麻皮，付与宋金，教他打索子。正是：

> 在他矮檐下，怎敢不低头。

---

① "韩王"一句：汉韩信贫穷时的事。
② 小官：旧时对青少年的一种称呼，原是小官人的一种简称。

宋金自此朝夕小心，辛勤做活，并不偷懒，兼之写算精通，凡客货在船，都是他记账，出入分毫不爽。别船上交易，也多有央他去拿算盘，登账簿。客人无不敬而爱之。都夸道好个宋小官，少年伶俐。刘翁刘妪见他小心得用，另眼相待，好衣好食的管顾他。在客人面前，认为表侄。宋金亦自以为得所，心安体适，貌日丰腴。凡船户中无不欣羡。

光阴似箭，不觉二年有余。刘翁一日暗想："自家年纪渐老，止有一女，要求个贤婿以靠终身，似宋小官一般，到也十全之美。但不知妈妈心下如何。"是夜与妈妈饮酒半酣，女儿宜春在傍，刘翁指着女儿对妈妈道："宜春年纪长成，未有终身之托，奈何？"刘妪道："这是你我靠老的一桩大事，你如何不上紧？"刘翁道："我也日常在念，只是难得个十分如意的，像我船上宋小官恁般本事人才，千中选一，也就不能勾了。"刘妪道："何不就许了宋小官？"刘翁假意道："妈妈说哪里话！他无家无倚，靠着我船上吃饭。手无分文，怎好把女儿许他？"刘妪道："宋小官是宦家之后，况系故人之子。当初他老子存时，也曾有人议过亲来，你如何忘了？今日虽然落薄①，看他一表人材，又会写，又会算，招得这般女婿，须不辱了门面。我两口儿老来也得所靠。"刘翁道："妈妈，你主意已定否？"刘妪道："有什么不定？"刘翁道："如此甚好。"原来刘有才平昔是个怕婆的，久已看上了宋金，只愁妈妈不肯。今见妈妈慨然，十分欢喜。当下便唤宋金，对着妈妈面许了他这头亲事。宋金初时也谦逊不当，见刘翁夫妇一团美意，不要他费一分钱钞，只索顺从刘翁。往阴阳生②家选择周堂③吉日，回复了妈妈，将船驾回昆山。先与宋小官上头④，做一套绸绢衣服与他穿了，浑身新衣、新帽、新鞋、新袜，妆扮得宋金一发标致。

虽无子建才八斗，胜似潘安貌十分。⑤

刘妪也替女儿备办些衣饰之类。吉日已到，请下两家亲戚，大设喜筵，将宋金赘入船上为婿。次日，诸亲作贺，一连吃了三日喜酒。宋金成亲之后，夫妻恩爱，自不必说。从此船上生理，日兴一日。

光阴似箭，不觉过了一年零两个月。宜春怀孕日满，产下一女。夫妻爱惜如金，轮流怀抱。期岁方过，此女害了痘疮，医药不效，十二朝身死。宋金痛念爱女，哭泣过哀，七情所伤，遂得了个痨瘵⑥之疾。朝凉暮热，饮食渐减，看看骨露肉消，行迟走慢。刘翁、刘妪初时还指望他病好，替他迎医问卜。延至一年之外，病势有加无减。三分人，七分鬼，写也写不动，算也算不动，到做了眼中之

---

① 落薄：即落魄，贫穷潦倒。

② 阴阳生：以星命等迷信术为职业的人。

③ 周堂：星命上的一个名词，是宜于婚嫁的吉日。

④ 上头：古时少男少女到了成年的时候，男加冠，女加笄。

⑤ "虽无"二句："子建"是魏诗人曹植的号；潘安，即晋潘岳，字安仁，是当时有名的美男子。

⑥ 瘵（zhài）：病，多指痨病。

钉，巴不得他死了干净，却又不死。两个老人家懊悔不迭，互相抱怨起来。当初只指望半子靠老，如今看这货色，不死不活，分明一条烂死蛇缠在身上，摆脱不下，把个花枝般女儿，误了终身，怎生是了？为今之计，如何生个计较，送开了那冤家，等女儿另招个佳婿，方才称心。两口儿商量了多时，定下个计策。连女儿都瞒过了。只说有客货在于江西，移船往载。行至池州五溪地方，到一个荒僻的所在，但见孤山寂寂，远水滔滔，野岸荒崖，绝无人迹。是日小小逆风，刘公故意把舵使歪，船便向沙岸上搁住，却教宋金下水推舟。宋金手迟脚慢，刘公就骂道："痨病鬼！没气力使船时，岸上野柴也砍些来烧烧，省得钱买。"宋金自觉惶愧，取了砟刀，挣扎到岸上砍柴去了。刘公乘其未回，把舵用力撑动，拨转船头，挂起满风帆，顺流而下。

　　不愁骨肉遭颠沛，且喜冤家离眼睛。

　　且说宋金上岸打柴，行到茂林深处，树木虽多，哪有气力去砍伐，只得拾些儿残柴，割些败棘，抽取枯藤，束做两大捆，却又没有气力背负得去。心生一计，再取一条枯藤，将两捆野柴穿作一捆，露出长长的藤头，用手挽之而行，如牧童牵牛之势。行了一时，想起忘了砟刀在地，又复身转去，取了砟刀，也插入柴捆之内，缓缓地拖下岸来。到于泊舟之处，已不见了船，但见江烟沙岛，一望无际。宋金沿江而上，且行且看，并无踪影。看看红日西沉，情知为丈人所弃。上天无路，入地无门，不觉痛切于心，放声大哭。哭得气咽喉干，闷绝于地，半晌方苏。忽见岸上一老僧，正不知从何而来，将拄杖卓地，问道："檀越伴侣何在？此非驻足之地也！"宋金忙起身作礼，口称姓名："被丈人刘翁脱赚①，如今孤苦无归，求老师父提挈，救取微命。"老僧道："贫僧茅庵不远，且同往暂住一宵，来日再做道理。"宋金感谢不已，随着老僧而行。约莫里许，果见茅庵一所。老僧敲石取火，煮些粥汤，把与宋金吃了，方才问道："令岳与檀越有何仇隙？愿闻其详。"宋金将入赘船上，及得病之由，备细告诉了一遍。老僧道："老檀越怀恨令岳乎？"宋金道："当初求乞之时，蒙彼收养婚配；今日病危见弃，乃小生命薄所致，岂敢怀恨他人！"老僧道："听子所言，真忠厚之士也。尊恙乃七情所伤，非药饵可治。惟清心调摄可以愈之。平日间曾奉佛法诵经否？"宋金道："不曾。"老僧于袖中取出一卷相赠，道："此乃《金刚般若经》，我佛心印。贫僧今教授檀越，若日诵一遍，可以息诸妄念，却病延年，有无穷利益。"宋金原是陈州娘娘庙前老和尚转世来的，前生专诵此经。今日口传心受，一遍便能熟诵，此乃是前因不断。宋金和老僧打坐，闭眼诵经，将次天明，不觉睡去。及至醒来，身坐荒草坡间，并不见老僧及茅庵在那里，《金刚经》却在怀中，开卷能诵。宋金心下好生诧异，遂取池水净口，将经朗诵一遍。觉万虑消释，病体

---

　　① 脱赚：脱空欺骗。

顿然健旺。方知圣僧显化相救，亦是夙因所致也。宋金向空叩头，感谢龙天保佑。然虽如此，此身如大海浮萍，没有着落，信步行去，早觉腹中饥馁。望见前山林木之内，隐隐似有人家，不免再温旧稿，向前乞食。只因这一番，有分教宋小官凶中化吉，难过福来。正是：

路逢尽处还开径，水到穷时再发源。

宋金走到前山一看，并无人烟，但见枪刀戈戟，遍插林间。宋金心疑不决，放胆前去。见一所败落土地庙，庙中有大箱八只，封锁甚固。上用松茅遮盖。宋金暗想："此必大盗所藏，布置枪刀，乃惑人之计。来历虽则不明，取之无碍。"心生一计，乃折取松枝插地，记其路径，一步步走出林来，直至江岸。也是宋金时亨运泰，恰好有一只大船，因逆浪冲坏了舵，停泊于岸下修舵。宋金假作慌张之状，向船上人说道："我陕西钱金也。随吾叔父走湖广为商，道经于此，为强贼所劫。叔父被杀，我只说是跟随的小郎①，久病乞哀，暂容残喘。贼乃遣伙内一人，与我同住土地庙中，看守货物。他又往别处行劫去了。天幸同伙之人，昨夜被毒蛇咬死，我得脱身在此。幸方便载我去。"舟人闻言，不甚信。宋金又道："见有八巨箱在庙内，皆我家财物。庙去此不远，多央几位上岸，抬归舟中。愿以一箱为谢，必须速往，万一贼徒回转，不惟无及于事，且有祸患。"众人都是千里求财的，闻说有八箱货物。一个个欣然愿往。当时聚起十六筹后生，准备八副绳索杠棒，随宋金往土地庙来。果见巨箱八只，其箱甚重。每二人抬一箱，恰好八杠。宋金将林子内枪刀收起藏于深草之内，八个箱子都下了船，舵已修好了。舟人问宋金道："老客今欲何往？"宋金道："我且往南京省亲。"舟人道："我的船正要往瓜州，却喜又是顺便。"当下开船，约行五十余里，方歇。众人奉承陕西客有钱，倒凑出银子，买酒买肉，与他压惊称贺。次日西风大起，挂起帆来，不几日，到了瓜州停泊。那瓜州到南京只隔十来里江面。宋金另唤了一只渡船，将箱笼只拣重的抬下七个，把一个箱子送与舟中众人以践其言。众人自去开箱分用。不在话下。宋金渡到龙江关口，寻了店主人家住下，唤铁匠对了匙钥，打开箱看时，其中充牣，都是金玉珍宝之类。原来这伙强盗积之有年，不是取之一家，获之一时的。宋金先把一箱所蓄，鬻之于市，已得数千金。恐主人生疑，迁寓于城内，买家奴伏侍，身穿罗绮，食用膏粱。余六箱，只拣精华之物留下，其他都变卖，不下数万金。就于南京仪凤门内买下一所大宅，改造厅堂园亭，制办日用家火，极其华整。门前开张典铺，又置买田庄数处，家僮数十房，出色管事者十人，又蓄美童四人，随身答应。满京城都称他为钱员外，出乘舆马，入拥金资。自古道："居移气，养移体。"宋金今日财发身发，肌肤充悦，容采光泽，绝无向来枯瘠之容，寒酸之气。正是：

①　小郎：佣工的小童。

人逢运至精神爽，月到秋来光彩新。

话分两头。且说刘有才那日哄了女婿上岸，拨转船头，顺风而下，瞬息之间，已行百里。老夫妇两口暗暗欢喜。宜春女儿犹然不知，只道丈夫还在船上，煎好了汤药，叫他吃时，连呼不应。还道睡着在船头，自要去唤他。却被母亲劈手夺过药瓯，向江中一泼，骂道："痨病鬼在哪里？你还要想他！"宜春道："真个在那里？"母亲道："你爹见他病害得不好，恐沾染他人，方才哄他上岸打柴，径自转船来了。"宜春一把扯住母亲，哭天哭地叫道："还我宋郎来！"刘公听得艄内啼哭。走来劝道："我儿，听我一言，妇道家嫁人不着，一世之苦。那害痨的死在早晚，左右要拆散的，不是你姻缘了，到不如早些开交干净，免致耽误你青春。待做爹的另拣个好郎君，完你终身，休想他罢！"宜春道："爹做的是什么事！都是不仁不义，伤天理的勾当。宋郎这头亲事，原是二亲主张；既做了夫妻，同生同死，岂可翻悔？就是他病势必死，亦当待其善终，何忍弃之于无人之地？宋郎今日为奴而死，奴决不独生。爹若可怜见孩儿，快转船上水，寻取宋郎回来，免被傍人讥谤。"刘公道："那害痨的不见了船，定然转往别处村坊乞食去了，寻之何益？况且下水顺风，相去已百里之遥，一动不如一静，劝你息了心罢！"宜春见父亲不允，放声大哭，走出船舷，就要跳水。喜得刘妈手快，一把拖住。宜春以死自誓，哀哭不已。两个老人家不道女儿执性如此，无可奈何，准准地看守了一夜。次早只得依顺他，开船上水。风水俱逆，弄了一日，不勾一半之路。这一夜啼啼哭哭又不得安稳。第三日申牌时分，方到得先前搁船之处。宜春亲自上岸寻取丈夫，只见沙滩上乱柴二捆，砟刀一把，认得是船上的刀，眼见得这捆柴，是宋郎驮来的。物在人亡，愈加疼痛，不肯心死，定要往前寻觅。父亲只索跟随同去。走了多时，但见树黑山深，杳无人迹。刘公劝他回船，又啼哭了一夜。第四日黑早，再教父亲一同上岸寻觅，都是旷野之地，更无影响。只得哭下船来，想道："如此荒郊，教丈夫何处乞食？况久病之人，行走不动，他把柴刀抛弃沙崖，一定是赴水自尽了。"哭了一场，望着江心又跳，早被刘公拦住。宜春道："爹妈养得奴的身，养不得奴的心。孩儿左右是要死的，不如放奴早死，以见宋郎之面。"两个老人家见女儿十分痛苦，甚不过意，叫道："我儿，是你爹妈不是了，一时失于计较，干出这事。差之在前，懊悔也没用了。你可怜我年老之人，只生得你一人。你若死时，我两口儿性命也都难保。愿我儿恕了爹妈之罪，宽心度日，待做爹的写一招子，于沿江市镇各处粘贴。倘若宋郎不死，见我招帖，定可相逢。若过了三个月无信，凭你做好事，追荐丈夫。做爹的替你用钱，并不吝惜。"宜春方才收泪谢道："若得如此，孩儿死也瞑目。"刘公即时写个寻婿的招帖，粘于沿江市镇墙壁触眼之处。过了三个月，绝无音耗。宜春道："我丈夫果然死了。"即忙制备头梳麻衣，穿着一身重孝，设了灵位祭奠，请九个和尚，做了三昼夜功德。自将簪珥布施，为亡夫祈福。刘翁、刘妪爱女之心无所不至，并不敢一些违拗，闹了数日方休。兀自朝哭五更，夜哭黄昏。邻船闻之，无不感叹。有一班相熟的客人，闻知此事，无不可惜宋小官，可怜刘小娘者。宜春整整地哭了半年六个月方才住声。刘翁对阿妈道："女儿这几日不哭，心下渐渐冷了，好劝他嫁人，终不然我两个老人家守着个孤孀女儿，缓急何靠？"刘姬道："阿老①见得是。只怕女儿不肯，须是缓缓的偎②他。"又过了月余，其时十二月二十四日，刘翁回船到昆山过年，在亲戚家吃醉了酒，乘其酒兴来劝女儿道："新春将近，除了孝罢！"宜春道："丈夫是终身之孝，怎样除得？"刘翁睁着眼道："什么终身之孝！做爹的许你带时便带，不许你带时，就不容你带。"刘姬见老儿口重，便来收科③道："再等女儿带过了残岁，除夜做碗羹饭起了灵，除孝罢！"宜春见爹妈话不投机，便啼哭起来道："你两口儿合计害了我丈夫，又不容我带孝，无非要我改嫁他人。我岂肯失节以负宋郎？宁可带孝而死，决不除孝而生。"刘翁又待发作，被婆子骂了几句，劈颈的推向船舱睡了。宜春依先又哭了一夜。到月尽三十日，除夜，宜春祭奠了丈夫，哭了一会儿。婆子劝住了。三口儿同吃夜饭。爹妈见女儿荤酒不闻，心中不乐，便道："我儿！你孝是不肯除了，略吃点荤腥，何妨得？少年人不要弄弱了元气。"宜春道："未死之人，苟延残喘，连这碗素饭也是多吃的，还吃甚荤菜？"刘姬道："既不用荤，吃杯素酒儿，也好解闷。"宜春道："一滴何曾到九泉，想着死者，我何忍下咽。"说罢，又哀哀地哭将起来，连素饭也不吃就去睡了。刘翁夫妇料道女儿志不可夺，从此再不强他。后人有诗赞宜春之节。诗曰：

　　闺中节烈古今传，船女何曾阅简编？
　　誓死不移金石志，《柏舟》④端不愧前贤。

　　话分两头。再说宋金住在南京一年零八个月，把家业挣得十全了，却教管家看守门墙，自己带了三千两银子，领了四个家人，两个美童，顾了一只航船，径至昆山来访刘翁刘姬。邻舍人家说道："三日前往仪真去了。"宋金将银两贩了布匹，转至仪真，下个有名的主家，上货了毕。次日，去河口寻着了刘家船只，遥见浑家在船艄麻衣素妆，知其守节未嫁，伤感不已。回到下处，向主人王公说道："河下有一舟妇，带孝而甚美，我已访得是昆山刘顺泉之船，此妇即其女也。吾丧偶已将二年，欲求此女为继室。"遂于袖中取出白金十两，奉与王公道："此薄意权为酒资，烦老翁执伐。成事之日，更当厚谢。若问财礼，虽千金吾亦不吝。"王公接银欢喜，径往船上邀刘翁到一酒馆，盛设相款，推刘翁于上坐。刘翁大惊道："老汉操舟之人，何劳如此厚待？必有缘故。"王公道："且吃三

---

　　① 阿老：老年的妻对夫的一种昵称，犹言"老头子"。
　　② 偎：这里是体贴和靠拢的意思。
　　③ 收科：打圆场，从中解说。
　　④ 柏舟：旧说《诗经》中有鄘风《柏舟》一篇，是卫共姜做的，作为她不肯改嫁的誓言，旧时便把《柏舟》作为妇女守节的代词。

杯，方敢启齿。"刘翁心中愈疑道："若不说明，必不敢坐。"王公道："小店有个陕西钱员外，万贯家财。丧偶将二载，慕令爱小娘子美貌，欲求为继室。愿出聘礼千金，特央小子作伐，望勿见拒。"刘翁道："舟女得配富室，岂非至愿。但吾儿守节甚坚，言及再婚，便欲寻死。此事不敢奉命，盛意亦不敢领。"便欲起身。王公一手扯住道："此设亦出钱员外之意，托小子做个主人。既已费了，不可虚之，事员不谐，无害也。"刘翁只得坐了。饮酒中间，王公又说起："员外相求，出于至诚，望老翁回舟，从容商议。"刘翁被女儿几遍投水吓坏了，只是摇头，略不统口①。酒散各别。王公回家，将刘翁之语，述与员外。宋金方知浑家守志之坚。乃对王公说道："姻事不成也罢了，我要雇他的船载货往上江出脱，难道也不允？"王公道："天下船载天下客。不消说，自然从命。"王公即时与刘翁说了雇船之事，刘翁果然依允。宋金乃吩咐家童，先把铺陈行李发下船来，货且留岸上，明日发也未迟。宋金锦衣貂帽，两个美童，各穿绿绒直身，手执熏炉如意跟随。刘翁夫妇认作陕西钱员外，不复相识。到底夫妇之间，与他人不同。宜春在艄尾窥视，虽不敢便信是丈夫，暗暗地惊怪道："有七八分厮像。"只见那钱员外才上得船，便向船艄说道："我腹中饥了，要饭吃，若是冷的，把些热茶淘来罢。"宜春已自心疑。那钱员外又吆喝童仆道："个儿郎吃我家饭，穿我家衣，闲时搓些绳，打些索，也有用处，不可空坐！"这几句分明是宋小官初上船时刘翁吩咐的话。宜春听得，愈加疑心。少顷，刘翁亲自捧茶奉钱员外。员外道："你船艄上有一破毡笠，借我用之。"刘翁愚蠢，全不省事，径与女儿讨那破毡笠。宜春取毡笠付与父亲，口中微吟四句：

> 毡笠虽然破，经奴手自缝。
>
> 因思戴笠者，无复旧时容。

钱员外听艄后吟诗，嘿嘿会意，接笠在手，亦吟四句：

> 仙凡已换骨，故乡人不识。
>
> 虽则锦衣还，难忘旧毡笠。

是夜宜春对翁妪道："舱中钱员外，疑即宋郎也。不然何以知吾船有破毡笠，且面庞相肖，语言可疑，可细叩之。"刘翁人笑道："痴女了！那宋家痨病鬼，此时骨肉俱消矣。就使当年未死，亦不过乞食他乡，安能致此富盛乎？"刘妪道："你当初怪爹娘劝你除孝改嫁，动不动跳水求死。今见客人富贵，便要认他是丈夫，倘你认他不认，岂不可羞。"宜春满面羞惭，不敢开口。刘翁便招阿妈到背处道："阿妈你休如此说。姻缘之事，莫非天数。前日王店主请我到酒馆中饮酒，说陕西钱员外，愿出千金聘礼，求我女儿为继室。我因女儿执性，不曾统口。今日难得女儿自家心活，何不将机就机，把他许配钱员外，落得你我下半世受用。"

---

① 统口：改口，移口。

刘姆道："阿老见得是。那钱员外来雇我家船只，或者其中有意，阿老明日可往探之。"刘翁道："我自有道理。"次早，钱员外起身，梳洗已毕，手持破毡笠于船头上翻覆把玩。刘翁启口而问道："员外，看这破毡笠做甚?"员外道："我爱那缝补处，这行针线，必出自妙手。"刘翁道："此乃小女所缝，有何妙处? 前日王店主传员外之命，曾有一言，未知真否?"钱员外故意问道："所传何言?"刘翁道："他说员外丧了孺人，已将二载，未曾继娶，欲得小女为婚。"员外道："老翁愿也不愿?"刘翁道："老汉求之不得。但恨小女守节甚坚，誓不再嫁，所以不敢轻诺。"员外道："令婿为何而死?"刘翁道："小婿不幸得了个痨瘵之疾，其年因上岸打柴未还，老汉不知，错开了船，以后曾出招帖寻访了三个月，并无动静，多是投江而死了。"员外道："令婿不死，他遇了个异人，病都好了，反获大财致富。老翁若要会令婿时，可请令爱出来。"此时宜春侧耳而听，一闻此言，便哭将起来，骂道："薄倖钱郎! 我为你戴了三年重孝，受了千辛万苦，今日还不说实话，待怎么?"宋金也堕泪道："我妻! 快来相见!"夫妻二人抱头大哭。刘翁道："阿妈，眼见得不是什么钱员外了，我与你须索去谢罪。"刘翁刘姆走进舱来，施礼不迭。宋金道："丈人丈母，不须恭敬。只是小婿他日有病痛时，莫再脱赚。"两个老人家羞惭满面。宜春便除了孝服，将灵位抛向水中。宋金便唤跟随的童仆来与主母磕头。翁姆杀鸡置酒，管待女婿，又当接风，又是庆贺筵席。安席已毕，刘翁叙起女儿自来不吃荤酒之意，宋金惨然下泪。亲自与浑家把盏，劝她开荤。随对翁姆道："据你们设心脱赚，欲绝吾命，恩断义绝，不该相认了。今日勉强吃你这杯酒，都看你女儿之面。"宜春道："不因这番脱赚，你何由发迹? 况爹妈日前也有好处，今后但记恩，莫记怨。"宋金道："谨依贤妻尊命。我已立家于南京，田园富足，你老人家可弃了驾舟之业，随我到彼，同享安乐，岂不美哉!"翁姆再三称谢，是夜无话。次日，王店主闻知此事，登船拜贺，又吃了一日酒。宋金留家童三人于王店主家发布取账，自己开船先往南京大宅子。住了三日，同浑家到昆山故乡扫墓，追荐亡亲。宗族亲党各有厚赠。此时范知县已罢官在家，闻知宋小官发迹还乡，恐怕街坊撞见没趣，躲向乡里，有月余不敢入城。宋金完了故乡之事，重回南京，阖家欢喜，安享富贵，不在话下。

再说宜春见宋金每早必进佛堂中拜佛诵经，问其缘故。宋金将老僧所传《金刚经》却病延年之事，说了一遍。宜春亦起信心，要丈夫教会了，夫妻同诵，到老不衰。后享寿各九十余，无疾而终。子孙为南京世富之家，亦有发科第者。后人评云：

刘老儿为善不终，宋小官因祸得福。

《金刚经》消除灾难，破毡笠团圆骨肉。

学习视野

冯梦龙和《警世通言》

冯梦龙（1574—1646），字犹龙，又字耳犹，号墨憨子、顾曲散人、龙子犹等，长州（今江苏吴县）人；明通俗文学家、戏曲家。他曾任寿宁知县，清兵入关时，他参加过抗清活动，最后忧愤而死。他在通俗文学的各个方面皆做出了重大贡献，一生主要从事通俗文学的编辑、整理、出版工作，除了编选话本集"三言"外，还刊行了民歌集《桂枝儿》、《山歌》，改编了戏曲《精忠旗》、《邯郸记》、《酒家佣》等，改编了长篇小说《平妖传》、《新列国志》，创作了《双雄记》、《万事足》两本传奇剧本。其作品以编选的"三言"影响最大。"三言"代表了我国古代白话短篇小说的最高成就，对话本小说的传播起了重要作用，并直接推动了拟话本的创作。

"三言"包括《喻世明言》（即《古今小说》）、《警世通言》、《醒世恒言》三个集子，每集四十篇，共一百二十篇。"三言"大部分小说是作者整理、加工的宋元话本和明拟话本，少部分小说是作者自己创作的。所谓话本，是指宋元间说话人演讲故事所用的底本，内容包括小说和讲史，小说底本便称为话本小说。而明代文人对话本的编辑、加工，进而模拟话本形式创作出的新的白话短篇小说，通常称为拟话本。最早的话本集是嘉靖年间洪楩辑印的《清平山堂话本》，稍后是无名氏著的《京本通俗小说》。

"三言"在艺术手法上的突出特点首先表现在人物形象的塑造和性格刻画上，小说善于通过人物的语言行为、心理活动和环境的描写来刻画和烘托人物的性格特征；其次表现在语言的运用和提炼上，基本上保持了口语化，达到了语言的通俗性，同时还注意大量吸收民间的俚语和谚语，丰富了语言的表达方式，使语言生动形象，富有表现力。

"三言"主要反映了市民阶层的生活和思想。明中叶后，农村和城市经济繁荣，手工业从农业中大量分离，形成了众多工商业城镇，市民阶层也随之空前壮大，此时反映市民生活的文学也逐渐发展起来，以满足市民阶层之需，其中尤以表现城镇市民阶层意识形态和生活状况的话本和拟话本小说大为盛行，可谓明代社会市井生活的一面多棱镜。

与传统儒家推崇的"仁义"不同，受新兴的工商业的影响，市民阶层注重的是"利"。在以儒家思想为核心的社会观念中，相对于"仁义"，"利"无疑是卑贱的意识，但金钱至上的观念具有强大的内驱力，一旦被鼓动起来，便势如破竹，不可阻挡。"三言"从多角度为我们展示了明中叶市民追求财富的故事，以及财富对社会人心的影响。巨额利益的获得，为下层民众在科举取士之外提供了另一条可以转变命运、挤入上层社会的途径。然而封建势力的强盛，儒家思想的根深蒂固，致使明代商品市场呈现出非常畸形的状态，市民财富的骤得骤失毫无规则可循，更无法律与道德约束。于是，人们一方面渴望钱财，企图一本万利、一夜暴富；另一方面，又将人生得失托因于命运、因果等。《宋小官团圆破毡笠》便将宋小官的命运归于父辈行善的因果报应。

市民思想情感的另一个倾向是对"爱情"的渴望和追求。与传统儒家对"人欲"的警惕和排斥相比，市民阶层在追逐丰厚的物质财富的同时，也在追逐情欲的满足甚至放纵，在爱情追求上也与金钱和利益挂钩。面对这种世俗的爱情，文学作品中却不断描写超越地位与金钱的纯洁爱情。"三言"所描写的明代社会生活丰富，题材范围广泛，涉及的题材有统治集团内部的矛盾和斗争、工商业者之间的交往、知识分子的科考经历等，但其中尤以爱情为主题的作品数量最多，也最具特色。如《杜十娘怒沉百宝箱》、《卖油郎独占花魁》、《望娇鸾百年长恨》、《玉堂春落难逢夫》等，都是富有时代特色的爱情佳作。

选文《宋小官团圆破毡笠》的可贵之处正是在于其对纯粹爱情的歌颂，这集中体现在宋金和刘宜春对爱情的忠贞与执著精神上。宋小官的生活经历与船户之女刘宜春对自己的丈夫宋小官的不离不弃、誓死不渝的爱情是密切结合在一起的。本文在宣扬佛法向善思想的同时，反映了明代社会下层市民妇女对爱情的坚贞与诚挚。刘宜春对丈夫的爱情的忠贞，主要体现在她敢于违抗父母之言，以死来坚持自己的追求，并严厉指责父母行为的不仁不义和伤天害理，特别是以死和终身戴孝来表达她对丈夫的挚爱和对爱情的不渝。同样，宋金也没有因为自己命运的转换而抛弃妻子另寻新欢，并想方设法与妻子团圆。

刘宜春真诚善良，倔强刚毅，富有反抗精神；宋金聪明善良，知恩图报，吃苦耐劳；刘有才重利轻情，善于算计。这一系列人物构成了明代市民阶层个性鲜明、内涵丰富的人物画廊，显示出市民阶层思想情感倾向的转变。

✳ 学 习 计 划

阅读理解

1. 结合人物的言行分析小说主要人物的性格特点，说明此小说刻画人物的艺术手法。

2. 小说是社会生活和时代精神的反映，根据小说的叙事和描写概括明代市民生活状况和思想意识。

拓展学习

1. 一般认为中国古典文学小说体裁萌芽于魏晋时期，查找资料，梳理古典文学短篇小说的源流。

2. 查找资料，分析"三言"在思想和艺术方面的成就和局限性。

董公子[*]

[清] 蒲松龄

青州董尚书可畏，家庭严肃，内外男女，不敢通一语。一日，有婢仆调笑于中门之外，公子见而怒叱之，各奔去。及夜，公子偕僮卧斋中。时方盛暑，室门洞敞。更深时，僮闻床上有声甚厉，惊醒。月影中，见前仆提一物出门去，以其家人故，弗深怪，遂复寐。忽闻靴声訇然^①，一伟丈夫赤面修髯，似寿亭侯^②像，捉一人头入。僮惧，蛇行入床下。闻床上支支格格，如振衣，如摩腹，移时始罢。靴声又响，乃去。僮伸颈渐出，见窗棂上有晓色。以手扪床上，着手沾湿，嗅之血腥。大呼公子，公子方醒，告而火^③之，血盈枕席。大骇，不知其故。

忽有官役叩门，公子出见，役愕然，但言怪事。诘之，告曰："适衙前一人神色迷罔，大声曰：'我杀主人矣！'众见其衣有血污，执而白之官。审知为公子家人。渠^④言已杀公子，埋首于关庙之侧。往验之，穴土犹新，而首则并无。"公子骇异，趋赴公庭，见其人即前狎婢者也。因述其异。官甚惶惑，重责而释之。公子不欲结怨于小人，以前婢配之，令去。积数日，其邻堵者^⑤，夜闻仆房中一声震响若崩裂，急起呼之，不应。排闼^⑥入视，见夫妇及寝床，皆截然断而为两。木肉上俱有削痕，似一刀所断者。关公之灵迹最多，未有奇于此者也。

学习视野

作家作品

蒲松龄和《聊斋志异》

蒲松龄（1640—1715），字留仙，号剑臣，别号柳泉居士，世称聊斋先生；

---

* 选自《聊斋志异》卷六。[清] 蒲松龄：《聊斋志异》，人民文学出版社 1989 年版。
① 訇（hōng）然：形容大声。
② 寿亭侯：即关羽，汉献帝建安五年（200），为曹操所俘，曹操因其征讨袁绍有功，表为汉寿亭侯。
③ 火：拿火来照。
④ 渠：代词，表示第三人称，有版本作"彼"。
⑤ 邻堵者：隔墙邻人。堵：墙。
⑥ 闼：指房门。

山东淄川（今淄博市）人；清代小说家。蒲松龄十几岁时即被录取为秀才，文名籍甚，但此后屡遭科场蹉跎，七十一岁才援例成为贡生。由于家境窘迫，其一度当过幕客，又在"缙绅先生家"做过几十年的塾师，终身郁郁不得志。蒲松龄集毕生心血创作了文言短篇小说集《聊斋志异》十六卷，近五百篇。

作者继承文言小说志怪、传奇的传统，"用传奇法，而以志怪"①。源于汉魏六朝的"志怪"纯记而非作，大多传鬼神明因果；盛于唐代的"传奇"则重文采与臆想，重在表达作者意愿情感。《聊斋志异》将二者融于一身，搜集奇闻轶事、鬼狐传说，加以渲染刻画，想象生发，并融入其一生孤愤之情，讽喻社会现实，以高超的艺术手段，将我国文言小说推至巅峰。

蒲松龄终生蹉跎科场，未曾获得过仕宦环境下的表达自由。"从其切身遭遇中，他深深感到：像他这种政治地位的人，不可避免地要受到官府豪绅的欺凌，从而不止一次地发出过'籴谷卖丝，以办太平之税，按限比销，惧逢官怒'之类的哀叹；同时，他更明确地认识到：像他这种经济地位的人，在政治上是很难得到晋升机会的，故而提出了'仕途黑暗，公道不彰，非袖金输璧，不能自达于圣明，真令人愤气填胸'的控诉。"② 其在现实领域未能获得的自由表达思想的权利、未能实现的"修齐治平"的人生理想，在艺术领域幻化为无限广大的内在想象空间。才华和主见，使他将表达的权利保留在内心深处，无边的自然世界就是自由的心灵世界寄托的对象。在蒲松龄的笔下，魏晋南北朝的志怪，唐人的传奇，宋人的话本，那些代代相继的小说表现元素，都被赋予了精神思考的鲜明色彩，都附有了"载道"、"言志"的寄托功能。作者将社会性的外部现实与内在化的浪漫精神统一起来，在小说的表现上形成一种强大的自由言说的功能，实现了思想表达的自由释放。

《董公子》便是作者为社会正义行使其话语自由权利的典范。故事讲述了一个富家书生因不慎结怨于小人而遭报复的故事，现实的悲剧在想象的世界里幻化出公正的结局，善良获得拯救，邪恶受到惩罚。小说的传奇色彩极为浓郁。通过侧面和正面两种描写手段的反复交叉使用，一方面突出了董公子为人单纯，无辜遭害；另一方面则借关公事迹，强烈表达出作者以正义惩治邪恶的思想感情。

❖ 学 习 计 划

阅读理解

1. 小说刻画了董公子、仆和关公三个人物，其人物性格通过动作描写反映出来，体会各自动作描写所揭示的性格含义。

---

① 鲁迅：《中国小说史略》，人民文学出版社 2006 年版，第 147 页。
② 章培恒：《聊斋志异·新序》，张友鹤辑校，上海古籍出版社 1986 年版，第 2 页。

2. 《聊斋志异》讲述了大量的鬼狐故事、奇闻轶事，其与现实世界的关系是什么？作家以此为题材，用意何在？

拓展学习

1. 将《董公子》翻译成现代汉语，注意现代汉语表达的信、达、雅。

2. 《聊斋志异》是文言短篇小说，其时白话小说盛行已久，分析蒲松龄以文言抒写的社会心理原因，比较文言与白话的异同与优劣。

林黛玉重建桃花社[*]

［清］ 曹雪芹

果见黛玉、宝钗、湘云、宝琴、探春都在那里，手里拿着一篇诗看。见他来时，都笑道："这会子还不起来，咱们的诗社散了一年，也没有个人作兴。如今正是初春时节，万物更新，正该鼓舞另立起来才好。"湘云笑道："一起诗社时是秋天，就不发达。如今却好万物逢春，皆主生盛。况这首桃花诗又好，就把海棠社改作桃花社。"宝玉听着，点头说："很好。"且忙着要诗看。众人都又说："咱们此时就访稻香老农去，大家议定好起的。"说着，一齐起来，都往稻香村来。

宝玉一壁走，一壁看那纸上写着《桃花行》一篇，曰：

桃花帘外东风软，桃花帘内晨妆懒。
帘外桃花帘内人，人与桃花隔不远。
东风有意揭帘栊，花欲窥人帘不卷。
桃花帘外开仍旧，帘中人比桃花瘦。
花解怜人花也愁，隔帘消息风吹透。
风透湘帘花满庭，庭前春色倍伤情。
闲苔院落门空掩，斜日栏杆人自凭。
凭栏人向东风泣，茜裙偷傍桃花立。
桃花桃叶乱纷纷，花绽新红叶凝碧。
雾里烟封一万株，烘楼照壁红模糊。
天机烧破鸳鸯锦^①，春酣欲醒移珊枕。
侍女金盆进水来，香泉影蘸胭脂冷。
胭脂鲜艳何相类，花之颜色人之泪。
若将人泪比桃花，泪自长流花自媚。
泪眼观花泪易干，泪干春尽花憔悴。
憔悴花遮憔悴人，花飞人倦易黄昏。
一声杜宇春归尽，寂寞帘栊空月痕。

---

* 选自《红楼梦》第七十回"林黛玉重建桃花社，史湘云偶填柳絮词"，内容有删节。［清］曹雪芹、高鹗：《红楼梦》，人民文学出版社1996年版。

① 天机烧破鸳鸯锦：这里是形容盛开的桃花犹如天上的纹锦烧成碎片落到人间一样。

宝玉看了并不称赞，却滚下泪来。便知出自黛玉，因此落下泪来，又怕众人看见，又忙自己擦了。因问："你们怎么得来？"宝琴笑道："你猜是谁作的？"宝玉笑道："自然是潇湘子稿。"宝琴笑道："现是我作的呢。"宝玉笑道："我不信。这声调口气，迥乎不像衡芜之体，所以不信。"宝钗笑道："所以你不通。难道杜工部首首只作'丛菊两开他日泪'之句不成！一般的也有'红绽雨肥梅'、'水荇牵风翠带长'之媚语①。"宝玉笑道："固然如此说。但我知道姐姐断不许妹妹有此伤悼语句，妹妹虽有此才，是断不肯作的。比不得林妹妹曾经离丧，作此哀音。"众人听说，都笑了。

已至稻香村中，将诗与李纨看了，自不必说称赏不已。说起诗社，大家议定：明日乃三月初二日，就起社，便改"海棠社"为"桃花社"，黛玉就为社主。明日饭后，齐集潇湘馆。因又大家拟题。黛玉便说："大家就要桃花诗一百韵。"宝钗道："使不得。从来桃花诗最多，纵作了必落套，比不得你这一首古风。须得再拟。"正说着，人回："舅太太来了。姑娘出去请安。"因此大家都往前头来见王子腾的夫人，陪着说话。吃饭毕，又陪入园中来，各处游顽一遍。至晚饭后掌灯方去。

次日乃是探春的寿日，元春早打发了两个小太监送了几件顽器。合家皆有寿仪，自不必说。饭后，探春换了礼服，各处行礼。黛玉笑向众人道："我这一社开得又不巧了，偏忘了这两日是他的生日。虽不摆酒唱戏的，少不得都要陪他在老太太、太太跟前顽笑一日，如何能得闲空儿？"因此改至初五。

这日众姊妹皆在房中侍早膳毕，便有贾政书信到了。宝玉请安，将请贾母的安禀拆开念与贾母听。上面不过是请安的话，说六月中准进京等语。其馀家信事务之帖，自有贾琏和王夫人开读。众人听说六七月回京，都喜之不尽。偏生近日王子腾之女许与保宁侯之子为妻，择日于五月初十过门，凤姐儿又忙着张罗，常三五日不在家。这日王子腾的夫人又来接凤姐儿，一并请众甥男甥女闲乐一日。贾母和王夫人命宝玉、探春、黛玉、宝钗四人同凤姐去。众人不敢违拗，只得回房去另妆饰了起来。五人作辞，去了一日，掌灯方回。

宝玉进入怡红院，歇了半刻，袭人便乘机见景劝他收一收心，闲时把书理一理预备着。宝玉屈指算一算，说："还早呢。"袭人道："书是第一件，字是第二件。到那时你纵有了书，你的字写的在那里呢？"宝玉笑道："我时常也有写的好些，难道都没收着？"袭人道："何曾没收着。你昨儿不在家，我就拿出来共算，数了一数，才有五六十篇。这三四年的工夫，难道只有这几张字不成。依我说，从明日起，把别的心全收了起来，天天快临几张字补上。虽不能按日都有，也要大概看得过去。"宝玉听了，忙的自己又亲检了一遍，实在搪塞不去，便说：

---

① "难道杜工部……之媚语"：杜工部，即杜甫。"丛菊两开他日泪"句，见杜甫《秋兴》八首之一。"红绽雨肥梅"句，见《陪郑广文游何将军山林》十首之五。"水荇牵风翠带长"句，见《曲江对雨》。这里薛宝钗是说杜诗风格沉郁，但非首首如此，也有清灵明媚的句子。

"明日为始，一天写一百字才好。"说话时大家安下。

至次日起来梳洗了，便在窗下研墨，恭楷临帖。贾母因不见他，只当病了，忙使人来问。宝玉方去请安，便说写字之故，先将早起清晨的工夫尽了出来，再作别的，因此出来迟了。贾母听了，便十分欢喜，吩咐他："以后只管写字念书，不用出来也使得。你去回你太太知道。"宝玉听说，便往王夫人房中来说明。王夫人便说："临阵磨枪，也不中用。有这会子着急，天天写写念念，有多少完不了的。这一赶，又赶出病来才罢。"宝玉回说不妨事。这里贾母也说怕急出病来。探春宝钗等都笑说："老太太不用急。书虽替他不得，字却替得的。我们每人每日临一篇给他，搪塞过这一步就完了。一则老爷到家不生气，二则他也急不出病来。"贾母听说，喜之不尽。

原来林黛玉闻得贾政回家，必问宝玉的功课，宝玉肯分心，恐临期吃了亏。因此自己只装作不耐烦，把诗社便不起，也不以外事去勾引他。探春宝钗二人每日也临一篇楷书字与宝玉，宝玉自己每日也加工，或写二百三百不拘。至三月下旬，便将字又集凑出许多来。这日正算，再得五十篇，也就混的过了。谁知紫鹃走来，送了一卷东西与宝玉，拆开看时，却是一色老油竹纸上临的钟王蝇头①小楷，字迹且与自己十分相似。喜的宝玉和紫鹃作了一个揖，又亲自来道谢。史湘云宝琴二人亦皆临了几篇相送。凑成虽不足功课，亦足搪塞了。

宝玉放了心，于是将所应读之书，又温理过几遍。正是天天用功，可巧近海一带海啸，又遭踏了几处生民。地方官题本奏闻，奉旨就着贾政顺路查看赈济回来。如此算去，至冬底方回。宝玉听了，便把书字又搁过一边，仍是照旧游荡。

时值暮春之际，史湘云无聊，因见柳花飘舞，便偶成一小令，调寄《如梦令》。其词曰：

岂是绣绒残吐，卷起半帘香雾，纤手自拈来，空使鹃啼燕妒②。且住，且住！莫使春光别去。

自己作了，心中得意，便用一条纸儿写好，与宝钗看了，又来找黛玉。黛玉看毕，笑道："好，也新鲜有趣。我却不能。"湘云笑道："咱们这几社总没有填词，你明日何不起社填词，改个样儿，岂不新鲜些。"黛玉听了，偶然兴动，便说："这话说得极是。我如今便请他们去。"说着，一面吩咐预备了几色果点之类，一面就打发人分头去请众人。这里他二人便拟了柳絮之题，又限出几个调来，写了绾在壁上。

众人来看时，以柳絮为题，限各色小调。又都看了湘云的，称赏了一回。宝玉笑道："这词上我们平常，少不得也要胡诌起来。"于是大家拈阄。宝钗便拈

---

① 钟王：指三国时魏的钟繇和晋代的王羲之，都是大书法家，被历代推尊为楷书、行书之祖。蝇头：比喻小字。

② "纤手"二句：意为纤手虽然拈得住柳絮，却无法留住春光，空惹鹃啼燕妒。

得了《临江仙》，宝琴拈得了《西江月》，探春拈得了《南柯子》，黛玉拈得了《唐多令》，宝玉拈得了《蝶恋花》。紫鹃炷了一支梦甜香，大家思索起来。

一时黛玉有了，写完。接着宝琴宝钗都有了。他三人写完，互相看时，宝钗便笑道："我先瞧完了你们的，再看我的。"探春笑道："嗳呀，今儿这香怎么这么快，已剩了三分了。我才有了半首。"因又问宝玉可有了。宝玉虽作了些，只是自己嫌不好，又都抹了，要另作，回头看香，已将烬了。李纨等笑道："这算输了。蕉丫头的半首且写出来。"探春听说，忙写了出来。众人看时，上面却只半首《南柯子》，写道是：

空挂纤纤缕，徒垂络络丝。也难绾系也难羁，一任东西南北各分离。

李纨笑道："这也却好作，何不续上？"宝玉见香没了，情愿认负，不肯勉强塞责，将笔搁下，来瞧这半首。见没完时，反倒动了兴开了机，乃提笔续道是：

落去君休惜，飞来我自知。莺愁蝶倦晚芳时①，纵是明春再见隔年期！

众人笑道："正经你分内的又不能，这却偏有了。纵然好，也不算得。"说着，看黛玉的《唐多令》：

粉堕百花洲，香残燕子楼。一团团逐对成毬。飘泊亦如人命薄，空缱绻，说风流。草木也知愁，韶华竟白头！叹今生谁舍谁收？嫁与东风春不管，凭尔去，忍淹留。

众人看了，俱点头感叹，说："太作悲了。好是固然好的。"因又看宝琴的是《西江月》：

汉苑零星有限，隋堤点缀无穷。三春事业付东风，明月梅花一梦。
几处落红庭院，谁家香雪帘栊？江南江北一般同，偏是离人恨重！

众人都笑说："到底是她的声调壮。'几处'、'谁家'两句最妙。"宝钗笑道："终不免过于丧败。我想，柳絮原是一件轻薄无根无绊的东西，然依我的主意，偏要把他说好了，才不落套。所以我诌了一首来，未必合你们的意思。"众人笑道："不要太谦。我们且赏鉴，自然是好的。"因看这一首《临江仙》道是：

白玉堂前春解舞，东风卷得均匀。

湘云先笑道："好一个'东风卷得均匀'！这一句就出人之上了。"又看底下道：

蜂团蝶阵②乱纷纷。几曾随逝水，岂必委芳尘。万缕千丝终不改，任他随聚随分。韶华休笑本无根，好风频借力，送我上青云！

---

① 晚芳时：指暮春时节。
② 蜂团蝶阵：比喻柳絮纷飞繁乱。

　　众人拍案叫绝，都说："果然翻得好气力，自然是这首为尊。缠绵悲戚，让潇湘妃子；情致妩媚，却是枕霞；小薛与蕉客今日落第，要受罚的。"宝琴笑道："我们自然受罚，但不知付白卷子的又怎么罚？"李纨道："不要忙，这定要重重罚他，下不为例。"

　　一语未了，只听窗外竹子上一声响，恰似窗屉子倒了一般，众人唬了一跳。丫鬟们出去瞧时，帘外丫鬟嚷道："一个大蝴蝶风筝挂在竹梢上了。"众丫鬟笑道："好一个齐整风筝！不知是谁家放断了绳，拿下它来。"宝玉等听了，也都出来看时，宝玉笑道："我认得这风筝。这是大老爷那院里娇红姑娘放的，拿下来给他送过去罢。"紫鹃笑道："难道天下没有一样的风筝，单他有这个不成？我不管，我且拿起来。"探春笑道："紫鹃也学小气了。你们一般的也有，这会子拾人走了的，也不怕忌讳？"黛玉笑道："可是呢。知道是谁放晦气的，快掉出去罢。把咱们的拿出来，咱们也放晦气①。"紫鹃听了，赶忙命小丫头们将这风筝送出与园门上值日的婆子去了，倘有人来找，好与他们去的。

　　这里小丫头们听见放风筝，巴不得七手八脚都忙着拿出个美人风筝来。也有搬高凳去的，也有捆剪子股的，也有拨籰子②的。宝钗等都立在院门前，命丫头们在院外敞地下放去。宝琴笑道："你这个不大好看，不如三姐姐的那一个软翅子大凤凰好。"宝钗笑道："果然。"因回头向翠墨笑道："你把你们的拿来也放放。"翠墨笑嘻嘻的果然也取去了。

　　宝玉又兴头起来，也打发个小丫头子家去，说："把昨日赖大娘送我的那个大鱼取来。"小丫头去了半天，空手回来，笑道："晴雯姑娘昨儿放走了。"宝玉道："我还没放一遭儿呢。"探春笑道："横竖是给你放晦气罢了。"宝玉道："也罢。再把大螃蟹拿来罢。"丫头去了，同了几个人扛了一个美人并籰子来，说道："袭姑娘说，昨儿把螃蟹给了三爷了。这一个是林大娘才送来的，放这一个罢。"宝玉细看了一回，只见这美人做得十分精致。心中欢喜，便叫放起来。

　　此时探春的也取了来，翠墨带着几个小丫头子们在那山坡上已放了起来。宝琴也命人将自己的一个大红蝙蝠也取来。宝钗也高兴，也取了一个来，却是一连七个大雁的，都放起来。独有宝玉的美人放不起去。宝玉说丫头们不会放，自己放了半天，只起房高便落下来了。急的宝玉头上出汗，众人又笑。宝玉恨得掷在地下，指着风筝道："若不是个美人，我一顿脚跺个稀烂。"黛玉笑道："那是顶线不好，拿出去另使人打了顶线就好了。"宝玉一面使人拿去打顶线，一面又取一个来放。大家都仰面而看，天上这几个风筝都起在半空中去了。

　　一时丫鬟们又拿了许多各式各样的送饭的③来，顽了一回。紫鹃笑道："这

---

　　① 放晦气：旧时迷信，放风筝时故意剪断扯线，让风筝飞走，认为可以放走坏运气，叫"放晦气"。

　　② 籰（yuè）子：缠丝、纱、线等用的工具，这里指放风筝用的线车子，也叫绕（读作 yào）。

　　③ 送饭的：放风筝的一种附加物，俗呼"送饭的"。风筝放到空中以后，将它挂在线上，随风鼓起，沿线而上，有的上面系有爆竹在空中鸣响，有的则附有各种绚丽的彩饰。

一回的劲大，姑娘来放罢。"黛玉听说，用手帕垫着手，顿了一顿，果然风紧力大，接过籰子来，随着风筝的势将籰子一松，只听一阵豁刺刺响，登时籰子线尽。黛玉因让众人来放。众人都笑道："各人都有，你先请罢。"黛玉笑道："这一放虽有趣，只是不忍。"李纨道："放风筝图的是这一乐，所以又说放晦气，你更该多放些，把你这病根儿都带了去就好了。"紫鹃笑道："我们姑娘越发小气了。哪一年不放几个子，今忽然又心疼了。姑娘不放，等我放。"说着便向雪雁手中接过一把西洋小银剪子来，齐籰子根下寸丝不留，"咯噔"一声铰断，笑道："这一去把病根儿可都带了去了。"那风筝飘飘摇摇，只管往后退了去，一时只有鸡蛋大小，展眼只剩了一点黑星，再展眼便不见了。

众人仰面睃眼说："有趣，有趣！"宝玉道："可惜不知落在哪里去了。若落在有人烟处，被小孩子得了还好；若落在荒郊野外无人烟处，我替他寂寞。想起来把我这个放去，教他两个作伴儿罢。"于是也用剪子剪断，照先放去。探春正要剪自己的凤凰，见天上也有一个凤凰，因道："这也不知是谁家的。"众人皆笑说："且别剪你的，看它倒像要来绞的样儿。"说着，只见那凤凰渐逼近来，遂与这凤凰绞在一处。众人方要往下收线，那一家也要收线，正不开交，又见一个门扇大的玲珑喜字带响鞭，在半天如钟鸣一般，也逼近来。众人笑道："这一个也来绞了。且别收，让他三个绞在一处倒有趣呢。"说着，那喜字果然与这两个凤凰绞在一处。三下齐收乱顿，谁知线都断了，那三个风筝飘飘摇摇都去了。

众人拍手哄然一笑，说："倒有趣，可不知那喜字是谁家的，忒促狭了些。"黛玉说："我的风筝也放去了，我也乏了，我也要歇歇去了。"宝钗说："且等我们放了去，大家好散。"说着，看姊妹都放去了，大家方散。黛玉回房歪着养乏。

学习视野

作家作品

曹雪芹和《红楼梦》

曹雪芹（1715？—1764？），名霑，字梦阮，号雪芹、芹圃、芹溪；祖籍河北丰润；清兵入关后，入满洲正白旗内务府籍；从其曾祖父起，三代承袭江宁织造。曹雪芹少时有过一段"锦衣纨袴"、"饮甘餍肥"的富贵生活。祖父曹寅工诗词，善书法，是有名的藏书家，并主持刊印了《全唐诗》。曹雪芹从小受到文学、艺术的熏陶，工诗善画，具有多方面的艺术才能。雍正五年，其父因事株连，被革职抄家，从此家道衰败，迁居京郊，过着"举家食粥酒常赊"的生活。他约从1744年起始创长篇小说《红楼梦》，后因贫病交加、幼子夭亡而过早离开人世，致使《红楼梦》一书未有完稿。他的未完稿题名为《石头记》，基本定稿只有八十回。今流行本为一百二十回，后四十回一般认为是高鹗所续，书名亦由

《石头记》改为《红楼梦》。

曹雪芹的长篇小说《红楼梦》是中国白话小说的巅峰之作。这部小说的审美价值体现在它的历史与社会的悲剧意义上。曹雪芹并没有刻意指出小说的悲剧情节所在，也没有刻意安排悲剧性人物，然而强烈的悲剧气氛却笼罩了整部作品。鲁迅在《中国小说史略》中写道：

"乾隆中（1765 年顷），有小说曰《石头记》者忽出于北京，历五六年而盛行，然皆写本，以数十金鬻于庙市。其本止八十回，开篇即叙本书之由来，谓女娲补天，独留一石未用，石甚自悼叹，俄见一僧一道，以为'形体到也是个宝物了，还只没有实在好处，须得再镌上数字，使人一见便知是奇物方妙。然后好携你到隆盛昌明之邦，诗礼簪缨之族，花柳繁华之地，温柔富贵之乡，去安身乐业'。于是袖之而去。不知更历几劫，有空空道人见此大石，上镌文词，从石之请，钞以问世。"①

这里，鲁迅帮我们梳理了小说开篇的几个表现因素——小说和北京庙市、石头和道人、女娲补天和劫后之石，意在指出曹雪芹创作《红楼梦》的曲隐方式和深邃思考。这些表现因素显然皆具有象征和隐喻意义：一块无力补天的石头，一个历尽了人世间一切繁华与劫难的人，一本渴望诉说与传世的书，极尽周折与庄重，却流落于街头，鬻卖于庙市。这些表现因素的前后依序出现或者叠加，使人感受到其中蕴含的悲剧气息。小说的具体内容全部是在这一巨大的隐喻场中展开，因而无论大观园中怎样热闹，人们都知道这是一个终将逝去而且已经逝去的梦。

这是名门望族的历史悲剧，是一群青年女子被摧残、被毁灭的人生悲剧，是三个青年男女婚姻爱情的悲剧，也是一个异样孩子的精神悲剧。"千红一哭"、"万艳同悲"，当鲜活的生命在其最繁华的时刻一个个消逝而去的时候，当眼看豪族世家由盛转衰而所有家人皆无能为力的时候，当所有的红尘被历史的车轮裹挟着，又被抛弃于无形而转归空寂的时候，作者渴望述说的，就不仅仅限于故事本身了。故事后面的一切是后来读者可以反复阐释、再创造的内容，这是《红楼梦》生生不息，发展为一门蔚为大观的显学的原因之一，而更主要的原因还是作品本身的魅力。

《林黛玉重建桃花社》篇，围绕重建诗社、改"海棠社"为"桃花社"之事，既写了"起社填词"，又写了院外放风筝。两件事之间采用了一种心理连贯方式，使平淡的生活小事不仅仅在叙事表现上如行云流水，而且由于自内而外的心理连贯的作用，使人物精神当中怀藏自然天趣、悲悯自然生态的生命感弥漫于全篇，令小说读起来平而有味。

填柳絮词是大观园诗社的最后一次活动，在此之前已经山雨欲来风满楼：奴

---

① 鲁迅：《中国小说史略》，人民文学出版社 2006 年版，第 160 页。

仆之间纷争不断是主子之间矛盾激化的显现，王熙凤也在去掉尤二姐的事件中心劳力拙、失尽人心而渐显预势。在此之后，抄检大观园，宝钗迁出，晴雯被驱逐病逝……大观园风光不再，曲终人散。所以，这一回在全书中是一个转折点，又像是全书的一个浓缩版，诗社作诗已然不再是闺中之乐，宝玉读《桃花行》不是赞叹而是落泪。作者借宝钗的杜诗论作了关于诗歌意象的"考据"，而林黛玉人物的悲剧意义也由此深化出来。"沉郁顿挫"的老杜，尚有语见流丽明快的时候，相较之下，林黛玉则"曾经离丧，作此哀音"，似乎更暗示了悲剧性的人生归宿。表面的繁华热闹难掩悲惋忧伤的情怀，大厦将倾，无人能幸免，各人的悲剧命运已在柳絮词中写就。

❋ 学 习 计 划

阅读理解

1. 诵读《桃花行》、"柳絮词"，分析这些诗词在小说中的价值和意义。

2. 从填词与放风筝两情节的前后安排，体会小说叙事结构的内在连贯性。

拓展学习

1. 阅读《红楼梦》全文，分析贾宝玉的形象特质及审美价值。

2. 作者在林黛玉和薛宝钗身上分别寄寓了中国传统文化怎样的美学修养？分析这些传统美学修养在当代社会的意义与价值。

参考书目

[1] 朱熹. 四书章句集注 ［M］. 北京：中华书局，2012.

[2] 朱熹. 四书集注 ［M］. 王浩，整理. 南京：凤凰出版社，2008.

[3] 杨伯峻. 论语译注 ［M］. 北京：中华书局，2006.

[4] 杨伯峻. 孟子译注 ［M］. 北京：中华书局，2005.

[5] 章培恒，骆玉明. 中国文学史新著 ［M］. 2 版，增订本. 上海：复旦大学出版社，2011.

[6] 王先谦. 荀子集解 ［M］. 北京：中华书局，2013.

[7] 张觉. 荀子译注 ［M］. 上海：上海古籍出版社，1995.

[8] 荀子 ［M］. 安小兰，译注. 北京：中华书局，2007.

[9] 吴毓江，孙启治. 墨子校注 ［M］. 北京：中华书局，2008.

[10] 吴龙辉，等. 墨子白话今译 ［M］. 北京：中国书店，1992.

[11] 墨子 ［M］. 李小龙，译注. 北京：中华书局，2007.

[12] 周才珠，齐瑞端. 墨子全译 ［M］. 贵州：贵州人民出版社，1990.

[13] 王充. 论衡校注 ［M］. 张宗祥，校注. 郑邵昌，标点. 上海：上海古籍出版社，2010.

[14] 周敦颐. 周敦颐集 ［M］. 谭松林，尹红，整理. 长沙：岳麓书社，2002.

[15] 张岂之. 中国思想学说史·宋元卷上 ［M］. 桂林：广西师范大学出版社，2008.

[16] 李泽厚. 中国古代思想史论 ［M］. 北京：人民出版社，1986.

[17] 王阳明全集 ［M］. 吴光，等编校. 杭州：浙江古籍出版社，2011.

[18] 徐光启. 徐光启全集 ［M］. 上海：上海古籍出版社，2010.

[19] 王夫之. 读通鉴论 ［M］. 北京：中华书局，2013.

[20] 王夫之. 船山全书 ［M］. 长沙：岳麓书社，1996.

[21] 顾炎武. 日知录集释 ［M］. 黄汝成，集释. 上海：上海古籍出版社，2013.

[22] 陈垣. 日知录校注 ［M］. 合肥：安徽大学出版社，2007.

[23] 梁启超. 饮冰室文集 ［M］. 昆明：云南教育出版社，2001.

[24] 梁启超. 中国近三百年学术史 ［M］. 上海：上海三联书店，2006.

[25] 夏晓虹. 阅读梁启超 ［M］. 北京：三联书店，2006.

[26] 冯友兰. 中国哲学简史 ［M］. 北京：北京大学出版社，1996.

[27] 杨伯峻. 春秋左传注 ［M］. 北京：中华书局，2009.

[28] 春秋左传正义 ［M］. 杜预，注. 孔颖达，疏. 北京：北京大学出版社，2000.

[29] 国语 ［M］. 韦昭，注. 明洁，辑评. 金良年，导读. 梁谷，整理. 上海：上海古籍出版，2008.

[30] 刘向. 战国策 ［M］. 缪文远，等译注. 北京：中华书局，2012.

[31] 司马迁. 史记 ［M］. 韩兆琦，评注. 长沙：岳麓书社，2004.

［32］范晔. 后汉书［M］. 李贤, 等注. 北京：中华书局, 1999.

［33］范晔. 后汉书［M］. 陈芳, 译注. 北京：中华书局, 2009.

［34］束世澂. 后汉书选［M］. 北京：中华书局, 1966.

［35］冷成金. 中国文学的历史与审美［M］. 北京：中国人民大学出版社, 2012.

［36］张廷玉, 等. 明史［M］. 北京：中华书局, 1999.

［37］朱熹. 四书章句集注［M］. 北京：中华书局, 1983.

［38］司马光. 资治通鉴［M］. 北京：中华书局, 1986.

［39］司马光. 资治通鉴［M］. 陈磊, 译注. 北京：中华书局, 2007.

［40］刘后滨, 李晓菊. 资治通鉴二十讲［M］. 北京：中国人民大学出版社, 2010.

［41］淮沛, 汤墨. 宋史选译［M］. 南京：凤凰出版社, 2011.

［42］张廷玉, 等. 明史［M］. 北京：中华书局, 1974.

［43］杨昶. 明史选译［M］. 南京：凤凰出版社, 2011.

［44］唐帼丽. 新大学语文［M］. 北京：化学工业出版社, 2010.

［45］余冠英. 诗经选［M］. 北京：人民文学出版社, 1979.

［46］章培恒, 安平秋, 马樟根. 诗经选译［M］. 程俊英, 蒋见元, 译注. 南京：凤凰出版社, 2011.

［47］余冠英. 乐府诗选［M］. 北京：人民文学出版社, 1954.

［48］陶渊明. 陶渊明集［M］. 逯钦立, 校注. 北京：中华书局, 1979.

［49］孟二冬. 陶渊明集译注及研究［M］. 北京：昆仑出版社, 2008.

［50］萧涤非. 汉魏六朝乐府文学史［M］. 北京：人民文学出版社, 1984.

［51］袁行霈. 中国诗歌艺术研究［M］. 北京：北京大学出版社, 1996.

［52］复旦大学古典文学教研组. 李白诗选［M］. 北京：人民文学出版社, 1983.

［53］萧涤非. 杜甫诗选注［M］. 北京：人民文学出版社, 1979.

［54］章培恒, 安平秋, 马樟根. 元稹白居易诗选译［M］. 吴大逵, 马秀娟, 译注. 南京：凤凰出版社, 2011.

［55］谢思炜. 白居易诗选［M］. 北京：中华书局, 2005.

［56］唐圭璋. 全宋词［M］. 北京：中华书局, 2009.

［57］胡云翼. 宋词选［M］. 上海：上海古籍出版社, 2007.

［58］唐圭璋. 词话丛编［M］. 北京：中华书局, 1986.

［59］陈宏天, 赵福海, 陈复兴. 昭明文选译注［M］. 长春：吉林文史出版, 1988.

［60］李佳. 颜延之诗文选注［M］. 合肥：时代出版传媒股份有限公司黄山书社, 2012.

［61］韩愈. 韩愈文集汇校笺注［M］. 岳珍, 刘真, 注. 北京：中华书局, 2010.

［62］韩愈. 韩昌黎文集校注［M］. 马其昶, 马茂元, 注. 上海：上海古籍出版社, 2014.

［63］钟基, 李先银, 王身钢. 古文观止［M］. 北京：中华书局, 2011.

［64］上海辞书出版社文学鉴赏辞典编纂中心. 古文鉴赏辞典［M］. 上海：上海辞书出版社, 2012.

［65］吴功正. 古文鉴赏辞典［M］. 南京：江苏文艺出版社, 1987.

［66］袁宏道. 袁宏道集笺校［M］. 钱伯城, 笺校. 上海：上海古籍出版社, 2008.

［67］鲁迅. 中国小说史略［M］. 北京：人民文学出版社, 2006.

［68］罗贯中. 三国演义［M］. 北京：人民文学出版社, 1998.

［69］冯梦龙. 警世通言［M］. 严敦易, 校注. 北京：人民文学出版社, 1984.

［70］蒲松龄. 聊斋志异［M］. 北京：人民文学出版社, 1989.

［71］曹雪芹, 高鹗. 红楼梦［M］. 北京：人民文学出版社, 1996.

［72］梁佶. 张岱文化小品文研究——以《陶庵梦忆》与《西湖寻梦》为例［D］. 扬州：扬州大学, 2008.